图 12.6　自顶向下法建立的飞机座舱口盖表面模型

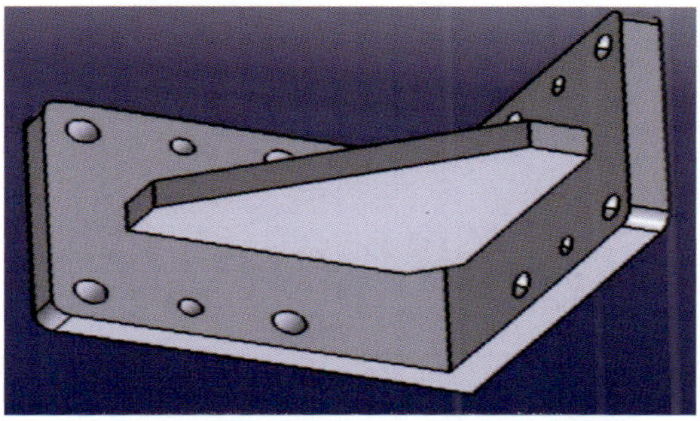

图 12.7　自底向上法建立的零件表面模型

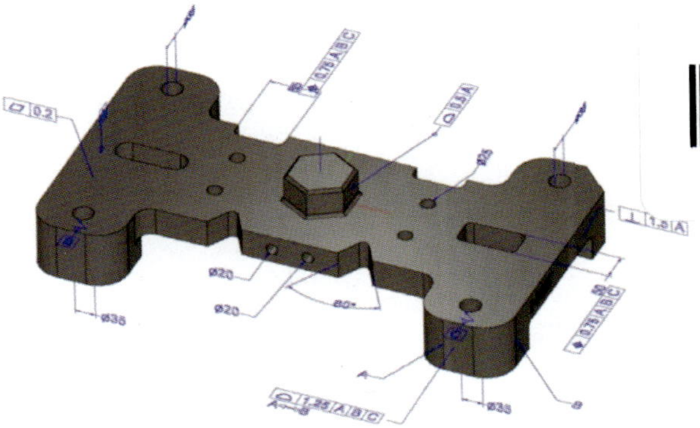

图 12.21　PMI 注释注释示例

图 13.4　飞机气动外形理论模型

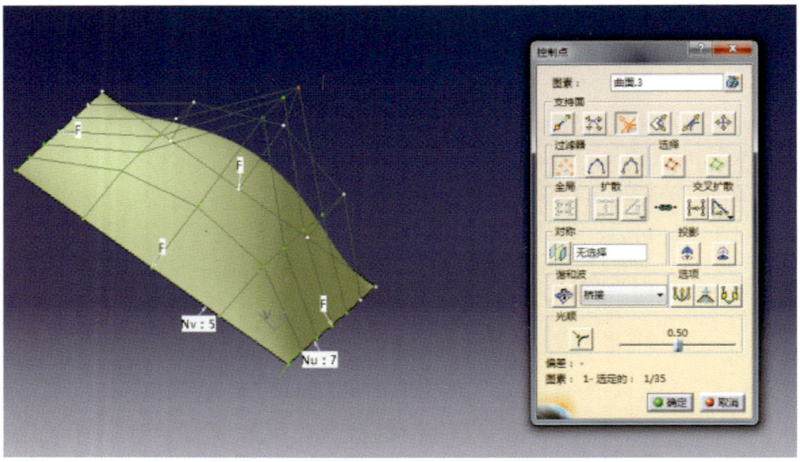

图 13.7　贝齐尔曲面构造翼身修型区

图 14.3　数字近景摄影测量原理

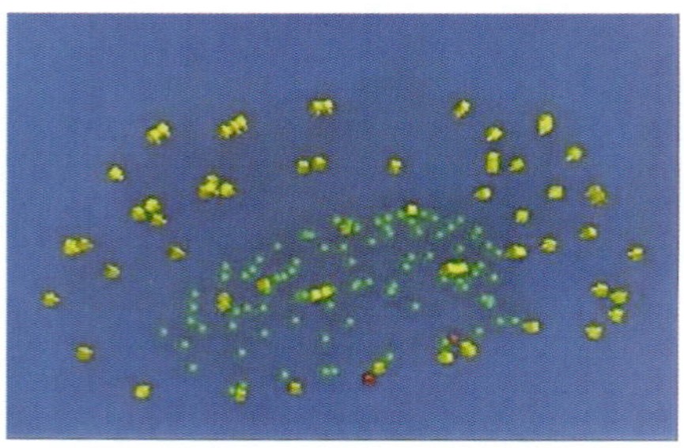

图 14.4　测量结果

图 14.9　标签点布设

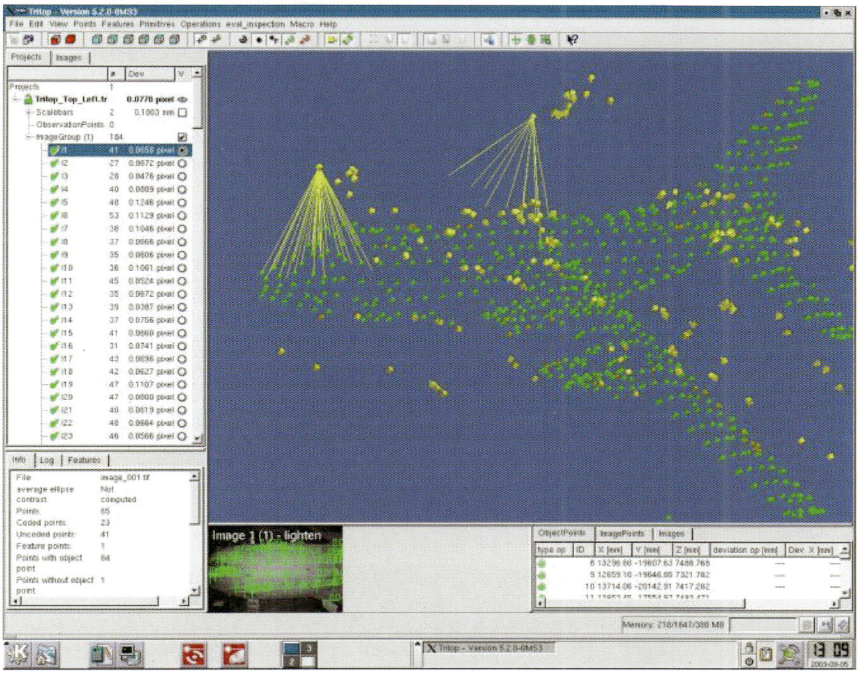

图 14.10　标签点与摄像机空间方位分析结果

图 14.11　ATOSⅡ向飞机表面投射图案

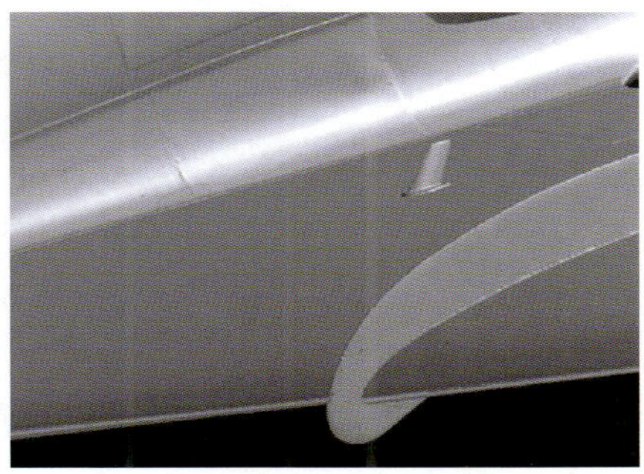

图 14.12　获取的蒙皮接缝处高密度点云

图 14.13　测量数据融合

图 14.15　测量数据曲面配准实例

图 14.16　F18 战斗机柔性装配对接系统

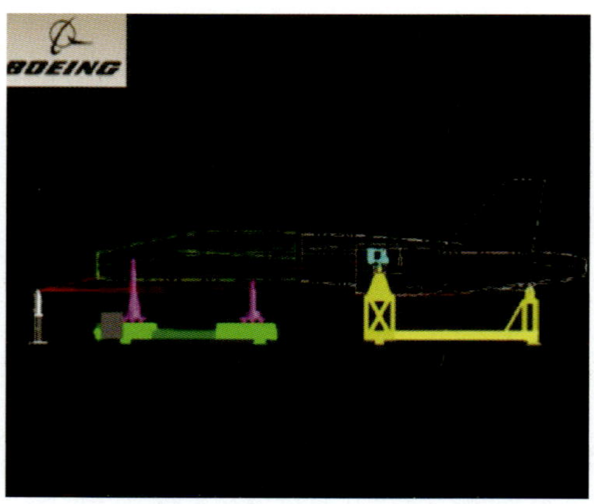

图 14.17　F18 战斗机装配系统结构示意图

教育部高等学校航空航天类专业教学指导委员会推荐教材
航空航天类专业应用型人才培养教材

计算机辅助几何造型技术与工程应用

曲学军　主编

北京航空航天大学出版社

内容简介

计算机辅助几何造型技术是当代最为杰出的工程技术成就之一。它从根本上实现了从传统的模拟量几何形状信息表达与传递向几何形状数字化定义与信息传递的转变，为全面建立数控加工、数字化装配、质量控制的全数字量传递体系提供了理论基础。本书以曲线曲面的数学表示与几何处理的相关理论为核心，以工业产品数字化建模与应用为主线，内容贯穿于整个产品设计与制造过程。针对实现此目标所涉及的相关环节，重点论述了工业产品的数学表示与形状处理、产品几何模型的数字化。同时还兼顾了理论知识的工程应用，阐述了以几何造型基本理论为支撑的产品数字化建模技术、数字化设计制造工程、制造质量数字化检验、典型计算机辅助设计软件的应用与二次开发等内容，体现了并行工程、虚拟制造以及先进质量体系等先进技术的新思想。

本书适用于航空航天、汽车工程、机械设计、测控工程等专业的高年级本科生及研究生，也可供相关科研技术人员和管理人员参考使用。

图书在版编目(CIP)数据

计算机辅助几何造型技术与工程应用 / 曲学军主编
. -- 北京 ：北京航空航天大学出版社，2025.8
ISBN 978-7-5124-4295-5

Ⅰ. ①计… Ⅱ. ①曲… Ⅲ. ①计算机辅助设计－几何造型－教材 Ⅳ. ①TP391.72

中国国家版本馆 CIP 数据核字(2024)第 025790 号

计算机辅助几何造型技术与工程应用
曲学军　主编
策划编辑　李　慧　　责任编辑　张冀青
*
北京航空航天大学出版社出版发行
北京市海淀区学院路 37 号(邮编 100191)　http://www.buaapress.com.cn
发行部电话：(010)82317024　传真：(010)82328026
读者信箱：goodtextbook@126.com　　邮购电话：(010)82316936
大厂回族自治县彩虹印刷有限公司印装　各地书店经销
*
开本：787×1 092　1/16　印张：19　字数：487 千字
2025 年 8 月第 1 版　2025 年 8 月第 1 次印刷
ISBN 978-7-5124-4295-5　定价：69.00 元

前　言

计算机辅助几何造型技术作为一门迅速发展的新兴学科，在计算机辅助设计、计算机辅助工程分析、计算机辅助制造和计算机辅助质量控制中发挥着中心角色的作用。它的出现与发展既是现代工业发展的要求，又对现代工业的进步起到了巨大的促进作用。本书紧跟计算机辅助设计与制造的前沿技术，以工业产品几何造型及其工程应用为主要内容，结合课题组近年来的教学与科学研究编撰而成。

本书以曲线曲面的数学表示与几何处理的相关理论为核心，以工业产品数字化建模与应用为主线，内容贯穿于整个产品设计与制造过程。针对实现此目标所涉及的相关环节，重点论述了工业产品的数学表示与形状处理、产品几何模型的数字化与模型数据传递。考虑到几何造型与产品设计、制造和质量控制三者之间密不可分的内在联系，本书还讨论了基于产品数字化建模的设计与制造工程、制造质量数字化检验、典型计算机辅助设计软件的应用与二次开发等内容，体现了几何造型技术应用于并行工程、虚拟制造以及先进质量体系等先进技术的新思想。

本书不以追求理论的严密完整为目的，因此在内容上略去了所有烦琐的公式及其推导与证明，着重介绍造型技术的由来、解决问题的基本思路与途径，强调所涉及的基本概念、性质与计算算法。以此降低理论学习的难度，突出实用性，尽量为学生提供既具有几何直观性又简单实用的结果，便于学生掌握和推广应用。

为配合教学并辅助相关研究工作，书中辅以适量例题。由于课程内容实践性强，因而对一些关键算法采用 MATLAB 编制了演示程序。这些程序将几何计算与图形显示相结合，有助于学生快速理解所涉及的概念与原理，牢固掌握科学计算与工程设计思想，提高运用所学知识解决实际问题的能力，而这正是提高教学质量必不可少的有效手段。

作者多年来一直从事本科生与研究生“计算机辅助几何造型”课程的教学以及相关理论与工程研究工作，将相关知识与经验进行总结形成了本书。《计算机辅助几何造型技术与工程应用》的编写面向教学内容体系的改革，并已立项“航空航天类专业应用型人才培养教材”规划。

本书是作者所在的教学科研团队在飞行器制造工程领域历年教学与科研实践工作的基础上，结合国内外相关文献进行的总结，曲学军担任主编，参与编写的人员有曲学军、孟飙、张汉茹、贾震等。同时,课题组乔康壮、河沿霖、焦豪杰、张兴乐等在材料收集、学术讨论、图表绘制和公式编写等方面完成了大量工作。

本书的编写工作得到了航空宇航学院以及飞行器制造工程系领导和同事的鼎力支持和无私帮助。沈阳航空航天大学教务以及航空宇航学院邱福生教授、高铁军教授、王丹老师对本书的出版工作给予了热情的鼓励和指导。在编写过程中,本书参考了《计算机辅助几何设计与非均匀有理B样条(修订版)》《计算机辅助飞机制造》《自由曲线曲面技术》《现代飞机制造技术》等书中的部分内容,在此一并向这些书的作者表示衷心的感谢;同时,也对本书中引用的参考文献作者表示感谢。

本书立足于面向工程应用,将基本原理与工程实践紧密结合,从而明确教学目的,提高教学质量。本书可作为飞行器制造工程、汽车工程、机械设计等专业的教材,也可为航空航天工业各工厂、研究所从事飞行器设计制造的技术人员和管理人员提供参考。

受限于作者之能力,本书的观点难免有不妥之处,恳请广大读者批评指正,以使本书更加完善。

作　者

2024年10月9日于沈阳

目　录

第1章　绪　论

计算机辅助几何造型技术的核心内容是工业产品几何信息与属性特征的数学表示以及计算机模型表达的原理与方法，从而为实现产品设计与制造信息的数字化定义，是产品设计制造信息化的源头。它为产品设计、制造、装配、工程分析以及生产过程管理等提供有关产品几何信息的描述与表达，是实现计算机辅助设计与制造的前提条件。

1.1　计算机辅助几何造型技术的工程背景

随着航空、汽车、轮船、机械设计和制造等现代工业以及计算机技术的迅猛发展，计算机辅助几何造型技术迅速发展。其应用范围除了飞机、船舶、汽车这三大制造业以外，还涉及模具设计、生物工程、医疗诊断、航天材料、电子工程、机器人、服装鞋帽模型设计等多个工程技术领域。随着计算机图形学的发展，它还广泛应用于计算机视觉、地形地貌、军事作战模拟、动画制作、多媒体技术等领域，是密切联系生产实践且随着生产实践的需要而不断完善发展的新兴学科。

1.1.1　工业产品的几何形状分类

计算机辅助几何造型技术的主要研究对象是工业产品的几何形状。工业产品的几何形状大致上可分为规则曲线曲面和自由曲线曲面两类。

1. 规则曲线曲面

规则曲线（如圆、椭圆、抛物线等）曲面（如平面、圆柱面、圆锥面、球面、圆环面等）可由二次解析函数或方程进行描述，其类型、参数与尺寸可通过机械制图中的图形与标注清楚地表达与解读，大多数机械零件属于这一类。

2. 自由曲线曲面

现代工业产品，如飞机、汽车、船舶的外形或内部结构件，由大量外形复杂、包含大量以复杂方式自由变化的曲线曲面组成，该类形状称为自由曲线曲面。显然，该类形状无法由初等解析曲线曲面函数描述，也就无法采用机械制图表达清楚。相应地，该类曲线曲面的数学表示与计算处理就成为了计算机辅助几何设计的核心内容。

工业产品由大量零件装配而成，包含复杂形状的产品几何信息从设计部门传递到制造部门，再从零件制造、工艺装配制造与装配、部件装配、总装直至最终完成产品制造，经历了复杂的工艺过程。所涉及的每个环节都会产生误差，且误差会累积起来，而产品的制造质量由累积后的误差决定。保证形状尺寸信息的正确传递并有效地控制误差是制造工程的根本任务。在此过程中，形状尺寸的描述方法决定了信息的传递模式与制造协调路线，这里以飞机产品为例对不同的形状信息表示方式及由其决定的传递模式进行介绍。图 1.1 所示为航空产品的几何形状。

(a) 气动外形　　(b) 内部结构

图 1.1　航空产品的几何形状

1.1.2　几何形状的模拟量描述与信息传递

自由曲线曲面因不能由画法几何与机械制图方法表达清楚，成为工程师们首先要解决的问题。传统的基于模拟量的信息传递模式，其基本特征是没有完成复杂几何形状的精确数学描述，因此就采用了实物标工来定义复杂几何形状，从而形成了基于模拟量表达的形状尺寸信息传递路线。

传统飞机设计中以理论图定义复杂外形曲面。理论图中的核心内容是数据表，记录曲面上一组截面轮廓曲线上有限个数据点的坐标。由于截面曲线之间以及截面线上各数据点之间的形状数据并未给出，因此曲面形状的定义并不完整。此信息由设计部门给出，并传递给制造部门作为产品外形定义的信息源。图 1.2 所示为机翼气动外形理论示意图。

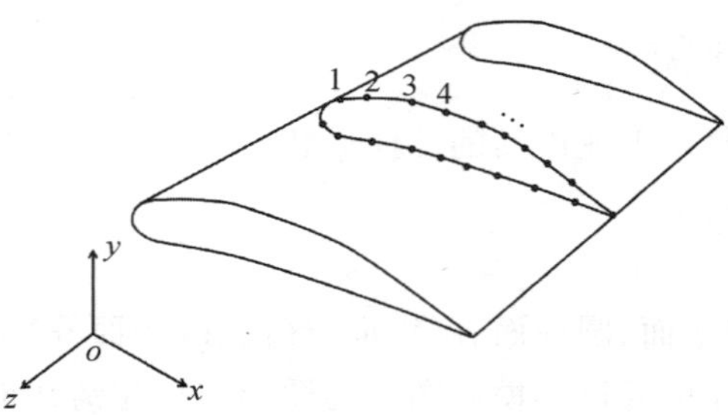

15框截面($z=235$)					
x	15	18	21	25	…
y	37	39	42	46	…

图 1.2　机翼气动外形理论示意图

模拟量飞机制造模式以种类繁多的实物标准工艺装备（标工）定义复杂形状并保证产品的互换与协调，其间涉及的标工种类包括理论模线、结构模线、样板、标准样件等。

1. 理论模线

从理论图中识别、提取部件各截面轮廓线数据点的坐标数据，并尽可能精确地按比例 1∶1 在透明胶片上定位各数据点，然后采用称为物理样条的弹性细木条通过这些数据点，从而形成光滑的曲线外形。之后再使用工具将曲线形状绘制在胶片上，所得胶片即为理论模线。图 1.3 所示为机翼理论模线示意图。

2. 结构模线

结构模线是一种平板型零件，上面绘制几何图形，用以表示某一装配件在特定切面上的装配结构。结构模线上绘制的外形轮廓线从理论模线上复制过来。所绘制的图形还包括该装配结构上所有零件的设计基准线、轮廓线及其位置，以及各种类型的孔及其位置。图 1.4 所示为结构模线示意图。

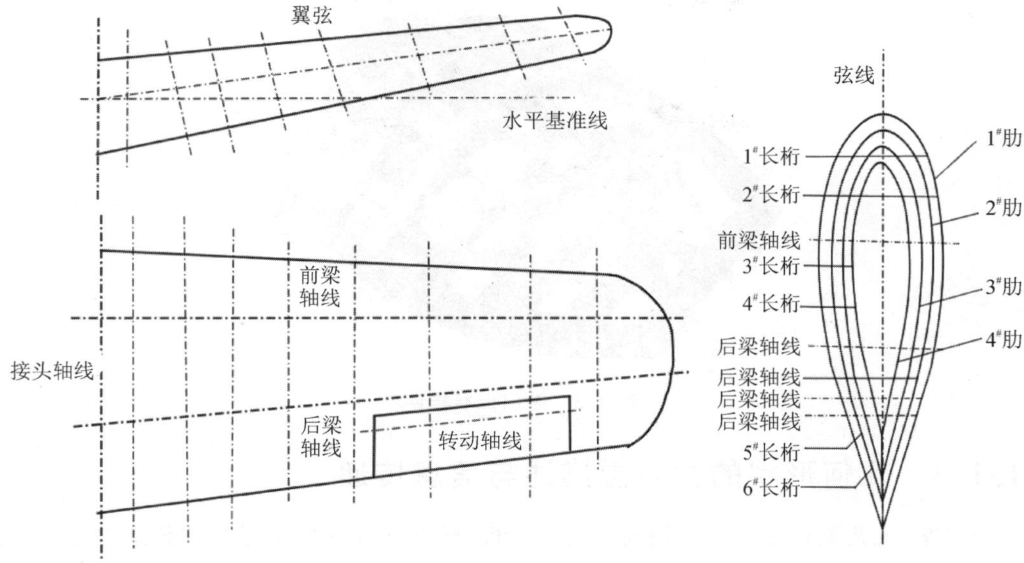

图 1.3 机翼理论模线示意图

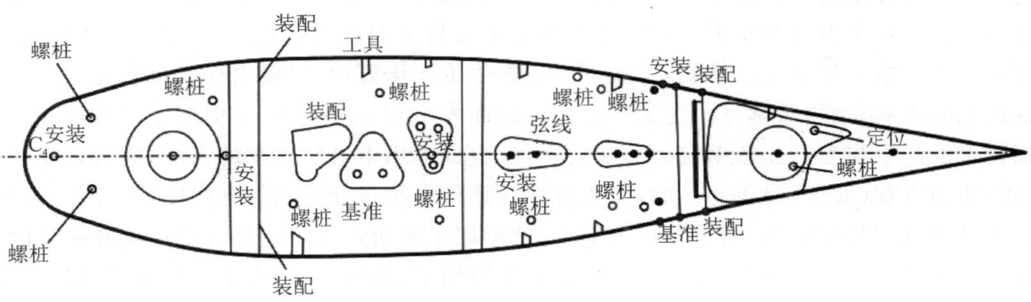

图 1.4 结构模线示意图

3. 样　板

样板是一种特殊的平板型刚性量规，由钢板或铝板制成，用于零件的制造与检验，或装配结构件的制造与检验，以及带有曲面外形的型架或夹具的制造与检验。

4. 标准样件

标准样件是一种三维刚性量具，具有部件、组合件或零件外形和对接接头的几何形状，用于包含曲面形状的零件、模具、装配构件、装配工装的制造与检验。其中，具有部件某部分曲面外形用于制造模具的标准样件称为表面标准样件；具有部件或组合件局部外形和对接接头用于安装型架的标准样件称为安装标准样件。图 1.5 所示为舱门标准样件。

在飞机或船舶制造工厂里，传统上采用模线样板法表示和传递自由曲线曲面的形状。模线员与绘图员采用均匀的带弹性的细木条、有机玻璃条或金属条通过一系列点绘制所需要的曲线即模线，依此制成样板作为生产与检验的依据。一般曲面外形上没有模线控制的部分取成光滑过渡。对于精度要求严格的复杂曲面，需要按样板制造三维标准样件，这些标准样件还要经过协调加工和对合检验，以保证这些标准样件之间的协调。在模拟量协调路线中即便采用了标准样件，由于在移形过程中主要靠手工加工，准确度不高，因此很难保证整体结构件的外形和配合面之间的协调要求。

图 1.5　舱门标准样件

1.1.3　几何形状的数字量描述与信息传递

长期以来，飞机制造中一直使用前述模线样板-标准样件的模拟量尺寸传递方法，因而导致飞机制造周期长、成本高以及质量问题多，阻碍着飞机制造技术的发展。如何使产品的设计几何形状和尺寸通过生产过程正确无误地传递到最终的产品上，成为制造工程需要完成的根本任务。其中的关键问题是采用数学方法精确定义自由曲线曲面的形状，从而将形状信息从模拟量改变为数字量表达。然而，大量计算工作手工无法完成，只能由计算机来完成。随着计算机技术的发展，采用数学方法定义自由曲线曲面才得到实际应用，这促成了计算机辅助几何造型技术的产生与发展。依据定义形状的几何信息，应用本书所提供的方法，就可以建立相应的曲线曲面方程（即数学模型）。而且，通过在计算机上执行计算和处理程序，可计算出曲线曲面上大量的点及其他信息；通过分析与综合，就可以了解所定义形状具有的局部和整体的几何特征。形状的几何定义为所有的后置处理（如数控加工、物性计算、有限元分析等）提供了必要的先决条件。

1.2　计算机辅助几何造型技术的发展历程

计算机辅助几何造型技术及其工程应用的发展起源于航空工业，正是由于飞机的外形复杂，含有大量的自由曲面，因此，相关技术从一开始就与自由曲线曲面造型技术紧密地联系在一起。至今，基于几何造型技术相关理论开发了众多 CAD/CAM 系统，并在产品设计制造中发挥了关键作用，而曲线曲面造型模块仍是 CAD/CAM 系统最关键的核心部分。

自由曲线曲面因不能由解析曲线曲面精确描述，所以如何完成复杂形状的数学描述就成为需要优先解决的问题。1963 年，波音（Boeing）公司的弗格森（Ferguson）首先提出了将曲线曲面表示为参数的矢函数方法。他最早引入参数三次曲线，构造了组合曲线和由四角点的位置矢量及两个方向的切矢定义的弗格森双三次曲面片。弗格森所采用的曲线曲面的参数矢函数形式从此成为形状数学描述的标准形式。

1964 年，麻省理工学院的孔斯（Coons）提出了一种普遍适用的曲面描述方法，给定围成封闭曲线的四条边界就可定义一块曲面片。孔斯进一步发展了组合曲面构造技术，基本思想是将所要描述的曲面看作是由若干个曲面片光滑拼接而成，并通过引入混合函数保证在曲面片之间相邻接的边界上满足位置、切矢、曲率连续性。应用于形状设计时,设计人员可以从单个曲面或很小的曲面片开始设计形状,如果得到的形状不符合要求,设计者可以修改原始的边界信息,或者添加一些新的边界信息以划分出更小的曲面片,以控制或修改曲面形状直至满足设计要求。

法国雷诺(Renault)汽车公司的贝齐尔(Bezier)于1972年发展了一种由控制顶点定义曲线曲面的方法。设计员只要移动控制顶点就可方便地修改曲线曲面的形状,而且形状的变化完全在预料之中。贝齐尔方法简单易用,又出色地解决了整体形状控制问题。贝齐尔方法在几何造型设计中占有重要的地位,但该方法仍存在连接以及局部修改问题。

美国通用汽车公司的戈登(Gordon)和里森费尔德(Riesenfeld)于1974年将B样条理论应用于形状描述,提出了B样条曲线曲面。它几乎继承了贝齐尔方法的一切优点,克服了贝齐尔方法存在的缺点,较成功地解决了局部控制问题,又轻而易举地在参数连续性基础上解决了光滑连接问题。

上述各种方法尤其是B样条方法较成功地解决了自由曲线曲面形状的描述问题。然而,却不能精确描述规则曲线曲面,只能给出近似表示,不能满足大多数机械产品的设计要求。人们希望找到一种数学方法完成两类形状的统一表述。非均匀有理B样条(Non-Uniform Rational B-Spline,NURBS)方法的提出解决了这一问题,并成为用于曲线曲面描述的最广为流行的数学方法。同时,非有理与有理贝齐尔曲线曲面和非有理B样条曲线曲面都被统一在NURBS标准形式之中,因而可以采用统一的数据格式。国际主流CAD/CAM工程设计软件系统,如CATIA、UGII、Pro/Engineer、SolidWork、SolidEdge均推出并充实完善了NURBS方法,以及通过全球范围的推广与工业实践应用又强有力地推动了包括NURBS技术在内的几何造型技术的实际应用。

工业产品几何形状的基本构成要素是空间的点、曲线与曲面,前述几何设计技术解决了几何信息的数学描述问题。然而,为了在计算机内建立产品完整的三维几何模型以应用于后续的工程分析,还需附加拓扑信息以实现几何元素间的关联。工业产品几何造型是将产品几何模型及其属性转化为计算机内部数字化模型的原理和方法,是产品模型的数字描述与工程信息化的源头。它为产品设计、制造、装配、工程分析以及生产过程管理等提供有关产品几何信息的完整描述与表达,是实现计算机辅助设计与制造的前提条件。实体模型与表面模型的区别在于,实体模型的表面必须封闭、有向,各表面间有严格的拓扑关系,形成一个整体;而表面模型的面可以不封闭,面的上下表面都可以有效。

常规几何造型技术根据预先确定的设计意图建立几何模型,几何模型一旦建立就固定下来。需要修改时,往往要重复设计过程。变量化及参数化几何造型方法将尺寸用变量表示,因而实现了几何模型的动态化与柔性化。通过修改实际尺寸,即可生成更新需要的几何模型。使用参数化造型技术可以快速设计出形状相似仅尺寸不同的一组零件。参数化造型技术还可以将线框、表面及实体造型纳入统一的系统,并实行统一的数据管理,直接实施模型之间的转换,在某个模型上形状和尺寸的修改可直接反映到其他模型上。

不同的CAD/CAM系统具有各自独立的几何模型数据格式,产品模型数据交换标准为在不同系统间交换数据提供了实现途径。其中初始图形交换规范(Initial Graphics Exchange Specification,IGES)与产品模型数据交换标准(Standard for The Exchange of Product model data,STEP)业已成为国际通用的交换标准。

为适用于本科教学，以突出应用为目的，本书着重介绍与CAD软件紧密关联的成熟技术；而对于尚处于研究阶段的前沿理论问题，则不在本书中讨论。

1.3 计算机辅助几何造型技术的内涵与教材内容安排

根据前面的介绍可知，计算机辅助几何造型技术主要涉及两方面的研究内容。

(1) 计算机辅助几何设计

计算机辅助几何设计(Computer-Aided Geometry Design，CAGD)的核心内容是工业产品几何形状的数学表示、分析与处理。工业产品几何形状由曲线曲面组成，其数学表示就是用方程或表达式建立曲线曲面的数学模型。在此基础上，即可完成各种几何信息的计算，如曲线曲面上的位置、方向、曲率等，并用于后续工程分析与应用，如编制数控加工程序，有限元分析，计算机辅助装配与质量控制等。在形状信息的数学表示、分析与综合中，核心的问题是数学表示，即要找到既适合计算机处理且有效满足形状表示与几何设计要求，又便于形状信息传递和产品数据交换的形状描述的数学方法。图1.6所示是计算机辅助几何造型技术的内涵。

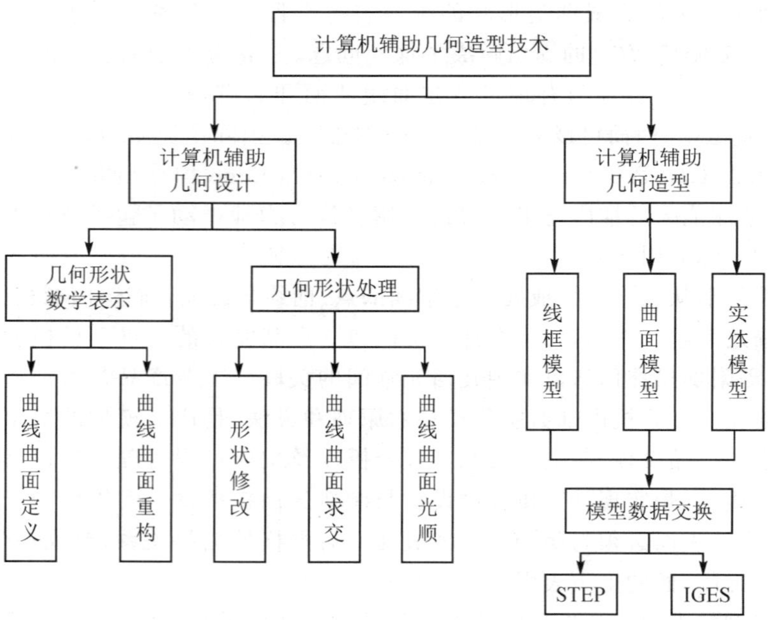

图1.6 计算机辅助几何造型技术的内涵

(2) 工业产品的几何造型

工业产品的几何造型是将产品几何形状及其属性转化为计算机数字化模型的原理和方法。实现途径是以计算机辅助设计软件为工具，完成几何模型的数字化定义。几何模型数字化为产品设计、制造、装配、工程分析以及生产过程管理提供了几何信息核心的数据源，是实现计算机辅助设计与制造的前提条件。

以上两部分内容紧密关联，前者为后者提供了理论基础与数学工具，而后者则为前者提供了应用平台与方向引领：

① 计算机辅助几何设计研究几何形状的数学表示与处理方法，而计算机辅助几何造型则

实现了产品几何模型的数字化或计算机表达。

② 产品数字化模型在几何信息的基础上集成了拓扑信息，是产品几何信息的完整表达。

对应于以上两部分核心内容，本书内容分为两部分：第一部分为基础理论部分，对应于计算机辅助几何设计，重点介绍曲线曲面的数学表示与交互处理；第二部分为实践部分，对应于计算机辅助几何造型及其工程应用，重点介绍产品数字化建模、模型数据交换、数值化设计制造、产品质量评价、曲线曲面编程等。

习　题

1. 简述两种尺寸形状信息传递模式及其优缺点。
2. 在传统飞机制造模式中包含哪些实物制造依据？
3. 数字量信息传递模式下依赖的数字量信息是什么？
4. 简述计算机辅助几何造型技术的研究内容。
5. 工业产品的几何形状分为哪两类，各自具有哪些特征？
6. 说明规则曲线曲面与自由曲线曲面的区别与联系。
7. 产品模型数据交换的作用是什么？

第 2 章　曲线曲面的数学表示形式及其特征

对于飞机、汽车及其他一些具有复杂外形的产品，计算机辅助设计的根本任务就是用数学方法来描述它们的几何形状，并在此基础上建立构建产品几何模型。构成工业产品的几何形状包括点、曲线、曲面。产品几何形状大致上可分为两类：一类是仅由初等解析曲线曲面组成，大多数机械零件的几何形状由它们组成，并可以用二次解析曲线曲面表示；第二类由复杂方式自由变化的曲线曲面组成，例如飞机、汽车、船舶的外形与内部结构件。显然，解析曲线曲面无法完成该类形状的表达，需要采用参数矢函数完成自由曲线曲面的数学表示。在产品形状设计时，人们总希望找到具有符合形状数学描述要求的整体性质的一类曲线。只有采用基表示形式，寻找具体的合适的基函数时才有可能做到这一点，而采用解析几何里的参数表示或微分几何里的一般矢函数表示都是做不到的。本章对曲线曲面的表达形式进行总结，并介绍各自特点与相互之间的转换方法。

2.1　矢量代数基础

产品几何形状的数学表示与矢量、矢量代数紧密关联。几何形状设计中矢量定义及其计算规则仍服从矢量代数诸法则，这里将应用于形状描述的矢量问题加以说明。

2.1.1　矢量定义及基本特征

矢量由各坐标分量组成，其计算服从相等、相加、反向、相减和数乘。本书采用列向量来表示矢量，也有文献采用行向量来表示。列向量表示的 n 维矢量 $\boldsymbol{X}$ 记为

$$\boldsymbol{X}=\begin{bmatrix}x_1\\x_2\\\vdots\\x_n\end{bmatrix}=[x_1\quad x_2\quad\cdots\quad x_n]^{\mathrm{T}}$$

式中，上标 T 代表向量或矩阵的转置。

从几何设计考虑，矢量具有长度和方向两个基本特征。矢量的长度(或大小)用其模长表示，记为 $\|\boldsymbol{X}\|$，公式如下：

$$\|\boldsymbol{X}\|=\sqrt{\sum_{i=1}^{n}x_i^2}$$

通常用单位矢量表示方向，单位矢量就是具有单位长度即模长等于 1 的矢量。一个矢量 $\boldsymbol{X}$ 除以其模长 $\|\boldsymbol{X}\|$ 就得到沿该矢量方向的单位矢量：

$$\boldsymbol{u}=\frac{\boldsymbol{X}}{\|\boldsymbol{X}\|}$$

模长等于零的矢量称为零矢量，其各分量值均为 0，记作 $\mathbf{0}=[0,0,\cdots,n]^{\mathrm{T}}$，它是始点和终点重合的矢量。这里需要注意零矢量与 0 值的区别。

三维笛卡儿坐标系中，沿 x、y、z 轴正向定义的单位矢量称为基本矢量，分别用 $\boldsymbol{i}$、$\boldsymbol{j}$、$\boldsymbol{k}$ 表示，记作

$$\boldsymbol{i}=\begin{bmatrix}1\\0\\0\end{bmatrix},\quad \boldsymbol{j}=\begin{bmatrix}0\\1\\0\end{bmatrix},\quad \boldsymbol{k}=\begin{bmatrix}0\\0\\1\end{bmatrix}$$

易知三维空间中任意矢量 $\boldsymbol{a}=(a_x,a_y,a_z)$ 可表示为

$$\boldsymbol{a}=a_x\boldsymbol{i}+a_y\boldsymbol{j}+a_z\boldsymbol{k}$$

上述概念可推广至任意维空间。注意，当对矢量进行几何变换时，用列阵与行阵表示矢量的差别。前者是前乘变换矩阵，后者是后乘变换矩阵。两种相乘方式中的变换矩阵互为转置关系。

2.1.2　矢量分类

矢量可分为常矢量与变矢量。方向与长度都不变的矢量称为固定矢量或常矢量，方向与长度之一或两者都变化的矢量称为变矢量。若变矢量是随着某个变化的标量即变量或参数而变化，则称它为该变量或参数的矢函数。

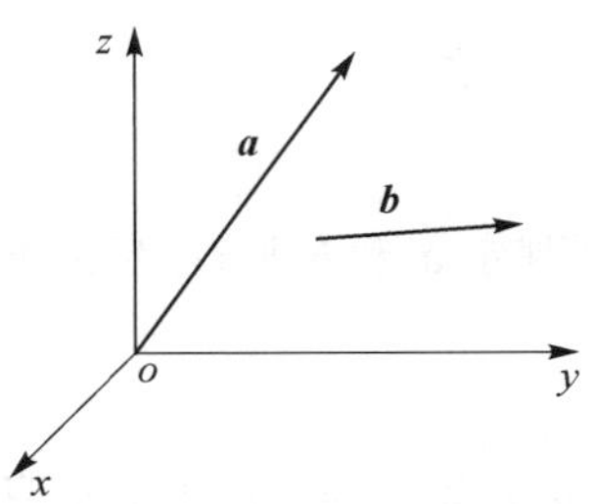

图 2.1　绝对矢量与相对矢量

矢量依其始端是否位于原点而分为绝对矢量与相对矢量。绝对矢量的始点固定在坐标原点（见图 2.1 中矢量 $\boldsymbol{a}$）。相对矢量又称自由矢量，无固定的坐标原点，可在空间内任意平移（见图 2.1 中矢量 $\boldsymbol{b}$）。具有同一量值的矢量，既可表示绝对矢量，也可表示相对矢量，可以具有某种几何意义，如点、方向矢量、曲率矢等，或不具有任何几何意义。因此，一个矢量的类型与几何意义可视为其附加属性，在形状分析与处理时需加以明确。

2.1.3　矢量计算

矢量计算方法同矢量代数，但需要考虑几何属性。

1. 矢量加或减

两个矢量总是可以相加减，但结果矢量的类型需要加以判别。准则如下：

① 两个相对矢量总是可以相加减，结果仍为相对矢量。

② 绝对矢量加（或减）相对矢量得到绝对矢量。

③ 两个绝对矢量相加所得矢量，不能判定是绝对矢量还是相对矢量。

绝对矢量加、减相对矢量的情况见图 2.2，其中 $\boldsymbol{a}$ 为绝对矢量，$\boldsymbol{b}$ 为相对矢量。

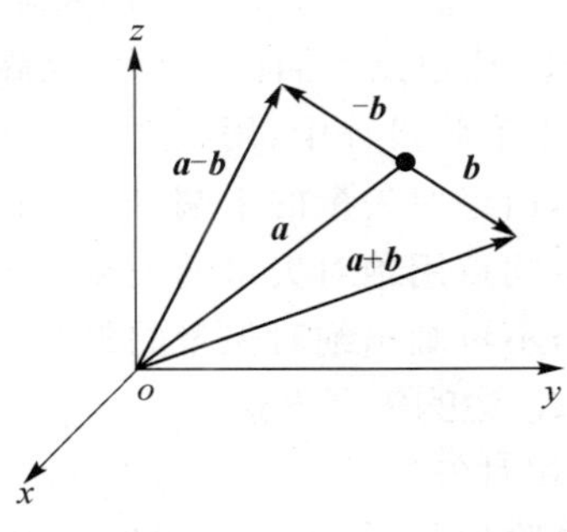

图 2.2　绝对矢量加、减相对矢量

2. 矢量的乘积

两个矢量的乘积分为数量积和矢量积。

（1）数量积

两个矢量的数量积（或称内积、点积）结果为一个标量，表示为 $\boldsymbol{a}\cdot\boldsymbol{b}$。已知两个 n 维矢量 $\boldsymbol{a}=(a_1,a_2,\cdots,a_n)$

与 $\boldsymbol{b}=(b_1,b_2,\cdots,b_n)$，则 $\boldsymbol{a}$ 与 $\boldsymbol{b}$ 的数量积的计算公式为

$$\boldsymbol{a}\cdot\boldsymbol{b}=a_1b_1+a_2b_2+\cdots+a_nb_n=\sum_{i=0}^{n}a_ib_i$$

两个矢量的数量积还可以表示为

$$\boldsymbol{a}\cdot\boldsymbol{b}=\|\boldsymbol{a}\|\cdot\|\boldsymbol{b}\|\cdot\cos\theta$$

式中，θ 为 $\boldsymbol{a}$ 与 $\boldsymbol{b}$ 的夹角。利用该性质可作如下判定：如果 $\boldsymbol{a}\cdot\boldsymbol{b}=0$，且 $\boldsymbol{a}$ 与 $\boldsymbol{b}$ 均为非零矢量，则判定 $\boldsymbol{a}$ 与 $\boldsymbol{b}$ 互相垂直。

(2) 叉　积

两个矢量的矢量积(或称外积、叉积)结果为一个矢量，表示为 $\boldsymbol{a}\times\boldsymbol{b}$。几何设计中两个三维的矢量积的计算公式为

$$\boldsymbol{a}\times\boldsymbol{b}=\begin{vmatrix}\boldsymbol{i} & \boldsymbol{j} & \boldsymbol{k}\\ a_x & a_y & a_z\\ b_x & b_y & b_z\end{vmatrix}=\begin{bmatrix}a_yb_z-a_zb_y\\ a_zb_x-a_xb_y\\ a_xb_y-a_yb_x\end{bmatrix}$$

矢量积具有如下性质：

① 根据右手法则唯一定义，$\boldsymbol{a}\times\boldsymbol{b}$ 的方向同时垂直于 $\boldsymbol{a}$ 和 $\boldsymbol{b}$。

② $\boldsymbol{a}\times\boldsymbol{b}$ 的模长为

$$\|\boldsymbol{a}\times\boldsymbol{b}\|=\|\boldsymbol{a}\|\cdot\|\boldsymbol{b}\|\cdot\sin\theta$$

其几何意义为以 $\boldsymbol{a}$ 和 $\boldsymbol{b}$ 为边的平行四边形的面积。

根据性质②，对于两个非零矢量 $\boldsymbol{a}$ 和 $\boldsymbol{b}$，若 $\boldsymbol{a}\times\boldsymbol{b}$ 为零矢量，则判定 $\boldsymbol{a}$ 和 $\boldsymbol{b}$ 平行，反之亦然。

2.1.4 几何信息的矢量表达

在几何形状的分析与工程应用中，经常需要从曲线曲面上提取位置、方向、法矢等信息，这些信息均由矢量表达。

1. 点的矢量表达

点或位置是几何造型中的最基本元素，曲线、曲面或其他形状均可用有序的点集表示，计算机存储、管理、输出形状的实质就是对点集及其连接关系的处理。在自由曲线曲面的描述中常用到三种类型的点：

① 控制点。控制点是用来确定曲线和曲面的位置与形状，相应曲线和曲面不一定经过的点。

② 型值点。型值点是用来确定曲线和曲面的位置与形状，相应曲线和曲面一定经过的点。

③ 插值点。插值点是为提高曲线和曲面的输出精度，在型值点之间插入的一系列点。

在形状设计中，用绝对矢量表示定义形状的点与形状上的点。一个点意味着空间的一个位置，由绝对矢量的末端(即矢端)表示。表示空间点的绝对矢量称为该点的位置矢量，如前所指，空间点用绝对矢量的矢端位置表示。在后续的示意图中，将矢量记号写于点的附近以标记该点，不再画出绝对矢量的矢杆与箭头。

2. 边的矢量表达

相对矢量是表示点与点间相互位置关系(如边矢量、一阶导矢)和矢量与矢量间相互关系(如高阶导矢)的矢量。边矢量用于描述点与点间的相互位置关系，即从起点 $\boldsymbol{p}_0$ 到终点 $\boldsymbol{p}_1$ 的矢量，其结果表示为两个绝对矢量相减，即 $\boldsymbol{p}_0\boldsymbol{p}_1=\boldsymbol{p}_1-\boldsymbol{p}_0$(见图 2.3)，易知其类型为相对

矢量。

示例　给定两点：$\boldsymbol{p}_0=(2,4,6)$与 $\boldsymbol{p}_1=(3,5,7)$，求解边矢量 $\boldsymbol{p}_0\boldsymbol{p}_1$。

解　$\boldsymbol{p}_0\boldsymbol{p}_1=\boldsymbol{p}_1-\boldsymbol{p}_0=(1,1,1)$。

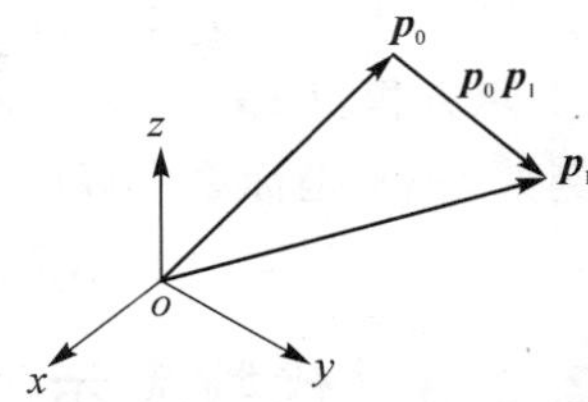

图 2.3　边矢量的几何意义

3. 导矢的矢量表达

导矢定义为点与点间相互位置或矢量与矢量间相互关系，其表达形式为一差分矢量的极限，因此其类型为相对矢量。切矢、法矢、曲率矢等曲线曲面的几何信息均由导矢计算得到，故其类型均为相对矢量。

2.2　规则曲线曲面的代数表示

规则曲线的类型包括直线、圆弧、椭圆弧、抛物线、双曲线等，规则曲面的类型包括平面、球面、圆柱面、圆锥面、圆环、双曲面、抛物面等。空间解析几何中，采用二次解析函数完成规则曲线曲面的表达。

2.2.1　规则曲线的代数表示

规则曲线可以通过平面与圆锥相截得到，因此又称为截圆锥曲线。采用二次解析函数表示的曲线，因曲线的维度不同而具有不同的形式。

1. 平面曲线定义

对于平面曲线，可以采用标量显函数 $y=y(x)$或隐方程 $F(x,y)=0$ 定义。对于构成机械产品几何形状的规则曲线，可以采用二次解析函数完成曲线定义：

① 显函数：$y(x)=ax^2+bx+c$；

② 隐方程：$F(x,y)=ax^2+by^2+cxy+dx+ey+f=0$。

例如，平面直角坐标系中以(x_0,y_0)为圆心、r 为半径的圆表示为

$$(x-x_0)^2+(y-y_0)^2=r^2$$

2. 空间曲线定义

采用代数方程描述空间曲线，需先完成通过该曲线的两张曲面的定义，再通过联立两曲面方程来定义曲线，其实质是将空间曲线定义为两曲面的交线：

$$\begin{cases}f_1(x,y,z)=0\\f_2(x,y,z)=0\end{cases}$$

例如，xyz 坐标系中在 xoy 平面内以(x_0,y_0)为圆心、r 为半径的圆用如下方程组表达：

$$\begin{cases}z=0\\(x-x_0)^2+(y-y_0)^2=r^2\end{cases}$$

易见，上式中包含的两个方程分别为 xoy 面与半径为 r 的圆柱面。

2.2.2　规则曲面的代数表示

曲面总是定义在三维空间，常用的规则曲面包括平面、球面、圆柱面、圆锥面、圆环、双曲面、抛物面等，解析几何中采用显函数 $z=z(x,y)$或隐方程 $F(x,y,z)=0$ 来定义规则曲面。方程中各坐标项的最高次数为二次，故曲面表达式可归结如下：

① 显函数：$z(x,y)=ax^2+by^2+cxy+dx+e^y+f$。

② 隐方程：$F(x,y,z)=ax^2+by^2+cz^2+dxy+exz+fyz+gx+hy+iz+j=0$。

例如，xyz 坐标系中以(x_0,y_0,z_0)为圆心、r 为半径的球面表示为

$$(x-x_0)^2+(y-y_0)^2+(z-z_0)^2=r^2$$

2.2.3 代数表示的局限性

通过前面的介绍可见，采用解析函数或方程描述曲线曲面具有如下不足：

① 表达形式不统一。平面曲线表达为二次多项式函数或方程，空间曲线表达为联立两个多项式曲面方程形成的方程组，这就存在表达形式不一致的问题。

② 同一方程描述形状不唯一。给定一个多项式显函数 $y=y(x)$或隐方程 $F(x,y)=0$，既可表达一条平面曲线，也可描述三维空间中的一张柱面。单纯给定一个方程而无附加说明，难以明确其表达的几何信息。

③ 难以界定曲线曲面的范围。产品几何形状均是有界的，采用解析曲线曲面难以界定范围。

2.3 曲线曲面的一般参数矢函数表示

工业产品几何形状由曲线曲面组成，这些几何形状既可以是规则曲线曲面，也可以是自由曲线曲面。为解决曲线曲面代数表示的问题，需要采用参数矢函数形式来描述曲线曲面。参数矢函数又分为一般参数矢函数与基表示的特殊矢函数，后者因其诸多优点而为几何设计普遍采用。本节对曲线、曲面的一般参数矢函数表示进行介绍。

2.3.1 曲线的参数矢函数表示

在解析几何里，平面曲线、空间曲线常采用参数表示，即把曲线上一点 $\boldsymbol{p}$ 的各个坐标都写成某个参数 u 的标量函数。平面曲线的参数表示为

$$\begin{cases}x=x(u)\\y=y(u)\end{cases}\tag{2.1}$$

空间曲线的参数表示为

$$\begin{cases}x=x(u)\\y=y(u)\\z=z(u)\end{cases}\tag{2.2}$$

在微分几何里，各坐标分量被合写在一起，等号左边是曲线上点的位置矢量 $\boldsymbol{p}=(x,y,z)$，右边 $\boldsymbol{p}(u)=(x(u),y(u),z(u))$表示它是参数 u 的矢函数。于是，就有微分几何里表示曲线的一般的矢函数形式：

$$\boldsymbol{p}=\boldsymbol{p}(u)\tag{2.3}$$

很明显，式(2.3)中 $\boldsymbol{p}(u)$指三个标量函数 $x(u)$、$y(u)$、$z(u)$合写在一起构成的矢函数。如图 2.4 所示，这种矢量表示等价于笛卡儿分量表示：

$$\boldsymbol{p}(u)=x(u)\boldsymbol{i}+y(u)\boldsymbol{j}+z(u)\boldsymbol{k}\tag{2.4}$$

式中，$\boldsymbol{i}$、$\boldsymbol{j}$、$\boldsymbol{k}$ 分别为沿 x、y、z 轴正向的三个基本矢，它与前面的参数表示也是等价的。

描述产品几何形状的曲线总是有界的。参数矢函数曲线的范围可以方便地用参数区间即定义域 $u\in[u_0,u_1]$来表示，也可称它为曲线的参数域。几何形状的完整表示需要明确其定义域。

示例　给出第一象限内圆心位于原点的四分之一单位圆弧的参数矢函数表示。

解　圆弧的参数表示为

$$\begin{cases}x(\theta)=\cos\theta\\ y(\theta)=\sin\theta\end{cases},\quad 0\leqslant\theta\leqslant\frac{\pi}{2}$$

其参数矢函数表示为

$$\boldsymbol{p}(\theta)=\begin{bmatrix}\cos\theta\\ \sin\theta\end{bmatrix},\quad 0\leqslant\theta\leqslant\frac{\pi}{2}$$

参数可以有几何意义，例如上例中参数 θ 就具有明确的几何意义，它表示从圆心到圆上一点的半径矢量对于 x 轴正向的夹角。参数也可能没有任何几何意义，几何造型中曲线曲面的参数一般就没有几何意义。

给定一个具体的单参数的矢函数，即给定一个具体的参数曲线方程，称之为给定了一个曲线参数化(parameterization)。它既决定了所表示曲线的形状，也决定了该曲线上的点与其参数域内的点(即参数值)之间的一种对应关系。图 2.5 中给出了对应参数域内均匀分布的点及曲线上点的分布。在形状确定后，这种对应关系指的是曲线上点 $\boldsymbol{p}(u)$沿曲线弧长的分布情况与点的参数值 u 在参数域的分布情况之间的对应。一般地，当曲线取任意参数时，参数域内线段长度之比既不等于曲线上对应曲线段弧长之比，也不等于对应曲线段的弦长之比。仅在曲线取自身弧长或弧长的线性函数为参数时，参数域内线段长度之比才等于曲线上对应曲线段弧长之比。可见，这种对应关系与参数选取有关。

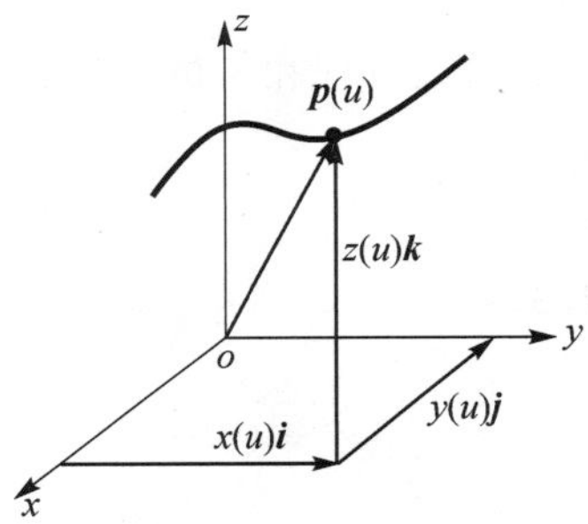

图 2.4　曲线 $\boldsymbol{p}(u)$表示为参数 u 的矢函数

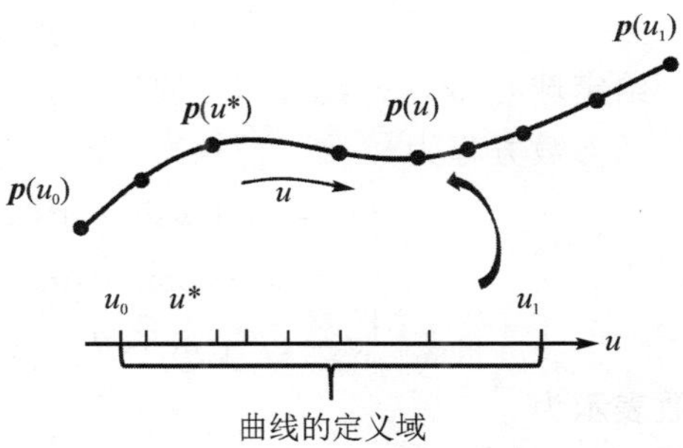

图 2.5　参数矢函数曲线的特征

同一条曲线的参数化是不唯一的，即对于同一条曲线形状，可以存在多个方程描述。第一象限内以原点为圆心的四分之一单位圆也可用如下的参数方程给出：

$$\boldsymbol{p}(u)=\begin{bmatrix}\dfrac{1-u^2}{1+u^2}\\[2mm] \dfrac{u^2}{1+u^2}\end{bmatrix},\quad 0\leqslant u\leqslant 1$$

注意，此方程中参数 u 即没有任何几何意义。

用不同的曲线方程描述同一条曲线，一般而言，其差别在于曲线上的点与参数域内的点之间的对应关系不同。用前一个方程表示的四分之一单位圆，参数域内均匀分布的点对应于曲线上沿曲线弧长均匀分布的点；而用后一个方程表示这个四分之一单位圆时，曲线上与参数域内均匀分布的点相对应的那些点沿曲线弧的分布从起点至终点为由稀渐密，对应参数域中点 $u=0.5$ 的点为(0.6,0.8)。

另一方面，对应于曲线上的同一数据点，不同的曲线方程，其导矢、曲率矢等信息也可不同。表明用不同的曲线方程描述同一条曲线，差别在于曲线上的点与参数域内的点之间的对应关系不同，即对应于同一参数，曲线上点的位置不同。又如速度与加速度矢量不同，表现为参数域内均匀分布的点对应于曲线上沿曲线弧长分布的疏密程度不同，如果用后一个方程表示这个四分之一单位圆，那么曲线上与参数域内均匀分布的点相对应的那些点沿曲线弧的分布从起点至终点为由稀渐密。

可以通过参数变换来改变一条曲线的参数，称为重新参数化。这些内容将在后续小节进行介绍。

2.3.2 曲面的参数矢函数表示

曲面的参数表示，是将曲面上点的各个坐标都表达成两参数 u 与 v 的标量函数：

$$\begin{cases} x=x(u,v) \\ y=y(u,v) \\ z=z(u,v) \end{cases} \tag{2.5}$$

在微分几何里，各分量被合写在一起形成曲面的矢函数表示。式(2.5)中，等号左边是曲面点的位置矢量，可表示为 $\boldsymbol{p}=[x,y,z]^{\mathrm{T}}$；右边 $\boldsymbol{p}(u,v)=[x(u,v),y(u,v),z(u,v)]^{\mathrm{T}}$，表示它是参数 u 与 v 的矢函数。于是，就有了微分几何里表示曲面的一般的参数矢函数形式：

$$\boldsymbol{p}=\boldsymbol{p}(u,v) \tag{2.6}$$

示例 给定球心(x_0,y_0,z_0)和球的半径 ρ，写出该球面的参数方程和矢量方程。

解 球的参数方程为

$$\begin{cases} x=x_0+\rho\sin\theta\cos\phi \\ y=y_0+\rho\sin\theta\sin\phi, \quad 0\leqslant\theta,\phi\leqslant 2\pi \\ z=z_0+\rho\cos\theta \end{cases}$$

参数矢函数表示为

$$\boldsymbol{p}(\theta,\varphi)=\begin{bmatrix} x_0+\rho\sin\theta\cos\phi \\ y_0+\rho\sin\theta\sin\phi \\ z_0+\rho\cos\theta \end{bmatrix}, \quad 0\leqslant\theta,\phi\leqslant 2\pi$$

2.4 几何设计中曲线曲面的数学表示

在形状设计时，人们总希望找到具有符合形状数学描述要求的整体性质的一类曲线。只有采用基表示形式，定义合适的基函数才有可能做到这一点。采用解析几何里的参数表示或微分几何里的一般矢函数表示都是做不到的。

2.4.1　曲线的数学表示与特征

1. 曲线的数学表示形式

在几何设计里，纵观所采用的形状描述数学方法，可以见到曲线大都采用称为基表示的特殊参数矢函数形式进行描述：

$$\boldsymbol{p}(u)=\sum_{i=0}^{n}\boldsymbol{a}_i\varphi_i(u),\quad u_0\leqslant u\leqslant u_1 \tag{2.7}$$

式中，$\varphi_i(u)(i=0,1,\cdots,n)$称为基函数，是关于参数 u 的一组标量函数，其决定了曲线的类型和整体性质；$\boldsymbol{a}_i$ 称为系数矢量，是与参数值无关的常矢量，可以具有某种几何意义（如点或切矢），也可以不具有任何几何意义；u 为曲线的参数，采用在一个范围连续变化的标量即变量表示。$\boldsymbol{p}(u)$为描述该曲线的矢函数。显然，式(2.7)为式(2.3)所描述的一般参数矢函数的一种特殊情况。

为了进一步了解这种表示形式，将式(2.7)展开可得

$$\boldsymbol{p}(u)=\boldsymbol{a}_0\varphi_0(u)+\boldsymbol{a}_1\varphi_1(u)+\cdots+\boldsymbol{a}_n\varphi_n(u),\quad u_0\leqslant u\leqslant u_1 \tag{2.8}$$

可见基表示的特殊矢函数曲线表示实质为 $n+1$ 个系数矢量的加权矢量和，与系数矢量 $\boldsymbol{a}_i$ 相对应的权重为基函数 $\varphi_i(u)$。对应于曲线上的一特定点 $\boldsymbol{p}(u_0)$，基函数值 $\varphi_i(u_0)$即决定了系数矢量 $\boldsymbol{a}_i$ 对 $\boldsymbol{p}(u_0)$的影响程度。

式(2.7)描述的曲线方程还可以表示为如下形式（在进行理论分析与推导时普遍采用）：

$$\boldsymbol{p}(u)=\begin{bmatrix}\boldsymbol{a}_0 & \boldsymbol{a}_1 & \cdots & \boldsymbol{a}_n\end{bmatrix}\begin{bmatrix}\varphi_0(u)\\ \varphi_1(u)\\ \vdots\\ \varphi_n(u)\end{bmatrix}$$

$$=\begin{bmatrix}\varphi_0(u) & \varphi_1(u) & \cdots & \varphi_n(u)\end{bmatrix}\begin{bmatrix}\boldsymbol{a}_0\\ \boldsymbol{a}_1\\ \vdots\\ \boldsymbol{a}_n\end{bmatrix},\quad u_0\leqslant u\leqslant u_1 \tag{2.9}$$

2. 曲线上的点及其曲线方程的物理解释

点动成线，曲线的参数矢函数表示将曲线视为点在空间中自由移动所形成的轨迹。如图 2.5 所示，给定一个参数值 $u=u^*$，得到曲线上一点 $\boldsymbol{p}(u^*)$。连续变换 u^* 值，则 $\boldsymbol{p}(u^*)$在空间中连续移动，其轨迹就形成了整条曲线 $\boldsymbol{p}(u)$。如果把参数 u 视为时间，曲线 $\boldsymbol{p}(u)$还可看作一质点随时间变化的运动轨迹。其关于参数 u 的一阶导矢与二阶导矢分别就是质点的速度矢量与加速度矢量。在这里，有可能质点的运动轨迹（即曲线）相同，但速度矢量与加速度矢量不相同。关于曲线导矢的相关内容将在后续章节进行介绍。

3. 曲线的定义域与首末端点

如图 2.5 所示，参数矢函数形式表示的曲线，其定义域由参数的变化区间表示，即 $u\in[u_0,u_1]\subset(-\infty,+\infty)$。对应于参数区间的最小值 u_0，其曲线上的点 $\boldsymbol{p}(u_0)$即为曲线的首端点；对应于参数区间的最大值 u_1，其曲线上的点 $\boldsymbol{p}(u_1)$即为曲线的末端点。因此参数矢函数形式的曲线是有界的。

4. 曲线的方向

参数矢函数形式表示的曲线是有方向的，曲线的方向对应于参数增长的方向，并可由曲线的切矢表示。相关内容将在后续章节进行介绍。

5. 曲线的维度

基表示的特殊参数矢函数由系数矢量与基函数决定，给定由式(2.7)所示的曲线方程，既可以定义平面曲线，也可以定义空间曲线或任意高维曲线。曲线方程的维度由系数矢量决定并与之相同。

二维平面曲线由二维系数矢量 $\boldsymbol{a}_i=(a_{ix},a_{iy})$ 定义，这种情况下式(2.7)等价于如下的分量表示：

$$\begin{bmatrix} x(u) \\ y(u) \end{bmatrix} = \begin{bmatrix} \sum_{i=0}^{n} a_{ix}\varphi_i(u) \\ \sum_{i=0}^{n} a_{iy}\varphi_i(u) \end{bmatrix} \tag{2.10}$$

同理，三维系数矢量 $\boldsymbol{a}_i=(a_{ix},a_{iy},a_{iz})$ 定义了三维空间曲线，其分量表示为

$$\begin{bmatrix} x(u) \\ y(u) \\ z(u) \end{bmatrix} = \begin{bmatrix} \sum_{i=0}^{n} a_{ix}\varphi_i(u) \\ \sum_{i=0}^{n} a_{iy}\varphi_i(u) \\ \sum_{i=0}^{n} a_{iz}\varphi_i(u) \end{bmatrix} \tag{2.11}$$

示例 给定如下形式的曲线方程：

$$\boldsymbol{p}(u)=(u^2+5u)\begin{bmatrix}2\\4\\4\end{bmatrix}+u^3\begin{bmatrix}5\\3\\2\end{bmatrix}+(2u-3)\begin{bmatrix}3\\8\\1\end{bmatrix},\quad u\in[-2,6]$$

试分析其相关属性。

解 曲线的定义域为 $u\in[-2,6]$，将首、末参数值分别代入曲线方程，可得到曲线的首、末端点，分别为

$$\boldsymbol{p}(-2)=(-73,-104,-47),\quad \boldsymbol{p}(6)=(1\ 239,984,705)$$

给定参数值 $u=1$，可得到曲线上的点 $\boldsymbol{p}(1)=(14,19,25)$。

系数矢量为三维，因此所定义的曲线是三维空间曲线。

6. 几何设计中直线的数学表示

几何设计中有多种表示直线的方法，首先给出最简单的定义形式，即两点间的线性插值直线的推导过程。如图2.6所示，给定两个端点 $\boldsymbol{p}_0$ 与 $\boldsymbol{p}_1$，以该两点作为直线的首、末端点定义一条直线段，u 为直线的参数，$u\in[0,1]$，所定义的直线表示为 $\boldsymbol{p}(u)$。考虑参数 u 将参数域分为两部分，两部分长度比为 $u:1-u$。相应地，直线上点 $\boldsymbol{p}(u)$ 将整条直线分割为两个部分，即 $\boldsymbol{p}_0\boldsymbol{p}(u)$ 段与 $\boldsymbol{p}(u)\boldsymbol{p}_1$ 段。将两段直线的长度比设为 $u:1-u$，即与参数分割比相一致，则有

$$\frac{\|\boldsymbol{p}_0\boldsymbol{p}(u)\|:\|\boldsymbol{p}(u)\boldsymbol{p}_1\|}{u:1-u}=1 \tag{2.12}$$

由于两个同向矢量的比值等于对应模长的比值，所以有

$$\frac{\|\boldsymbol{p}_0\boldsymbol{p}(u)\|}{\|\boldsymbol{p}(u)\boldsymbol{p}_1\|}=\frac{\boldsymbol{p}(u)-\boldsymbol{p}_0}{\boldsymbol{p}_1-\boldsymbol{p}(u)}$$

将该式代入式(2.12)并展开可得

$$\boldsymbol{p}(u)=(1-u)\boldsymbol{p}_0+u\boldsymbol{p}_1,\quad 0\leqslant u\leqslant 1 \tag{2.13}$$

下面验证该直线是否插值于首、末端点：

首先将参数值 0 与 1 代入直线方程，易知 $\boldsymbol{p}(0)=\boldsymbol{p}_0$ 与 $\boldsymbol{p}(1)=\boldsymbol{p}_1$，故假设成立。然后再验证该曲线的形状是否为直线。

如图 2.7 所示，给定一曲线，如果其上任意一点与首、末端点的连线形成的两弦线长度与首、末两点连线的长度相等，即

$$\|\boldsymbol{p}_0\boldsymbol{p}(u)\|+\|\boldsymbol{p}(u)\boldsymbol{p}_1\|=\|\boldsymbol{p}_0\boldsymbol{p}_1\|$$

则该曲线为直线。利用此条件检验表达式(2.12)易知该条件成立，故判定为直线。同时，由于两基函数 $1-u$ 与 u 均为 u 的线性函数，故称式(2.13)为线性插值直线(注：此直线在今后讨论中经常使用，需要重点掌握)。

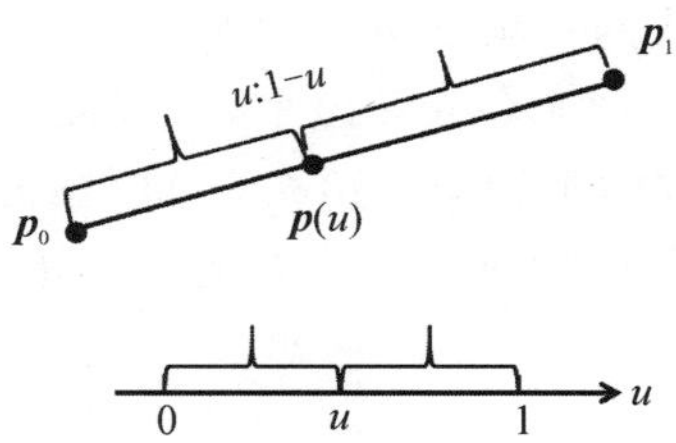

图 2.6　两点间的线性插值直线

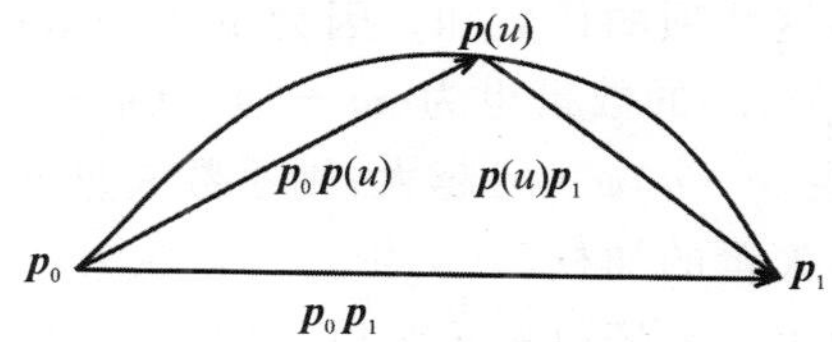

图 2.7　曲线的形状特征

7. 数学表示与几何形状的对应关系

以直线为例，在几何设计中有多种表示直线的方法，表达式(2.13)就是几何设计中表达直线的最简单形式。在直线方程推导过程中，如将两段直线 $\boldsymbol{p}_0\boldsymbol{p}(u)$ 与 $\boldsymbol{p}(u)\boldsymbol{p}_1$ 的长度比改为 $u^2:1-u^2$，利用相似的推导过程可得到以下表达式：

$$\boldsymbol{p}(u)=(1-u^2)\boldsymbol{p}_0+u^2\boldsymbol{p}_1,\quad 0\leqslant u\leqslant 1$$

容易验证，该方程表示的曲线形状仍为直线，且插值于首、末数据点 $\boldsymbol{p}_0$ 与 $\boldsymbol{p}_1$。

一般地，若给定曲线 $\boldsymbol{p}(u)=\varphi_0(u)\boldsymbol{p}_0+\varphi_1(u)\boldsymbol{p}_1, u\in[1,1]$，满足 $\varphi_0(u)+\varphi_1(u)\equiv 1$，则 $\boldsymbol{p}(u)$ 就也表示过两点 $\boldsymbol{p}_0$ 与 $\boldsymbol{p}_1$ 的直线。

上述情况表明，同一几何形状可以由不同的数学表示式进行描述，即曲线的参数化不唯一。此结论同样适用于曲面的定义。

示例　给定空间两点：$\boldsymbol{p}_0=(1,2,4)$，$\boldsymbol{p}_1=(9,6,8)$，写出这两点连线的直线方程，并计算连线上参数值 $u=0.25$ 的那一点的位置矢量。

解　该直线方程就是式(2.13)。将参数值 0.25 代入式(2.13)，可得对应的位置矢量 $\boldsymbol{p}(0.25)=(3,3,5)^{\mathrm{T}}$。

2.4.2 曲面的数学表示与特征

1. 曲面的数学表示形式

曲面是曲线的推广。相应地,在几何设计里,曲面大都采用基表示的一种特殊矢函数形式:

$$\boldsymbol{p}(u,v)=\sum_{i=0}^{m}\sum_{j=0}^{n}\boldsymbol{a}_{ij}\varphi_i(u)\psi_j(v),\quad u\in[u_0,u_1],v\in[v_0,v_1] \tag{2.14}$$

式中,u 与 v 为曲面的参数且均为标量,它们彼此独立并在各自区间$[u_0,u_1]$与$[v_0,v_1]$上连续变化;$\varphi_i(u)(i=0,1,\cdots,m)$为以 u 为变量的一组基函数;$\psi_j(v)(j=0,1,\cdots,n)$为以 v 为变量的一组基函数;$\boldsymbol{a}_{ij}$ 称为系数矢量,它们均为与 u、v 无关的常矢量,可以具有某种几何意义,也可以没有任何几何意义。

为了进一步了解曲面表达的内部构造,将式(2.14)展开可以得到

$$\begin{aligned}\boldsymbol{p}(u,v)=&\boldsymbol{a}_{00}\varphi_0(u)\psi_0(v)+\boldsymbol{a}_{01}\varphi_0(u)\psi_1(v)+\cdots+\boldsymbol{a}_{0n}\varphi_0(u)\psi_n(v)+\\&\boldsymbol{a}_{10}\varphi_1(u)\psi_0(v)+\boldsymbol{a}_{11}\varphi_1(u)\psi_1(v)+\cdots+\boldsymbol{a}_{1n}\varphi_1(u)\psi_n(v)+\cdots+\\&\boldsymbol{a}_{m0}\varphi_m(u)\psi_0(v)+\boldsymbol{a}_{m1}\varphi_m(u)\psi_1(v)+\cdots+\boldsymbol{a}_{mn}\varphi_m(u)\psi_n(v)\end{aligned} \tag{2.15}$$

由上式可知,从两组基函数中各取其一形成关于参数 u 与 v 的基函数乘积 $\varphi_i(u)\psi_j(v)$,将其与系数矢量 $\boldsymbol{a}_{ij}$ 相关联,两者再相乘形成曲面表达式的一项 $\boldsymbol{a}_{ij}\varphi_i(u)\psi_j(v)$。而整张曲面表达为由这些项的代数和。因为系数矢量的数量为$(m+1)\times(n+1)$个,所以曲面的组成项 $\boldsymbol{a}_{ij}\varphi_i(u)\psi_j(v)$的数量也为$(m+1)\times(n+1)$个。基函数的乘积 $\varphi_i(u)\psi_j(v)$可视为系数矢量 $\boldsymbol{a}_{ij}$ 的权重,$\varphi_i(u)\psi_j(v)$越大,则系数矢量 $\boldsymbol{a}_{ij}$ 对曲面形状的影响越大。在此意义上,曲面可理解为系数矢量的加权和。

曲面表达式还可表示为以下矩阵形式:

$$\boldsymbol{p}(u,v)=\begin{bmatrix}\varphi_0(u) & \varphi_1(u) & \cdots & \varphi_m(u)\end{bmatrix}\begin{bmatrix}\boldsymbol{a}_{00} & \boldsymbol{a}_{01} & \cdots & \boldsymbol{a}_{0n}\\ \boldsymbol{a}_{10} & \boldsymbol{a}_{11} & \cdots & \boldsymbol{a}_{1n}\\ \vdots & \vdots & & \vdots\\ \boldsymbol{a}_{m0} & \boldsymbol{a}_{m1} & \cdots & \boldsymbol{a}_{mn}\end{bmatrix}\begin{bmatrix}\psi_0(v)\\ \psi_1(v)\\ \vdots\\ \psi_n(v)\end{bmatrix} \tag{2.16}$$

曲面的矩阵形式经常用于理论分析与公式推导过程中。式(2.14)～式(2.16)这三个表达式是等价的。

与曲线情况相同,给定一个具体的曲面方程,称之为给定了一个曲面参数化。它既决定了所表示的曲面的形状,也决定了该曲面上的点与其参数域内的点的一种对应关系。同样,曲面的参数化也不是唯一的。

2. 曲面的定义域

如图 2.8 所示,曲面的范围常用两个参数的变化区间所表示的 uv 参数平面上的一个矩形区域给出,这样就相应得到具有 4 条边界的曲面即四边曲面。为满足产品几何描述要求,参数域内的点(u,v)与曲面上的点 $\boldsymbol{p}(u,v)$需要构成一一对应的映射关系。曲面的定义域由参数的取值范围确定。几何设计中曲面一般取矩形参数域,即 $u\in[u_0,u_1]\subset(-\infty,+\infty)$,$v\in[v_0,v_1]\subset(-\infty,+\infty)$。

3. 曲面边界曲线

如图 2.8 所示,曲面具有 4 条边界 $\boldsymbol{p}(u,v_0)$、$\boldsymbol{p}(u,v_1)$、$\boldsymbol{p}(u_0,v)$、$\boldsymbol{p}(u_1,v)$,它们分别与参数域上的 4 条边界 $v=v_0$、$v=v_1$、$u=u_0$、$u=u_1$ 相对应。

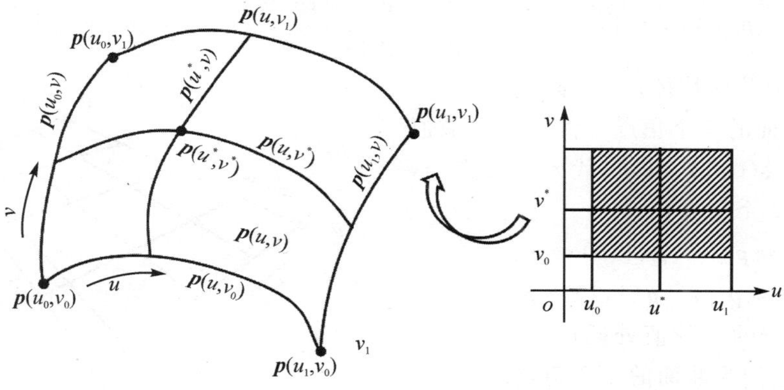

图 2.8　曲面的几何特征

4. 曲面的角点

如图 2.8 所示，参数域上的 4 个角点(u_0,v_0)、(u_0,v_1)、(u_1,v_0)、(u_1,v_1)定义了曲面的 4 个角点 $\boldsymbol{p}(u_0,v_0)$、$\boldsymbol{p}(u_0,v_1)$、$\boldsymbol{p}(u_1,v_0)$、$\boldsymbol{p}(u_1,v_1)$。

5. 曲面的等参数线

如果固定其中一个参数，如 $u=u_0$，则 $\boldsymbol{p}(u,v_0)$称为单参数 u 的矢函数，表示曲面上一条以 u 为参数的曲线，简称 u 线。类似地，$\boldsymbol{p}(u_0,v)$表示曲面上的一条 v 线。由此可见，参数曲面上存在两族等参数(isoparametric)线，即一族 u 线与一族 v 线。在曲面上一点 $\boldsymbol{p}(u_0,v_0)$处总有一条 u 线和一条 v 线。

6. 曲面上的曲线

如果在参数域上定义一条曲线，相应地，可获取曲面上的一条曲线。设参数域上曲线表示为 $u=f(v)$，将其代入曲面方程，可得 $\boldsymbol{p}(f(v),v)$，结果称为单参数 v 的矢函数，表明其为一条曲线。

7. 曲面上的点

给定 u 与 v 参数值 u^* 与 u^*，代入曲面方程 $\boldsymbol{p}(u,v)$，可求解曲面上一点 $\boldsymbol{p}(u^*,v^*)$。该点实际上也是两等参数线 $\boldsymbol{p}(u^*,v)$与 $\boldsymbol{p}(u,v^*)$的交点。

8. 曲面方程的物理解释

由曲面的等参数线定义，可对曲面的形成过程进行如下描述：给定参数 v 的初始值 $v=v_0$，得到起始曲线 $\boldsymbol{p}(u,v_0)$。在 v 参数范围$[v_0,v_1]$上连续增加 v 值，则得到连续变化位置与形状的曲线 $\boldsymbol{p}(u,v^*)$，直至 v 达到最大值 v_1，则形成最后一条边界曲线 $\boldsymbol{p}(u,v_1)$。所有这些曲线 $\boldsymbol{p}(u,v^*)$所扫描的轨迹形成整张曲面 $\boldsymbol{p}(u,v)$。上述过程也可以通过变动 u 得到。

概括起来，曲面的形成可视为将曲线在空间自由移动所形成的轨迹，曲线在移动过程中可同时改变其形状，因此曲面可理解为无数条曲线的集合。

9. 点、曲线、曲面的判别

给定一矢量形式的表达式，判别其为点、曲线、曲面的方法是：点表示为常矢量，曲线表示为单参数矢函数，曲面表示为双参数矢函数。

示例　这里直接给出插值于 4 个角点的双线性曲面的数学表示，并就相关问题予以说明。如图 2.9 所示，给定 4 个顶点 $\boldsymbol{p}_{00}$、$\boldsymbol{p}_{01}$、$\boldsymbol{p}_{10}$、$\boldsymbol{p}_{11}$，定义插值曲面表达式如下：

$$\boldsymbol{p}(u,v)=[1-u \quad u]\begin{bmatrix}\boldsymbol{p}_{00} & \boldsymbol{p}_{01}\\ \boldsymbol{p}_{10} & \boldsymbol{p}_{11}\end{bmatrix}\begin{bmatrix}1-v\\ v\end{bmatrix},\quad 0\leqslant u,v\leqslant 1 \tag{2.17}$$

试求解该曲面的几何特征。

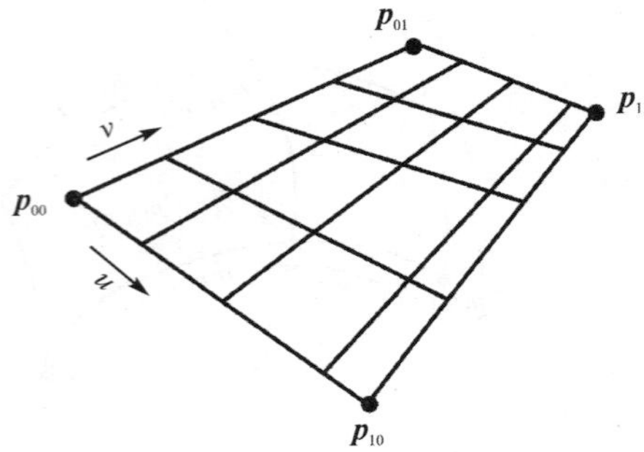

图 2.9　双线性插值曲面

解　① 曲面的 4 个角点　将 u、v 参数值对(0,0)、(1,0)、(0,1)、(1,1)代入曲面方程，可得到曲面的 4 个角点：

$$\boldsymbol{p}(0,0)=\boldsymbol{p}_{00},\quad \boldsymbol{p}(1,0)=\boldsymbol{p}_{10},$$

$$\boldsymbol{p}(0,1)=\boldsymbol{p}_{01},\quad \boldsymbol{p}(1,1)=\boldsymbol{p}_{11}$$

故该曲面在相应的参数值处插值于 $\boldsymbol{p}_{00}$、$\boldsymbol{p}_{01}$、$\boldsymbol{p}_{10}$、$\boldsymbol{p}_{11}$，并以它们为曲面的 4 个角点。

② 曲面的定义域　曲面的定义域为参数 u 与 v 的取值范围，即 $0\leqslant u,v\leqslant 1$。

③ 曲面的边界曲线　将 $v=0$、$v=1$、$u=0$、$u=0$ 代入曲面方程 $\boldsymbol{p}(u,v)$，可得到曲面的 4 条边界参数曲线：

$\boldsymbol{p}(u,0)=(1-u)\boldsymbol{p}_{00}+u\boldsymbol{p}_{10}$，可知该边界是由 $\boldsymbol{p}_{00}$ 与 $\boldsymbol{p}_{10}$ 定义的直线。

$\boldsymbol{p}(u,1)=(1-u)\boldsymbol{p}_{01}+u\boldsymbol{p}_{11}$，可知该边界是由 $\boldsymbol{p}_{01}$ 与 $\boldsymbol{p}_{11}$ 定义的直线。

$\boldsymbol{p}(0,v)=(1-v)\boldsymbol{p}_{00}+v\boldsymbol{p}_{01}$，可知该边界是由 $\boldsymbol{p}_{00}$ 与 $\boldsymbol{p}_{01}$ 定义的直线。

$\boldsymbol{p}(1,v)=(1-v)\boldsymbol{p}_{10}+v\boldsymbol{p}_{11}$，可知该边界是由 $\boldsymbol{p}_{10}$ 与 $\boldsymbol{p}_{11}$ 定义的直线。

④ 曲面的等参数线　固定 u 参数值，如 $u=0.2$，可得到曲面上的一条 v 参数线：

$$\boldsymbol{p}(0.2,v)=0.8(1-v)\boldsymbol{p}_{00}+0.8v\boldsymbol{p}_{01}+0.2(1-v)\boldsymbol{p}_{10}+0.2\boldsymbol{p}_{11}$$

固定 v 参数值如 $v=0.4$，可得到曲面上的一条 u 参数线：

$$\boldsymbol{p}(u,0.4)=0.6(1-u)\boldsymbol{p}_{00}+0.4(1-u)\boldsymbol{p}_{01}+0.6u\boldsymbol{p}_{10}+0.4u\boldsymbol{p}_{11}$$

⑤ 曲面上的点　给定一对参数值 $(u,v)=(0.2,0.4)$，将其代入曲面方程可得到曲面上的点 $\boldsymbol{p}(0.2,0.4)$，即

$$\boldsymbol{p}(0.2,0.4)=0.48\boldsymbol{p}_{00}+0.32\boldsymbol{p}_{01}+0.12\boldsymbol{p}_{10}+0.08\boldsymbol{p}_{11}$$

由式(2.17)可知，该曲面的两组基函数均为线性，且插值于给定的 4 个顶点，故称为双线性插值曲面。此曲面在后续内容中经常用到，需要重点掌握。

2.5　几何形状数学表示的基本要求与转换

2.5.1　几何形状数学表示的基本要求

要在计算机内表示某一工业产品的形状，其数学描述应保留产品形状尽可能多的性质。从实现计算机对形状处理、便于形状信息传递与产品数据交换的角度来看，应满足下列要求。

1. 唯一性

自由曲线曲面传统上采用模线样板法按模拟量传递，不能保证形状定义的唯一性，才转而采用数学描述。可见唯一性是对形状数学描述的首项要求。唯一性对所采用的数学方法的要求是，由已给定的有限信息决定的形状应是唯一的。在高等数学与解析几何里，分别用标量显函数 $y=y(x)$、$z=z(x,y)$ 与隐方程 $F(x,y)=0$、$F(x,y,z)=0$ 表示曲线和曲面。只要待

定的未知量数目与给定的已知量数目相同，且给定的已知量满足一定的要求，唯一性就能得到满足。用参数表示的曲线曲面，需要附加某些限制，一般也能得到满足。相关内容将在后续章节予以说明。

2．几何不变性

当用有限的信息决定一个形状时，如果这些点的相对位置确定，所决定的形状也就固定下来，它不应随所取的坐标系的改变而改变；反之，不具有几何不变性则意味着曲线曲面的数学表示和所表达的形状均随坐标系的变化而发生改变。如果采用的数学方法不具有几何不变性，那么用同样的数学方法去构造在不同坐标系下定义的同一组数据点，就会得到不同形状与数学表示的拟合曲线。显然，这是人们所不希望的。曲线曲面的代数表示不具有几何不变性，而参数矢函数形式的曲线曲面则在满足一定规范性条件下具有几何不变性。相关内容将在后续章节专门讨论。

3．易于定界

产品的形状总是有界的，形状的数学描述应易于定界。这个要求能否得到满足也与描述形状的数学方法有关。假如在某个 xoy 坐标系里有一条曲线，一个 x 值对应多个 y 值，一个 y 值又对应多个 x 值。若用标量函数描述这样一条曲线，那么要界定其中的一段圆弧是很困难的。但若用参数矢函数 $\boldsymbol{p}(u)=[x(u),y(u)]^{\mathrm{T}}$ 描述，那么就可以简单地用参数 u 的变化范围界定它的范围。这里 $u=a$ 与 $u=b$ 分别为曲线在首、末两端点的参数值。

4．统一性

能统一表示各种形状及处理各种情况，包括各种特殊情况。例如，曲线描述要求用一种统一的形式既能表示平面曲线，也能表示空间曲线。采用非参数的显函数只能描述平面曲线，空间曲线必须定义为两张曲面的交线。这就不符合表示形式统一性的要求。采用基表示的参数矢函数表示，其数学表示不受曲线维度的制约便达到了表示形式上的统一。对统一性的高要求是希望能找到统一的数学形式，既能表示自由曲线曲面，也能表示初等解析曲线曲面，从而能建立统一的数字模型，以便进行形状信息传递及产品数据交换。

5．具有丰富的表达力与灵活响应的能力

在形状表示上要求能表示两类基本形状及其复合形状。在形状设计上，由于设计员对于形状的要求是不受限制的，且经常地变化，所以形状的数学描述必须具有灵活地响应设计员自由绘制任意形状的能力。

6．易于实现连接且在许多场合要求光滑连接

通常单一的曲线段或曲面片难以表达复杂的形状，必须将一些曲线段相继连接在一起成为组合曲线，将一些曲面片相继拼接起来成为组合曲面，才能描述复杂的形状。当表示或设计一条光滑曲线或一张光滑曲面时，必须确信曲线段间、曲面片间的连接是光滑的。形状的数学描述要求容易实现这种光滑连接。

7．易于实现对形状的控制

设计员对于显示的曲线或曲面的形状要能随心所欲地操纵。要求形状的数学描述不仅具有整体控制的能力，而且具有局部控制的能力。人们希望形状的数学描述具有较多的控制灵活性，还希望在对形状进行操纵时能预估到将要发生的变化。

8．几何直观且几何意义明显

从几何直观上处理问题往往比变成代数问题更易为工程应用人员所接受，从而更具有生命力。

2.5.2 基表示的特殊参数矢函数的优点

与非参数表示相比，曲线曲面采用基表示的特殊参数矢函数形式具有如下一系列优点，因而能较好地满足形状数学描述的要求：

① 总是能够选取那些具有几何不变性的曲线曲面基表示形式，且能通过某种变换处理使那些不具有几何不变性的形式变换成具有几何不变性的形式，从而满足几何不变性要求。

② 易于规定曲线曲面的范围。

③ 易于表示空间曲线。

④ 仿射变换（一个一般的仿射变换由一个比例、旋转与剪切等线性变换加上一个平移变换组成）和投影变换容易执行。

⑤ 易于计算曲线、曲面上的点及其他信息。采用隐方程表示时，计算曲线或曲面上一点需要求解一个非线性方程组，远不及采用参数方程方便。此外，求导、等距计算等也能较容易地进行。

⑥ 易于处理多值问题和无穷大斜率。

⑦ 便于曲线、曲面的分段、分片描述。

⑧ 提供对曲线、曲面形状控制的较多自由度。

⑨ 为向高维问题推广提供了可能性。

上述诸优点中，居于主导地位的是几何不变性。尽管解析几何中的参数方程早已给出，研究参数曲线曲面性质的微分几何早就成为一门学科，但采用参数矢函数表示来描述产品的形状，直到 20 世纪 60 年代初才被美国波音飞机公司的弗格森所采用。从此以后，它便成为形状数学描述的标准形式。本书后续一般只讨论这种标准形式，除非特别指明，所提及的曲线、曲面均为表示成参数矢函数形式的参数曲线、曲面。

2.5.3 不同表示形式间的转换

基表示的参数矢函数是一般参数矢函数的一种特殊情况，其诸多优点使其适合于几何形状的数学描述并成为标准的表示形式。为使解析几何中的代数方程，以及微分几何中的一般参数矢函数所表示的曲线曲面满足几何形状表示的特殊要求，有必要完成向基表示参数矢函数的转换。而最简单有效的方法就是借助于直角坐标系的基矢量，并将它们设置为曲线表达式的系数矢量。对于由式(2.2)表示的三维曲线，采用此方法完成转换后的曲线表示为

$$\boldsymbol{p}(u)=x(u)\boldsymbol{i}+y(u)\boldsymbol{j}+z(u)\boldsymbol{k}$$

二维平面曲线的转换方法与此相似，该方法也可推广至高维曲线。

例如，给定直线方程的代数表示：

$$\frac{x-x_0}{l_x}=\frac{y-y_0}{y_x}=\frac{z-z_0}{l_z}$$

首先将其转换为参数表示：

$$\begin{cases}x(t)=l_xt+x_0\\y(t)=l_yt+y_0\\z(t)=l_zt+z_0\end{cases}$$

式中,t 为曲线的参数。再将其转化为一般参数矢函数:

$$\boldsymbol{p}=\boldsymbol{p}(t)=\begin{bmatrix} l_x t+x_0 \\ l_y t+y_0 \\ l_z t+z_0 \end{bmatrix}$$

利用基本矢 $\boldsymbol{i}$、$\boldsymbol{j}$、$\boldsymbol{k}$ 将其转换为基表示的参数矢函数:

$$\boldsymbol{p}(t)=(l_x t+x_0)\begin{bmatrix}1\\0\\0\end{bmatrix}+(l_y t+y_0)\begin{bmatrix}0\\1\\0\end{bmatrix}+(l_z t+z_0)\begin{bmatrix}0\\0\\1\end{bmatrix}$$

示例　给定一般参数矢函数方程:$\boldsymbol{\rho}(\theta)=[a\cos\theta, b\sin\theta]^{\mathrm{T}}$,将其转换为特殊矢函数方程。

解　以二维坐标系的基矢量 $\boldsymbol{i}$ 和 $\boldsymbol{j}$ 为系数矢量,该曲线可转换为

$$\boldsymbol{\rho}(\theta)=\begin{bmatrix}a\cos\theta\\ b\sin\theta\end{bmatrix}=a\cos\theta\begin{bmatrix}1\\0\end{bmatrix}+b\sin\theta\begin{bmatrix}0\\1\end{bmatrix}$$

2.6　参数化与参数变换

2.6.1　曲线的参数变换

给定了一个具体的参数曲线方程,称之为给定了一个曲线参数化。它既决定了所表示曲线的形状,也决定了该曲线上的点与参数域内的点之间的一种对应关系。若曲线在参数域内所有一阶导矢为非零矢量,则称该曲线为正则曲线。

设给定一正则曲线:

$$\boldsymbol{p}=\boldsymbol{p}(u),\quad u\in[u_0,u_1]$$

若引入新参数 t 并令 $u=u(t)$ 满足 $\mathrm{d}u/\mathrm{d}t\neq 0$,且$[u_0,u_1]\Rightarrow[t_0,t_1]$,则有

$$\boldsymbol{p}=\boldsymbol{p}(u(t))=\boldsymbol{p}(t),\quad t\in[t_0,t_1]$$

曲线从表示为参数 u 的矢函数变成参数 t 的矢函数,称为重新参数化。

将曲线对新参数求导,由链式法则:

$$\frac{\mathrm{d}\boldsymbol{p}}{\mathrm{d}t}=\frac{\mathrm{d}\boldsymbol{p}}{\mathrm{d}u}\frac{\mathrm{d}u}{\mathrm{d}t}$$

因在原参数 u 下,曲线是正则的,即有 $\mathrm{d}\boldsymbol{p}/\mathrm{d}t\neq 0$,故 $\mathrm{d}u/\mathrm{d}t\neq 0$ 保证变换后的曲线也是正则的。如果 $\mathrm{d}u/\mathrm{d}t>0$,则曲线取向不变;如果 $\mathrm{d}u/\mathrm{d}t<0$,则取向相反。

在几何设计中,常采用线性函数的参数变换,它把曲线从定义在原参数域上变换到新参数域,又称之为域参数变换,简称域变换。给定曲线段 $\boldsymbol{p}=\boldsymbol{p}(u)$,$u\in[0,1]$,如果将它改变成定义在新参数域 $t\in[t_0,t_1]$,则线性参数变换 $u=u(t)$ 如何求解?显然,线性参数变换必然具有如下形式:

$$u(t)=at+b$$

其中 a 与 b 为待定系数。为实现参数区间从$[0,1]$到$[t_1,t_2]$的转换,a 与 b 必须满足:

$$\begin{cases}at_1+b=0\\ at_2+b=1\end{cases}$$

求解上述方程组，得 $a=\dfrac{1}{t_1-t_0}$，$b=\dfrac{-t_0}{t_1-t_0}$，则得参数变换关系式：

$$u(t)=\frac{t-t_0}{t_1-t_0},\quad t\in[t_0,t_1]$$

反之，若希望将曲线段 $\boldsymbol{p}=\boldsymbol{p}(u)$，$u\in[u_0,u_1]$改变成定义在新参数域 $t\in[0,1]$上，则可作参数变换

$$u(t)=(1-t)u_0+tu_1,\quad t\in[0,1]$$

域变换常用来将整体参数域变换到局部参数域，或者反之，且可用来重新界定曲线或进行分割或剪裁。在曲线方向保持不变的域变换下，可得到对新参数 t 的 k 阶导矢：

$$\frac{\mathrm{d}^k\boldsymbol{p}}{\mathrm{d}t^k}=\frac{\mathrm{d}^k\boldsymbol{p}}{\mathrm{d}u^k}\left(\frac{\mathrm{d}u}{\mathrm{d}t}\right)^k$$

可见与对老参数 u 的 k 阶导矢相比，新参数的 k 阶导矢方向不变，仅模长改变。曲线上点与参数域内点间的对应关系也保持不变。

若 $u(t)$为非线性函数，则

$$\frac{\mathrm{d}^2\boldsymbol{p}}{\mathrm{d}t^2}=\frac{\mathrm{d}^2\boldsymbol{p}}{\mathrm{d}u^2}\left(\frac{\mathrm{d}u}{\mathrm{d}t}\right)^2+\frac{\mathrm{d}\boldsymbol{p}}{\mathrm{d}u}\frac{\mathrm{d}^2u}{\mathrm{d}t^2}$$

可见对参数 t 的二阶导矢与对参数 u 的二阶导矢相比，不仅方向发生改变，而且模长也发生了改变。曲线上点与参数域内点的对应关系也发生了改变。

前已指出，存在不同的曲线方程描述同一条曲线的情况。曲线经重新参数化后，其形状保持不变。描述同一条曲线的不同曲线方程由其间的参数变换联系起来。一般地，用不同方程描述同一条曲线，其间差别在于，曲线上的点与参数域内的点的对应关系不同。特殊地，仅在方向不变的域变换下，这种对应关系保持不变。

示例　根据参数转换关系 $u=t^2-4$，将曲线 $\boldsymbol{p}(u)=(u^2-4)\boldsymbol{a}_0+(2u+1)\boldsymbol{a}_1$，$u\in[1,2]$变换为以 t 为参数的参数曲线。

解　将参数转换关系代入曲线表达式，有

$$\boldsymbol{p}=\boldsymbol{p}(u(t))=\boldsymbol{p}(t)=(t^4-8t^2+12)\boldsymbol{a}_0+(2t^2-7)\boldsymbol{a}_1,\quad t\in[\sqrt{5},\sqrt{6}]$$

2.6.2　曲面的参数变换

与曲线类似，给定一个具体的曲面方程，称之为给定了一个曲面参数化。它既决定了所表示的曲面的形状，也决定了该曲面上的点与参数平面上参数域内的点之间的一种对应关系。如果在曲面上任一点处都有两个不平行的一阶偏导矢，则称之为正则的。同一张曲面可由不同的方程描述，它们之间可由参数变换联系起来。

给定一正则曲面 $\boldsymbol{p}=\boldsymbol{p}(u,v)$，$(u,v)\in\mathbf{R}^2$，令 $u=(\bar{u},\bar{v})$，$v=(\bar{u},\bar{v})$，则得到一个以 $\bar{u}$、$\bar{v}$ 为参数的曲面：

$$\boldsymbol{p}=\boldsymbol{p}(u(\bar{u},\bar{v}),v(\bar{u},\bar{v})),\quad(\bar{u},\bar{v})\in\bar{\mathbf{R}}^2$$

这一过程称为曲面的重新参数化。为使转换后的曲面是正则的，参数转换关系需要满足雅克比行列式不为零的条件：

$$\frac{\partial(u,v)}{\partial(\bar{u},\bar{v})}=\begin{vmatrix}\dfrac{\partial(u)}{\partial(\bar{u})} & \dfrac{\partial(u)}{\partial(\bar{v})} \\ \dfrac{\partial(v)}{\partial(\bar{u})} & \dfrac{\partial(v)}{\partial(\bar{v})}\end{vmatrix}$$

雅克比行列式不为零的条件保证变换后得到的曲面也是正则的。用不同方程描述同一张曲面，其间差别在于曲面上的点与参数域内的点的对应关系不同。类似地，可采用域变换改变曲面的参数域，并用来界定其中一子曲面片或者说对曲面进行分割。

习　题

1. 分析代数方程表达曲线曲面的局限性。
2. 几何造型设计中采用哪种数学形式完成曲线曲面的数学表达？
3. 特殊参数矢函数曲线曲面方程由哪两类基本信息组成？各自具有什么意义？
4. 采用基表示的特殊参数矢函数描述几何形状具有哪些优点？
5. 在几何形状设计中，点所表达的几何特征有哪些？各自具有什么几何意义？
6. 两矢量的叉积如何计算？具有什么几何意义？
7. 不同的方程描述同一个曲线曲面，相互之间的异同点有哪些？
8. 给定曲线方程 $\boldsymbol{p}(u)=[5u^2,u^4]^{\mathrm{T}}$，$u\in[0,1]$，完成以下问题的求解：

(1) 曲线的首末端点；

(2) 曲线在首末端点处的切矢；

(3) 将曲线方程转换为基表示的特殊矢函数形式。

9. 列出由四个顶点定义的双线性插值曲面上的两条等参数线 $\boldsymbol{p}(u,0.2)$ 和 $\boldsymbol{p}(0.4,v)$ 的表达式。

10. 对于曲线：

$$\boldsymbol{p}(t)=(t^2+5t)\begin{bmatrix}2\\4\\4\end{bmatrix}+t^3\begin{bmatrix}5\\3\\2\end{bmatrix}+(2t-3)\begin{bmatrix}3\\8\\1\end{bmatrix},\quad t\in[2,4]$$

引入新参数 u 且 $u=2t^2+7$，列出以 u 表示的曲线方程与曲线定义域。

第3章　曲线曲面的微分几何特征

微分几何与CAGD都是用矢函数来描述曲线与曲面的，前者主要研究曲线、曲面上一点邻近的性质即微分几何性质，后者则主要研究符合形状数学描述要求的工业产品几何形状的数学描述方法。在计算机辅助设计与制造中，人们经常需要计算切矢、法矢、二阶导矢和曲率，需要构造切平面、法平面和等距面等。比如飞机既有表面气动外形要求，又有内部结构（机身隔框、机翼翼肋等）的外形要求；注射模型腔和型芯之间形成的间隙应恰为制件的厚度；用球头刀加工曲面时，刀心轨迹和被加工表面的法向距离应为球头刀的半径。这些都是等距面的构造问题。而欲构造等距面，就必须计算法矢，欲计算法矢，又必须先计算切矢。又如：在曲线、曲面拼合时，常要求两者达到曲率连续；为防止数控加工中发生过切，要求在切触点处工件的曲率半径大于刀具的曲率半径；在数据预处理中，应使曲率连续变化；这些工作都要求计算曲率，而曲率的计算公式中还含有切矢和二阶导矢。除构造等距面和计算曲率之外，制造工程中的许多其他计算都要应用微分几何学中的基本知识。

在形状设计时，人们总希望找到具有符合形状数学描述要求的整体性质的一类曲线。只有采用基表示形式，寻找具体的合适的基函数时才有可能做到这一点；而采用解析几何里的参数表示或微分几何里的一般矢函数表示，都是做不到的。但是研究曲线的整体性质时又需要用到曲线的微分性质，且以后者为基础，所以必须学习有关微分几何的知识作为基础。

本章从与产品形状设计相结合的角度介绍有关微分几何的内容，并将一些新的内容凝缩在这一章中，依次叙述曲线论预备知识、曲线论基本公式、曲面论和曲面论基本公式，为读者掌握曲线、曲面造型技术奠定良好的基础。学习本章时，特别要注意微分几何与几何形状设计的连接和交融，熟悉并掌握微分几何中一系列重要概念与思路方法。

3.1　曲线的导矢与切线

既然曲线上的点是参数的矢函数，就可将描述曲线的矢函数对参数求导，所得结果即为曲线的导矢。导矢在曲线、曲面造型中有非常重要的作用，如利用导矢计算曲线的切矢、法矢、法平面、曲率、等距线，曲面的切矢、法矢、曲率以及构造等距面等，也可应用导矢信息构造曲线和曲面。

3.1.1　参数矢函数求导的基本公式

下面列出的是矢函数求导基本公式，它们广泛应用于曲线分析计算中。

$$\frac{\mathrm{d}\boldsymbol{c}}{\mathrm{d}t}=\boldsymbol{0}$$

$$\frac{\mathrm{d}[k\boldsymbol{a}(t)]}{\mathrm{d}t}=k\frac{\mathrm{d}[\boldsymbol{a}(t)]}{\mathrm{d}t}$$

$$\frac{\mathrm{d}[\boldsymbol{a}(t)+\boldsymbol{b}(t)+\boldsymbol{c}(t)]}{\mathrm{d}t}=\frac{\mathrm{d}\boldsymbol{a}(t)}{\mathrm{d}t}+\frac{\mathrm{d}\boldsymbol{b}(t)}{\mathrm{d}t}+\frac{\mathrm{d}\boldsymbol{c}(t)}{\mathrm{d}t}$$

$$\frac{\mathrm{d}[\phi(t)\boldsymbol{a}(t)]}{\mathrm{d}t}=\frac{\mathrm{d}\phi(t)}{\mathrm{d}t}\boldsymbol{a}(t)+\phi(t)\frac{\mathrm{d}\boldsymbol{a}(t)}{\mathrm{d}t}$$

$$\frac{\mathrm{d}[\boldsymbol{a}(t)\cdot\boldsymbol{b}(t)]}{\mathrm{d}t}=\frac{\mathrm{d}\boldsymbol{a}(t)}{\mathrm{d}t}\cdot\boldsymbol{b}(t)+\boldsymbol{a}(t)\cdot\frac{\mathrm{d}\boldsymbol{b}(t)}{\mathrm{d}t}$$

$$\frac{\mathrm{d}[\boldsymbol{a}(\phi(t))]}{\mathrm{d}t}=\frac{\mathrm{d}\boldsymbol{a}(\phi)}{\mathrm{d}\phi}\frac{\mathrm{d}\phi(t)}{\mathrm{d}t}$$

$$\frac{\mathrm{d}[\boldsymbol{a}(t)\times\boldsymbol{b}(t)]}{\mathrm{d}t}=\frac{\mathrm{d}\boldsymbol{a}(t)}{\mathrm{d}t}\times\boldsymbol{b}(t)+\boldsymbol{a}(t)\times\frac{\mathrm{d}\boldsymbol{b}(t)}{\mathrm{d}t}$$

$$\begin{aligned}\frac{\mathrm{d}[\boldsymbol{a}(t)\cdot\boldsymbol{b}(t)\cdot\boldsymbol{c}(t)]}{\mathrm{d}t}=&\frac{\mathrm{d}\boldsymbol{a}(t)}{\mathrm{d}t}\cdot\boldsymbol{b}(t)\cdot\boldsymbol{c}(t)+\\&\boldsymbol{a}(t)\cdot\frac{\mathrm{d}\boldsymbol{b}(t)}{\mathrm{d}t}\cdot\boldsymbol{c}(t)+\\&\boldsymbol{a}(t)\cdot\boldsymbol{b}(t)\cdot\frac{\mathrm{d}\boldsymbol{c}(t)}{\mathrm{d}t}\end{aligned}$$

上面公式中，$\boldsymbol{a}(t)$、$\boldsymbol{b}(t)$、$\boldsymbol{c}(t)$为参数 t 的矢函数，$\boldsymbol{c}$ 为常矢量。

3.1.2　参数曲线导矢的几何意义

从微分几何角度分析，参数曲线 $\boldsymbol{p}=\boldsymbol{p}(u)$在 $u=u_0$ 的一阶导矢表示为

$$\dot{\boldsymbol{p}}(u_0)=\left.\frac{\mathrm{d}\boldsymbol{p}(u)}{\mathrm{d}u}\right|_{u=u_0}=\lim_{\Delta u\to 0}\frac{\boldsymbol{p}(u_0+\Delta u)-\boldsymbol{p}(u_0)}{\Delta u}$$

式中，矢量 $\boldsymbol{p}(u_0+\Delta u)-\boldsymbol{p}(u_0)$表示曲线上从点 $\boldsymbol{p}(u_0)$到点 $\boldsymbol{p}(u_0+\Delta u)$的一阶差分矢量（边矢量），由于参数的单调增特性，可知 Δu 恒大于 0，因此该矢量除以 Δu 后方向不变。若 $\Delta u\to 0$，则 $\boldsymbol{p}(u_0+\Delta u)\to\boldsymbol{p}(u_0)$，$\boldsymbol{p}(u_0+\Delta u)-\boldsymbol{p}(\boldsymbol{u}_0)$就表示曲线在 $\boldsymbol{p}(u_0)$点处位置变化的微分，其方向代表切线方向。一阶导矢 $\dot{\boldsymbol{p}}(u_0)$被称为曲线在 $u=u_0$ 处的切矢。类似地，可以给出曲线在 $u=u_0$ 处的二阶导矢。显然曲线的各阶导矢都是相对矢量。

3.1.3　一般参数矢函数曲线的导矢

参数矢函数对其参数求导等于各分量分别对参数求导。以空间曲线为例，如果

$$\boldsymbol{p}(u)=\begin{bmatrix}x(u)\\y(u)\\z(u)\end{bmatrix}\tag{3.1}$$

则

$$\dot{\boldsymbol{p}}(u)=\frac{\mathrm{d}\boldsymbol{p}(u)}{\mathrm{d}u}=\begin{bmatrix}\dfrac{\mathrm{d}x(u)}{\mathrm{d}u}\\\dfrac{\mathrm{d}y(u)}{\mathrm{d}u}\\\dfrac{\mathrm{d}z(u)}{\mathrm{d}u}\end{bmatrix}\tag{3.2}$$

式(3.1)表示一般参数矢函数曲线，其一阶导矢可利用式(3.2)求解。高阶导矢的计算同理。

对于一阶导矢，其结果可视为两点间差分矢量（即边矢量）相对参数增量的极限，而差分矢量的类型为相对矢量，因此不同于作为绝对矢量的位置矢量，一阶导矢的类型为相对矢量，可在

空间任意平移。高阶导矢也是如此。为便于图形表达与分析，通常将各阶导矢的起点绘制到位置点 $\boldsymbol{p}(u)$处，以表达其与曲线上点的对应关系。图 3.1 所示为曲线的一阶导矢与二阶导矢。

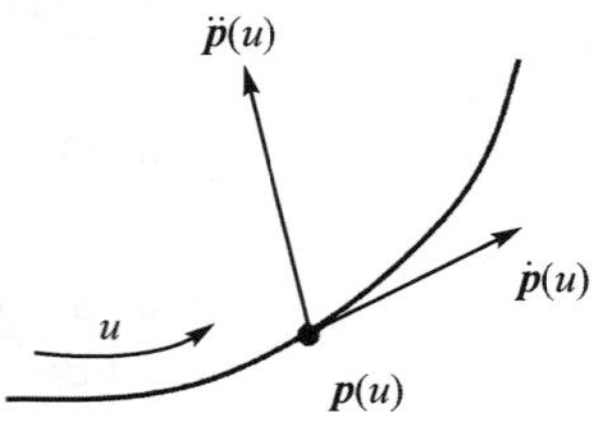

图 3.1　曲线的一阶导矢与二阶导矢

曲线采用参数表示后，就有了方向。曲线的方向对应于曲线上参数增加的方向，并可由一阶导矢表示，故一阶导矢也称为切矢。

示例　计算曲线

$$\boldsymbol{p}(u)=\begin{bmatrix}2u^3\\u^2\\2u^2-1\end{bmatrix}$$

在参数值 $u=0.2$ 处的一阶导矢并列出曲线在该点处的切线方程。

解　利用公式(3.2)可得曲线切矢的表达式：

$$\dot{\boldsymbol{p}}(u)=\begin{bmatrix}6u^2\\2u\\4u\end{bmatrix}$$

将参数值分别代入曲线及其切矢方程，可得到

$$\boldsymbol{p}(0.2)=\begin{bmatrix}0.016\\0.04\\-0.02\end{bmatrix},\quad \dot{\boldsymbol{p}}(0.2)=\begin{bmatrix}0.24\\0.4\\0.8\end{bmatrix}$$

因此曲线在该点的切线方程为

$$\frac{x-0.016}{0.24}=\frac{y-0.04}{0.4}=\frac{z+0.02}{0.8}$$

特殊情况下，若参数选择不好，则可能导致在某点原本切线方向连续的曲线切矢计算结果为零矢量，该现象称为切矢消失，所以曲线在该点处的切线方向就不能由该点处的一阶导矢确定。这时，曲线在该点的切线方向可由曲线在该点处的最低阶的非零导矢的方向决定。例如对于上例中的曲线，其在参数值 $u=0$ 处的切矢为(0,0,0)，对该曲线求二阶导，其在该点处的值为 $\ddot{\boldsymbol{p}}(0)=(0,2,4)$，则该点处的切线方向即为(0,2,4)。由此可见，曲线参数选择的不合理是造成曲线几何特性分析困难的重要原因。

3.1.4　基表示参数矢函数曲线的导矢

对于式(2.7)所示的基表示的特殊矢函数曲线，其一阶导矢为

$$\dot{\boldsymbol{p}}(u)=\sum_{i=0}^{n}\boldsymbol{a}_i\frac{\mathrm{d}\varphi_i(u)}{\mathrm{d}u}=\sum_{i=0}^{n}\boldsymbol{a}_i\varphi_i'(u)\tag{3.3}$$

高阶导矢的计算与此同理。

示例　计算曲线

$$\boldsymbol{p}(t)=(t^2+5t)\begin{bmatrix}2\\4\\4\end{bmatrix}+t^3\begin{bmatrix}5\\3\\2\end{bmatrix}+(2t-3)\begin{bmatrix}3\\8\\1\end{bmatrix}$$

在参数值 $t=0.2$ 处的一阶导矢并列出曲线在该点处的切线方程。

解　利用公式(3.2)可得到曲线切矢表达式：

$$\dot{\boldsymbol{p}}(t)=(2t+5)\begin{bmatrix}2\\4\\4\end{bmatrix}+3t^2\begin{bmatrix}5\\3\\2\end{bmatrix}+2\begin{bmatrix}3\\8\\1\end{bmatrix}$$

将参数值代入曲线及其切矢方程，可得到

$$\boldsymbol{p}(0.2)=\begin{bmatrix}14.32\\23.384\\41.576\end{bmatrix},\quad \dot{\boldsymbol{p}}(0.2)=\begin{bmatrix}17.4\\37.96\\23.84\end{bmatrix}$$

构建曲线在该点的切线方程为

$$\frac{x-14.32}{17.4}=\frac{y-23.384}{37.96}=\frac{z-41.576}{23.84}$$

3.2　曲线的自然参数方程

前已述及，对于同一曲线形状，可以有多个曲线方程对其进行描述。不同的曲线方程，其参数选择各有不同，这些参数可以具有几何意义，也可以没有任何几何意义。其中的一种特殊情况是，选取曲线自身弧长作为曲线方程的参数，这样的方程称为曲线的自然参数方程，弧长为自然参数。由于曲线弧长仅与曲线自身形状有关，曲线形状一旦确定，曲线上两任意点间的弧长也就唯一确定，不依赖于坐标系的选取或曲线位姿的变化而变化，所以取曲线的弧长为参数完成曲线的数学表达。在此基础上研究曲线的几何性质，对于实际应用和理论分析都会带来很多方便。

弧长参数化后曲线表达为

$$\boldsymbol{p}=\boldsymbol{p}(s) \tag{3.4}$$

式中，s 为曲线自然参数，即弧长。曲线以自身弧长为参数，意味着曲线上任意两点间的弧长即为两点对应参数的插值。

对于非弧长参数化曲线，欲完成曲线上任意两点间的弧长的计算，首先考虑弦长微分：

$$\mathrm{d}\boldsymbol{p}=[\mathrm{d}x\quad \mathrm{d}y\quad \mathrm{d}z]^{\mathrm{T}}$$

结合弧长微分公式：

$$\mathrm{d}s^2=\mathrm{d}\boldsymbol{p}^2=\mathrm{d}x^2+\mathrm{d}y^2+\mathrm{d}z^2$$

进而有

$$\mathrm{d}s=\sqrt{\left(\frac{\mathrm{d}\boldsymbol{p}}{\mathrm{d}u}\right)^2}\mathrm{d}u=\|\dot{\boldsymbol{p}}(u)\|\mathrm{d}u$$

于是有

$$s(u)=\int_{u_0}^{u}\|\dot{\boldsymbol{p}}(u)\|\mathrm{d}u=\int_{u_0}^{u}\sqrt{[\dot{x}(u)]^2+[\dot{y}(u)]^2+[\dot{z}(u)]^2}\,\mathrm{d}u \tag{3.5}$$

于是求出曲线的一阶导矢并给定计算弧长 s 所需的起点参数 u_0 后，对上式积分就可计算出该曲线任一点 $\boldsymbol{p}(u)$ 至起点 $\boldsymbol{p}(u_0)$ 的弧长。

示例　计算曲线 $\boldsymbol{\rho}(\theta)=(a\cos\theta, a\sin\theta)$ 位于参数区间 $[0,2\pi]$ 之间的弧长，并将该曲线转

换为自然参数方程。

解 由式(3.5)可得

$$s(\theta)=\int_0^u \|\dot{\boldsymbol{\rho}}(\theta)\|\,\mathrm{d}\theta=\int_{u_0}^u \sqrt{a^2\cos^2\theta+a^2\sin^2\theta}\,\mathrm{d}\theta=a\theta$$

故有

$$\theta=\frac{s}{a}$$

将其代入曲线方程,可得

$$\boldsymbol{\rho}(s)=\begin{bmatrix} a\cos\left(\dfrac{s}{a}\right) \\ a\sin\left(\dfrac{s}{a}\right) \end{bmatrix}$$

3.3 曲线的微分几何特征

3.3.1 曲线的活动坐标系

曲线的局部微分几何性质可由一系列矢量表示,如切矢、法矢、曲率矢等。由于同一几何形状可以由不同的曲线方程表示,因此上述矢量的计算结果将随曲线参数的选取的不同而不同。另一方面,对于某一曲线,如变换该曲线的位姿,这些矢量也将随之发生变化。如能在曲线上构建一个局部坐标系,该坐标系依附于曲线上的点并随曲线的坐标变化而变化,但其相对于曲线自身的相对位姿不变,则不论如何对曲线进行坐标变换,相关矢量的计算结果将保持不变。同时,这样的局部坐标系需要依附于曲线上的点,当参数连续变化时,该坐标系就随曲线上对应点位置的不同而发生连续平移和旋转,因此成为一个活动坐标系,称为弗朗内特(Frenet)活动标架,或简称弗朗内特标架。

有了活动标架,则曲线在任一点处邻近的几何行为或几何性质就可在该点处的活动标架内考察。该点处的任一个矢量就可表示成活动标架上三个基本矢的线性组合。

活动坐标系本质上是一个三维直角坐标系,定义该坐标系需要确定的信息,包括坐标原点以及三个基本矢。三个基本矢均为单位矢量且相互正交,三个基本矢满足右手定则。上述定义活动坐标系的几何量具有明确的几何意义,但具体的建立方法,因曲线采用自然参数与一般参数表示而不同。

1. 自然参数化曲线的活动坐标系定义

对于以式 $\boldsymbol{p}=\boldsymbol{p}(s)$表达的弧长参数化曲线,依附于曲线上点 $\boldsymbol{p}(s)$的活动坐标系建立如下:

(1) 单位切矢

单位切矢即为曲线在点 $\boldsymbol{p}(s)$处切矢同向的单位矢量。切矢表达为

$$\dot{\boldsymbol{p}}(s)=\frac{\mathrm{d}\boldsymbol{p}}{\mathrm{d}s}$$

由弧长微分公式 $\mathrm{d}s^2=\mathrm{d}\boldsymbol{p}^2$,有

$$\|\dot{\boldsymbol{p}}(s)\|=\left\|\frac{\mathrm{d}\boldsymbol{p}}{\mathrm{d}s}\right\|=1$$

该式表明，曲线对弧长的一阶导矢即切矢 $\dot{\boldsymbol{p}}(s)$ 为单位矢量，取该矢量为活动坐标系的第一个基本矢，称为单位切矢，用小写黑体希腊字母 $\boldsymbol{\alpha}(s)$ 表示，即

$$\boldsymbol{\alpha}(s)=\dot{\boldsymbol{p}}(s)=\frac{\mathrm{d}\boldsymbol{p}}{\mathrm{d}s}$$

(2) 主法矢

由于 $\boldsymbol{\alpha}(s)$ 是一单位变矢量，而对于任一单位变矢量，有

$$\boldsymbol{\alpha}^2(s)=\|\boldsymbol{\alpha}(s)\|^2=1$$

两边对参数 s 求导，有

$$2\dot{\boldsymbol{\alpha}}(s)\boldsymbol{\alpha}(s)=0$$

该式表明，单位切矢 $\boldsymbol{\alpha}(s)$ 恒垂直于它的一阶导矢 $\dot{\boldsymbol{\alpha}}(s)$。但一般地，$\dot{\boldsymbol{\alpha}}(s)$ 不再是单位矢量，将其进行单位化处理，即除以自身模长，可得到称为主法矢的另一基本矢量：

$$\boldsymbol{\beta}(s)=\frac{\dot{\boldsymbol{\alpha}}(s)}{\|\dot{\boldsymbol{\alpha}}(s)\|}$$

(3) 副法矢

取单位切矢与主法矢的叉积，可得到符合右手定则的称为副法矢或次法矢的单位矢量：

$$\boldsymbol{\gamma}(s)=\boldsymbol{\alpha}(s)\times\boldsymbol{\beta}(s)$$

由下式可知 $\boldsymbol{\beta}(s)$ 为单位矢量：

$$\|\boldsymbol{\beta}(s)\|=\|\boldsymbol{\alpha}(s)\|\cdot\|\boldsymbol{\beta}(s)\|\cdot\sin(\boldsymbol{\alpha}(s),\boldsymbol{\beta}(s))=1$$

2. 一般参数化曲线活动坐标系的建立

几何设计中的曲线一般不以自身弧长为参数。当曲线表示为一般参数的矢函数 $\boldsymbol{p}=\boldsymbol{p}(u)$ 时，依附于曲线上点 $\boldsymbol{p}(u)$ 的活动坐标系建立如下：

(1) 单位切矢

$$\boldsymbol{\alpha}(u)=\frac{\dot{\boldsymbol{p}}(u)}{\|\dot{\boldsymbol{p}}(u)\|}$$

(2) 副法矢

副法矢由一阶导矢和二阶导矢所在的称为密切面的平面的单位法矢决定：

$$\boldsymbol{\gamma}(u)=\frac{\dot{\boldsymbol{p}}(u)\times\ddot{\boldsymbol{p}}(u)}{\|\dot{\boldsymbol{p}}(u)\times\ddot{\boldsymbol{p}}(u)\|}$$

过曲线切矢的平面都是切平面，有无数个，密切面就是其中的一个，它是和曲线最贴近的一个切平面。

(3) 主法矢

有了 $\boldsymbol{\alpha}$ 与 $\boldsymbol{\gamma}$，根据右手定则就得到了主法矢：

$$\boldsymbol{\beta}(s)=\boldsymbol{\gamma}(s)\times\boldsymbol{\alpha}(s)$$

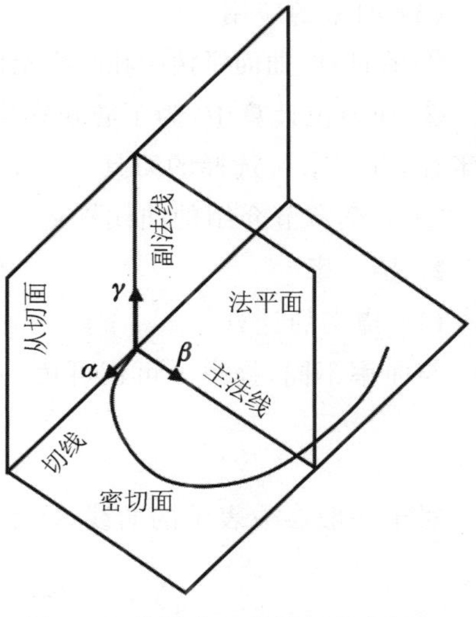

图 3.2　曲线上一点的活动坐标系

无论曲线表示为以弧长为参数还是一般参数，三个基本矢都具有相同的几何意义，仅取决于曲线自身几何形状。如图 3.2 所示，将曲线在一点处的三个单位矢量用来作为坐标轴方向的基矢量，则在该点处构

成一个局部坐标系。当参数连续变化时，该坐标系就随曲线上对应点位置的不同而发生连续平移和旋转，成为曲线上的一个活动坐标系，即弗朗内特活动标架。活动标架中的3个坐标轴依次为曲线在该点的切线、主法线、副法线，三个坐标平面依次为密切面、法平面、从切面。

另一方面，活动坐标系由曲线自身的几何形状决定，当曲线平移或旋转时，曲线上各点处的活动坐标系随之平移和旋转，而与曲线之间的相对方位固定不变。有了活动标架，则曲线在任一点处邻近的几何行为或几何性质就可在该点处的活动标架内考察。该点处的任一个矢量就可表示成活动标架上三个基矢量的线性组合。

3.3.2 曲率与挠率

1. 曲　率

（1）曲率的计算

自然参数化曲线的曲率计算公式为

$$k=\|\dot{\boldsymbol{\alpha}}(s)\|=\left\|\frac{\mathrm{d}\boldsymbol{\alpha}(s)}{\mathrm{d}s}\right\|=\|\ddot{\boldsymbol{p}}(s)\|$$

对于一般参数表示的曲线，曲率的计算公式为

$$k=\frac{\|\dot{\boldsymbol{p}}(u)\times\ddot{\boldsymbol{p}}(u)\|}{\|\dot{\boldsymbol{p}}(u)\|^3}$$

（2）曲率的几何意义

自然参数化曲线曲率的计算结果表明，曲率 k 的几何意义为曲线的单位切矢（即曲线方向）对于弧长 s 的转动率，反映了曲线的弯曲程度或形状变化的剧烈程度。k 恒为正，故又称为绝对曲率。因单位切矢对弧长的一阶导矢 $\dot{\boldsymbol{\alpha}}(s)$，其模长等于曲率，故特称为曲率矢。它与主法矢同向，指向曲线凹的一方。曲率的倒数称为曲率半径。沿主法线方向距离曲线上点 $\boldsymbol{p}(s)$ 为曲率半径的那个点称为曲率中心。密切面上以曲率中心为圆心、曲率半径为半径的圆称为密切圆。一般参数化曲线曲率的几何意义与此相同。

（3）曲率的应用

① 在曲线、曲面拼接中和曲线光顺处理时，使用曲率的连续性作为曲线光顺程度的判别准则。

② 在刀位计算中，为了防止在实际加工中产生过切，需要计算曲面在刀具切触点处的曲率半径，并要求所选择的刀具半径应不大于该点的曲率半径。

③ 后续章节介绍的曲线构造方法，经常以首、末端点的曲率值来设置约束条件。

2. 挠　率

（1）挠率的计算

与曲率不同，挠率 τ 可正可负。对于自然参数化曲线，其计算公式如下：

$$|\tau(s)|=\left\|\frac{\mathrm{d}\boldsymbol{\beta}(s)}{\mathrm{d}s}\right\|$$

对于一般参数表示的曲线，挠率的计算公式为

$$\boldsymbol{\tau}(s)=\frac{(\dot{\boldsymbol{p}}(s),\ddot{\boldsymbol{p}}(s),\dddot{\boldsymbol{p}}(s))}{[\dot{\boldsymbol{p}}(s)\times\ddot{\boldsymbol{p}}(s)]^2}$$

式中，$(\dot{\boldsymbol{p}}(s),\ddot{\boldsymbol{p}}(s),\dddot{\boldsymbol{p}}(s))$为三矢量的混合积。

(2) 挠率的几何意义

在几何意义上，曲线挠率的绝对值等于副法线方向(或密切面)对于弧长的转动率。对于平面曲线，密切面法矢方向是固定不变的，因而副法矢恒为零矢量，故挠率恒等于零，因此根据这一特征可作为平面曲线的判定准则。如挠率不为 0，则该曲线为空间曲线。挠率可正可负，大于 0 与小于 0 分别表示曲线为右旋空间曲线和左旋空间曲线。因此，挠率反映了曲线在三维空间中的扭曲情况。

曲线的弧长 s、曲率 k、挠率 τ 是曲线的几何不变量，三个基矢量 $\boldsymbol{\alpha}$、$\boldsymbol{\beta}$、$\boldsymbol{\gamma}$ 及其对弧长的各阶导矢量是曲线的不变矢，它们都与参数选取无关。

示例　求圆柱螺线 $\boldsymbol{\rho}(s)=[r\cos\omega s, r\sin\omega s, hs]^{\mathrm{T}}$ 的曲率和挠率，其中 r、h、ω 均为常数，s 为曲线的弧长。

解　单位切矢及其一阶导矢为

$$\boldsymbol{\alpha}(s)=\begin{bmatrix}-r\omega\sin\omega s\\ r\omega\cos\omega s\\ h\end{bmatrix},\quad \dot{\boldsymbol{\alpha}}(s)=\begin{bmatrix}-r\omega^2\cos\omega s\\ -r\omega^2\sin\omega s\\ 0\end{bmatrix}$$

根据曲率的定义，有

$$k(s)=r\omega^2$$

曲线的主法矢为

$$\boldsymbol{\beta}(s)=\frac{\dot{\boldsymbol{\alpha}}(s)}{r\omega^2}$$

根据挠率的定义，可得

$$\tau(s)=\omega$$

因而圆柱螺线的曲率、挠率均为常数。

3.3.3　平面曲线的等距线

平面曲线 $\boldsymbol{p}(u)$上每一点的主法矢 $\boldsymbol{\beta}(u)$的正向或负向移动一个固定距离 d，就得到该平面曲线的等距线。此功能的典型应用是对于数控加工刀具轨迹的处理，将根据几何模型提取的刀具点沿正确方向偏移刀具补偿半径的距离，可以保证加工几何形状的正确性，避免过切与欠切。此过程可表达为

$$\boldsymbol{p}(u)=\boldsymbol{p}(u)\pm d\boldsymbol{\beta}(u)$$

3.3.4　曲线的参数连续性

函数曲线具有直到 k 阶的连续导数，称为是 k 次可微的，或简称是 C^k 的。类似地，参数曲线具有关于参数的直到 k 阶的连续导矢，也称为是 k 次可微的，或简称是 C^k 的。由于参数曲线的这种可微性与参数有关，故又称之为参数连续性。在函数曲线里，可微性与光滑度是一致的。函数曲线是 C^1 意味着具有连续的切线方向，C^2 意味着不仅具有连续的切线方向，还具有连续的曲率。但在参数曲线里，仅当曲线为正则时，这种一致性保持成立。在曲线上出现零

切矢的点处，这种一致性不一定成立。曲线在这样的非正则点处，切线方向与相对曲率有可能出现不连续。反过来，参数曲线上 C^2 甚至 C^1 不连续的点却有可能切线方向甚至曲率是连续的。

与参数连续性有所区别，这里给出几何连续性的概念。几何连续性用 G^k 表示。如果函数曲线处处位置连续，则称曲线 0 阶几何连续或是 G^0 的。如果函数曲线具有连续的切线方向，则称曲线一阶几何连续或是 G^1 的。如果函数曲线具有连续的曲率，则称曲线二阶几何连续或是 G^2 的。与参数连续性相比，显然几何连续性更为适用。

示例 给定两平面曲线：$\boldsymbol{p}(u)$，$u\in[0,1]$和 $\boldsymbol{q}(t)$，$t\in[0,1]$，列出两曲线首尾相接达到曲率连续的条件。

解 曲线 $\boldsymbol{p}(u)$末端点曲率如下：

$$k_1=\frac{\|\dot{\boldsymbol{p}}(1)\times\ddot{\boldsymbol{p}}(1)\|}{\|\dot{\boldsymbol{p}}(1)\|^3}$$

曲线 $\boldsymbol{q}(t)$首端点曲率如下：

$$k_2=\frac{\|\dot{\boldsymbol{q}}(0)\times\ddot{\boldsymbol{q}}(0)\|}{\|\dot{\boldsymbol{q}}(0)\|^3}$$

因此，两曲线在公共连接点达到曲率连续的条件为

$$\frac{\|\dot{\boldsymbol{p}}(1)\times\ddot{\boldsymbol{p}}(1)\|}{\|\dot{\boldsymbol{p}}(1)\|^3}=\frac{\|\dot{\boldsymbol{q}}(0)\times\ddot{\boldsymbol{q}}(0)\|}{\|\dot{\boldsymbol{q}}(0)\|^3}$$

3.4 曲面的微分几何性质

3.4.1 曲面的偏导矢与法矢

1. 曲面的切矢

曲面的导矢由曲面上曲线的导矢定义。前已述及，在曲面上的一点 $\boldsymbol{p}(u_0,v_0)$处存在两条等参数线，其中曲面 u 参数线 $\boldsymbol{p}(u_0,v)$在该点处的切矢即关于 u 的偏导矢，称为曲面的 u 向切矢；v 参数线 $\boldsymbol{p}(u_0,v)$在该点处的切矢即关于 v 的偏导矢，称为 v 向切矢。为便于表达它们与曲面上点 $\boldsymbol{p}(u_0,v_0)$的对应关系，可将这两个偏导矢看作附着于该点的两个矢量，将其起点置于 $\boldsymbol{p}(u_0,v_0)$处。

$$\begin{cases}\boldsymbol{p}_u(u_0,v_0)=\left.\dfrac{\partial\boldsymbol{p}(u,v)}{\partial u}\right|_{u=u_0,v=v_0}=\left.\dfrac{\mathrm{d}\boldsymbol{p}(u,v_0)}{\mathrm{d}u}\right|_{u=u_0}\\[2ex]\boldsymbol{p}_v(u_0,v_0)=\left.\dfrac{\partial\boldsymbol{p}(u,v)}{\partial v}\right|_{u=u_0,v=v_0}=\left.\dfrac{\mathrm{d}\boldsymbol{p}(u_0,v)}{\mathrm{d}v}\right|_{v=v_0}\end{cases}\tag{3.6}$$

2. 曲面的跨界切矢

曲面的跨界切矢定义于曲面的 4 条边界曲线上，它们分别为曲面对于边界曲线 $\boldsymbol{p}(u,v_0)$的 v 向偏导矢 $\boldsymbol{p}_v(u,v_0)$、曲面对于边界曲线 $\boldsymbol{p}(u,v_1)$的 v 向偏导矢 $\boldsymbol{p}_v(u,v_1)$、曲面对于边界曲线 $\boldsymbol{p}(u_0,v)$的 u 向偏导矢 $\boldsymbol{p}_u(u_0,v)$及曲面对于边界曲线 $\boldsymbol{p}(u_1,v)$的 u 向偏导矢 $\boldsymbol{p}_u(u_1,v)$。公式如下：

$$\begin{cases} \dot{\boldsymbol{p}}_v(u,v_0)=\left.\dfrac{\partial \boldsymbol{p}(u,v)}{\partial v}\right|_{v=v_0} \\ \dot{\boldsymbol{p}}_v(u,v_1)=\left.\dfrac{\partial \boldsymbol{p}(u,v)}{\partial v}\right|_{v=v_1} \\ \dot{\boldsymbol{p}}_u(u_0,v)=\left.\dfrac{\partial \boldsymbol{p}(u,v)}{\partial u}\right|_{u=u_0} \\ \boldsymbol{p}_u(u,v_1)=\left.\dfrac{\partial \boldsymbol{p}(u,v)}{\partial v}\right|_{u=u_1} \end{cases} \tag{3.7}$$

曲面跨界切矢在曲面拼接中具有重要意义，是衡量两邻接曲面公共边界光顺程度的重要依据。

3. 曲面的法矢

曲面上通过点 $\boldsymbol{p}(u_0,v_0)$ 处的曲线有无数条，曲面在该点处的切平面与所有这些曲线相切，此切平面的法矢即为曲面在该点处的法矢。显然，曲面法矢与所有曲线在该点处的切矢相垂直。在求解点 $\boldsymbol{p}(u_0,v_0)$ 两个等参数线偏导矢 $\boldsymbol{p}_u(u_0,v_0)$ 与 $\boldsymbol{p}_v(u_0,v_0)$ 后，如果这两个偏导矢不平行，即 $\boldsymbol{p}_u(u_0,v_0)\times\boldsymbol{p}_v(u_0,v_0)\neq\boldsymbol{0}$，则这样的点称为曲面的正则点。此时将此两矢量进行叉积并进行单位化处理，就可以得到曲面在点 $\boldsymbol{p}(u_0,v_0)$ 处的切平面的单位法矢：

$$\boldsymbol{n}(u_0,v_0)=\pm\frac{\boldsymbol{p}_u(u_0,v_0)\times\boldsymbol{p}_v(u_0,v_0)}{\|\boldsymbol{p}_u(u_0,v_0)\times\boldsymbol{p}_v(u_0,v_0)\|} \tag{3.8}$$

曲面法矢的取向随叉乘的两个偏导矢互换位置而取反，两者都可表示曲面法矢，具体分析时根据实际情况进行取舍。如果曲面上一点处两个一阶偏导矢相互平行，即 $\boldsymbol{p}_u(u_0,v_0)\times\boldsymbol{p}_v(u_0,v_0)=\boldsymbol{0}$，则这样的点称为曲面的奇点，这样的曲面参数化是不成功的。

在获取曲面上的一点 $\boldsymbol{p}(u_0,v_0)$ 以及该点处法矢 $\boldsymbol{n}(u_0,v_0)$ 之后，曲面在该点处切平面 $\boldsymbol{r}$ 的矢量方程可表达为

$$\boldsymbol{n}(u_0,v_0)\cdot[\boldsymbol{r}-\boldsymbol{p}(u_0,v_0)]=0$$

代数方程为

$$n_x(u_0,v_0)\cdot[r_x-x(u_0,v_0)]+n_y(u_0,v_0)\cdot[r_y-y(u_0,v_0)]+$$
$$n_z(u_0,v_0)\cdot[r_z-z(u_0,v_0)]=0$$

上述讨论的曲面偏导矢与法矢的几何意义如图 3.3 所示。

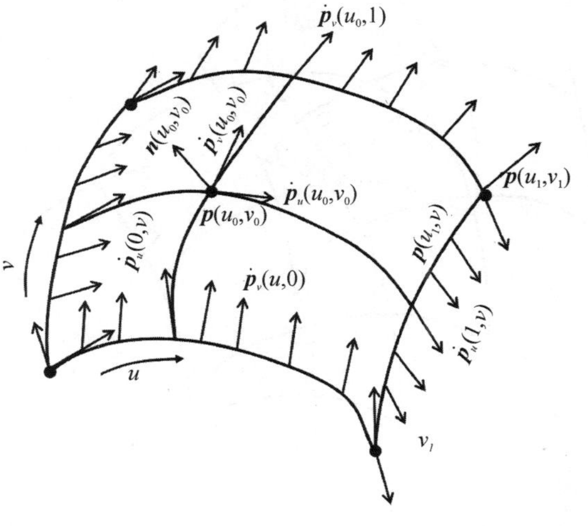

图 3.3　曲面的偏导矢与法矢

示例 给定由 $\boldsymbol{d}_0(5,3,3)$、$\boldsymbol{d}_1(2,4,1)$、$\boldsymbol{d}_2(-2,2,4)$、$\boldsymbol{d}_3(8,6,4)$四点定义的双线性插值曲面：

$$\boldsymbol{p}(u,v)=[2u+5 \quad -u^2+4u]\begin{bmatrix}\boldsymbol{d}_0 & \boldsymbol{d}_1\\ \boldsymbol{d}_2 & \boldsymbol{d}_3\end{bmatrix}\begin{bmatrix}1-2v\\ v\end{bmatrix},\quad -1\leqslant u,v\leqslant 2$$

求解曲面上一点 $\boldsymbol{p}(1.2,-0.5)$的法矢与切平面方程。

解 首先将 u、v 参数值代入曲面方程，解得曲面上的点 $\boldsymbol{p}(1.2,-0.5)$为(39.72,32.96,60.86)。

再由式(3.6)求解曲面的 u 向、v 向偏导矢表示式：

$$\dot{\boldsymbol{p}}_u(u,v)=\frac{\partial \boldsymbol{p}(u,v)}{\partial u}=2(1-2v)\boldsymbol{d}_0+2v\boldsymbol{d}_1+(-2u+4)(1-2v)\boldsymbol{d}_2+(-2u+4)v\boldsymbol{d}_3$$

$$\dot{\boldsymbol{p}}_v(u,v)=\frac{\partial \boldsymbol{p}(u,v)}{\partial v}=-2(2u+5)\boldsymbol{d}_0+(2u+5)\boldsymbol{d}_1-2(-u^2+4u)\boldsymbol{d}_2-(-u^2+4u)\boldsymbol{d}_3$$

再将 u、v 参数值代入上式，得该点处两偏导矢为

$$\dot{\boldsymbol{p}}_u(1.2,-0.5)=\left.\frac{\partial \boldsymbol{p}(u,v)}{\partial u}\right|_{u=1.2,v=-0.5}=\begin{bmatrix}5.2\\ 9.6\\ 20.6\end{bmatrix}$$

$$\dot{\boldsymbol{p}}_v(1.2,-0.5)=\left.\frac{\partial \boldsymbol{p}(u,v)}{\partial v}\right|_{u=1.2,v=-0.5}=\begin{bmatrix}-72.64\\ -48.4\\ -77.32\end{bmatrix}$$

再利用式(3.7)解得该点处的单位法矢为

$$\boldsymbol{n}(1.2,-0.5)=[0.210\ 8,-0.905\ 3,0.368\ 7]^{\mathrm{T}}$$

由此解得曲面在该点处的切平面方程：

$$\frac{x-39.73}{0.21}=\frac{y-32.96}{-0.91}=\frac{z-60.86}{0.37}$$

4. 曲面的等距面

图 3.4 所示为曲面的等距面。

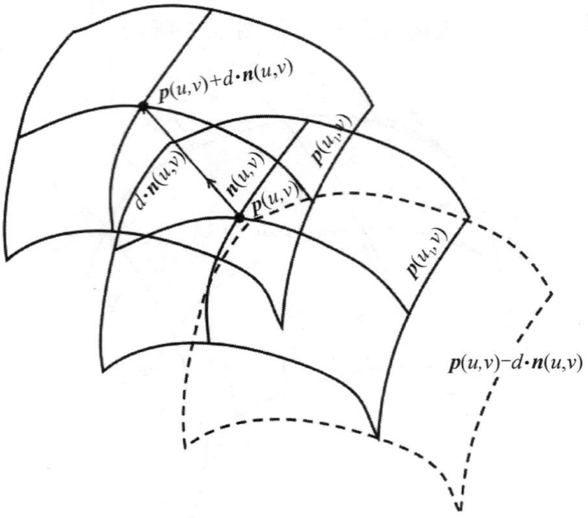

图 3.4 曲面的等距面

沿曲面 $\boldsymbol{p}(u,v)$ 上每一点的法矢正向或负向移动一个固定距离 d，就得到该曲面的等距面：

$$\boldsymbol{\rho}(u,v)=\boldsymbol{p}(u,v)\pm\boldsymbol{n}(u,v)$$

该式表明，曲面的等距面有两个，分别位于原曲面的两侧，具体分析时根据实际情况进行取舍。

3.4.2　曲面上的曲线及其切矢

前已述及，uv 参数平面上与 u 轴、v 轴平行的直线 $v=v_0$、$u=u_0$ 在曲面上映射为两条曲线，即 u 参数线与 v 参数线。同样，如果在参数平面上定义一条曲线，其在曲面上也将映射为一条曲线，由此得到曲面上的曲线的定义。

已给曲面 $\boldsymbol{p}=\boldsymbol{p}(u,v)$，若引入另一参数 t 并将双参数 u 与 v 表达为 t 的函数，即 $u=u(t)$，$v=v(t)$，将其代入曲面方程，则有

$$\boldsymbol{p}(t)=\boldsymbol{p}(u(t),v(t))$$

该式称为单参数 t 的矢函数，表达的即为曲面上的曲线。

对于曲面上曲线的表达式，应用链式法则对参数 t 求导，且得该曲线的切矢：

$$\dot{\boldsymbol{p}}(t)=\frac{\mathrm{d}\boldsymbol{p}(t)}{\mathrm{d}t}=\boldsymbol{p}_u\dot{u}+\boldsymbol{p}_v\dot{v}$$

式中，

$$\boldsymbol{p}_u=\frac{\partial\boldsymbol{p}(u,v)}{\partial u},\quad \boldsymbol{p}_v=\frac{\partial\boldsymbol{p}(u,v)}{\partial v},\quad \dot{u}=\frac{\mathrm{d}u}{\mathrm{d}t},\quad \dot{v}=\frac{\mathrm{d}v}{\mathrm{d}t}$$

从上式可以看出：

① 曲面上任意曲线的切矢，可以表达为该点两等参数线切矢的线性组合。

② 过曲面某固定点的所有曲面上的任意曲线的切矢都共面，此平面也是由过此点的两坐标曲线所确定的那个平面，也就是曲面过此点处的切平面。

③ 如果有两条曲面上的曲线在曲面上某点相交，欲求其交角，只需求出它们在交点处的单位切矢，然后取点积，就得到交角的余弦。

图 3.5 所示为曲面上的曲线及其切矢。

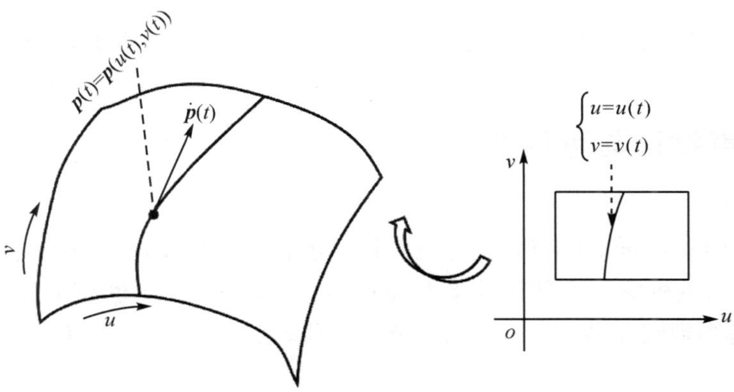

图 3.5　曲面上的曲线及其切矢

3.4.3 曲面的曲率性质

曲面的曲率是由曲面上曲线的曲率引入的。例如，取弧长 s 为参数，则曲面上曲线 $\boldsymbol{p}=\boldsymbol{p}(u(s),v(s))$ 的切矢为

$$\dot{\boldsymbol{p}}(s)=\frac{\mathrm{d}\boldsymbol{p}(u(s),v(s))}{\mathrm{d}s}=\dot{\boldsymbol{p}}_u\frac{\mathrm{d}u}{\mathrm{d}s}+\dot{\boldsymbol{p}}_v\frac{\mathrm{d}v}{\mathrm{d}s}$$

再次对弧长 s 求导得曲率矢：

$$\ddot{\boldsymbol{p}}(s)=\ddot{\boldsymbol{p}}_{uu}\dot{u}^2+2\ddot{\boldsymbol{p}}_{uv}\dot{u}\dot{v}+\ddot{\boldsymbol{p}}_{vv}\dot{v}^2+\dot{\boldsymbol{p}}_u\ddot{u}+\dot{\boldsymbol{p}}_v\ddot{v}$$

曲率矢 $\ddot{\boldsymbol{p}}(s)$ 在曲面曲线 $\boldsymbol{p}$ 点处的曲面单位法矢 $\boldsymbol{n}$ 上的投影称为曲面在该点沿切矢 $\dot{\boldsymbol{p}}(s)$ 方向的法曲率，即

$$k_n=\ddot{\boldsymbol{p}}(s)\cdot\boldsymbol{n}$$

可见，法曲率 k_n 可正可负，其符号取决于曲面上曲线的曲率矢在曲面单位法矢上的投影分量是否与曲面单位法矢同向。

曲面上过 $\boldsymbol{p}$ 点具有相同切矢方向 $\dot{\boldsymbol{p}}(s)$ 的曲线有无数多条，它们的曲率矢 $\ddot{\boldsymbol{p}}(s)$ 都位于过 $\boldsymbol{p}$ 点垂直于 $\dot{\boldsymbol{p}}(s)$ 的法平面内。过曲面上一点具有相同切线方向的所有曲面上曲线在该点都具有相同的法曲率。因此，法曲率是曲面上一点沿切平面内某一方向的曲率性质。

另一方面，曲面上一点的法曲率总是沿所取某一方向的法曲率。曲面上一点有无数多个方向，就有无数多法曲率。除了平面和球面外，这无数多的法曲率是不相同的。因此，曲面的曲率没有唯一的衡量指标，一般通过对法曲率的统计意义上的指标进行评价。关键指标是主曲率、高斯曲率与平均曲率。其中主曲率分别是法曲率的最大值 k_1 和最小值 k_2，它们所在的方向称为主方向。

两个主曲率的乘积与中值分别称为高斯曲率（或全曲率，或总曲率）K 与平均曲率（或中曲率）H，分别为

$$K=k_1+k_2$$

$$H=\frac{k_1+k_2}{2}$$

依据曲面在一点的高斯曲率 $K<0,K=0,K>0$，可以判别该点的类型依次为双曲点、抛物点及椭圆点。

3.4.4 直纹面与可展曲面

1. 直纹面

直线段在空间连续运动（平移、旋转或它们的组合）扫出的轨迹形成的曲面称为直纹面。直纹面广泛应用在飞机翼面类部件外形曲面造型中。柱面、锥面也都是直纹面。如果曲面 $\boldsymbol{p}(u,v)$ 的两族等参数线 u 线与 v 线中有一族是直线，则该曲面为直纹面，直纹面上的这族直线称为母线。

为构造一张直纹面，在直纹面上取一条曲线 $\boldsymbol{\rho}=\boldsymbol{\rho}(u)$ 和所有母线相交，称之为准线。沿准线上每个点的母线方向给定一个非零矢量 $\boldsymbol{\tau}(u)$，则直纹面方程可写为

$$\boldsymbol{p}(u,v)=\boldsymbol{\rho}(u)+v\boldsymbol{\tau}(u)$$

由上述曲面方程知，准线上 $u=u^*$ 处的直母线方程表示为

$$\boldsymbol{p}(u^*,v)=\boldsymbol{\rho}(u_0)+v\boldsymbol{\tau}(u^*)$$

该方程表现为参数 v 的线性矢函数，形状为以 $\boldsymbol{\rho}(u_0)$ 为起点、$\boldsymbol{\tau}(u^*)$ 为方向的半无限长射线，限定 v 参数值，则该射线就具有了有限长度，成为了适于几何设计的线段。

特殊地，当 $\boldsymbol{\tau}(u)$ 为变矢量，但准线缩成一点即 $\boldsymbol{\rho}(u)=\boldsymbol{\rho}$ 时，曲面方程为

$$\boldsymbol{p}(u,v)=\boldsymbol{\rho}+v\boldsymbol{\tau}(u)$$

这样的直纹面就成为了锥面。

当 $\boldsymbol{\tau}(u)$ 为固定矢量时，直纹面就成为了柱面：

$$\boldsymbol{p}(u,v)=\boldsymbol{\rho}(u)+v\boldsymbol{\tau}(u)$$

翼面类部件表面一般是直纹面，柱面（母线互相平行）、锥面（母线都经过同一点）都是直纹面。图 3.6 所示为直纹面的定义。

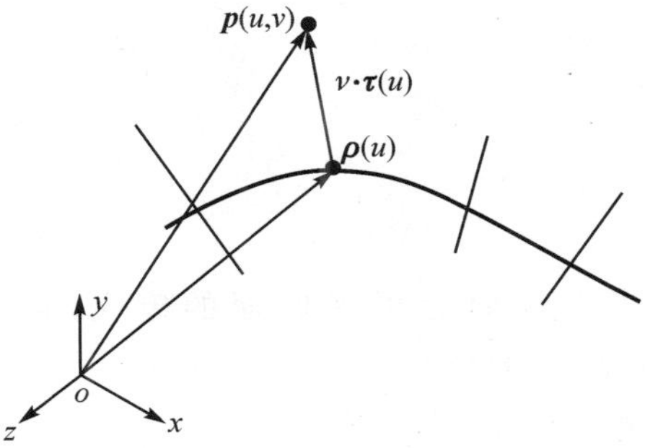

图 3.6　直纹面的定义

2. 双线性插值曲面

双线性插值曲面是一种特殊类型的直纹面，该曲面在 2.3.2 小节的实例中已经给出其数学定义，并讨论了相关特征，这里对直纹面的构造过程展开讨论。在几何设计中，直纹面一般由一直母线沿两条准线运动生成。若这两条准线分别由两端点 $\boldsymbol{p}_{00}$ 与 $\boldsymbol{p}_{01}$ 以及 $\boldsymbol{p}_{10}$ 与 $\boldsymbol{p}_{11}$ 作线性插值定义，并且是取同一参数 v 的直线段，则可分别表示为 $(1-v)\boldsymbol{p}_{00}+v\boldsymbol{p}_{01}$ 与 $(1-v)\cdot\boldsymbol{p}_{10}+v\boldsymbol{p}_{11}$。这里 $1-v$ 与 v 是两者共同的一组基。若取定一参数值 v_0，则在每一准线上各得一点。取 u 为参数，以所得两点再作线性插值，则得到直母线：

$$\boldsymbol{p}(u,v)=(1-u)[(1-v)\boldsymbol{p}_{00}+v\boldsymbol{p}_{01}]+u[(1-v)\boldsymbol{p}_{10}+v\boldsymbol{p}_{11}],\quad 0\leqslant u\leqslant 1$$

这里 $1-u$ 与 u 为直母线的基。当 u 从 0 变化到 1 时，直母线沿两直准线运动从而在空间扫出了一张直纹面，即双线性插值曲面。其中，曲面的一组基是双变量 u 与 v 的一组线性函数，它们恰好是所有可能的两组单变量基中各取其一的乘积。改写上式可得到双线性插值曲面的矩阵表示，见式(2.17)，曲面形状见图 2.9。

由式(2.17)可见，该曲面的形成过程可看作右端后两个矩阵先相乘然后前乘行阵，也可以将前两个矩阵先相乘，得到以 u 为参数的两线性插值作为准线，再后乘列阵得到以 0 为参数的母线沿两准线运动，生成同一张曲面。双线性曲面的两族等参数线都是直线。点 $\boldsymbol{p}_{00}$、$\boldsymbol{p}_{01}$、$\boldsymbol{p}_{10}$、$\boldsymbol{p}_{11}$ 就是曲面片的 4 个角点，式(2.17)中等号右边中间那个矩阵，若前乘行阵则可得两个 u 参数边界，若后乘列阵则可得两个 v 参数边界。

3. 可展曲面

直纹面沿它的每条母线只有唯一的切平面，即对于直纹面上的任意一条母线，若此母线上所有点的切平面唯一（即所有点共享一个切平面），则这类直纹面称为可展曲面。可展曲面是直纹面的一种重要类型，可以通过简单的弯曲来展平。圆柱面与圆锥面都是可展的，机翼直纹面可能是可展的，也可能是不可展的。在飞机的设计制造中，可展直纹面的零件形状可以通过平面钣金弯曲得到。可以验证，一切锥面、柱面及每条曲线的切线曲面（曲线上所有点的切线的集合，见图 3.7）都是可展的，实际上，可展曲面就只有这三种类型。平面也是可展曲面，因为它既是锥面，也是柱面，又是平面曲线的切线曲面。

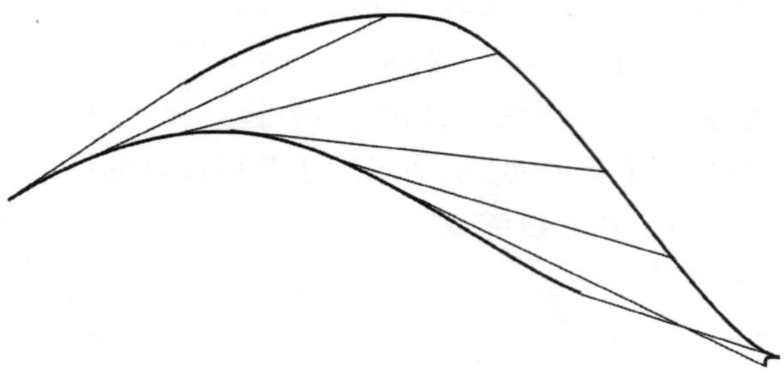

图 3.7 切线曲面

由直纹面为可展曲面的定义，可推导出直纹面为可展曲面的充分必要条件是$(\dot{\boldsymbol{\rho}},\boldsymbol{\tau},\dot{\boldsymbol{\tau}})=0$。

习 题

1. 列出两矢量的和矢量的类型判断准则。

2. 判断以下方程表达的形状是直线还是曲线：

(1) $\boldsymbol{p}(u)=u^2\boldsymbol{p}_0+u\boldsymbol{p}_1,0\leqslant u\leqslant 1$；

(2) $\boldsymbol{p}(u)=(1-u^2)\boldsymbol{p}_0+u^2\boldsymbol{p}_1,0\leqslant u\leqslant 1$。

3. 基表示的参数矢函数由哪些基本构成？各自具有什么作用？

4. 论述参数矢函数形式曲线方程的物理意义。

5. 计算下述曲线在参数值 $t=0.2$ 处的一阶导矢并列出曲线在该点处的切线方程。

(1) $\boldsymbol{p}(t)=\begin{bmatrix}2t^3\\t^2\\2\end{bmatrix}$；

(2) $\boldsymbol{p}(t)=(t^2+5t)\begin{bmatrix}2\\4\\4\end{bmatrix}+t^3\begin{bmatrix}5\\3\\2\end{bmatrix}+(2t-3)\begin{bmatrix}3\\8\\1\end{bmatrix}$。

6. 给定曲线方程 $\boldsymbol{\rho}(\theta)=[a\cos\theta,a\sin\theta,b\theta]^{\mathrm{T}},0\leqslant\theta\leqslant 2\pi$，式中 a 与 b 为常数，计算该段曲线的弧长并将其转换为特殊参数矢函数。

7. 试构造曲线 $\boldsymbol{p}(u)=[3u^2+5,-6u]^{\mathrm{T}}$ 的等距线。

8. 说明曲率与挠率的几何意义。

9. 给定由 $\boldsymbol{p}_{00}(5,3,3)$、$\boldsymbol{p}_{01}(2,4,1)$、$\boldsymbol{p}_{10}(-2,2,4)$、$\boldsymbol{p}_{11}(8,6,4)$四点定义的双线性插值曲面，求解曲面在 4 个角点处的两参数方向偏导矢与混合偏导矢。

10. 曲面的曲率如何表达？基本的衡量指标有哪些？

11. 直纹面的构型规律是什么？如何完成直纹面的数学表示？

12. 直纹面成为可展曲面需要满足哪些要求？

第 4 章　曲线曲面坐标变换

在解决平面或空间几何问题时，经常要求移动或旋转几何形状，或者放大、缩小几何形状，乃至改变图形自身的形状。曲线曲面可视为点的集合，这就需要首先建立将几何形状上的点变换成新图形时所依据的法则，并利用该法则完成形状上点的几何变换，求解变换后点的位置。而对于点的集合即曲线曲面，则需要建立几何变换的数学模型以求解变换后曲线曲面的数学表示。

图形几何变换是计算机图形系统的核心内容，这里的图形泛指图形与图像。图形学中的图形与几何设计中的图形概念不同，既包括数学方法描述的几何形状，还包含图形的显示属性，包括填充、纹理、线性等。而图像则表示为二维显示平面上像素的集合。另外，计算机图形处理很重要的一个内容，就是把实际的图形正确地显示在屏幕上或画在图纸上。显示屏幕或图纸是有限的二维平面，而实际的图形不仅可能很大，而且往往是三维的，为了显示或画出，必须把实际的图形经过一系列的几何变换，转化成适合在屏幕上显示或图纸上画出的二维图形。本章仅介绍几何设计中曲线曲面的坐标变换，变换类型仅讨论改变图形位置而使用的平移与旋转变换，而对于图形学中以显示为目的的透视投影变换等不予讨论。

4.1　二维坐标变换

4.1.1　二维坐标变换原理

二维坐标变换有平移、比例、旋转、错切、反射等，这里就其中几种典型的情况进行讨论。

1. 平移变换

对二维平面上的点 $\boldsymbol{p}(x, y)$，如果在平行于 x 轴方向上移动 Δx，在平行于 y 轴的方向上移动 Δy，则可得到新的点 $\boldsymbol{p}'(x', y')$，点 $\boldsymbol{p}$ 与 $\boldsymbol{p}'$ 的关系为

$$\begin{cases} x' = x + \Delta x \\ y' = y + \Delta y \end{cases} \tag{4.1}$$

称这样的变换为平移变换。

将关系式(4.1)用向量形式表示，有

$$\begin{bmatrix} x' \\ y' \end{bmatrix} = \begin{bmatrix} x \\ y \end{bmatrix} + \begin{bmatrix} \Delta x \\ \Delta y \end{bmatrix} \tag{4.2}$$

再将 x 和 y 坐标的平移增量记为向量 $\boldsymbol{T}$，即

$$\boldsymbol{T} = \begin{bmatrix} \Delta x \\ \Delta y \end{bmatrix}$$

则平移变换又可写为

$$\boldsymbol{p}' = \boldsymbol{p} + \boldsymbol{T} \tag{4.3}$$

对于图形来讲，平移变换仅改变其位置，而不改变图形的形状和尺寸，如图 4.1 所示。

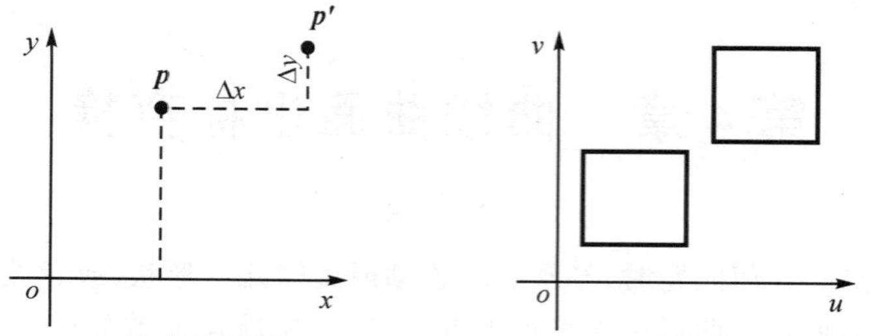

(a) 点的平移　　(b) 图形的平移

图 4.1　平移变换对点与图形的影响

示例　求将点 $\boldsymbol{p}(2,2)$ 以平移量 $\Delta x=3$ 及 $\Delta y=2$ 平移变换后的点 $\boldsymbol{p}'$。

解

$$\boldsymbol{p}'=\begin{bmatrix}x'\\y'\end{bmatrix}=\begin{bmatrix}x\\y\end{bmatrix}+\begin{bmatrix}\Delta x\\\Delta y\end{bmatrix}=\begin{bmatrix}5\\4\end{bmatrix}$$

2. 比例变换

对于平面上的点 $\boldsymbol{p}(x,y)$，分别对 x、y 坐标分别乘以各自的比例因子 s_x 和 s_y，得到一个新的点 $\boldsymbol{p}'(x',y')$，即

$$\begin{cases}x'=x\cdot s_x\\y'=y\cdot s_y\end{cases}\tag{4.4}$$

称这样的变换为比例变换。图 4.2(a)表示一个点经过比例变换后的新位置。式(4.4)可以转换为下述矩阵形式：

$$\begin{bmatrix}x'\\y'\end{bmatrix}=\begin{bmatrix}\Delta x & 0\\0 & \Delta y\end{bmatrix}\begin{bmatrix}x\\y\end{bmatrix}\tag{4.5}$$

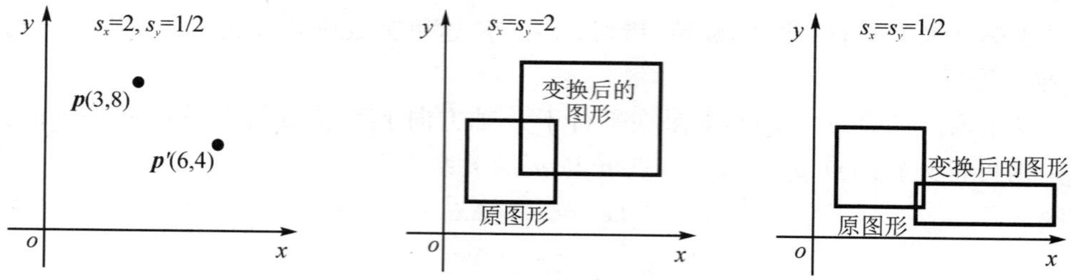

(a) 点的比例变换　　(b) 图形的放大与缩小　　(c) 图形畸变

图 4.2　比例变换对点与图形的影响

如果令

$$\boldsymbol{m}_s=\begin{bmatrix}s_x & 0\\0 & s_y\end{bmatrix}$$

则比例变换可用下述矩阵乘法表示：

$$\boldsymbol{p}'=\boldsymbol{m}_s\cdot\boldsymbol{p}\tag{4.6}$$

需要注意的是，这里的比例变换是针对坐标原点的。当 $s_x=s_y$ 时，变换前的图形与变换后的图形是相似的，例如，圆变换后仍然是圆，只是半径长度和圆心坐标发生了变化。当 $s_x\neq$

s_y 时，产生的效果相当于把图形沿平行于坐标轴的方向拉长或收缩，使图形变形，如圆变成椭圆等。根据 s_x 和 s_y 的值可知：

① 若 $s_x = s_y > 1$，则图形放大，并远离原点，见图 4.2(a)；

② 若 $s_x = s_y < 1$，则图形缩小，并靠近原点；

③ 若 $s_x \neq s_y$，则图形畸变，见图 4.2(b)。

3. 旋转变换

对于平面上的点 $\boldsymbol{p}(x, y)$，将其绕坐标原点逆时针转动某个角度 θ，得到一个新的点 $\boldsymbol{p}'(x', y')$，称这种变换为旋转变换。这里引入极坐标 r 与 ϕ，如图 4.3(a)所示，根据三角学的知识，点 $\boldsymbol{p}$ 的极坐标为

$$\begin{cases} x = r\cos\phi \\ y = r\sin\phi \end{cases} \tag{4.7}$$

点 $\boldsymbol{p}'$ 的极坐标为

$$\begin{cases} x' = r\cos(\phi + \theta) \\ y' = r\sin(\phi + \theta) \end{cases}$$

根据三角学的知识，有

$$\begin{cases} x' = r(\cos\phi\cos\theta - \sin\phi\sin\theta) \\ y' = r(\cos\phi\sin\theta + \sin\phi\cos\theta) \end{cases} \tag{4.8}$$

结合式(4.7)与式(4.8)，有

$$\begin{cases} x' = x\cos\theta - y\sin\theta \\ y' = x\sin\theta + y\cos\theta \end{cases} \tag{4.9}$$

引入旋转变换矩阵 $\boldsymbol{M}_{\mathrm{r}}$ 并令

$$\boldsymbol{M}_{\mathrm{r}} = \begin{bmatrix} \cos\theta & -\sin\theta \\ \sin\theta & \sin\theta \end{bmatrix}$$

则式(4.9)可用下述矩阵形式表示：

$$\begin{bmatrix} x' \\ y' \end{bmatrix} = \begin{bmatrix} \cos\theta & -\sin\theta \\ \sin\theta & \sin\theta \end{bmatrix} \begin{bmatrix} x \\ y \end{bmatrix} \tag{4.10}$$

或

$$\boldsymbol{p}' = \boldsymbol{M}_{\mathrm{r}} \cdot \boldsymbol{p} \tag{4.11}$$

图 4.3(b)表示一个正方形逆时针旋转 45°的情况。逆时针旋转时，旋转角度 $\theta > 0°$；顺时针旋转时，$\theta < 0°$。和比例变换一样，这里的旋转变换也是绕原点的旋转，绕任意点的旋转变换将在后面介绍。图形旋转后其大小和形状不发生变化，只是图形位置和姿态(与坐标轴的夹角)发生了变化。

示例　求将点 $\boldsymbol{p}(5,4)$ 以绕坐标原点逆时针旋转 45°后的点 $\boldsymbol{p}'(x', y')$。

解　将数值代入公式(4.10)，有

$$\begin{bmatrix} x' \\ y' \end{bmatrix} = \begin{bmatrix} \cos 45° & -\sin 45° \\ \sin 45° & \sin 45° \end{bmatrix} \begin{bmatrix} x \\ y \end{bmatrix} = \begin{bmatrix} 0.707 \\ 6.364 \end{bmatrix}$$

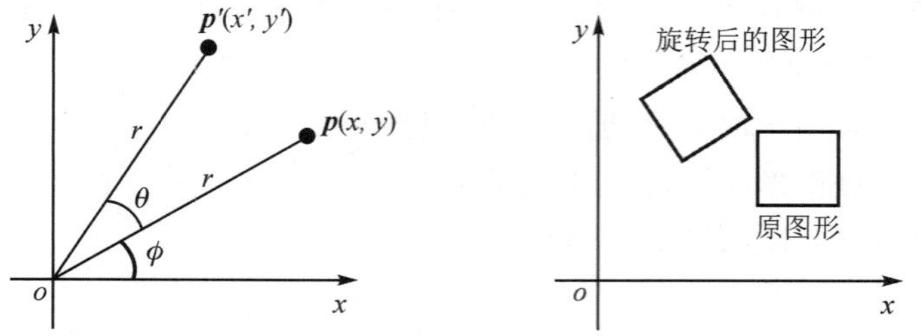

(a) 点的旋转变换　　(b) 图形的旋转变换

图 4.3　旋转变换对点与图形的影响

4.1.2　齐次坐标技术

前面导出的三种变换表示形式分别为：

① 平移变换：

$$\boldsymbol{p}' = \boldsymbol{p} + \boldsymbol{T}$$

② 比例变换：

$$\boldsymbol{p}' = \boldsymbol{M}_{s} \cdot \boldsymbol{p}$$

③ 旋转变换：

$$\boldsymbol{p}' = \boldsymbol{M}_{r} \cdot \boldsymbol{p}$$

可以看出，平移变换的处理方法与其他两种变换的形式不一样。我们希望能够用一种一致的或同类的方法来处理这三种变换，使得这三种基本变换能很容易地结合在一起，以形成各种复杂的组合变换。为了解决这个问题，我们引入齐次坐标这一概念。

齐次坐标的基本思想是把一个 n 维空间的几何问题转换到 $n+1$ 维空间中去解决。从形式上来说，用一个有 $n+1$ 个分量的向量去表示一个有 n 个分量的向量的方法称为齐次坐标表示。如二维平面上的点(x, y)的齐次坐标表示为(hx, hy, h)，h 是任一不为 0 的比例系数。于是，只要给定一个点的齐次坐标表示(x, y, h)，我们就能得到这个点的二维笛卡儿直角坐标$(x/h, y/h)$。

一般地，一个 n 维空间的向量 $\boldsymbol{x}=(x_1, x_2, \cdots, x_n)$，其在 $n+1$ 维空间中对应的向量即齐次坐标是 $\boldsymbol{X}=(hx_1, hx_2, \cdots, hx_n, h)$，其中 h 是任意不为零的实数。上述过程用向量形式表示为

$$\boldsymbol{X} = [h\boldsymbol{x}, h], \quad h \neq 0 \tag{4.12}$$

相反，若已知 $n+1$ 维空间中的一个向量即齐次坐标为$(x_1, x_2, \cdots, x_n, x_{n+1})$，则对应在 n 维空间中的坐标为$(x_1/x_{n+1}, x_2/x_{n+1}, \cdots, x_n/x_{n+1})$。

齐次坐标与中心投影变换具有明确的几何意义，下面从形状设计的角度对变换原理进行解释。从四维空间的齐次坐标(X, Y, Z, h)到三维空间笛卡儿坐标(x, y, z)的中心投影变换表示如下：

$$H\{[X \quad Y \quad Z \quad h]\} = \begin{cases} [x \quad y \quad z] = \left[\dfrac{x}{h} \quad \dfrac{y}{h} \quad \dfrac{z}{h}\right], & h \neq 0 \\ \text{从点}(0,0,0)\text{ 通过}(X,Y,Z)\text{ 的直线上的无限远点}, & h = 0 \end{cases} \tag{4.13}$$

这里三维空间的点(x,y,z)称为四维空间点(X,Y,Z,h)的透视像，它是四维空间点(X,Y,Z,h)在$h=1$超平面上的中心投影，其投影中心就是四维空间的坐标原点。

在形状设计中，描述形状的空间曲线与曲面都必须用到三维欧氏空间。然而，无法用图形或实际的模型去表达上述从四维空间到三维空间的投影变换关系。为了理解这种变换的几何关系，降低一维，考察从三维欧氏空间的齐次坐标到二维欧氏空间的投影变换：

$$H\{[X \quad Y \quad \omega]\}=\begin{cases}[x \quad y]=\begin{bmatrix}\dfrac{x}{\omega} & \dfrac{y}{\omega}\end{bmatrix}, & \omega \neq 0 \\ \text{从点}(0,0)\text{ 通过}(X,Y)\text{ 的直线上的无限远点}, & \omega=0\end{cases} \tag{4.14}$$

齐次坐标与笛卡儿坐标的定义与几何解释见图 4.4。齐次坐标系表示为$OXYh$，坐标原点为$(0,0,0)$，X、Y和h为三维齐次空间的坐标轴。二维笛卡儿坐标系建立在齐次坐标空间中平面$h=1$上，表示为xoy，其中x轴与y轴分别平行于X轴与Y轴，坐标原点o在xoy坐标系中的位置为$(0,0)$，其在齐次坐标系中的位置为$(0,0,1)$。

给定第三个坐标或称之为权因子ω，对于二维笛卡儿坐标系中的一点$\boldsymbol{p}(x,y)$，其在齐次坐标空间中的齐次坐标点为$\boldsymbol{P}(hx,hx,hx)$。可见点$\boldsymbol{p}$的齐次坐标不唯一，而是取决于权因子，如图 4.4 中的$\boldsymbol{P}$与$\boldsymbol{Q}$都是p的齐次坐标。但所有的齐次坐标点均位于从$(0,0,0)$到$(x,y,1)$所决定的齐次坐标空间中的一条射线上。

反之，以坐标原点为投影中心$(0,0,0)$，从齐次坐标点$\boldsymbol{P}$向$h=1$平面上投影所获取的中心投影点$\boldsymbol{p}$可表示为$H\{\boldsymbol{P}\}$，投影过程如图 4.4 所示，并可由式(4.14)求解。

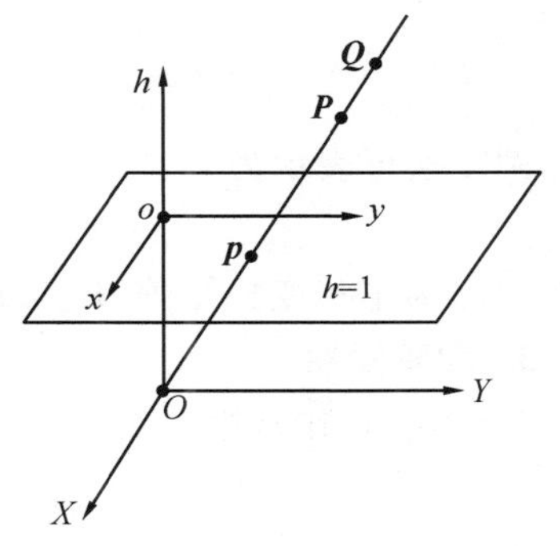

图 4.4　齐次坐标变换与投影坐标变换

如果令$h=1$，则点$\boldsymbol{p}(x,y)$的齐次坐标为$\boldsymbol{P}=H\{\boldsymbol{p}\}=[x,y,1]$，成为规格化齐次坐标。

用齐次坐标表示的一个优点是，将低维空间中难以解决的问题转化为高维空间去解决，其另一个优点就是能十分完美地表示n维空间中的无穷远点或无穷远区域。即在n维空间中的无穷远点可以用齐次坐标$(x_1,x_2,\cdots,x_n,0)$来表示，后者在$n+1$维空间中是在有限区域内的。这样，当处理n维空间无限远区域内的点时，可以把它转换成$n+1$维空间中有限区域问题。例如二维平面的无限原点用齐次坐标可以表示为$(x,y,0)$。

齐次坐标表示不是唯一的，通常当$h=1$时，称为规格化齐次坐标。本章内容就是以规格化齐次坐标来解决曲线曲面的坐标变换问题。

4.1.3　二维坐标变换的齐次坐标表示

有了齐次坐标的概念以后，再来研究如何将二维坐标变换转化为在齐次坐标空间中进行。齐次坐标转换的目的是消除平移变换与其他类型变换表达不一致的问题，即将平移变换也转化为矩阵与向量相乘的形式。由于齐次坐标表示的点是用三个分量来表示的，所以变换矩阵也必须是3×3的，当然变换后得到的点也是含有三个分量的齐次坐标。

1. 平移变换

利用齐次坐标，式(4.2)可以表示成：

$$\begin{bmatrix} x' \\ y' \\ 1 \end{bmatrix} = \begin{bmatrix} 1 & 0 & \Delta x \\ 0 & 1 & \Delta y \\ 0 & 0 & 1 \end{bmatrix} \begin{bmatrix} x \\ y \\ 1 \end{bmatrix}$$

如果令

$$\boldsymbol{M}_{\mathrm{t}} = \begin{bmatrix} 1 & 0 & \Delta x \\ 0 & 1 & \Delta y \\ 0 & 0 & 1 \end{bmatrix}$$

则平移变换可表示为

$$\boldsymbol{P}' = \boldsymbol{M}_{\mathrm{t}} \cdot \boldsymbol{P} \tag{4.15}$$

式中，$\boldsymbol{M}_{\mathrm{t}}$ 为平移变换矩阵，$\boldsymbol{P}'$与 $\boldsymbol{P}$ 分别为 $\boldsymbol{p}'$与 $\boldsymbol{p}$ 的齐次坐标。

2. 比例变换

同理，式(4.5)可以写成如下形式：

$$\begin{bmatrix} x' \\ y' \\ 1 \end{bmatrix} = \begin{bmatrix} \Delta x & 0 & 0 \\ 0 & \Delta y & 0 \\ 0 & 0 & 0 \end{bmatrix} \begin{bmatrix} x \\ y \\ 1 \end{bmatrix} \tag{4.16}$$

如果令

$$\boldsymbol{M}_{\mathrm{s}} = \begin{bmatrix} \Delta x & 0 & 0 \\ 0 & \Delta y & 0 \\ 0 & 0 & 0 \end{bmatrix}$$

则比例变换可表示为

$$\boldsymbol{P}' = \boldsymbol{M}_{\mathrm{s}} \cdot \boldsymbol{P} \tag{4.17}$$

式中，$\boldsymbol{M}_{\mathrm{s}}$ 为平移变换矩阵，$\boldsymbol{P}'$与 $\boldsymbol{P}$ 分别为 $\boldsymbol{p}'$与 $\boldsymbol{p}$ 的齐次坐标。

3. 旋转变换

参见式(4.10)，用齐次坐标表示的旋转变换可以表示成如下形式：

$$\begin{bmatrix} x' \\ y' \\ 1 \end{bmatrix} = \begin{bmatrix} \cos\theta & -\sin\theta & 0 \\ \sin\theta & \cos\theta & 0 \\ 0 & 0 & 1 \end{bmatrix} \begin{bmatrix} x \\ y \\ 1 \end{bmatrix} \tag{4.18}$$

如果令

$$\boldsymbol{M}_{\mathrm{r}} = \begin{bmatrix} \cos\theta & -\sin\theta & 0 \\ \sin\theta & \cos\theta & 0 \\ 0 & 0 & 1 \end{bmatrix}$$

则旋转变换可表示为

$$\boldsymbol{P}' = \boldsymbol{M}_{\mathrm{r}} \cdot \boldsymbol{P} \tag{4.19}$$

式中，$\boldsymbol{M}_{\mathrm{r}}$ 为旋转变换矩阵，$\boldsymbol{P}'$与 $\boldsymbol{P}$ 分别为 $\boldsymbol{p}'$与 $\boldsymbol{p}$ 的齐次坐标。

由式(4.15)、式(4.17)、式(4.19)可见，利用齐次坐标技术可以为不同类型的坐标变换提供一致的数学表示形式，这就为解决复杂变换问题提供了便利条件。

4.1.4 二维组合变换

前面考虑的都是对点 $\boldsymbol{P}$ 作单一的平移或旋转变换，如果对点相继作平移、比例、旋转或更多的后续变换，如何求得变换后点的位置坐标呢？此问题即为组合变换。利用齐次坐标技术解决此问题可以采用下述两种方法。

第一种方法是，依次求点 $\boldsymbol{P}$ 经过各个变换后的坐标，计算步骤如下：

第一步，计算 $\boldsymbol{P}'=\boldsymbol{M}_{\mathrm{t}}\cdot\boldsymbol{P}$，即求 $\boldsymbol{P}$ 点经平移后的新坐标点 $\boldsymbol{P}'$；

第二步，计算 $\boldsymbol{P}''=\boldsymbol{M}_{\mathrm{s}}\cdot\boldsymbol{P}'$，即求 $\boldsymbol{P}'$ 经比例变换后的新坐标点 $\boldsymbol{P}''$；

第三步，计算 $\boldsymbol{P}'''=\boldsymbol{M}_{\mathrm{r}}\cdot\boldsymbol{P}''$，即求 $\boldsymbol{P}''$ 经平移变换后的最终坐标点 $\boldsymbol{P}'''$。

经过以上三步后得到的 $\boldsymbol{P}'''$ 就是所求的点。以上三步每一步有 9 次乘法、6 次加法，共需 27 次乘法和 18 次加法。实际应用中，通常需要变换的点不止一个，变换的步骤也可以很多。设要变换的点有 n 个，对这 n 个点相继施行 m 步的变换，则总的计算量为 $9nm$ 次乘法和 $6nm$ 次加法。

第二种方法是，首先求变换序列诸变换矩阵的乘积，得到一个新的变换矩阵，即组合变换矩阵，然后再对点施以组合变换。对于前面的问题，变换思路如下：

① 考察第三步变换，即

$$\boldsymbol{P}'''=\boldsymbol{M}_{\mathrm{r}}\cdot\boldsymbol{P}''$$

② 将第二步结果 $\boldsymbol{P}''=\boldsymbol{M}_{\mathrm{s}}\cdot\boldsymbol{P}'$ 代入第一步表达式，得

$$\boldsymbol{P}'''=\boldsymbol{M}_{\mathrm{r}}\cdot\boldsymbol{M}_{\mathrm{s}}\cdot\boldsymbol{P}'$$

③ 将第一步结果 $\boldsymbol{P}'=\boldsymbol{M}_{\mathrm{t}}\cdot\boldsymbol{P}$ 代入第二步表达式，得

$$\boldsymbol{P}'''=\boldsymbol{M}_{\mathrm{r}}\cdot\boldsymbol{M}_{\mathrm{s}}\cdot\boldsymbol{M}_{\mathrm{t}}\cdot\boldsymbol{P}$$

这样，就直接建立了最终坐标点 $\boldsymbol{P}'''$ 与原始坐标点 $\boldsymbol{P}$ 的对应关系。由此，便得到了第二种组合问题的解决方法：

第一步，按逆序求变换序列中诸变换矩阵的乘积，得到一个新的变换矩阵，即组合变换矩阵：

$$\boldsymbol{M}_{\mathrm{c}}=\boldsymbol{M}_{\mathrm{r}}\cdot\boldsymbol{M}_{\mathrm{s}}\cdot\boldsymbol{M}_{\mathrm{t}}$$

第二步，直接利用组合变换矩阵完成点的坐标变换：

$$\boldsymbol{P}'''=\boldsymbol{M}_{\mathrm{c}}\cdot\boldsymbol{P}$$

采用这种方法，则第一步需要 2×27 次乘法和 2×18 次加法，第二步需要 9 次乘法和 6 次加法。相对于第一种方法，此方法在对大量数据点施加同样的变换时，由于组合变换矩阵只需计算一次，因此效率显著提高，并成为实践中普遍采用的方法。

第二种方法可以很容易推广到包含 n 个变换过程的情况。假设组合变换问题由以下变换矩阵序列 $\boldsymbol{M}_1,\boldsymbol{M}_2,\cdots,\boldsymbol{M}_n$ 构成，则由起始点 $\boldsymbol{P}$ 求解最终点 $\boldsymbol{P}'$ 的方法如下：

第一步，求解组合变换矩阵：

$$\boldsymbol{M}_{\mathrm{c}}=\boldsymbol{M}_n\cdot\boldsymbol{M}_{n-1}\cdot\cdots\cdot\boldsymbol{M}_1$$

第二步，求解变换后的坐标点：

$$\boldsymbol{P}'=\boldsymbol{M}_{\mathrm{c}}\cdot\boldsymbol{P}$$

实际应用中，组合变换问题中所包含变换序列及其坐标变换参数常常未能明确给出，需要通过分析来确定，如下例所示。

示例　将二维平面上的点 $\boldsymbol{P}(6,8)$ 绕一任意点 $\boldsymbol{c}(2,4)$ 逆时针旋转 60°，求变换后点的坐标。

解 前述旋转变换是针对坐标原点进行的，对于绕任意点的旋转，应用齐次坐标技术，变换过程分以下三步完成：

① 平移点 $\boldsymbol{c}$ 至坐标原点，此变换也将作用于点 $\boldsymbol{p}$，则平移变换矩阵为

$$\boldsymbol{M}_1 = \begin{bmatrix} 1 & 0 & -2 \\ 0 & 1 & -4 \\ 0 & 0 & 1 \end{bmatrix}$$

② 将平移后的点 $\boldsymbol{p}$ 绕坐标原点逆时针旋转 60°，旋转变换矩阵为

$$\boldsymbol{M}_2 = \begin{bmatrix} \cos 60^\circ & -\sin 60^\circ & 0 \\ \sin 60^\circ & \cos 60^\circ & 0 \\ 0 & 0 & 1 \end{bmatrix}$$

③ 平移已位于坐标原点的点 $\boldsymbol{c}$，使其恢复原位，则平移变换矩阵为

$$\boldsymbol{M}_3 = \begin{bmatrix} 1 & 0 & 2 \\ 0 & 1 & 4 \\ 0 & 0 & 1 \end{bmatrix}$$

④ 构建组合变换矩阵

$$\boldsymbol{M}_c = \boldsymbol{M}_3 \cdot \boldsymbol{M}_2 \cdot \boldsymbol{M}_1 = \begin{bmatrix} 0.5 & -0.866 & 4.464 \\ 0.866 & 0.5 & 0.268 \\ 0 & 0 & 0 \end{bmatrix}$$

⑤ 利用组合变换矩阵完成点 $\boldsymbol{P}$ 的坐标变换：

$$\boldsymbol{P}' = \boldsymbol{M}_c \cdot \boldsymbol{P} = \begin{bmatrix} 0.536 \\ 9.464 \\ 1 \end{bmatrix}$$

将 $\boldsymbol{P}'$ 转换为直角坐标后有 $\boldsymbol{p}'(0.536, 9.464)$。

4.2 三维坐标变换

4.2.1 三维空间坐标系

1. 右手坐标系和左手坐标系

三维空间比二维平面复杂。讨论三维空间，首先遇到的是两种坐标系，即右手坐标系和左手坐标系。如图 4.5 所示，所谓右手坐标系是这样确定三个正交坐标轴的：伸出右手，用大拇指指向 x 轴的正方向，食指指向 y 轴的正方向，则与手心垂直的中指方向就是 z 轴正向。左手坐标系用左手也可类似确定。

关于旋转方向采用正旋转的规定。对于右手坐标系，正旋转方向是从轴的正方向向坐标原点看去，逆时针旋转 90°可从一个坐标轴正向转到另一个坐标轴正向；对于左手坐标系，正旋转方向是从轴的正方向向坐标原点看去，顺时针旋转 90°可从一个坐标轴正向转到另一个坐标轴正向，如表 4.1 所列。

在计算机图形学中，右手坐标系和左手坐标系这两种坐标系都可以使用。其中右手坐标系为大多数人所熟悉，因此在讨论图形的数学问题时常使用右手坐标系。但是左手坐标系却

有一个很自然的解释:把左手坐标系中的 xy 坐标平面看成显示器的显示平面或称观察平面,这样物体就位于观察平面的后边,当 z 值较大时,物体就离观察者比较远。因此,图形处理时有时也采用左手坐标系,并用于处理不同的应用场景。对于产品形状设计,本书若非特别指明,均采用右手坐标系。

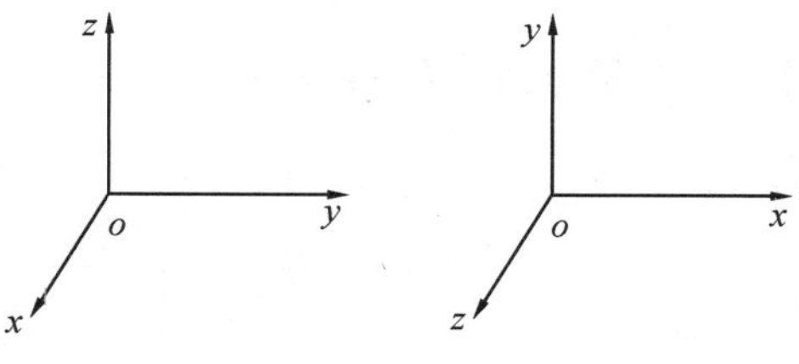

(a) 右手坐标系　　(b) 左手坐标系

图 4.5　三维空间坐标系

表 4.1　正旋转的方向

旋转轴	正方向
x	$y\to z$
y	$z\to x$
z	$x\to y$

2. 齐次坐标

三维空间中的点 $\boldsymbol{p}(x,y,z)$,它的齐次坐标就是 $\boldsymbol{P}(hx,hy,hz,h)$,其中 h 为不等于 0 的任一实数,三维空间中点 $\boldsymbol{p}$ 的齐次坐标表示也不是唯一的。同样,给定这个点的齐次坐标 (x,y,z,h),其笛卡儿坐标就为 $(x/h,y/h,z/h)$。当 $h=0$ 时,齐次坐标 $(x,y,z,0)$ 表示三维空间无穷远区域;当 $h=1$ 时,即为规格化齐次坐标表示。

4.2.2　三维坐标变换原理

二维坐标变换引入齐次坐标后,变换关系可以用一个 3×3 的矩阵来表示。同样,三维坐标变换利用齐次坐标的概念,变换关系可以用一个 4×4 的矩阵来表示。设三维空间中的点 $\boldsymbol{p}(x,y,z)$,其规格化齐次坐标为 $\boldsymbol{P}(x,y,z,1)$。若变换矩阵为 $\boldsymbol{M}$,则变换后的点 $\boldsymbol{P}'=\boldsymbol{M}\cdot\boldsymbol{P}$。下面分别讨论平移、比例、旋转等变换。

1. 平移变换

设三维空间一点 $\boldsymbol{p}(x,y,z)$ 沿三根坐标轴的平移量分别为 Δx、Δy、Δz,则

$$\begin{cases} x'=x+\Delta x \\ y'=y+\Delta y \\ z'=z+\Delta z \end{cases}$$

应用齐次坐标技术,有

$$\begin{bmatrix} x' \\ y' \\ z' \\ 1 \end{bmatrix}=\begin{bmatrix} 1 & 0 & 0 & \Delta x \\ 0 & 1 & 0 & \Delta y \\ 0 & 0 & 1 & \Delta z \\ 0 & 0 & 0 & 1 \end{bmatrix}\begin{bmatrix} x \\ y \\ z \\ 1 \end{bmatrix} \tag{4.20}$$

此变换又可写为

$$\boldsymbol{P}'=\boldsymbol{M}_{\mathrm{t}}\cdot\boldsymbol{P} \tag{4.21}$$

式中,$\boldsymbol{M}_{\mathrm{t}}$ 为平移变换矩阵,即

$$\boldsymbol{M}_{\mathrm{t}}=\begin{bmatrix}1&0&0&\Delta x\\0&1&0&\Delta y\\0&0&1&\Delta z\\0&0&0&1\end{bmatrix}$$

2. 比例变换

比例变换定义为将三维空间一点 $\boldsymbol{p}(x,y,z)$的三个坐标分量分别放大(或缩小)s_x、s_y、s_z 倍,即

$$\begin{cases}x'=x\cdot s_x\\y'=y\cdot s_y\\z'=z\cdot s_z\end{cases}$$

应用齐次坐标技术,有

$$\begin{bmatrix}x'\\y'\\z'\\1\end{bmatrix}=\begin{bmatrix}s_x&0&0&0\\0&s_y&0&0\\0&0&s_z&0\\0&0&0&1\end{bmatrix}\begin{bmatrix}x\\y\\z\\1\end{bmatrix}\tag{4.22}$$

此变换又可写为

$$\boldsymbol{P}'=\boldsymbol{M}_{\mathrm{s}}\cdot\boldsymbol{P}\tag{4.23}$$

式中,$\boldsymbol{M}_{\mathrm{s}}$ 为比例变换矩阵,

$$\boldsymbol{M}_{\mathrm{s}}=\begin{bmatrix}s_x&0&0&0\\0&s_y&0&0\\0&0&s_z&0\\0&0&0&1\end{bmatrix}$$

3. 旋转变换

与二维平面旋转不同,三维空间中旋转的定义不再是绕一点,而是绕一根轴线的旋转,基本的旋转类型包括绕 x、y、z 轴的旋转。

(1) 绕 x 轴逆时针旋转 α 角

当点 $\boldsymbol{p}(x,y,z)$绕 x 轴旋转 α 角时,点 $\boldsymbol{p}$ 的 x 坐标值不变,如图 4.6 所示。

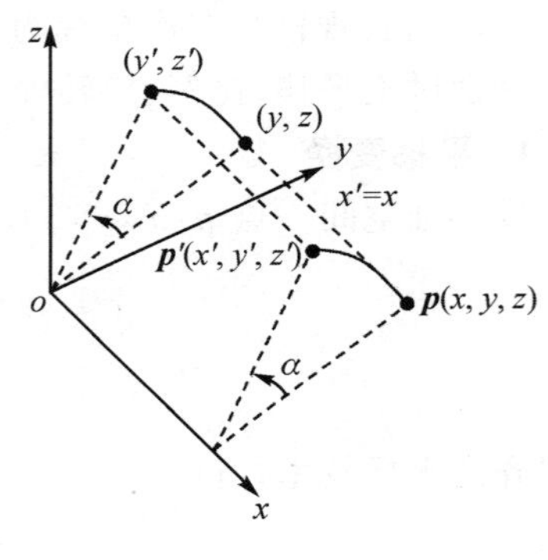

图 4.6 绕 x 轴旋转 α 角

应用齐次坐标技术,转换关系为

$$\begin{bmatrix}x'\\y'\\z'\\1\end{bmatrix}=\begin{bmatrix}1&0&0&0\\0&\cos\alpha&-\sin\alpha&0\\0&\sin\alpha&\cos\alpha&0\\0&0&0&1\end{bmatrix}\begin{bmatrix}x\\y\\z\\1\end{bmatrix}\tag{4.24}$$

如果令

$$\boldsymbol{M}_{\mathrm{r}x}=\begin{bmatrix}1&0&0&0\\0&\cos\alpha&-\sin\alpha&0\\0&\sin\alpha&\cos\alpha&0\\0&0&0&1\end{bmatrix}$$

则此变换又可写为

$$P' = M_{rx} \cdot P \tag{4.25}$$

(2) 绕 y 轴逆时针旋转 β 角

当点 $\boldsymbol{p}(x,y,z)$ 绕 y 轴旋转 β 角时，点 $\boldsymbol{p}$ 的 y 坐标值不变，如图 4.7 所示。

应用齐次坐标技术，转换关系为

$$\begin{bmatrix} x' \\ y' \\ z' \\ 1 \end{bmatrix} = \begin{bmatrix} \cos\beta & 0 & \sin\beta & 0 \\ 0 & 1 & 0 & 0 \\ \sin\beta & 0 & \cos\beta & 0 \\ 0 & 0 & 0 & 1 \end{bmatrix} \begin{bmatrix} x \\ y \\ z \\ 1 \end{bmatrix} \tag{4.26}$$

如果令

$$M_{ry} = \begin{bmatrix} \cos\beta & 0 & \sin\beta & 0 \\ 0 & 1 & 0 & 0 \\ \sin\beta & 0 & \cos\beta & 0 \\ 0 & 0 & 0 & 1 \end{bmatrix}$$

则此变换又可写为

$$P' = M_{ry} \cdot P \tag{4.27}$$

(3) 绕 z 轴逆时针旋转 γ 角

当点 $\boldsymbol{p}(x,y,z)$ 绕 z 轴旋转 γ 角时，点 $\boldsymbol{p}$ 的 z 坐标值不变，如图 4.8 所示。

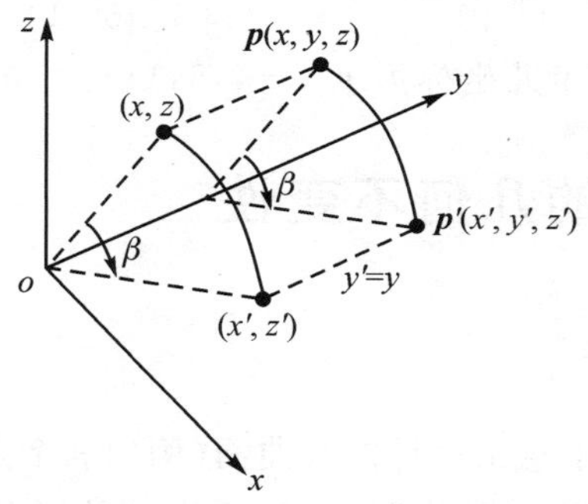

图 4.7　绕 y 轴旋转 β 角

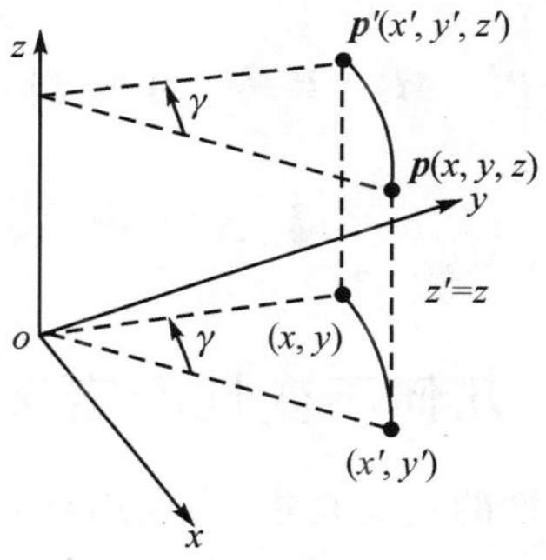

图 4.8　绕 z 轴旋转 γ 角

应用齐次坐标技术，转换关系为

$$\begin{bmatrix} x' \\ y' \\ z' \\ 1 \end{bmatrix} = \begin{bmatrix} \cos\gamma & -\sin\gamma & 0 & 0 \\ \sin\gamma & \cos\gamma & 0 & 0 \\ 0 & 0 & 1 & 0 \\ 0 & 0 & 0 & 1 \end{bmatrix} \begin{bmatrix} x \\ y \\ z \\ 1 \end{bmatrix} \tag{4.28}$$

如果令

$$M_{rz} = \begin{bmatrix} \cos\gamma & -\sin\gamma & 0 & 0 \\ \sin\gamma & \cos\gamma & 0 & 0 \\ 0 & 0 & 1 & 0 \\ 0 & 0 & 0 & 1 \end{bmatrix}$$

则此变换又可写为

$$P' = M_{rz} \cdot P \tag{4.29}$$

4.2.3 三维组合变换

与二维组合变换相似，设齐次坐标表示的三维组合变换问题由以下变换矩阵序列 $\boldsymbol{M}_1$，$\boldsymbol{M}_2$，…，$\boldsymbol{M}_n$ 构成，则由起始点 $\boldsymbol{P}$ 求解最终点 $\boldsymbol{P}'$ 的方法如下：

第一步，求解组合变换矩阵：

$$\boldsymbol{M}_c = \boldsymbol{M}_n \cdot \boldsymbol{M}_{n-1} \cdot \cdots \cdot \boldsymbol{M}_1$$

第二步，求解变换后的坐标点：

$$\boldsymbol{P}' = \boldsymbol{M}_c \cdot \boldsymbol{P}$$

实际应用中，组合变换问题中所包含变换序列及其坐标变换参数常常未能明确给出，需要通过分析来确定。

示例 给定三维点 $\boldsymbol{p}(5,2,-3)$，对其经过如下变换序列：①平移(−3,5,8)；②绕 z 轴逆时针旋转 90°；③平移(4,3,1)，运用齐次坐标方法写出组合变换矩阵，并求解经过如上变换后的点的坐标。

解 组合变换矩阵：

$$\boldsymbol{M}_c = \begin{bmatrix} 1 & 0 & 0 & 4 \\ 0 & 1 & 0 & 3 \\ 0 & 0 & 1 & 1 \\ 0 & 0 & 0 & 1 \end{bmatrix} \begin{bmatrix} \cos 90^\circ & -\sin 90^\circ & 0 & 0 \\ \sin 90^\circ & \cos 90^\circ & 0 & 0 \\ 0 & 0 & 1 & 0 \\ 0 & 0 & 0 & 1 \end{bmatrix} \begin{bmatrix} 1 & 0 & 0 & -3 \\ 0 & 1 & 0 & 5 \\ 0 & 0 & 1 & 8 \\ 0 & 0 & 0 & 1 \end{bmatrix} = \begin{bmatrix} 1 & 0 & 0 & -1 \\ 1 & 0 & 0 & 0 \\ 0 & 0 & 1 & 9 \\ 0 & 0 & 0 & 1 \end{bmatrix}$$

转换后的点为 $\boldsymbol{P}' = \boldsymbol{M}_c \cdot \boldsymbol{P} = (-4,5,11,1)$，其笛卡儿坐标为 $\boldsymbol{p}'(-4,5,11)$。

4.3 曲线曲面的几何不变性

4.3.1 几何不变性的定义

几何不变性的定义是指，当使用有限的几何信息来设计曲线曲面(例如 3 个点决定一条抛物线，4 个点决定一条三次曲线)时，如果这些点的相对位置确定，所决定的形状也就固定下来，它不应随所取的坐标系的改变而改变。若采用标量函数表示曲线曲面就不具有这样的性质。标量函数用表示曲线上一点的两坐标间的关系来表达曲线的形状，这种表示方法必然依赖坐标系的选择。不仅是给出的表示(即函数关系)，而且所表示的形状都随所取坐标系的改变而改变。

工程设计中，如果采用的数学方法不具有几何不变性，那么用同样的数学方法去拟合在不同测量坐标系下测得的同一组数据点就会得到不同形状的拟合曲线。显然，这是人们所不希望的。此问题的结论是：

结论 1：标量函数不具有几何不变性。

该结论可以通过下面的 MATLAB 程序及其运行结果说明。

```
% 此程序完成旋转前后曲线的构造
p0 = [0;0];p1 = [1;0.5],p2 = [2;0],t0 = 0,t1 = 0.5,t2 = 1
c1 = vectorCurveBy3p(p0,p1,p2,t0,t1,t2)
```

```
[q0,q1,q2] = rotate3p(p0,p1,p2,pi/4)
c2 = vectorCurveBy3p(q0,q1,q2,t0,t1,t2)
% 此函数为插值于任意三点的二次多项式曲线构造函数
% store the codes for the interpolation curve as function
function curveBy3p(p0,p1,p2)
% drawing two degree polynomial interpolation curve passing points p0,p1,p2
% input p0,p1,p2
% the curve is represented as: y = c(1)x^2 + c(2)x + c(3)
a = [p0(1)^2,p0(1),1;p1(1)^2,p1(1),1;p2(1)^2,p2(1),1]   % input coefficient matrix
b = [p0(2); p1(2); p2(2)]                                % input known vector b
c = inv(a) * b                                           % solving unknown coefficient vector c
% draw figure of the curve
x = 0:0.05:2
y = c(1) * x. * x + c(2) * x + c(3)
% or use: y = c(1) * x.^2 + c(2) * x + c(3)
axis([0, 5, 0, 5]);                                      % define drawing area
hndl = plot(x,y)
set(hndl,'Marker','o')
hold on
% draw the giving three points
text(0,0,'x')
text(1,0.5,'x')
text(2,0,'x')
% input p0,p1,p2 freelyand run the function
```

图 4.9 所示为过三个点 $\boldsymbol{p}_0(0,0)$、$\boldsymbol{p}_1(1,1/2)$、$\boldsymbol{p}_2(2,0)$决定了唯一的二次多项式函数 $y=-0.5x^2+x$ 的图形。保持三点相对位置不变，当把这三点绕原点逆时针旋转 45°后，则得图中所示的另一个二次多项式函数 $y=-1.886x^2+3.666x$。可见，旋转前后函数表示及形状发生了很大的变化。

结论 2：参数矢函数曲线曲面表示在某些情况下具有几何不变性。

该结论可以通过下面的实例说明(曲线构造方法与相关程序后续章节给出)。对于上述三点，构造如下形式的二次参数矢函数插值曲线：

$$\boldsymbol{p}(t)=(c_0t^2+c_1t+c_2)\boldsymbol{p}_0+(c_3t^2+c_4+c_5)\boldsymbol{p}_1+(c_6t_6^2+c_7+c_8)\boldsymbol{p}_2,\quad t\in[0,1]$$

式中，$c_0,c_1,\cdots,c_8$ 为多项式的系数，$\boldsymbol{p}_0$、$\boldsymbol{p}_1$、$\boldsymbol{p}_2$ 分别为上述三点的位置矢量。在确定插值过程各条件之后，可得到过这三点的唯一的一条参数二次曲线：

$$\boldsymbol{p}(t)=(2t^2-3t+1)\boldsymbol{p}_0+(-4t^2+4)\boldsymbol{p}_1+(2t^2-t)\boldsymbol{p}_2$$

同时，将这三点整体旋转后使用同样的方法所决定的另一条曲线，其数学表示(由系数 $c_0,c_1,\cdots,c_8$ 决定)及表达的几何形状保持不变，如图 4.10 所示。虽然变换前后三个点的位置矢量发生了改变，但在方程中并不反映出来。可见这种数学表示及所表达的形状与所取坐标系无关。

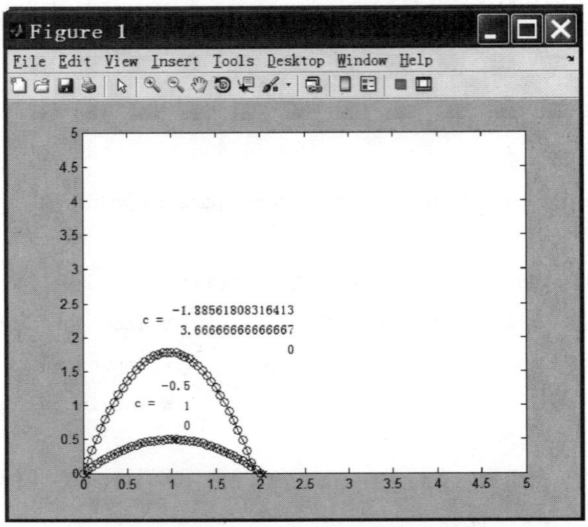

图 4.9　标量函数曲线不具有几何不变性

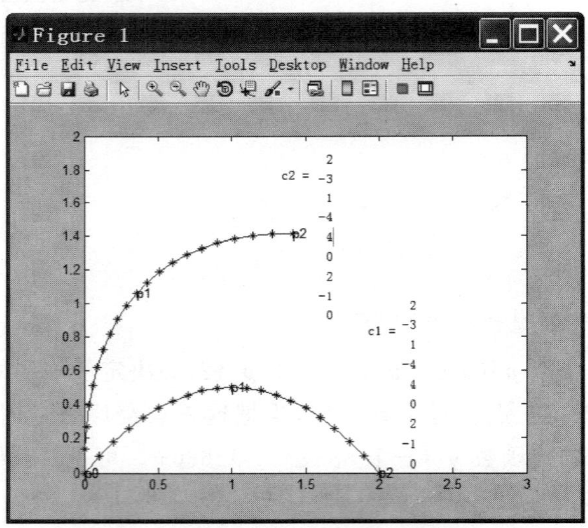

图 4.10　参数矢函数曲线可以具有几何不变性

4.3.2　曲线曲面数学表示的规范性判别

前述结论中已说明基表示的参数矢函数曲线曲面在某些情况下不具有几何不变性。那么，如何能较容易地辨别曲线曲面是否具有几何不变性呢？如果没有，又如何能使之从无到有呢？

由于将基表示的参数矢函数曲线曲面展开后，都可形式化为系数矢量与标量函数乘积项的简单叠加，因此将两者统一表达为如下形式加以分析：

$$\boldsymbol{p}(\ ) = \sum_{i=0}^{n} \boldsymbol{a}_i \Phi_i(\ ) \tag{4.30}$$

按照所采用的基函数具有怎样的规范性，基表示的曲线曲面可以分为三种类型。

1. 规范基表示

对于一个曲线或曲面，如果其数学表示满足以下条件：

$$\sum_{i=0}^{n}\Phi_i(\ )\equiv 1 \tag{4.31}$$

即所有基函数的和恒等于 1，则该条件称为柯西条件（又称为权性或 1 的分割），称其数学表示是规范基表示。例如曲线：

$$\boldsymbol{p}(u)=(u^2-2u)\boldsymbol{a}_0+(1-u^2+2u)\boldsymbol{a}_1$$

又如曲面：

$$\boldsymbol{p}(u,v)=\begin{bmatrix}1-u & u\end{bmatrix}\begin{bmatrix}\boldsymbol{a}_0 & \boldsymbol{a}_1\\ \boldsymbol{a}_2 & \boldsymbol{a}_3\end{bmatrix}\begin{bmatrix}1-v\\ v\end{bmatrix}$$

根据式(4.31)易知，它们都是规范基表示。

2. 部分规范基表示

对于一个曲线或曲面，如果其数学表示满足以下条件：

$$\sum_{i=0}^{k}\Phi_i(\ )\equiv 1,\quad 0<k<n \tag{4.32}$$

即其中任意 $k+1$ 项（不失一般性，这里假定前 $k+1$ 项）基函数的和恒等于 1，则称其数学表示是规范基表示。例如曲线：

$$\boldsymbol{p}(u)=u^2\boldsymbol{a}_0+(5u+6)\boldsymbol{a}_1+(1-u^2)\boldsymbol{a}_2$$

3. 非规范基表示

除上述两种情况以外的情况，例如曲线：

$$\boldsymbol{p}(u)=u^2\boldsymbol{a}_0+(2u+6)\boldsymbol{a}_1+(3-u^3)\boldsymbol{a}_2$$

4.3.3　系数矢量类型判别

前已述及在几何设计中，用于描述形状的矢量有表示点的位置的绝对矢量和表示相互关系的相对矢量。在对描述形状的基表示作旋转、平移、放大与缩小等几何变换时，对其中的绝对矢量与相对矢量的处理是不同的，需要分别处理。那么对于基表示的曲线曲面中的系数矢量，其类型是如何判别的呢？结论就是曲线曲面数学表示的规范性决定了系数矢量的类别，判别准则如下：

① 规范基表示中所有的系数矢量均为绝对矢量。

② 部分规范基表示中与具有规范性的那些基函数相联系的系数矢量为绝对矢量，其余矢量为相对矢量。

③ 非规范基表示中的系数矢量不能判定为是绝对矢量还是相对矢量。

4.3.4　曲线曲面数学表示的几何不变性

曲线曲面的几何不变性是指它们的数学表示及其所表达的形状不依赖于坐标系的选择或者说在旋转与平移变换下不变的性质。不失一般性，假定坐标系固定，曲线、曲面相对于坐标系先旋转后平移。为方便起见，这里仅以平面笛卡儿坐标系下的坐标变换为例，对各规范类型曲线曲面的变换的过程进行论述，并假设对曲线曲面的组合变换由先旋转后平移组成，旋转矩阵和平移变换分别由矩阵 $\boldsymbol{M}$ 与向量 $\boldsymbol{T}$ 组成。在此前提下，由式(4.30)表示的曲线曲面经旋转

平移变换后可表示为

$$p^*(\ )=M\cdot p(\ )+T$$

1. 规范基表示曲线曲面的几何不变性

对于由式(4.31)所呈现特征的完全规范基表示的曲线曲面，有

$$\begin{aligned}p^*(\ )&=M\cdot\left[\sum_{i=0}^{n}a_i\varphi_i(\ )\right]+T=\left[\sum_{i=0}^{n}M\cdot a_i\varphi_i(u)\right]+T\cdot\sum_{i=0}^{n}\varphi_i(u)\\&=\sum_{i=0}^{n}[M\cdot a_i\varphi_i(u)+T\cdot\varphi_i(u)]=\sum_{i=0}^{n}(M\cdot a_i+T)\cdot\varphi_i(u)=\sum_{i=0}^{n}a_i^*\varphi_i(u)\end{aligned}\tag{4.33}$$

由此可见，对于规范基表示，欲获得经旋转平移变换后的曲线、曲面表示，仅需将原表示中的系数矢量(都是绝对矢量)作相同旋转平移变换即可。这就证明了规范基表示具有几何不变性。

2. 部分规范基表示曲线曲面的几何不变性

对于由式(4.32)所呈现的部分规范基表示的曲线曲面，有

$$\begin{aligned}p^*(u)&=M\cdot\left[\sum_{i=0}^{n}a_i\varphi_i(u)\right]+T=\left[\sum_{i=0}^{n}M\cdot a_i\varphi_i(u)\right]+T\cdot\sum_{i=0}^{k}\varphi_i(u)\\&=\sum_{i=0}^{k}M\cdot a_i\varphi_i(u)+\sum_{i=k+1}^{n}M\cdot a_i\varphi_i(u)+T\cdot\sum_{i=0}^{k}\varphi_i(u)\\&=\sum_{i=0}^{k}[M\cdot a_i\varphi_i(u)+T\cdot\varphi_i(u)]+\sum_{i=k+1}^{n}a_iM\varphi_i(u)\\&=\sum_{i=0}^{k}(M\cdot a_i+T)\varphi_i(u)+\sum_{i=k+1}^{n}M\cdot a_i\varphi_i(u)\end{aligned}\tag{4.34}$$

由此可见，对于规范基表示，欲获得经旋转平移变换后的曲线曲面表示，仅需将原表示中具有规范性的系数矢量(绝对矢量)作相同的旋转平移变换，而对其余系数矢量(相对矢量)仅作旋转变换，不进行平移变换。这就证明了部分规范基表示也具有几何不变性，但对两个类型的矢量需要分别处理。

3. 非规范基表示曲线曲面的几何不变性

对于非规范基表示，因不能判定其中的系数矢量为绝对矢量还是相对矢量，对它们的旋转平移变换无法执行。因此，非规范基表示不具有几何不变性。

曲线曲面的几何不变性有其理论和实际应用价值。首先，它是形状描述的基本要求。再者，在产品逆向设计中，对于定义在不同的测量坐标系中测得的同一组数据点，可以采用具有几何不变性的同一数学方法进行重构，保证得到同样的数学表示与几何形状。

这里讨论的坐标变换专指旋转平移变换，这些类型的变换并不改变物体的形状，因此属于刚体变换。而在计算机图形学中还常用到其他类型的几何变换，如比例与剪切变换等，这时形状就发生了变化，但都属于仿射变换。规范基表示的曲线曲面同样具有仿射不变性，即欲获得经仿射变换后形状的表示，只需对原表示中的系数矢量执行同样的变换即可。

4.3.5 规范性类型转换

曲线曲面的非规范基表示不具有几何不变性，这在形状设计中是不允许的。而对于部分

规范基表示，预获得坐标变换后的曲线曲面，则需对两种类型的系数矢量分别进行处理，相比于规范基表示也有不足。那么，在不改变几何形状的情况下，有没有一种方法完成曲线曲面规范类型的转换呢？

实际上，可以经过简单的处理将非规范基表示改写成等价的部分规范基或规范基表示，方法是：在数学表示中加上一项，系数矢量取为零矢量，对应基函数取为 1 减部分基函数的和，就成为部分规范基表示；对应基函数取为 1 减所有基函数的和，就成为规范基表示。

需要说明的是，这里的等价仅意味着转换前后形状相同，由于曲线曲面表示中增加了一项，因此数学表示实际上已发生改变。矢量与非零矢量在数学表示中的地位相同，原因在于坐标变换后零矢量将成为非零矢量，而非零矢量在坐标变换后也可能成为零矢量。

例如，对于曲线

$$\boldsymbol{p}(u)=u^2\boldsymbol{a}_0+(2u+6)\boldsymbol{a}_1+(3-u^3)\boldsymbol{a}_2$$

显然该曲线为非规范基表示，其不具有几何不变性，系数矢量 $\boldsymbol{a}_0$、$\boldsymbol{a}_1$、$\boldsymbol{a}_2$ 类型未定。可以通过下式将其从非规范基曲线表示转换为部分规范基：

$$\boldsymbol{p}(u)=u^2\boldsymbol{a}_0+(2u+6)\boldsymbol{a}_1+(3-u^3)\boldsymbol{\alpha}_2+(1-u^2)\cdot\boldsymbol{0}$$

经此转换，$\boldsymbol{a}_0$、$\boldsymbol{0}$ 的类型为绝对矢量，$\boldsymbol{a}_1$、$\boldsymbol{a}_2$ 的类型为相对矢量。

也可通过下式转换为完全规范基：

$$\boldsymbol{p}(u)=u^2\boldsymbol{a}_0+(2u+6)\boldsymbol{a}_1+(3-u^3)\boldsymbol{a}_2+(u^3-u^2-2u-8)\cdot\boldsymbol{0}$$

经此转换，$\boldsymbol{a}_0$、$\boldsymbol{a}_1$、$\boldsymbol{a}_2$、$\boldsymbol{0}$ 的类型均为绝对矢量。

4.4　曲线曲面的坐标变换

4.4.1　规范基表示的曲线曲面的几何变换

如果曲线曲面为规范基表示，则曲线曲面中所有系数矢量均为绝对矢量。为求解平移、旋转或平移旋转组合变换后的曲线与曲面，需将原表示中的系数矢量作相同的坐标变换。

示例　对于下述规范基表示的曲线：

$$\boldsymbol{p}(u)=(u^2-2u)\boldsymbol{a}_0+(1-u^2+2u)\boldsymbol{a}_1$$

假定 $\boldsymbol{a}_0=(2,4)$，$\boldsymbol{a}_1=(1,5)$，求解经过先平移 $\Delta x=5$，$\Delta y=3$，再旋转 30°后的曲线方程。

解　关于变换的平移向量与旋转矩阵分别为

$$\boldsymbol{T}=\begin{bmatrix}5\\3\end{bmatrix},\quad \boldsymbol{M}=\begin{bmatrix}0.866 & -0.5\\0.5 & 0.866\end{bmatrix}$$

已知曲线方程为规范基，变换后各系数矢量分别为

$$\boldsymbol{a}_0^*=\boldsymbol{M}\cdot(\boldsymbol{a}_0+\boldsymbol{T})=\begin{bmatrix}2.562\\9.562\end{bmatrix},\quad \boldsymbol{a}_1^*=\boldsymbol{M}\cdot(\boldsymbol{a}_1+\boldsymbol{T})=\begin{bmatrix}1.196\\9.928\end{bmatrix}$$

坐标变换后的曲线表示为

$$\boldsymbol{p}^*(u)=(u^2-2u)\boldsymbol{a}_0^*+(1-u^2+2u)\boldsymbol{a}_1^*$$

4.4.2　部分规范基表示的曲线曲面的几何变换

前已述及，对于部分规范基表示的曲线曲面，在旋转平移组合变换情况下，仅需对具有规

范性的系数矢量进行相同次序的组合变换，而对其余的系数矢量仅进行其中包含的旋转变换。

示例 对于如下部分规范基表示的曲线：

$$\boldsymbol{p}(u)=u^2\boldsymbol{a}_0+(5u+6)\boldsymbol{a}_1+(1-u^2)\boldsymbol{a}_2$$

假定 $\boldsymbol{a}_0=(2,4)$，$\boldsymbol{a}_1=(1,5)$，$\boldsymbol{a}_2=(-2,3)$，求解经过先平移 $\Delta x=5$，$\Delta y=3$，再旋转 30°后的曲线方程。

解 已知曲线方程为部分规范基，其中 $\boldsymbol{a}_0$ 与 $\boldsymbol{a}_2$ 为绝对矢量，$\boldsymbol{a}_1$ 为相对矢量。变换后各系数矢量分别为

$$\boldsymbol{a}_0^*=\boldsymbol{M}\cdot(\boldsymbol{a}_0+\boldsymbol{T})=\begin{bmatrix}2.562\\9.562\end{bmatrix}$$

$$\boldsymbol{a}_1^*=\boldsymbol{M}\cdot\boldsymbol{a}_1=\begin{bmatrix}-1.63\\4.83\end{bmatrix}$$

$$\boldsymbol{a}_2^*=\boldsymbol{M}\cdot(\boldsymbol{a}_2+\boldsymbol{T})=\begin{bmatrix}-0.402\\6.696\end{bmatrix}$$

坐标变换后的曲线表示为

$$\boldsymbol{p}^*(u)=u^2\boldsymbol{a}_0^*+(5u+6)\boldsymbol{a}_1^*+(1-u^2)\boldsymbol{a}_2^*$$

习　题

1. 列出 xoy 坐标系中点 $\boldsymbol{p}(10,5)$绕任意点 $\boldsymbol{p}_0(2,4)$逆时针旋转 30°角的组合坐标变换矩阵，并求解变换后点的坐标。

2. 给定点 $\boldsymbol{p}(5,2,4)$，采用齐次坐标技术构造下列变换的组合变换矩阵：①平移(4,3,3)，②绕 x 轴逆时针旋转 30°，③再平移(2,6,−4)，再求解变换后 $\boldsymbol{p}$ 的坐标。

3. 以几何不变性为准则，如何对曲线曲面完成规范性判别？

4. 不同规范基表示的曲线曲面，其系数矢量的判别准则是什么？

5. 如何完成非规范基表示曲线曲面的规范化处理？

6. 如何将一般参数矢函数曲线方程 $\boldsymbol{\rho}(\theta)=[a\cos\theta, a\sin\theta, b\theta]$转换为基表示的参数矢函数，并将其转换成规范基表示？

7. 何谓曲线曲面的几何不变性？曲线曲面的不同数学表示形式具有什么样的几何不变性？

8. 如何完成非规范基表示的规范化处理？

9. 采用齐次坐标技术求解三维空间中的点绕 x 轴逆时针旋转 α 角，绕 y 轴逆时针旋转 β 角，再绕 z 轴逆时针旋转 γ 角的组合变换矩阵。

10. 给定如下曲线：

$$\boldsymbol{p}(u)=u^2\begin{bmatrix}2\\4\end{bmatrix}+(5u+6)\begin{bmatrix}5\\1\end{bmatrix}+(1-u^2)\begin{bmatrix}3\\2\end{bmatrix},\quad u\in[-2,5]$$

完成该曲线的规范性判别，同时判别各系数矢量的类型。

11. 针对习题 10 中的曲线，求解先将其平移(5,3)，再旋转 30°后的曲线方程。

第 5 章　曲线曲面重构

曲线曲面的设计过程分为正向设计与逆向设计。其中正向设计要求设计员选择曲线曲面类型并确定全部定义参数，即曲线曲面数学模型的建立全部由设计员完成。而逆向设计则是根据预设的一些数据点，结合精度、拼接与光顺性等工程要求建立约束条件，采用曲线曲面拟合技术求解满足上述条件的曲线曲面。实际情况下逆向设计的应用更为普遍。原因在于设计之初几何形状一般仅存在于设计员的脑海中，同时很多类型的定义信息并不存在于预想的几何形状之上，在此情况下采用正向设计所得结果很难与设计意图保持一致。

逆向设计还是逆向工程的关键环节，后者首先采用数字化测量设备完成产品实物的形状测量，获取形状表面的点云数据，随后采用逆向设计重构曲线曲面的数学模型，再根据重构模型提取刀具控制信息并编制数控加工程序，最后通过数控加工完成产品的逆向制造。逆向工程除应用于产品仿制外，也应用于模具修正。以蒙皮拉形模为例，蒙皮类零件在制造过程中会产生回弹变形，补偿方法是对根据理论模型设计模具形状进行修正，以使制造后的蒙皮形状满足精度要求。采用逆向工程技术完成模具形状的数据采集和几何模型的逆向设计，可以实现模具形状的数字化表达，并为后续的模具修补或替换提供依据。

逆向设计采用曲线曲面重构或拟合技术构造几何形状的数学模型，涉及的构造方法包含插值与逼近，其中插值可视为逼近的一个特殊情况。与插值方法的精确通过数据点不同，逼近方法给出了在某种意义上最贴近数据点的逼近表示，更为实践所普遍采用。学习本章内容，重点在于了解这些方法的思路和所要解决的问题，为后续内容作铺垫。有些基本概念如插值与逼近、数据点的参数化等相关思路与研究方法等都具有基础性质与普遍意义，在形状设计中被广泛使用，是必须掌握的。

5.1　基本概念

给定一组有序的数据点 $\boldsymbol{p}_i, i=0,1,\cdots,n$，这些点可以是从某个形状上测量得到的，也可以是设计员给出的。要求构造一条曲线顺序通过这些数据点，称为对这些数据点进行插值(interpolation)，所构造的曲线称为插值曲线(见图 5.1 中实线曲线)。这些数据点若原来位于某曲线上，则称该曲线为被插曲线。构造插值曲线所采用的数学方法称为曲线插值法。把曲线插值推广到曲面，类似地就有插值曲面、被插曲面与曲面插值法等概念。

图 5.1　曲线的插值与逼近

在某些情况下，测量所得或设计员给出的数据点本身就很粗糙，要求构造一条曲线严格通过给定的一组数据点就没有什么意义。更合理的提法应是，构造一条曲线使之在某种约束下最为接近给定的数据点，称之为对这些数据点进行逼近(approximation)，所构造的曲线称为逼近曲线(见图 5.1 中虚线曲线)。这些数据点若原来位于某曲线上,则称该曲线为被逼曲线。构造逼近曲线所采用的数学方法称为曲线逼近法。类似地,可将曲线逼近推广到曲面。

插值与逼近统称为拟合(fitting)或重构(reconstruction)。在几何形状设计中,基表示的参数矢函数形式已成为形状数学描述的标准形式,本章讨论该类曲线的插值与逼近问题。需要说明的是,曲线曲面拟合结果需要与工程需求紧密结合。工程需求可以是拟合精度,也可以是光顺性或拼接连续性要求,或它们的组合。因此所要插值或逼近的几何信息除了数据点位,还可以是切矢、曲率等。本章仅从狭义的角度,即仅针对给定数据点进行插值逼近来解释基本概念与原理,部分扩展内容在后续章节中介绍。

5.2 插值曲线重构

5.2.1 曲线插值实例分析

现以给定三个平面数据点的简单曲线插值问题为例对求解过程予以说明,进而讨论一般参数多项式插值曲线的构造过程:给定数据点 $\boldsymbol{v}_0(2,2)$、$\boldsymbol{v}_1(4,6)$、$\boldsymbol{v}_2(6,8)$,要求构造一条曲线依序通过这些数据点。步骤如下:

1. 选择参数矢函数

选择如下形式的基表示参数矢函数作为插值曲线的数学表示:

$$\boldsymbol{p}(t)=(a_0t^2+b_0t+c_0)\boldsymbol{v}_0+(a_1t^2+b_1t+c_1)\boldsymbol{v}_1+(a_2t^2+b_2t+c_2)\boldsymbol{v},\quad 0\leqslant t\leqslant 1$$

此过程确定了以下设计信息:

① 将给定的三个数据点确定为系数矢量;

② 将所有基函数设置为参数 t 的二次多项式;

③ 将曲线定义域设置为规范参数域[0,1]。

现在要唯一确定插值曲线,需要求解曲线表达式中的待定信息,即基函数中多项式待定系数 a_0、b_0、c_0、a_1、b_1、c_1、a_2、b_2、c_2。

2. 为数据点分配参数值

根据参数矢函数曲线方程的物理意义,现在需要为各个数据点分配参数值,以指定曲线在通过各数据点时所对应的参数值。现将各参数值设定为

$$t_0=0,\quad t_1=0.5,\quad t_2=1$$

这样就指定了插值曲线在首、末端点处插值于首、末数据点 $\boldsymbol{v}_0$ 与 $\boldsymbol{v}_2$,并在参数值 0.5 处插值于点 $\boldsymbol{v}_1$。

3. 构造插值约束方程

根据参数矢函数曲线方程的物理意义,插值曲线要在所分配的参数值处插值于对应的数据点,为此建立以下约束方程:

$$\begin{cases}\boldsymbol{p}(0)=\boldsymbol{v}_0\\ \boldsymbol{p}(0.5)=\boldsymbol{v}_1\\ \boldsymbol{p}(1)=\boldsymbol{v}_2\end{cases}$$

将曲线方程代入上式,则有

$$\begin{cases} c_0\boldsymbol{v}_0 + c_1\boldsymbol{v}_1 + c_2\boldsymbol{v}_2 = \boldsymbol{v}_0 \\ (0.25a_0 + 0.5b_0 + c_0)\boldsymbol{v}_0 + (0.25a_1 + 0.5b_1 + c_1)\boldsymbol{v}_1 + (0.25a_2 + 0.5b_2 + c_2)\boldsymbol{v}_2 = \boldsymbol{v}_1 \\ (a_0 + b_0 + c_0)\boldsymbol{v}_0 + (a_1 + b_1 + c_1)\boldsymbol{v}_1 + (a_2 + b_2 + c_2)\boldsymbol{v}_2 = \boldsymbol{v}_2 \end{cases}$$

为求解全部未知系数，将上式中每个矢方程转换为标量方程，并代入三个数据点的坐标，得到如下线性方程组：

$$\begin{cases} 2c_0 + 4c_1 + 6c_2 = 2 \\ 2c_0 + 6c_1 + 8c_2 = 2 \\ 0.5a_0 + b_0 + 2c_0 + a_1 + 2b_1 + 4c_1 + 1.5a_2 + 3b_2 + 6c_2 = 4 \\ 0.5a_0 + b_0 + 2c_0 + 1.5a_1 + 3b_1 + 6c_1 + 2a_2 + 4b_2 + 8c_2 = 6 \\ 2a_0 + 2b_0 + 2c_0 + 4a_1 + 4b_1 + 4c_1 + 6a_2 + 6b_2 + 6c_2 = 6 \\ 2a_0 + 2b_0 + 2c_0 + 6a_1 + 6b_1 + 6c_1 + 8a_2 + 8b_2 + 8c_2 = 8 \end{cases}$$

检查约束方程数量为 6，而待定系数为 9，欲求得待定系数的唯一解，需要补充约束方程，使约束方程数与待定系数相同。为此，补充约束方程如下：

$$\begin{cases} a_0 + a_1 + a_2 = 0 \\ b_0 + b_1 + b_2 = 0 \\ c_0 + c_1 + c_2 = 1 \end{cases}$$

采用上述设置的优点是，所有基函数的和恒为 1。这种情况下所设计的曲线将具有完全规范性，从而符合几何不变性的要求。

4. 求解插值问题

联立插值条件与添加的约束方程，形成以下线性方程组：

$$\begin{cases} 2c_0 + 4c_1 + 6c_2 = 2 \\ 2c_0 + 6c_1 + 8c_2 = 2 \\ 0.5a_0 + b_0 + 2c_0 + a_1 + 2b_1 + 4c_1 + 1.5a_2 + 3b_2 + 6c_2 = 4 \\ 0.5a_0 + b_0 + 2c_0 + 1.5a_1 + 3b_1 + 6c_1 + 2a_2 + 4b_2 + 8c_2 = 6 \\ 2a_0 + 2b_0 + 2c_0 + 4a_1 + 4b_1 + 4c_1 + 6a_2 + 6b_2 + 6c_2 = 6 \\ 2a_0 + 2b_0 + 2c_0 + 6a_1 + 6b_1 + 6c_1 + 8a_2 + 8b_2 + 8c_2 = 8 \\ a_0 + a_1 + a_2 = 0 \\ b_0 + b_1 + b_2 = 0 \\ c_0 + c_1 + c_2 = 1 \end{cases}$$

将其转化为矩阵形式：

$$\begin{bmatrix} 0 & 0 & 2 & 0 & 0 & 4 & 0 & 0 & 6 \\ 0 & 0 & 2 & 0 & 0 & 6 & 0 & 0 & 8 \\ 0.5 & 1 & 2 & 1 & 2 & 4 & 1.5 & 3 & 6 \\ 0.5 & 1 & 2 & 1.5 & 3 & 6 & 2 & 4 & 8 \\ 2 & 2 & 2 & 4 & 4 & 4 & 6 & 6 & 6 \\ 2 & 2 & 2 & 6 & 6 & 6 & 8 & 8 & 8 \\ 1 & 0 & 0 & 1 & 0 & 0 & 1 & 0 & 0 \\ 0 & 1 & 0 & 0 & 1 & 0 & 0 & 1 & 0 \\ 0 & 0 & 1 & 0 & 0 & 1 & 0 & 0 & 1 \end{bmatrix} \begin{bmatrix} a_0 \\ b_0 \\ c_0 \\ a_1 \\ b_1 \\ c_1 \\ a_2 \\ b_2 \\ c_2 \end{bmatrix} = \begin{bmatrix} 2 \\ 2 \\ 4 \\ 6 \\ 6 \\ 8 \\ 0 \\ 0 \\ 1 \end{bmatrix}$$

上述方程组可形式化为

$$\boldsymbol{AX}=\boldsymbol{B}$$

则所有待定系数的解为

$$\boldsymbol{X}=\boldsymbol{A}^{-1}\cdot\boldsymbol{B}$$

5. 构造插值曲线

将待定系数代入曲线方程，实现插值曲线的完整表达，也就完成了插值曲线重构。

对上述过程作进一步解释：

① 步骤1中完成了插值曲线的类型选择，而不是完全确定曲线的数学表示，所选取的数学表示形式不同，插值曲线的构造结果不同。

② 在步骤1中，需要确定数学表示中哪部分信息已知，哪部分信息待求。上例中确定了所有的系数矢量为给定数据点，设置了所有基函数的类型为曲线参数的二次多项式函数，待求信息为各基函数的二次多项式的系数。也可以直接设定基函数，选择系数矢量待求。

③ 为每个数据点分配参数值等同于确定了曲线在分配的参数值处要插值于对应的数据点，也就是建立了数据点与参数值的对应关系，这部分工作也由设计者完成。参数值分配不同，则插值曲线的构造结果不同。对于上例，如果按如下方式设定：$t_0=0.2$，$t_1=0.6$，$t_2=0.8$，则构造的插值曲线的首末端点不再是首末数据点，曲线也不在参数值0.5而是在0.6处插值于$\boldsymbol{v}_1$点。

④ 对于插值问题，要求待求信息数量等于约束方程数量相同。如果根据插值条件所构造的约束方程不足，则需要补充方程使其满足上述要求。

⑤ 上述步骤中相关问题的选择与设置均需要设计员完成，并对插值曲线的设计结果产生影响。插值曲线不止一个，设计过程不同，所构造的插值曲线就不同。设计过程要充分结合工程需求，如光顺性、光滑拼接与几何不变性等。

求解上述过程的MATLAB代码如下：

```
function c = vectorCurveBy3p(p0,p1,p2,t0,t1,t2)
% input 3 points p0,p1,p2 and their connecting parameters t0,t1,t2
% draw the curve and return its coefficent matrix c
% the curve is defined as:
% p(t) = (c(1) * t^2 + c(2) * t + c(3)) * p0 + (c(4) * t^2 + c(5) * u + c(6)) * p1 + (c(7) * t^2 + c(8) *
% t + c(9)) * p2
% construct the equations for solve the function coefficents
 a = [t0^2 * p0(1),t0 * p0(1),p0(1),t0^2 * p1(1),t0 * p1(1),p1(1),t0^2 * p2(1),t0 * p2(1),p2(1);t0^2
* p0(2),t0 * p0(2),p0(2),t0^2 * p1(2),t0 * p1(2),p1(2),t0^2 * p2(2),t0 * p2(2),p2(2);t1^2 * p0(1),t1
* p0(1),p0(1),t1^2 * p1(1),t1 * p1(1),p1(1),t1^2 * p2(1),t1 * p2(1),p2(1);t1^2 * p0(2),t1 * p0(2),p0
(2),t1^2 * p1(2),t1 * p1(2),p1(2),t1^2 * p2(2),t1 * p2(2),p2(2);t2^2 * p0(1),t2 * p0(1),p0(1),t2^2 * p1
(1),t2 * p1(1),p1(1),t2^2 * p2(1),t2 * p2(1),p2(1);t2^2 * p0(2),t2 * p0(2),p0(2),t2^2 * p1(2),t2 * p1
(2),p1(2),t2^2 * p2(2),t2 * p2(2),p2(2);
     1,0,0,1,0,0,1,0,0;
     0,1,0,0,1,0,0,1,0;
     0,0,1,0,0,1,0,0,1]
 b = [p0(1);p0(2);p1(1);p1(2);p2(1);p2(2);0;0;1]
 c = inv(a) * b
```

```
% drawing the curve
t = 0:0.05:1
x = (c(1) * t.^2 + c(2) * t + c(3)) * p0(1) + (c(4) * t.^2 + c(5) * t + c(6)) * p1(1) + (c(7) * t.^2 +
c(8) * t + c(9)) * p2(1)
y = (c(1) * t.^2 + c(2) * t + c(3)) * p0(2) + (c(4) * t.^2 + c(5) * t + c(6)) * p1(2) + (c(7) * t.^2 +
c(8) * t + c(9)) * p2(2)
hndl = plot(x,y)
set(hndl,'Marker','*')
hold on
% drawing the three points
text(p0(1),p0(2),'p0')
text(p1(1),p1(2),'p1')
text(p2(1),p2(2),'p2')
% set the drawing area
axis([0,3,0,2]);
```

图形输出结果见图 4.10。

5.2.2　曲线插值的一般过程

曲线曲面重构的最终目的是确定曲线曲面的数学表示，而数学表示的构成信息包括系数矢量与基函数。上述实例中设定系数矢量已知，以多项式基函数中的系数为待求信息的方式来构造插值曲线。实际应用中更一般的情况是选定基函数，而以系数矢量待求。这里针对该类问题曲线插值的一般情况展开讨论。

1. 选择曲线的数学描述方法并建立插值问题求解模型

问题描述：给定 $n+1$ 个三维数据点 $\boldsymbol{v}_i(\bar{x}_i,\bar{y}_i,\bar{z}_i)$（二维情况与此类似），要求构造以下形式的曲线插值于这些数据点：

$$\boldsymbol{p}(u)=\sum_{i=0}^{n}\boldsymbol{a}_i\varphi_i(u),\quad u_s\leqslant u\leqslant u_e \tag{5.1}$$

可以预先确定曲线的基函数，选择系数矢量为待求；也可以直接设置系数矢量，以基函数为待求信息（如 5.2.1 小节实例）。实际处理时，通常选择第一种方法。确定了曲线曲面方程中的基函数，即确定了曲线曲面的类型。这样就面临一个问题，应该选择怎样一类函数作为基函数呢？这仍然由对形状数学描述的要求所决定。人们首先注意到在各类函数中，多项式函数能较好地满足要求。它表示形式简单，当选定一组多项式基函数后，通过改变作为基函数的多项式的次数以及基表示中定义形状的系数矢量，而获得丰富的形状表达力，又无穷次可微，因而曲线曲面足够光滑，且容易计算函数值及各阶导数值。曲线曲面数学描述的标准形式中均采用多项式函数作为基函数，相应得到参数矢函数形式的多项式曲线曲面。CAGD 中常使用的曲线曲面类型包括参数三次曲线曲面、贝齐尔曲线曲面、B 样条曲线曲面和非均匀有理 B 样条曲线曲面。其中参数三次曲线曲面与贝齐尔曲线曲面基函数为参数域上整体表示的多项式函数，而 B 样条基函数是在参数区间内分段表示的多项式函数，非均匀有理 B 样条则是分段表示的有理多项式函数。

本节介绍的插值问题，选择预先设定基函数，而以系数矢量待求。对于插值问题，为获得唯一解，要求待定系数矢量的数量与插值数据点的数量相同，由此可以确定曲线方程中待定系

数矢量为 $\boldsymbol{a}_0,\boldsymbol{a}_1,\cdots,\boldsymbol{a}_n$，有 $n+1$ 个。

2. 数据点的参数化

欲唯一地确定一条插值于 $n+1$ 个点 $\boldsymbol{v}_i(i=0,1,\cdots,n)$ 的插值曲线或逼近曲线，必须先给数据点 $\boldsymbol{p}_i$ 赋予相应的参数值 u_i，使其形成一个严格递增的序列 $\Delta U:u_0<u_1<\cdots<u_n$，称其为关于参数 u 的一个分割。其中，每个参数值称为节点。对于插值曲线而言，它决定了位于曲线上的这些数据点与其参数域 u 属于 $[u_0,u_n]$ 上的相应点之间的一种对应关系。对一组有序数据点决定一个参数分割，称之为对这组数据点实行参数化(parametrization)。

如图 5.2 所示，把插值曲线看作质点顺序通过一些空间位置(即数据点)的运动轨迹，参数 u 看作时间，那么对数据点的参数化，就等于规定了质点依次到达这些空间位置的时间。同一组数据点，即使采用同样的插值法，若数据点的参数化不同，将可能获得不同的插值曲线。人们希望对数据点的参数化，应尽可能反映被插(逼)曲线或设计员欲用数据点所构造的曲线的性质。

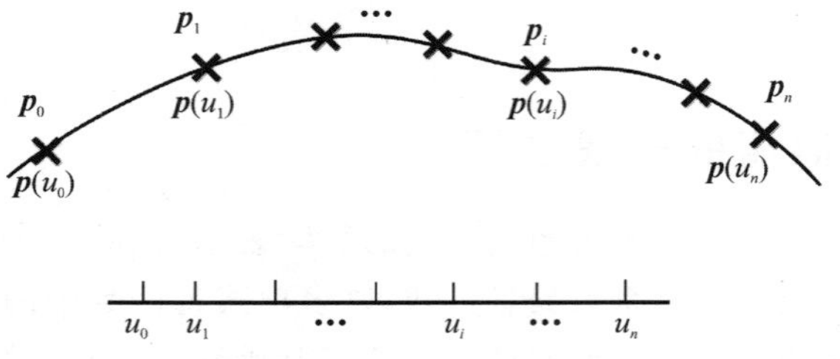

图 5.2　数据点参数化几何意义

数据点参数化方法很多，实践中经常采用如下两种方法。

(1) 均匀参数化法

使每个节点区间长度(用向前差分表示)等于正常数，即节点在参数轴上呈等距分布：

$$\Delta_i=u_{i+1}-u_i=c>0,\quad i=0,1,\cdots,n-1$$

相应地，各节点参数值表达为

$$u_i=u_0+i\cdot c,\quad i=1,2,\cdots,n$$

欲使曲线的首末端点分别插值于首末数据点，要求参数化后的节点区间 $[u_0,u_n]$ 与曲线定义域 $[u_s,u_e]$ 保持一致，即要求 $u_0=u_s$ 且 $u_n=u_e$，则常数 c 的确定可以通过曲线参数域变换实现：

$$c=\frac{u_e-u_s}{n}$$

也可以使曲线的首末端点不再是首末数据点，则首先在定义域内确定首末数据点的参数值 $u_0>u_s$ 与 $u_n<u_e$，再按上述类似方法确定节点区间间隔。

均匀参数化法节点区间间隔相同，适用于数据点空间分布或间距接近相等的情况。如果数据点空间分布差异显著，即相邻数据点弦长相差悬殊，这种情况下，生成插值曲线后弦长较长的那段曲线显得较扁平，弦长较短的那段曲线则凸得厉害，甚至出现尖点或打圈自交(自交点又称为二重点)的情况。

出现上述问题，从物理角度可解释如下：把参数 u 看作时间，质点 $\boldsymbol{p}$ 随着时间变化在空间扫出一条依次经过给定位置(即数据点)的曲线 $\boldsymbol{p}(u)$。采用均匀参数化就意味着在任意顺序两相邻数据点间花费同样多的时间，而不管它们之间的距离如何。如果汽车沿着这样一条插值曲线行驶，数据点就成了站点。当两相邻站点间距离很大时，就必须高速前进；当接着的两相邻站点间距离很小时，由于不能把速度突然减下来，就会发生过冲。

（2）积累弦长参数化法

积累弦长参数化法根据数据点的空间分布确定数据点参数值，即相邻数据点参数间隔与两点弦长（距离）成正比。其确定步骤如下：

1）计算积累弦长

对于 $n+1$ 个数据点，依序连接相邻数据点形成 n 边折线段。各数据点 $\boldsymbol{p}_i$ 的积累弦长为该点之前所有折线段长度（弦长）的累积：

$$\begin{cases} L_0 = 0 \\ L_i = \sum_{j=1}^{i} \| \Delta \boldsymbol{p}_j \| = \sum_{j=1}^{i} \| \boldsymbol{p}_j - \boldsymbol{p}_{j-1} \|, \quad i = 1, 2, \cdots, n \end{cases}$$

式中，$\Delta \boldsymbol{p}_j = \boldsymbol{p}_j - \boldsymbol{p}_{j-1}$ 为一阶差分矢量，即从点 $\boldsymbol{p}_j$ 到 $\boldsymbol{p}_{j-1}$ 的弦线或边矢量。

在实际计算过程中，为降低计算工作量，可使用以下递推公式计算各数据点对应的积累弦长：

$$\begin{cases} L_0 = 0 \\ L_i = L_{i-1} + \| \Delta \boldsymbol{p}_i \| = L_{i-1} + \| \boldsymbol{p}_i - \boldsymbol{p}_{i-1} \|, \quad i = 1, 2, \cdots, n \end{cases}$$

2）采用域参数变换完成节点参数值的转换

如欲使曲线的首末端点插值于首末数据点，则使用从区间$[L_0, L_n]$至区间$[u_s, u_e]$的线性参数变换获取各节点参数值：

$$u_i = \frac{u_e - u_s}{L_n - L_0} L_i + \frac{u_s L_n - u_e L_0}{L_n - L_0}, \quad i = 0, 1, \cdots, n$$

另外，也可以使曲线的首末端点不再通过首末数据点，其处理方法同“均匀参数化法”的相关部分。

这种参数化法如实反映了数据点按弦长的分布情况，一直被认为是最佳参数化法。它克服了数据点按弦长分布不均匀时采用均匀参数化所出现的问题。在多数情况下能获得较满意的结果，即所得插值曲线具有较好的光顺性。弦长参数化法生成的插值曲线在某种程度上可看作粗略的弧长参数化，切矢模长较接近单位长，似可看作较好光顺性的解释。应该指出，插值曲线的光顺性不仅与数据点的参数化有关，还与所采用的插值法有关。同样需要特别指出的是，积累弦长参数化法并不表示插值曲线以积累弦长为参数。

图 5.3 所示为数据点参数化对插值曲线形状的影响。

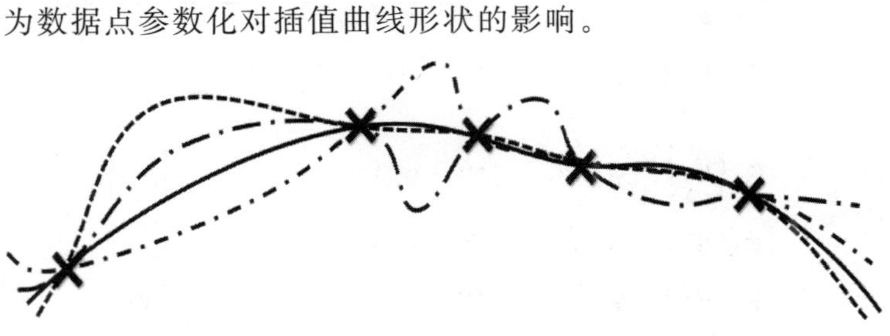

图 5.3　数据点参数化对插值曲线形状的影响

其他的参数化方法包括向心参数化法与福利参数化(又称修正弦长参数化)法,它们是在对数据点相邻直线段的折拐程度或曲率变化程度进行分析的基础上提出的。除上述参数化方法外,还可根据实际问题的需要,对数据点实行某种合适的参数化。尤其在构造曲面时将会遇到这种情况。

实际上,弦长参数化方法适合大多数工程应用。同时,现代测量技术的数据点采集策略充分考虑到曲线曲面的构造要求,可以达到等间隔采集或依据形状曲率变化程度完成自适应采集。这种情况下,均匀参数化也可以应用于曲线插值。

3. 根据插值条件构造约束方程

当构造插值曲线时,必须使曲线方程的待定系数矢量个数等于给定的插值数据点的数目。这里待求系数矢量与给定数据点个数同为 $n+1$。设已对数据点实行参数化,决定了参数分割 $\Delta U: u_0<u_1<\cdots<u_n$,将参数值 $u_i(i=0,1,\cdots,n)$ 代入曲线方程,欲使所构造的曲线在参数值 u_i 通过数据点 $\boldsymbol{v}_i(i=0,1,\cdots,n)$,则插值曲线方程应满足以下插值条件:

$$\boldsymbol{p}(u_i)=\sum_{i=0}^{n}\boldsymbol{a}_i\varphi_i(u_i)=\boldsymbol{a}_0\varphi_0(u_i)+\boldsymbol{a}_1\varphi_1(u_i)+\cdots+\boldsymbol{a}_n\varphi_n(u_i)=\boldsymbol{v}_i,\quad i=0,1,\cdots,n$$

4. 完成插值曲线的计算

联立前述插值条件,并将其转化为如下矩阵形式的线性方程组:

$$\begin{bmatrix}\varphi_0(u_0) & \varphi_1(u_0) & \cdots & \varphi_n(u_0)\\ \varphi_0(u_1) & \varphi_1(u_1) & \cdots & \varphi_n(u_1)\\ \vdots & \vdots & & \vdots\\ \varphi_0(u_n) & \varphi_1(u_n) & \cdots & \varphi_n(u_n)\end{bmatrix}\begin{bmatrix}\boldsymbol{a}_0\\ \boldsymbol{a}_1\\ \vdots\\ \boldsymbol{a}_n\end{bmatrix}=\begin{bmatrix}\boldsymbol{v}_0\\ \boldsymbol{v}_1\\ \vdots\\ \boldsymbol{v}_n\end{bmatrix}$$

将上式中系数矩阵表示为 $\boldsymbol{A}$,待定系数矢量数组表示为 $\boldsymbol{X}$,给定数据点数组表示为 $\boldsymbol{B}$,则上式可表示为求解线性方程组的标准形式:

$$\boldsymbol{AX}=\boldsymbol{B}$$

问题的解为

$$\boldsymbol{X}=\boldsymbol{A}^{-1}\boldsymbol{B}$$

式中,$\boldsymbol{A}^{-1}$ 为系数矩阵的逆矩阵。

在编制曲线插值程序时,传统的编程语言如 C 语言、Fortran 语言等,仅能完成标量方程的计算。在此情况下,上述矢量方程组的求解需要分解为如下坐标分量的形式,然后在此基础上分别求解系数矢量的各坐标分量,再综合一起形成矢量表达。

$$\begin{bmatrix}\varphi_0(u_0) & \varphi_1(u_0) & \cdots & \varphi_n(u_0)\\ \varphi_0(u_1) & \varphi_1(u_1) & \cdots & \varphi_n(u_1)\\ \vdots & \vdots & & \vdots\\ \varphi_0(u_n) & \varphi_1(u_n) & \cdots & \varphi_n(u_n)\end{bmatrix}\begin{bmatrix}x_0\\ x_1\\ \vdots\\ x_n\end{bmatrix}=\begin{bmatrix}\bar{x}_0\\ \bar{x}_1\\ \vdots\\ \bar{x}_n\end{bmatrix}$$

$$\begin{bmatrix}\varphi_0(u_0) & \varphi_1(u_0) & \cdots & \varphi_n(u_0)\\ \varphi_0(u_1) & \varphi_1(u_1) & \cdots & \varphi_n(u_1)\\ \vdots & \vdots & & \vdots\\ \varphi_0(u_n) & \varphi_1(u_n) & \cdots & \varphi_n(u_n)\end{bmatrix}\begin{bmatrix}y_0\\ y_1\\ \vdots\\ y_n\end{bmatrix}=\begin{bmatrix}\bar{y}_0\\ \bar{y}_1\\ \vdots\\ \bar{y}_n\end{bmatrix}$$

$$\begin{bmatrix} \varphi_0(u_0) & \varphi_1(u_0) & \cdots & \varphi_n(u_0) \\ \varphi_0(u_1) & \varphi_1(u_1) & \cdots & \varphi_n(u_1) \\ \vdots & \vdots & & \vdots \\ \varphi_0(u_n) & \varphi_1(u_n) & \cdots & \varphi_n(u_n) \end{bmatrix} \begin{bmatrix} z_0 \\ z_1 \\ \vdots \\ z_n \end{bmatrix} = \begin{bmatrix} \bar{z}_0 \\ \bar{z}_1 \\ \vdots \\ \bar{z}_n \end{bmatrix}$$

对于 MATLAB 等现代编程语言，可以直接完成矢量矩阵的计算，且效率相当高。

示例　幂基是参数多项式函数的最简单形式，为明确插值曲线的构造过程，现以插值于 4 个数据点 $\boldsymbol{v}_0(2,1,2)$、$\boldsymbol{v}_1(3,4,4)$、$\boldsymbol{v}_2(5,6,8)$、$\boldsymbol{v}_3(7,8,4)$，以幂基作为基函数的曲线插值为例完成曲线插值。

解　① 给定的数据点为 4 个，则对于曲线插值问题，待定系数矢量也为 4 个，相应的 4 个基函数采用 u 的 3 次幂，曲线定义域取规范参数域[0,1]，则插值曲线数学表示如下：

$$\boldsymbol{p}(u) = \boldsymbol{a}_0 + \boldsymbol{a}_1 u + \boldsymbol{a}_2 u^2 + \boldsymbol{a}_3 u^3, \quad 0 \leqslant u \leqslant 1$$

② 采用积累弦长参数化为各数据点分配参数值 u_0、u_1、u_2、u_3，再进行参数区间的规范化处理，解得

$$u_0 = 0, \quad u_1 = 0.276\,3, \quad u_2 = 0.638\,2, \quad u_3 = 1$$

③ 构建插值条件方程：

$$\begin{bmatrix} 1 & u_0 & u_0^2 & u_0^3 \\ 1 & u_1 & u_1^2 & u_1^3 \\ 1 & u_2 & u_2^2 & u_2^3 \\ 1 & u_3 & u_3^2 & u_3^3 \end{bmatrix} \begin{bmatrix} \boldsymbol{a}_0 \\ \boldsymbol{a}_1 \\ \boldsymbol{a}_2 \\ \boldsymbol{a}_3 \end{bmatrix} = \begin{bmatrix} \boldsymbol{v}_0 \\ \boldsymbol{v}_1 \\ \boldsymbol{v}_2 \\ \boldsymbol{v}_3 \end{bmatrix}$$

④ 求解待定系数矢量：

$$\begin{bmatrix} \boldsymbol{a}_0 \\ \boldsymbol{a}_1 \\ \boldsymbol{a}_2 \\ \boldsymbol{a}_3 \end{bmatrix} = \begin{bmatrix} 1 & u_0 & u_0^2 & u_0^3 \\ 1 & u_1 & u_1^2 & u_1^3 \\ 1 & u_2 & u_2^2 & u_2^3 \\ 1 & u_3 & u_3^2 & u_3^3 \end{bmatrix}^{-1} \begin{bmatrix} \boldsymbol{v}_0 \\ \boldsymbol{v}_1 \\ \boldsymbol{v}_2 \\ \boldsymbol{v}_3 \end{bmatrix}$$

解得

$$\boldsymbol{a}_0 = (2,1,2), \quad \boldsymbol{a}_1 = (2.26, 14.64, -0.86),$$
$$\boldsymbol{a}_2 = (5.73, -15.989, 39.4), \quad \boldsymbol{a}_3 = (-3, 8.35, -36.55)$$

用 MATLAB 语言实现上述过程，代码如下：

```
>> v0 = [2;1;2],v1 = [3;4;4],v2 = [5;6;8],v3 = [7;8;4];                  % 输入各数据点
>> u0 = 0; u1 = u0 + norm(v1 - v0); u2 = u1 + norm(v2 - v1); u3 = u2 + norm(v3 - v2);  % 数据点参数化
>> u0 = u0/u3; u1 = u1/u3; u2 = u2/u3; u3 = u3/u3;                        % 参数区间规范化处理
>> A = [1,u0,u0^2,u0^3;1,u1,u1^2,u1^3;1,u2,u2^2,u2^3;1,u3,u3^2,u3^3];    % 输入系数矩阵
>> X = inv(A) * [v0(1);v1(1);v2(1);v3(1)];                               % 求解各系数矢量的 x 坐标分量
>> Y = inv(A) * [v0(2);v1(2);v2(2);v3(2)];                               % 求解各系数矢量的 y 坐标分量
>> Z = inv(A) * [v0(3);v1(3);v2(3);v3(3)];                               % 求解各系数矢量的 z 坐标分量
```

5.2.3　曲线插值存在的问题

① 对于上述的多项式插值曲线，从约束方程的代数求解过程可知，当需要满足的插值条件越多时，系数矩阵的尺度越大，相应的矩阵条件数就越大，方程组求解的稳定性就越不好。

稳定性不好意味着对数据点误差的放大作用，即使很小的数据采集误差，也将造成求解结果很大的偏离。结果是重构曲线严重偏离原始几何形状，曲线重构精度难以保证。

② 插值条件的增多也将导致多项式基函数次数的增加，曲线拐点也就随之越多。从曲线形状上反映来看，曲线出现过多的扭摆的可能性越大，曲线的光顺性越不好。一般来说，当插值数据点数小于 6 时，插值曲线的造型效果良好；但当插值数据点数多于或等于 6 时，高次多项式的效果引起扭摆发生，就难以得到一条光顺的曲线。高次多项式插值出现的这种扭摆显然不是人们所希望的。

③ 就实际应用来说，从光滑曲线上测量得到的一组数据点所求解的插值曲线，并不能逼近原曲线形状。单纯加密测量点，所得结果适得其反。究其原因在于插值曲线的形状及其变化难以预料，甚至有可能某个数据点的微小变动引起插值曲线在别处较大的变化。这反映在计算上就有不稳定的问题，更谈不上局部修改的能力。再则，当加密数据点时，与人们期望相反，插值曲线一般不收敛到被插曲线，而是发散的。对于埃尔米特插值，除了扭摆问题以外，还有高阶导矢的方向与模长的几何意义不明，实践中难以给出的问题。另外，与低次曲线相比，高次曲线计算明显变得烦琐。可见，受到次数限制，单独的参数多项式插值曲线难以用来描述复杂的曲线形状。

5.3 逼近曲线重构

从数学上来说，曲线逼近与插值的根本区别在于给定的约束条件与待求信息数量之间的差异。若约束条件与待求信息数目相同，则该问题归结为插值；若约束条件多于待求数目，则该问题归结为逼近。对于逼近问题，无法获得一个能同时满足所有约束条件的曲线，只能通过构造目标函数并采用最优化技术获取问题的最优解，以获取一条在统计尺度上最为接近满足全部约束条件的曲线。显然，曲线插值可以视为曲线逼近的一种特殊情况。下面就以逼近一组给定数据点的曲线重构问题进行分析。

1. 确定构造曲线曲面的数学描述

曲线逼近问题设定为：给定 $m+1$ 个数据点 $\boldsymbol{v}_k(\bar{x}_k,\bar{y}_k,\bar{z}_k,)$，$k=0,1,\cdots,m$，要求构造一条曲线在某种意义上最接近这些数据点。逼近曲线采用如下所述参数曲线：

$$\boldsymbol{p}(u)=\sum_{i=0}^{n}\boldsymbol{a}_i\varphi_i(u),\quad u_e\leqslant u\leqslant u_f$$

现以选定所有基函数 φ_i、系数矢量待求 $\boldsymbol{a}_i(i=0,1,\cdots,n)$ 为前提展开讨论。注意，对于逼近问题，给定的数据点多于待求系数矢量，即 $m>n$。

2. 数据点参数化

采用 5.2.2 小节中的参数化方法完成数据点的参数化，确定参数分割

$$\Delta U:\quad u_0<u_1<\cdots<u_m$$

3. 构造条件方程

若当作插值问题处理，即令曲线 $\boldsymbol{p}(u)$ 在节点 u_k 处通过数据点 v_k，则形成关于系数矢量 $\boldsymbol{a}_i$ 的如下 $m+1$ 个线性方程组：

$$\boldsymbol{p}(u_k)=\sum_{i=0}^{m}\boldsymbol{a}_i\varphi_i(u_k)=\boldsymbol{p}_k,\quad 0\leqslant k\leqslant 1$$

写成矩阵形式：

$$\begin{bmatrix} \varphi_0(u_0) & \varphi_1(u_0) & \cdots & \varphi_n(u_0) \\ \varphi_0(u_1) & \varphi_1(u_1) & \cdots & \varphi_n(u_1) \\ \vdots & \vdots & & \vdots \\ \varphi_0(u_m) & \varphi_1(u_m) & \cdots & \varphi_n(u_m) \end{bmatrix} \begin{bmatrix} \boldsymbol{a}_0 \\ \boldsymbol{a}_1 \\ \vdots \\ \boldsymbol{a}_n \end{bmatrix} = \begin{bmatrix} \boldsymbol{p}_0 \\ \boldsymbol{p}_1 \\ \vdots \\ \boldsymbol{p}_m \end{bmatrix} \tag{5.2}$$

如果令

$$\boldsymbol{\Phi} = \begin{bmatrix} \varphi_0(u_0) & \varphi_1(u_0) & \cdots & \varphi_n(u_0) \\ \varphi_0(u_1) & \varphi_1(u_1) & \cdots & \varphi_n(u_1) \\ \vdots & \vdots & & \vdots \\ \varphi_0(u_m) & \varphi_1(u_m) & \cdots & \varphi_n(u_m) \end{bmatrix}, \quad \boldsymbol{A} = \begin{bmatrix} \boldsymbol{a}_0 \\ \boldsymbol{a}_1 \\ \vdots \\ \boldsymbol{a}_n \end{bmatrix}, \quad \boldsymbol{P} = \begin{bmatrix} \boldsymbol{p}_0 \\ \boldsymbol{p}_1 \\ \vdots \\ \boldsymbol{p}_m \end{bmatrix}$$

则上式可形式化为

$$\boldsymbol{\Phi} \cdot \boldsymbol{A} = \boldsymbol{P}$$

式中，稀疏矩阵 $\boldsymbol{\Phi}$ 为 $(m+1)\times(n+1)$ 阶矩阵。

4. 求解待定系数矢量

对于式(5.2)表示的约束方程组，由于约束方程个数 $m+1$ 超过了未知系数矢量个数 $n+1$，故该方程组为矛盾方程组。一般情况下，其解是不存在的，即一般不存在严格依次通过这些数据点的插值曲线。这时，只能寻求在某种意义下最接近这些数据点的曲线作为逼近曲线。那么，怎样度量逼近的程度呢？最常用的一种方法是取逼近曲线上具有参数值 u_k 的点 $\boldsymbol{p}(u_k)$ 与数据点 $\boldsymbol{p}_k$ 间的距离平方和构造逼近函数并使其达到最小，称之为最小二乘逼近(least square approximation)，J 可理解为曲线对数据点逼近精度的度量，表现为最优化问题的目标函数。

$$J = \sum_{i=0}^{m} \| \boldsymbol{p}(u_k) - \boldsymbol{p}_k \|^2$$

采用基于最小二乘法的最优化技术，问题的解由下述高斯(Gauss)正交方程组获得：

$$\boldsymbol{\Phi}^{\mathrm{T}}\boldsymbol{\Phi}\boldsymbol{A} = \boldsymbol{\Phi}^{\mathrm{T}}\boldsymbol{P}$$

上式又称为法方程，其中 $\boldsymbol{\Phi}^{\mathrm{T}}$ 是 $\boldsymbol{\Phi}$ 的转置。在保证基函数 $\varphi_i(u)$ 线性无关的基础上，$\boldsymbol{\Phi}$ 是满秩的，因此 $\boldsymbol{\Phi}^{\mathrm{T}}\boldsymbol{\Phi}$ 是 $n+1$ 阶对称可逆阵，方程存在唯一解：

$$\boldsymbol{A} = (\boldsymbol{\Phi}^{\mathrm{T}}\boldsymbol{\Phi})^{-1}\boldsymbol{\Phi}^{\mathrm{T}}\boldsymbol{P}$$

式中，$(\boldsymbol{\Phi}^{\mathrm{T}}\boldsymbol{\Phi})^{-1}$ 为 $\boldsymbol{\Phi}^{\mathrm{T}}\boldsymbol{\Phi}$ 的逆矩阵。特殊地，当 $n=m$ 时，逼近问题变成插值问题，$\boldsymbol{\Phi A} = \boldsymbol{P}$ 将不再是超定方程，待求系数矢量 $\boldsymbol{A}$ 存在唯一解。

实际应用中，考虑到实际所给数据点的重要性与可靠性很可能是各不相同的，不可等量齐观，应予以区别对待。如果根据设备的测量特性已知某些测量点的测量精度高，则重构曲线对这些测量点的逼近程度就比其他测量点更高。为此，可对每个数据点引入相应的权(weight) h_k，$k=0,1,\cdots,m$。于是，目标函数相应变成：

$$J = \sum_{i=0}^{m} h_k \| \boldsymbol{p}(u_k) - \boldsymbol{p}_k \|^2$$

法方程相应变成：

$$(\boldsymbol{H\Phi})^{\mathrm{T}} \cdot (\boldsymbol{H\Phi}) \cdot \boldsymbol{A} = (\boldsymbol{H\Phi})^{\mathrm{T}} \cdot (\boldsymbol{HP})$$

式中，

$$\boldsymbol{H}=\begin{bmatrix}\sqrt{h_0} & 0 & \cdots & 0\\ 0 & \sqrt{h_0} & \cdots & 0\\ \vdots & \vdots & & \vdots\\ 0 & 0 & \cdots & \sqrt{h_0}\end{bmatrix}$$

由此可见，该法方程与未加权时的法方程在形式上是相似的，只需把后者的 $\boldsymbol{\Phi}$ 换成 $\boldsymbol{H\Phi}$ 就可以得到前者。对于具体问题，有时还必须考虑满足给定的边界约束条件。

逼近曲线的次数并不是越高越好，采用多项式曲线的最小二乘逼近，将遇到如何确定逼近曲线的合适的次数以及难以满足工程精度要求的问题；同时，也存在所构造的逼近曲线的形状能否满足实际需要的问题。还可见到，最小二乘逼近是一个计算量耗费甚大的过程。因此，以高次参数多项式作为逼近曲线是不可取的，其中主要原因是难以满足逼近精度要求。随着计算机硬件性能价格比的提高和逼近算法的不断发展完善，采用分段低次参数多项式样条构造最小二乘逼近曲线将获得越来越广泛的应用。

5.4 曲面的插值与逼近

曲面的插值与逼近是曲线插值与逼近的推广，但其情况更为复杂。给定的逼近条件可以是一组有序数据点，或空间分布无序的散乱数据点。插值过程可以是先构造一组插值或逼近数据点的轮廓曲线，再构造插值或逼近这些曲线的曲面；也可以是直接构造插值或逼近这些数据点的曲面。本节仅就插值或逼近一组散乱数据点的曲面重构过程进行讨论，后续章节将就工程中普遍应用的曲面重构方法进行介绍。

如图 5.4 所示，散乱数据点的曲面逼近问题设定为：给定 $m+1$ 个数据点 $\boldsymbol{v}_k(\bar{x}_k,\bar{y}_k,\bar{z}_k)$，$k=0,1,\cdots,l$，要求构造一张曲面在某种意义上最接近这些数据点。下面介绍构造原理。

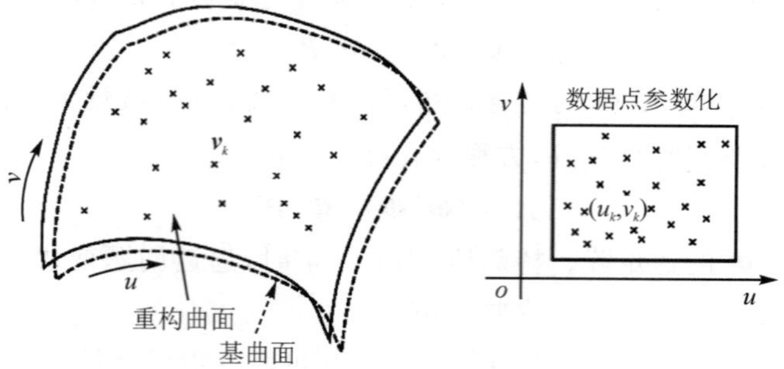

图 5.4　散乱数据曲面重构原理

1. 选择逼近曲面的数学描述方法

逼近曲面采用如下所述基表示的参数矢函数曲线：

$$\boldsymbol{p}(u,v)=\sum_{i=0}^{m}\sum_{j=0}^{n}\boldsymbol{a}_{ij}\varphi_i(u)\psi_j(v),\quad u_e\leqslant u\leqslant u_f,v_e\leqslant v\leqslant v_f$$

现以基函数已知、系数矢量 $\boldsymbol{a}_{ij}(i=0,1,\cdots,m;j=0,1,\cdots,n)$ 待求为前提展开讨论。注意，对于逼近问题，要求给定的数据点多于待求系数矢量，即 $l>(m+1)\times(n+1)-1$；对于插值问题，则需 $l=(m+1)\times(n+1)-1$。

2. 散乱数据点的参数化

散乱数据点的空间邻近关系未知，其参数化过程通常需要构造基曲面，并以数据点在基曲面上的参数值设置数据点在逼近曲面的参数值。基曲面用于模拟逼近曲面的几何形状，其构造方法需要首先构造 4 条边界曲线，进而构造插值于上述边界曲线的某种类型曲面。其中边界曲线的构造方法通常是由设计员根据数据点的分布情况人机交互创建，或选用某种自动选点创建方法。通常基曲面通过构造插值于边界曲面的孔斯曲面创建，也可使用其他类型的插值曲面。将数据点参数化结果表示为(u_k,v_k)，$k=0,1,\cdots,l$。

3. 建立约束条件方程

若当作插值问题处理，即令曲面在参数值(u_k,v_k)处通过数据点 $\boldsymbol{p}_k$，$k=0,1,\cdots,m$，则形成关于系数矢量 $\boldsymbol{a}_i$ 的如下 $l+1$ 个线性方程组：

$$\boldsymbol{p}(u_k,v_k)=\sum_{i=0}^{m}\sum_{j=0}^{n}\boldsymbol{a}_{ij}\varphi_i(u_k)\psi_j(v_k)=\boldsymbol{p}_k,\quad k=0,1,\cdots,l$$

4. 求解待定系数矢量

对于插值问题，在数据点分布合理的情况下，将有待定系数矢量的唯一解；对于逼近问题，一般以曲面逼近误差的统计量构造目标函数：

$$J=\sum_{k=0}^{l}\|\boldsymbol{p}(u_k,v_k)-\boldsymbol{v}_k\|^2$$

采用最小二乘拟合技术可获得待定系数矢量的最优解。

习　题

1. 说明采用基表示的参数矢函数构造差值曲线的步骤。

2. 论述曲线曲面插值与逼近的异同点。

3. 说明构造插值与逼近曲线的一般过程。

4. 曲线曲面参数化的意义是什么？

5. 曲线数据点参数化的方法有哪些？各自如何实现数据点参数化？

6. 采用积累弦长参数化法为数据点(2,4)、(3,7)、(6,8)、(7,11)分配参数值，并将其转换至规范区间[0,1]。

7. 给定依序排列的数据点(5,3)、(8,10)、(4,12)，完成以下形式插值曲线

$$\boldsymbol{p}(t)=\boldsymbol{a}_0f_0(t)+\boldsymbol{a}_1f_1(t)+\boldsymbol{a}_2f_2(t)$$

的构造。式中各基函数 $f_0(t)$、$f_1(t)$、$f_2(t)$取为 t 的二次多项式。

8. 说明参数曲线的最小二乘逼近原理，列出关键的数学方程。

9. 设计一种方法，完成散乱数据点构造逼近曲面的参数化。

10. 散乱数据点与规则排列数据点在曲面重构中有何区别？各自的处理手段是什么？

11. 曲面插值与逼近的区别是什么？如何构造条件方程完成插值或逼近目标函数表达？

第 6 章　函数样条与参数样条曲线

在飞机或船舶外形设计过程中，经常需要对比较多的数据点完成插值或逼近，同时保证重构曲线曲面的光顺性。传统的模拟量造型方法采用物理样条结合手工绘制产生符合要求的几何形状。数字化设计技术则要求完成几何形状的数学表达，其中一种方式是采用单段高次插值函数完成整条曲线的构造。然而随着数据点的增多，插值函数的次数就越高，其结果是随着函数次数的增加会在曲线上产生不希望有的波动，导致光顺性变差。而利用曲线逼近方法采用单个低次曲线构造整条曲线，由于低次曲线的柔性不足又会造成拟合精度变差。

高次多项式插值曲线由于存在缺点，不适合用来插值，而单一的低次多项式曲线又难以用来描述复杂形状的曲线。唯一的选择就是，将一段段低次曲线在满足一定的连接条件下逐段拼接起来。这样以分段方式定义的曲线统称为组合曲线。需要解决的问题是保障各段曲线的逼近精度，同时满足组合曲线在分段连接点处的光顺性要求。相应的方法可以推广到曲面造型，所构造的分片表示的曲面称为组合曲面。

在上述工程实践需求背景下，样条曲线曲面造型技术迅速提出并广泛应用于形状设计，其基本特征是分段表示与整体连续。本章首先介绍样条曲线的提出、概念、物理意义与工程应用背景，进而讨论了不同设计需求下的样条函数与样条曲线的形状设计方法，讨论了常用曲线插值边界条件的处理方法。

6.1　三次样条的力学背景及其几何特征

在使用组合曲线表达复杂形状时，曲线段数与次数相互制约。段数过多会增加设计难度，次数过多光顺性又不好。在大多数工程应用中，形状表示与设计都是用三次参数化来实现的。原因在于三次曲线是既可生成带有拐点的平面曲线，又能生成空间曲线的次数最低的参数多项式曲线。本章三次样条函数与参数三次样条曲线就是一种分段三次多项式插值，它不但能保证曲线上斜率（切矢）连续变化，而且也能保证曲率连续变化。这对飞机、汽车、舰船的外形来说，已能满足要求了。

6.1.1　三次样条的力学背景

如图 6.1(a)所示，传统制造模式中，设计员在绘制理论模线时，首先按理论图中给定的数据将型值点的位置准确地标记在图板上（通常叫“打点”）；然后，采用一种称为“样条”的工具（一根富有弹性的有机玻璃条或木条），用压铁强迫它通过这些型值点，再适当调整这些压铁的位置，让样条的形态发生变化，直至取得合适的形状，最终沿着样条刻画出曲线的形状。采用这种方法得到的曲线形状称为物理样条曲线。如果我们把样条看成弹性细梁，压铁看成作用在该梁某些点上的集中载荷，那么就可以把模线的绘制过程在力学上抽象为：求弹性细梁在外加集中载荷作用下产生的弯曲变形。如图 6.1(b)所示，由切出两相邻压铁之间的一段梁来看，只在梁的两端有集中力作用，因此弯矩在这段梁内是线性函数；但是从整个梁来看，弯矩是连续的折线函数。

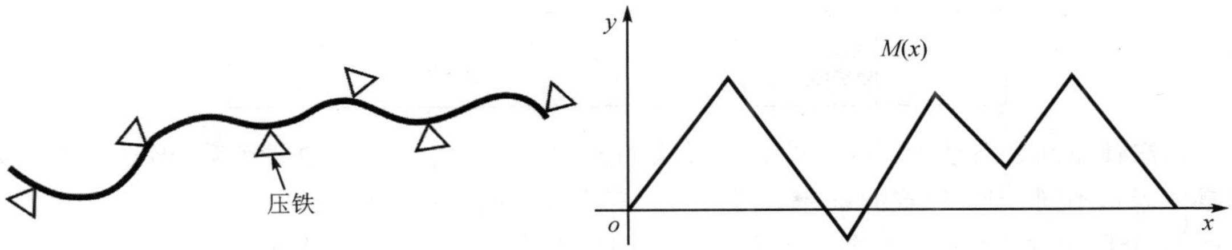

(a) 物理样条　　　(b) 弯矩分布

图 6.1　物理样条的力学背景

在图板上建立平面直角坐标系 xoy，采用标量显函数 $y=f(x)$ 定义样条曲线，根据欧拉公式，有

$$\frac{1}{\rho(x)}=\frac{M(x)}{EJ} \tag{6.1}$$

式中，$M(x)$是弯矩，$\rho(x)$是梁的曲率半径，它们都随点的位置而变化；E 和 J 分别是梁的弹性模量和惯性矩，与材料和形状有关。

平面曲线的曲率为

$$\frac{1}{\rho(x)}=\frac{y''}{\left(1+y'^2\right)^{\frac{3}{2}}} \tag{6.2}$$

由式(6.1)、式(6.2)可得

$$\frac{y''}{(1+y'^2)^{\frac{3}{2}}}=\frac{M(x)}{EJ} \tag{6.3}$$

对于“小挠度”曲线，有$|y'(x)|\ll 1$，上述方程近似于

$$y''=\frac{\mathrm{d}^2 y}{\mathrm{d}x^2}=\frac{M(x)}{EJ}$$

由于在各小段上 $M(x)$是 x 的线性函数，所以由上式可知，在各小段上，函数 $y(x)$是 x 的三次多项式函数；在整个梁上，$y(x)$就是分段三次多项式函数，但它具有直到二阶的连续导数(因为从整个梁来说，弯矩 $M(x)$是连续的折线函数)。这一力学背景就导致了数学上三次样条函数曲线概念的建立。

6.1.2　三次样条函数的定义

三次样条函数的定义：给定数据点列(x_i,y_i)，$i=0,1,\cdots,n$，同时 x_i 在区间$[x_0,x_n]$上单调增且形成分割 $\Delta x: x_0<x_1<\cdots<x_n$，若有函数 $y(x)$按顺序插值这些数据点且符合下列条件：

① $y(x_i)=y_i(i=0,1,\cdots,n)$；

② $y(x)$在整个区间$[x_0,x_n]$上二次连续可导；

③ 在每一个子区间$[x_{i-1},x_i](i=0,1,\cdots,n)$上，$y(x)$是 x 的三次多项式函数，

则称 $y(x)$是关于已知插值条件的三次样条函数(cubic spline functiom)。由样条函数构成的曲线称为函数样条曲线。表 6.1 所列为插值数据点。

表 6.1 插值数据点

x	x_0	x_1	x_2	…	x_n
y	y_0	y_1	y_2	…	y_n

三次样条函数在整个区间上的表达形式相同，都是 x 的三次多项式函数，但在每个区间的具体表示不同，即多项式的系数不同。因此三次样条的特征可概括如下：

① 分段独立表示。三次样条函数是各区间分段独立表示的三次多项式函数。

② 整体二阶连续。三次样条函数在各子区间的分段连接点处，即 $x_1, x_2, \cdots, x_{n-1}$ 处，函数二阶导数连续，在每个区间内部即 $x \in (x_i, x_{i+1})$ 无限阶导数连续。

上述概念可推广至高次样条：当要求在每个数据点处三阶或更高阶的导数也连续时，就要用高次样条函数。例如，五次样条函数有四阶导数连续。

6.2 三次样条函数曲线的构造

6.2.1 根据型值点及其一阶导数构造三次样条函数曲线

问题描述：给定 $n+1$ 个顺序排列的数据点列 $(x_i, y_i)(i=0,1,\cdots,n)$ 及各数据点处一阶导数（斜率）m_i，其中 x_i 在区间 $[x_0, x_n]$ 上单调增加且形成分割 $\Delta x: x_0 < x_1 < \cdots < x_n$，构造三次样条函数 $y=y(x)$ 按顺序插值于这些数据点及各数据点处一阶导数。三次样条函数插值条件如表 6.2 所列。

表 6.2 三次样条函数插值条件

x	x_0	x_1	x_2	…	x_n
y	y_0	y_1	y_2	…	y_n
m	m_0	m_1	m_2	…	m_n

1. [0,1]区间上带一阶导数的插值函数

为方便起见，首先解决[0,1]区间上带一阶导数的插值问题。设自变量为 u，$0 \leqslant u \leqslant 1$，对应于两个端点的函数值与一阶导数值分别为 y_0、y_1、y'_0、y'_1。根据埃尔米特（Hermite）插值，可在两个端点之间构造一段三次多项式函数曲线。设该曲线段的方程为

$$y(u) = a_0 + a_1 u + a_2 u^2 + a_3 u^3 \tag{6.4}$$

对 u 求导，则有

$$y'(u) = a_1 + 2a_2 u + 3a_3 u^2$$

令该曲线插值于 4 个已知条件，代入以上两式，可得到

$$\begin{cases} y(0) = a_0 = y_0 \\ y(1) = a_0 + a_1 + a_2 + a_3 = y_1 \\ y'(0) = a_1 = y'_0 \\ y'(1) = a_1 + 2a_2 + 3a_3 = y'_1 \end{cases}$$

即可解得方程的 4 个系数：

$$\begin{bmatrix} a_0 \\ a_1 \\ a_2 \\ a_3 \end{bmatrix} = \begin{bmatrix} 1 & 0 & 0 & 0 \\ 0 & 0 & 1 & 0 \\ -3 & 3 & -2 & -1 \\ 2 & -2 & 1 & 1 \end{bmatrix} \begin{bmatrix} y_0 \\ y_1 \\ y'_0 \\ y'_1 \end{bmatrix}$$

将结果代入式(6.4)，可得到

$$y(u) = (2y_0 - 2y_1 + y'_0 + y'_1)u^3 + (-3y_0 + 3y_1 - 2y'_0 - y'_1)u^2 + y'_0 u + y_0$$

将其改写为

$$y(u) = (2u^3 - 3u^2 + 1)y_0 + (-2u^3 + 3u_1^2)y_1 + (u^3 - 2u^2 + u)y'_0 + (u^3 - u^2)y'_1$$

如果令

$$\begin{cases} F_0(u) = 2u^3 - 3u^2 + 1 \\ F_1(u) = -2u^3 + 3u^2 \\ G_0(u) = u^3 - 2u^2 + u = u(u-1)^2 \\ G_1(u) = u^3 - u^2 = u^2(u-1) \end{cases} \tag{6.5}$$

则曲线段方程为

$$y(u) = F_0(u)y_0 + F_1(u)y_1 + G_0(u)y'_0 + G_1(u)y'_1 \tag{6.6}$$

式中，$F_0(u)$、$F_1(u)$、$G_0(u)$、$G_1(u)$称为埃尔米特基函数或三次混合函数。注意，有部分规范性成立：

$$F_0(u) + F_1(u) \equiv 1 \tag{6.7}$$

同时满足以下端点性质：

$$\begin{cases} F_0(0) = F_1(1) = 1 \\ F_0(1) = F_1(0) = 0 \\ G'_0(0) = G'_1(1) = 1 \\ G'_0(1) = G'_1(0) = 0 \end{cases} \tag{6.8}$$

今后要经常用到这 4 个混合函数。由式(6.6)可以看出，$F_0(u)$、$F_1(u)$专门控制首末端点函数值 y_0、y_1 对曲线形状的影响，而同端点的导数值无关；$G_0(u)$与 $G_1(u)$则专门控制首末端点的一阶导数值 y'_0、y'_1对曲线形状的影响，而同端点的函数值无关。或者说，$F_0(u)$与 $G_0(u)$控制左端点的影响，$F_1(u)$与 $G_1(u)$则控制右端点的影响。图 6.2 给出了这四个混合函数的图形。

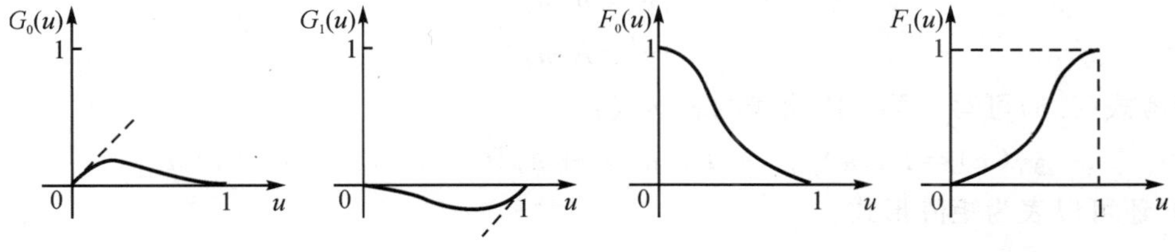

图 6.2　三次埃尔米特基函数图形

2. (x_i, y_i)区间上带一阶导数的插值函数

接下来解决数据点列$(x_i, y_i)(i = 0, 1, 2, \cdots, n)$上带一阶导数的插值问题，使得曲线 $y(x)$插值于各型值点(x_i, y_i)，以及各型值点处的一阶导数(斜率)m_i。解决该问题的方法是，将整条曲线分解为 n 个子区间 $[x_{i-1},x_i]$，$i=1,2,\cdots,n$，各子区间段曲线插值于首末端点 (x_{i-1},y_{i-1})、(x,y_i) 及首末端点一阶导数 m_{i-1}、m_i。型值点与斜率如图 6.3 所示。

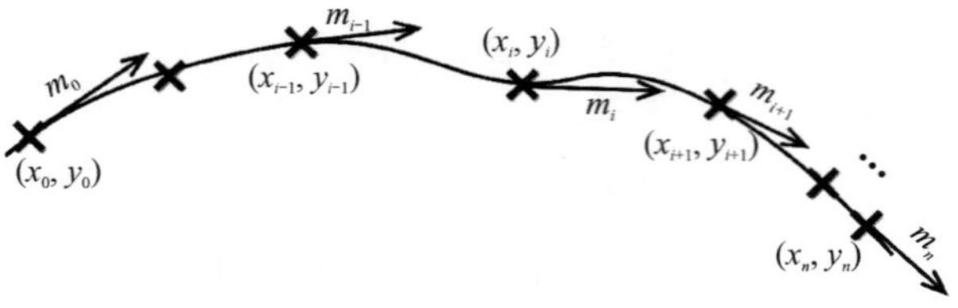

图 6.3　型值点与斜率

子区间 $x\in[x_{i-1},x_i]$ 的插值条件表示如下：

$$\begin{cases} y(x_{i-1})=y_{i-1} \\ y(x_i)=y_i \\ y'(x_{i-1})=\left.\dfrac{\mathrm{d}y}{\mathrm{d}x}\right|_{x=x_{i-1}}=m_{i-1}, \quad i=1,2,\cdots,n \\ y'(x_i)=\left.\dfrac{\mathrm{d}y}{\mathrm{d}x}\right|_{x=x_i}=m_i \end{cases}$$

注意，这里 m_i 是 y 关于 x 的一阶导数，而 $[0,1]$ 区间上插值问题自变量 u 的范围为 $[0,1]$。首先完成自变量从 $u\in[0,1]$ 到 $x\in[x_{i-1},x_i]$ 的线性参数变换，令

$$u=\frac{x-x_{i-1}}{x_i-x_{i-1}}=\frac{x-x_{i-1}}{h_i}, \quad h_i=x_i-x_{i-1}, \quad i=1,2,\cdots,n$$

且有

$$y'_u=y'_x\frac{\mathrm{d}x}{\mathrm{d}u}=y'_xh_i$$

由于变换后 u 的变化区间为 $[0,1]$，并注意到式(6.6)中的 y'_0、y'_1 为对 u 的一阶导数，故有

$$\begin{cases} y'_0=y'_u\,|_{u=0} \\ y'_1=y'_u\,|_{u=1} \end{cases}$$

而 m_{i-1}、m_i 则为对 x 的一阶导数，因此有

$$\begin{cases} y'_0=h_im_{i-1} \\ y'_1=h_im_i \end{cases}$$

参考式(6.6)可写出第 i 段曲线的表达式：

$$y_i(x)=F_0(u)y_{i-1}+F_1(u)y_i+h_i\,[G_0(u)m_{i-1}+G_1(u)m_i] \tag{6.9}$$

式(6.9)还可以表为矩阵形式：

$$y_i(x)=[F_0(u)\quad F_1(u)\quad G_0(u)\quad G_1(u)]\begin{bmatrix} y_{i-1} \\ y_i \\ h_im_{i-1} \\ h_im_i \end{bmatrix}, \quad i=1,2,\cdots,n \tag{6.10}$$

用式(6.9)或式(6.10)确定的函数 $y(x)$，它本身及其一阶导数 $y'(x)$ 在 $[x_0,x_n]$ 上的连

续性是由各段的插值条件保证了的，无论 $m_0, m_1, \cdots, m_n$ 取什么值，$y(x)$、$y'(x)$ 总是连续的，即对于曲线段 $[x_{i-1}, x_i]$ 与 $[x_i, x_{i+1}]$，$i=1,2,\cdots,n$，两曲线段的表达式分别为

$$\begin{cases} y_i(x) = F_0(u)y_{i-1} + F_1(u)y_i + h_i[G_0(u)m_{i-1} + G_1(u)m_i], & x \in [x_{i-1}, x_i] \\ y_{i+1}(x) = F_0(u)y_i + F_1(u)y_{i+1} + h_{i+1}[G_0(u)m_i + G_1(u)m_{i+1}], & x \in [x_i, x_{i+1}] \end{cases}$$

显然，在两曲线段的公共连接点 (x_i, y_i) 处具有相同的函数值 y_i 与一阶导数 m_i。

3. 二阶导数连续的样条函数曲线的构造

样条函数曲线要求 $y(x)$ 的二阶导数 $y''(x)$ 在 $[x_0, x_n]$ 上连续，但是若任意地选取 m_0，$m_1, \cdots, m_n$，那么 $y(x)$ 只能保证一阶导数连续。为了保证分段连接点 $x_i(i=1,2,\cdots,n)$ 处 $y''(x)$ 也连续，m_i 就必须适合某些条件。

将式(6.9)对 x 求导两次后，可得到

$$y_i''(x) = y_{i-1}F_0''(u)\frac{1}{h_i^2} + y_iF_1''(u)\frac{1}{h_i^2} + m_{i-1}G_0''(u)\frac{1}{h_i} + m_iG_1''(u)\frac{1}{h_i} \tag{6.11}$$

由于

$$\begin{cases} F_0''(u) = 12u - 6 \\ F_1''(u) = -12u + 6 \\ G_0''(u) = 6u - 4 \\ G_1''(u) = 6u - 2 \end{cases}$$

所以对于第 i 段曲线的末点 $(u=1)$，则有

$$y_i''(x_i) = \frac{6}{h_i^2}y_{i-1} - \frac{6}{h_i^2}y_i + \frac{2}{h_i}m_{i-1} + \frac{4}{h_i}m_i \tag{6.12}$$

对于第 $i+1$ 段曲线的始点 $(u=0)$，则有

$$y_{i+1}''(x_i) = -\frac{6}{h_{i+1}^2}y_i + \frac{6}{h_{i+1}^2}y_{i+1} - \frac{4}{h_{i+1}}m_i - \frac{2}{h_{i+1}}m_{i+1} \tag{6.13}$$

为了让两段曲线的二阶导数在 $x=x_i$ 处连续，则必须令式(6.12)、式(6.13)两式的右边相等，由此经过简单计算之后可得出

$$\frac{h_{i+1}}{h_i + h_{i+1}}m_{i-1} + 2m_i + \frac{h_{i+1}}{h_i + h_{i+1}}m_{i+1} = 3\left(\frac{h_{i+1}}{h_i + h_{i+1}} \cdot \frac{y_i - y_{i-1}}{h_i} + \frac{h_{i+1}}{h_i + h_{i+1}} \cdot \frac{y_{i+1} - y_i}{h_{i+1}}\right)$$

引入符号：

$$\lambda_i = \frac{h_{i+1}}{h_i + h_{i+1}}, \quad \mu_i = 1 - \lambda_i, \quad c_i = 3\left(\lambda_i\frac{y_i - y_{i-1}}{h_i} + \mu_i\frac{y_{i+1} - y_i}{h_{i+1}}\right)$$

则有

$$\lambda_i m_{i-1} + 2m_i + \mu_i m_{i+1} = c_i, \quad i = 1, 2, \cdots, n-1 \tag{6.14}$$

式(6.14)称为样条函数的 m -关系式，各节点上的 m_i 的分配需要满足这些关系式的约束才能保证二阶导数沿整条曲线连续，所建立的函数才符合样条函数的定义。因此，可将上述约束方程联立以求解各节点处的一阶导数 m_i。上述关系式的联立形成了一个关于 $n+1$ 未知导数 $m_0, m_1, \cdots, m_n$ 的线性方程组。然而约束方程的个数是 $n-1$ 个，为了完全确定它们，还必须添加两个条件方程。这两个条件通常根据对首末节点 x_0 与 x_n 处的附加要求来提供，所以称为端点条件，常用的有以下两种：

(1) 直接给定曲线在两端点处的斜率 m_0 与 m_n

此时式(6.14)中第一个方程为

$$2m_1 + \mu_1 m_2 = c_1 - \lambda_1 m_0 \tag{6.15}$$

第 $n-1$ 个方程为

$$\lambda_{n-1} m_{n-2} + 2m_{n-1} = c_{n-1} - \mu_{n-1} m_n \tag{6.16}$$

则式(6.14)就转化成关于 $n-1$ 个未知量 $m_1, m_2, \cdots, m_{n-1}$ 的一个线性方程组,即可求出未知导数的唯一的解。所建方程组如下:

$$\begin{bmatrix} 2 & \mu_1 & & & & \\ \lambda_2 & 2 & \mu_2 & & & \\ & \lambda_3 & 2 & \mu_3 & & \\ & & \ddots & \ddots & \ddots & \\ & & & \lambda_{n-2} & 2 & \mu_{n-2} \\ & & & & \lambda_{n-1} & 2 \end{bmatrix} \begin{bmatrix} m_1 \\ m_2 \\ m_3 \\ \vdots \\ m_{n-2} \\ m_{n-1} \end{bmatrix} = \begin{bmatrix} c_1 - \lambda_1 m_0 \\ c_2 \\ c_3 \\ \vdots \\ c_{n-2} \\ c_{n-1} - \mu_{n-1} m_n \end{bmatrix}$$

曲线在端点与一直线相切时,就可以用这种端点条件。

(2) 给定两端点的二阶导数 M_0 与 M_n

由于 $M_0 = y''_i(x)|_{u=0}$,这时可在式(6.13)中令 $i=1$ 及左端项等于 M_0,得

$$2m_0 + m_1 = \frac{3(y_1 - y_0)}{h_1} - \frac{h_1}{2} M_0 = c_0$$

由于 $M_n = y''_n(x)|_{u=1}$,在式(6.12)中令 $i=n$ 及左端项等于 M_n,得

$$m_{n-1} + 2m_n = \frac{3(y_n - y_{n-1})}{h_n} - \frac{h_n}{2} M_n = c_n$$

特别当 $M_0=0$ 或 $M_n=0$ 时,这种端点条件称为自由端点条件。当曲线在端点出现拐点时,就可以用这种端点条件。求解未知导数的方程组如下:

$$\begin{bmatrix} 2 & 1 & & & & & \\ \lambda_1 & 2 & \mu_1 & & & & \\ & \lambda_2 & 2 & \mu_2 & & & \\ & & \lambda_3 & 2 & \mu_3 & & \\ & & & \ddots & \ddots & \ddots & \\ & & & & \lambda_{n-1} & 2 & \mu_{n-1} \\ & & & & & 1 & 2 \end{bmatrix} \begin{bmatrix} m_0 \\ m_1 \\ m_2 \\ m_3 \\ \vdots \\ m_{n-1} \\ m_n \end{bmatrix} = \begin{bmatrix} c_0 \\ c_1 \\ c_2 \\ c_3 \\ \vdots \\ c_{n-1} \\ c_n \end{bmatrix}$$

在求得所有 m_i 后,分段三次曲线即可由式(6.9)或式(6.10)确定,整条三次样条曲线的表达式为

$$y(x) = y_i(x), \quad i = 1, 2, \cdots, n$$

6.2.2 根据型值点及其二阶导数构造三次样条函数曲线

前述三次样条是用型值点的坐标(x_i, y_i)及型值点处的一阶导数 $m_i(i=0,1,\cdots,n)$表示的。除此之外,还可以用型值点的坐标及型值点处的二阶导数 M_i 表示。三次样条函数插值

条件如表 6.3 所列。

表 6.3　三次样条函数插值条件

x	x_0	x_1	x_2	…	x_n
y	y_0	y_1	y_2	…	y_n
M	M_0	M_1	M_2	…	M_n

为此，采用和 6.2.1 小节类似的方法，先解决在[0,1]区间上带二阶导数的插值问题，然后再推广到整个$[x_0,x_n]$区间。仍设自变量为 u，$0\leqslant u\leqslant 1$，对应于两个端点的函数值与二阶导数值分别为 y_0、y_1、y''_0、y''_1，在两端点之间构造一三次曲线段，设该曲线段的方程为

$$y(u)=A_0+A_1u+A_2u^2+A_3u^3,\quad 0\leqslant u\leqslant 1 \tag{6.17}$$

对 u 求导两次后有

$$y''(u)=2A_2+6A_3u$$

将 4 个已知条件代入以上两式，得到如下关于 A_0、A_1、A_2、A_3 的线性方程组：

$$\begin{cases}y(0)=y_0\\y(1)=y_1\\y''(0)=M_0\\y''(1)=M_1\end{cases}$$

即可解得方程的 4 个系数，代入式(6.17)得到

$$y(u)=\frac{1}{6}(y''_1-y''_0)u^3+\frac{1}{2}y''_0u^2+\left(y_1-y_0-\frac{y''_1}{6}-\frac{y''_0}{3}\right)u+y_0,\quad 0\leqslant u\leqslant 1$$

上式可改写为

$$y(u)=(1-u)y_0+uy_1-\frac{u}{6}(u-1)(u-2)y''_0+\frac{u}{6}(u-1)(u+1)y''_1,\quad 0\leqslant u\leqslant 1 \tag{6.18}$$

如果令

$$\begin{cases}\bar{F}_0(u)=1-u\\\bar{F}_1(u)=u\\\bar{G}_0(u)=-\dfrac{u}{6}(u-1)(u-2)\\\bar{G}_1(u)=\dfrac{u}{6}(u-1)(u+1)\end{cases}$$

则曲线段方程为

$$y(u)=\bar{F}_0(u)y_0+\bar{F}_1(u)y_1+\bar{G}_0(u)y''_0+\bar{G}_1(u)y''_1,\quad 0\leqslant u\leqslant 1 \tag{6.19}$$

式中，$\bar{F}_0(u)$、$\bar{F}_1(u)$、$\bar{F}_0(u)$、$\bar{F}_1(u)$函数也称为混合函数，其中 $\bar{F}_0(u)$、$\bar{F}_1(u)$满足：

$$\bar{F}_0(u)+\bar{F}_1(u)\equiv 1$$

接下来解决在区间$[x_{i-1},x_i]$上带二阶导数的插值问题。设对应于区间两端的函数值与二阶导数值分别为 y_{i-1}、y_i、M_{i-1}、M_i。同样进行以下变量转换：

$$u=\frac{x-x_{i-1}}{x_i-x_{i-1}}=\frac{x-x_{i-1}}{h_i}$$

其中 $h_i = x_i - x_{i-1}$，并有

$$y''_u = \frac{\mathrm{d}^2 y}{\mathrm{d}u^2} = h_i^2 \frac{\mathrm{d}^2 y}{\mathrm{d}x^2} = h_i^2 y''_x$$

于是 $y''_0 = h_i^2 M_{i-1}$ 与 $y''_1 = h_i^2 M_i$，可仿照式(6.9)写出第 i 段曲线的表达式：

$$y_i(x) = \bar{F}_0(u) y_{i-1} + \bar{F}_1(u) y_i + h_i^2 \left[\bar{G}_0(u) M_{i-1} + \bar{G}_1(u) M_i\right], \quad x_{i-1} \leqslant x \leqslant x_i; i = 1, 2, \cdots, n \tag{6.20}$$

也可以表示为矩阵形式：

$$y_i(x) = \begin{bmatrix} \bar{F}_0(u) & \bar{F}_1(u) & \bar{G}_0(u) & \bar{G}_1(u) \end{bmatrix} \begin{bmatrix} y_{i-1} \\ y_i \\ h_i^2 M_{i-1} \\ h_i^2 M_{i-1} \end{bmatrix}, \quad x_{i-1} \leqslant x \leqslant x_i; i = 1, 2, \cdots, n \tag{6.21}$$

上述方法适合指定的带二阶导数的插值条件，从而保证了函数及其二阶导数在$[x_0, x_n]$上的连续性，然而根据任意指定的二阶导数构造的函数却不能达到一阶导数的连续性。为了满足样条曲线的构造要求，M_i 的设置必须适合一阶导数在内节点连续性条件。

将式(6.20)对 x 求导，则有

$$y'_i(x) = \frac{1}{h_i} \bar{F}'_0(u) y_{i-1} + \frac{1}{h_i} \bar{F}'_1(u) y_i + h_i \left[\bar{G}'_0(u) M_{i-1} + \bar{G}'_1(u) M_i\right],$$
$$x_{i-1} \leqslant x \leqslant x_i; i = 1, 2, \cdots, n \tag{6.22}$$

由于

$$\bar{F}'_0(u) = -1$$

$$\bar{F}_1(u) = 1$$

$$\bar{G}_0(u) = -\frac{1}{6}(3u^2 - 6u + 2)$$

$$\bar{G}_1(u) = \frac{1}{6}(3u^2 - 1)$$

对于第 i 段曲线的末点($u=1$)，有

$$y'_i(x_i) = \frac{y_i - y_{i-1}}{h_i} + \frac{h_i}{6}(M_{i-1} + 2M_i) \tag{6.23}$$

对于第 $i+1$ 段曲线的始点($u=0$)，有

$$y'_{i+1}(x_i) = \frac{y_{i+1} - y_i}{h_{i+1}} - \frac{h_i}{6}(2M_i + M_{i+1}) \tag{6.24}$$

为了使两段曲线的一阶导数在 $x = x_i$ 处连续，必须令式(6.23)与式(6.24)两式的右边相等，由此得到

$$\frac{h_i}{h_i + h_{i+1}} M_{i-1} + 2M_i + \frac{h_{i+1}}{h_i + h_{i+1}} M_{i+1} = \frac{6}{h_i + h_{i+1}} \left(\frac{y_{i+1} - y_i}{h_{i+1}} - \frac{y_i - y_{i-1}}{h_i} \right) \tag{6.25}$$

记：

$$\lambda_i = \frac{h_{i+1}}{h_i + h_{i+1}}, \quad \mu_i = 1 - \lambda_i, \quad d_i = \frac{6}{h_i + h_{i+1}}\left(\frac{y_{i+1} - y_i}{h_{i+1}} - \frac{y_i - y_{i-1}}{h_i}\right)$$

则式(6.25)可以写为

$$\mu_i M_{i-1} + 2M_i + \lambda_i M_{i+1} = d_i, \quad i = 1,2,\cdots,n-1 \tag{6.26}$$

式(6.26)称为 M -关系式，它是一个有 $n-1$ 个方程的线性方程组，含 $n+1$ 个未知数 $M_0, M_1, \cdots, M_n$；为了完全确定它们，必须再加上两个端点条件。常用的端点条件如下：

① 给定两端点的二阶导数值 M_0 与 M_n。这时方程组(6.26)就减少了两个未知数，便可唯一地确定 $M_1, M_2, \cdots, M_{n-1}$。

② 给定曲线在两端点处的斜率值 m_0 与 m_n。这时可应用式(6.22)分别写出第 1 段曲线始点($i=1, u=0$)和第 n 段曲线末点($i=n, u=1$)的一阶导数表达式，然后得到

$$2M_0 + M_1 = \frac{6}{h_1}\left(\frac{y_1 - y_0}{h_1} - m_0\right) \tag{6.27}$$

$$M_{n-1} + 2M_n = \frac{6}{h_n}\left(m_n - \frac{y_n - y_{n-1}}{h_n}\right) \tag{6.28}$$

将此两式与式(6.26)联合起来，便可解得全部节点上的 $M_i (i = 0,1,\cdots,n)$ 值。

M -关系式与 m -关系式的线性方程组形式上相同，两者在大多数情况下都可归结为三对角线方程组，即它的系数矩阵是三对角线方阵。

示例　给定型值点坐标$(x_i, y_i)(i=0,1,\cdots,n)$及首末型值点二阶导数为 0(称为自由端点条件)，构造插值于给定型值点及边界条件的三次样条曲线。

解　设各中间型值点二阶导数为 $M_i (i=0,1,\cdots,n)$。对于首末型值点，其二阶导数分别置为 $M_0 = 0$ 与 $M_n = 0$，分别代入式(6.24)和式(6.23)可得第一个与第 $n-1$ 个约束方程：

$$2M_1 + \lambda_1 M_2 = d_1, \quad \lambda_{n-1} M_{n-2} + 2M_{n-1} = d_{n-1}$$

将其代入式(6.26)可构造以下求解 $M_i (i=0,1,\cdots,n)$ 的线性方程组：

$$\begin{bmatrix} 2 & \lambda_1 & & & & \\ \mu_2 & 2 & \mu_2 & & & \\ & \lambda_3 & 2 & \mu_3 & & \\ & & \ddots & \ddots & \ddots & \\ & & & \lambda_{n-2} & 2 & \mu_{n-2} \\ & & & & \lambda_{n-1} & 2 \end{bmatrix} \begin{bmatrix} M_1 \\ M_2 \\ M_3 \\ \vdots \\ M_{n-2} \\ M_{n-1} \end{bmatrix} = \begin{bmatrix} d_1 \\ d_2 \\ d_3 \\ \vdots \\ d_{n-2} \\ d_{n-1} \end{bmatrix}$$

在求得所有 M_i 后，分段三次曲线即可由式(6.20)或式(6.21)确定，整条三次样条曲线的表达式为

$$y(x) = y_i(x), \quad i = 1,2,\cdots,n$$

6.2.3　三次样条的局限性与参数样条

三次样条在曲线构造中得到广泛应用。它有许多优点，比如能达到二阶连续，在构造样条时只需事先给出很少的导数信息等。但也确实存在一些局限性，其中主要是：

① 局部修改牵涉到整个样条的重新计算；

② 不能解决具有垂直切线的问题；

③ 当曲线中夹有直线段时拟合效果不好；

④ 在拟合有二阶导数不连续的曲线时，例如在直线与圆弧接合处，将产生较大的波动。

特别是三次样条，它是模拟小挠度的弹性梁的形变而得到的数学工具。对于大挠度曲线，即有近于垂直切线的曲线(无论是平面曲线还是空间曲线)，前面已提到采用三次样条插值的效果不好，会产生剧烈的波动，因为它违背了小挠度的假定。此外，它还有一个严重的缺点，就是用三次样条函数表示的插值曲线，依赖于坐标系的选择，缺乏几何不变性，与曲线的几何特征相脱节。

此外，在以样条函数作曲线拟合时，从蕴涵二阶导数不连续的数据获得样条曲线，有一固有的困难，样条往往会以不可接受的状态在所期望的曲线附近摆动。究其原因，是因为在用三次样条函数拟合时，所用的 m -关系式或 M -关系式均是在二阶连续的前提下导出的，现在其中存在不连续的二阶导数，由于强使二阶导数连续(用了样条函数的 m -关系式或 M -关系式)，就必然使求出的该处附近的一阶及二阶导数偏离实际情况，从而使曲线出现不应有的波动。如图 6.4 所示，以直线和圆弧拼接为例，由于直线的曲率为零，圆弧的曲率为 $1/R$(R 为曲率半径)，在直线和圆弧衔接处的两端，曲率的跳跃值为 $1/R$。因此当 R 越小时，用样条函数拟合后在原切点附近出现的波动也就越严重。

这四个问题中的第一个，可以用 B 样条等方法避免，而采用参数样条可克服第二个问题。

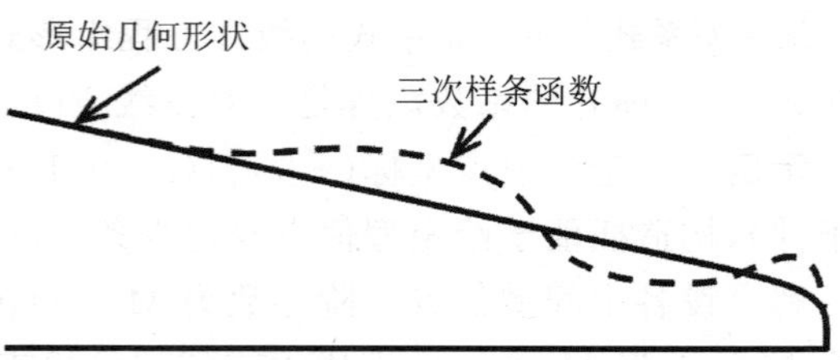

图 6.4　曲率不连续引起的曲线波动

对于平面坐标系中的一批点，可用前述三次样条拟合成一条光滑的曲线。但却无法生成拟合一组三维空间点(x_i, y_i, z_i)，$i=0,1,\cdots,n$ 的空间样条曲线。替代办法是，将空间点列向两坐标平面如 xy 与 xz 平面投影，获取空间点列在两平面上的投影点(x_i, y_i)和(x_i, z_i)，再分别在两坐标平面上构造两条平面样条函数曲线，通过对两平面曲线提取几何信息、进行信息综合的方法实现三维曲线的几何处理，如对任一给定的 x 值计算出相应的 y 和 z 值来获取三维空间点的坐标。然而其本质上并未实现三维曲线的数学定义，会造成问题复杂化。解决该问题的一个有效方法是采用参数样条，即用参数矢方程来表示曲线。曲线的每一个坐标函数都是以某个参数为自变量的某种样条函数，把它们合并起来便组成了参数样条。

在实际中普遍应用的一种方法是累加弦长参数样条，即以累加弦长(当作曲线的近似弧长)s 为参数来表示曲线，然后用三次样条函数去插值各个坐标函数，如对于平面曲线分别插值点列(s_i, x_i)、(s_i, y_i)，对于空间曲线分别插值点列(s_i, x_i)、(s_i, y_i)、(s_i, z_i)，再用这些插值三次样条函数作为坐标函数来构成我们所需要的曲线。这就是累加弦长三次参数样条曲线。

为简单起见，现讨论用累加弦长参数样条来插值平面上的一批有序的点 $\boldsymbol{p}_i(x_i, y_i, z_i)$，$i=0,1,\cdots,n$。设与型值点列 $\boldsymbol{p}_i$ 相对应的累加弦长为 s_i，则对于数据序列(s_i, x_i)、(s_i, y_i)、(s_i, z_i)分别作插值函数：

$$\begin{cases} x = x(s) \\ y = y(s) \\ z = z(s) \end{cases}$$

它们有 $x(s_i)=x_i$、$y(s_i)=y_i$、$z(s_i)=z_i$ 在 $[s_0,s_n]$ 上二次连续可导，都是 s 的分段三次多项式。上式又可转换为一般参数矢函数：

$$\boldsymbol{p}=\boldsymbol{p}(s),\quad s\in[s_0,s_1]$$

从而构造出一条插值点列 $\boldsymbol{p}_i(x_i,y_i,z_i)$ 的曲线。由于 $x=x(s)$、$y=y(s)$、$z=z(s)$ 都是二阶连续的三次样条曲线，因此，所得到的参数样条曲线也是二阶连续的，具有连续的斜率与曲率。

实际表明，无论是在二维还是在三维的情况下，用上述参数样条处理有垂直切线的曲线和封闭曲线都可以得到较好的效果。累加弦长三次参数样条计算简单可靠，插值效果良好，因此目前应用较多，可以用于孔斯曲面的网格曲线插值上，并由此获得孔斯曲面片的角点信息矩阵。

6.3　参数三次样条曲线

参数样条采用一般参数矢函数来构造样条曲线，其优势是可以生成空间曲线，同时解决了无穷大斜率的问题。而基表示的特殊参数矢函数则因其诸多优点成为几何设计的标准形式，完成样条曲线的基表示具有重要的应用意义。

基表示的参数三次样条曲线的定义如下：给定依序排列的型值点 $\boldsymbol{p}_i$ 及型值点处的切矢 $\dot{\boldsymbol{p}}_i$，$i=0,1,\cdots,n$，同时给定数据点参数化后形成的单调递增的节点序列 ΔU：$u_0<u_1<\cdots<u_n$，构造曲线 $\boldsymbol{p}(u)$ 按顺序通过这些数据点且符合下列条件：

① $\boldsymbol{p}(u_i)=\boldsymbol{p}_i$，$\dot{\boldsymbol{p}}(u_i)=\dot{\boldsymbol{p}}_i$，$i=0,1,\cdots,n$；

② $\boldsymbol{p}(u_i)$ 在整个区间 $[u_0,u_n]$ 上二次连续可导；

③ 在每一个子区间 $[u_{i-1},u_i]$$(i=0,1,\cdots,n)$ 上，$\boldsymbol{p}(u)$ 是 u 的三次多项式矢函数。

本节讨论采用参数三次样条曲线的构造方法。

6.3.1　弗格森参数三次曲线段

波音公司的弗格森首先引入了参数三次曲线方程，用于在飞机设计中进行曲线和曲面的定义。基表示的参数三次曲线段定义在规范参数域 $[0,1]$ 上，采用参数 t 的三次幂基构成基函数，曲线表示为

$$\boldsymbol{p}(t)=\boldsymbol{a}_0+\boldsymbol{a}_1t+\boldsymbol{a}_2t^2+\boldsymbol{a}_3t^3,\quad t\in[0,1] \tag{6.29}$$

为了定义这一曲线段，需要确定 4 个系数矢量 $\boldsymbol{a}_i$，$i=0,1,2,3$。

将式(6.29)对参数 t 求导，得曲线切矢方程：

$$\dot{\boldsymbol{p}}(t)=\boldsymbol{a}_1+2\boldsymbol{a}_2t+3\boldsymbol{a}_3t^2,\quad t\in[0,1] \tag{6.30}$$

由于待插值的数据点与切矢位于首末数据点处，因此数据点的参数化结果为 $t_0=0$ 与 $t_1=1$。所构造的插值条件为

$$\begin{cases}\boldsymbol{p}(0)=\boldsymbol{a}_0=\boldsymbol{p}_0\\ \boldsymbol{p}(1)=\boldsymbol{a}_0+\boldsymbol{a}_1+\boldsymbol{a}_2+\boldsymbol{a}_3=\boldsymbol{p}_1\\ \dot{\boldsymbol{p}}(0)=\boldsymbol{a}_1=\dot{\boldsymbol{p}}_0\\ \dot{\boldsymbol{p}}(1)=\boldsymbol{a}_1+2\boldsymbol{a}_2+3\boldsymbol{a}_3=\dot{\boldsymbol{p}}_1\end{cases} \tag{6.31}$$

表达为矩阵形式，则有

$$\begin{bmatrix}1&0&0&0\\1&1&1&1\\0&1&0&0\\0&1&2&3\end{bmatrix}\begin{bmatrix}\boldsymbol{a}_0\\\boldsymbol{a}_1\\\boldsymbol{a}_2\\\boldsymbol{a}_3\end{bmatrix}=\begin{bmatrix}\boldsymbol{p}_0\\\boldsymbol{p}_1\\\dot{\boldsymbol{p}}_0\\\dot{\boldsymbol{p}}_1\end{bmatrix}$$

解得

$$\begin{bmatrix}\boldsymbol{a}_0\\\boldsymbol{a}_1\\\boldsymbol{a}_2\\\boldsymbol{a}_3\end{bmatrix}=\begin{bmatrix}1&0&0&0\\0&0&1&0\\-3&3&-2&-1\\2&-2&1&1\end{bmatrix}\begin{bmatrix}\boldsymbol{p}_0\\\boldsymbol{p}_1\\\dot{\boldsymbol{p}}_0\\\dot{\boldsymbol{p}}_1\end{bmatrix}\tag{6.32}$$

将式(6.32)直接代入式(6.29)并进行简单的转换，可以得到用两端点及其切矢表示的参数曲线段：

$$\boldsymbol{p}(t)=[1-3t^2+2t^3\quad t-2t^2+t^3\quad -t^2+t^3\quad 3t^2-2t^3]\begin{bmatrix}\boldsymbol{p}_0\\\boldsymbol{p}_1\\\dot{\boldsymbol{p}}_0\\\dot{\boldsymbol{p}}_1\end{bmatrix},\quad t\in[0,1]\tag{6.33}$$

式(6.33)右端列阵中含4个定义数据，其中首末元素 $\boldsymbol{p}_0$ 与 $\boldsymbol{p}_1$ 就是首末数据点，与首末数据点相邻的两个元素分别就是首末端点切矢 $\dot{\boldsymbol{p}}_0$ 与 $\dot{\boldsymbol{p}}_1$。式(6.33)实际上是与标量形式的三次埃尔米特插值函数相对应的参数矢函数形式。曲线方程中4个基函数称为混合函数，即为该形式下的三次埃尔米特基，公式如下：

$$\begin{cases}F_0(t)=1-3t^2+2t^3\\F_1(t)=t-2t^2+t^3\\G_0(t)=-t^2+t^3\\G_0(t)=3t^2-2t^3\end{cases}\tag{6.34}$$

所以式(6.33)所表示的参数三次曲线段(见图6.5)可记为以下简化形式：

$$\boldsymbol{p}(t)=[F_0(t)\quad F_1(t)\quad G_0(t)\quad G_1(t)]\begin{bmatrix}\boldsymbol{p}_0\\\boldsymbol{p}_1\\\dot{\boldsymbol{p}}_0\\\dot{\boldsymbol{p}}_1\end{bmatrix},\quad t\in[0,1]\tag{6.35}$$

三次埃尔米特基具有如下性质：

$$F_i(j)=\dot{G}_i(j)=\delta_{ij}=\begin{cases}1, & i=j\\0, & i\neq j\end{cases}$$

$$\dot{F}_i(j)=G_i(j)=0,\quad i,j=0,1$$

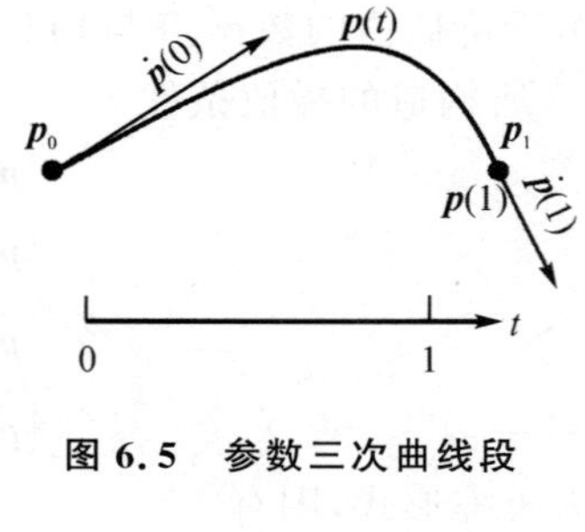

图6.5　参数三次曲线段

由此可见，三次埃尔米特基与幂基都具有部分规范性质。不同的是，在埃尔米特插值形式中，4个系数矢量都具有明显的几何意义，成为设计员们乐意采用的一种形式。图 6.5 所示为参数三次曲线段。

6.3.2　参数三次曲线段的几何特征

参数三次曲线方程中的 4 个系数矢量对曲线形状的影响是，$\boldsymbol{p}_0$ 与 $\boldsymbol{p}_1$ 决定了曲线段的首末端点，首末端切矢 $\dot{\boldsymbol{p}}_0$、$\dot{\boldsymbol{p}}_1$，弦线矢量 $\boldsymbol{p}_0\boldsymbol{p}_1$ 则决定了曲线段的形状。显然，如果 $\dot{\boldsymbol{p}}_0$、$\dot{\boldsymbol{p}}_1$、$\boldsymbol{p}_0\boldsymbol{p}_1$ 这三矢量平行，那么所定义的是一个平面曲线。同时，在参数矢函数形式下，不仅要考虑切矢的方向，还要考虑切矢的模长对曲线形状的影响。设端点切矢 $\dot{\boldsymbol{p}}_0$、$\dot{\boldsymbol{p}}_1$ 的方向分别用该两方向上的单位切矢 $\boldsymbol{t}_0$、$\boldsymbol{t}_1$ 表示，模长用 α_0 与 α_1 表示，于是有

$$\begin{cases}\dot{\boldsymbol{p}}(0)=\alpha_0\boldsymbol{t}_0\\ \dot{\boldsymbol{p}}(1)=\alpha_1\boldsymbol{t}_1\end{cases}\tag{6.37}$$

切矢模长 α_0 与 α_1 对曲线段形状的影响是：对于平面参数三次曲线即三矢量 $\dot{\boldsymbol{p}}_0$、$\dot{\boldsymbol{p}}_1$ 与 $\boldsymbol{p}_0\boldsymbol{p}_1$ 共面的情况，若端点切矢方向以 $\boldsymbol{t}_0$ 与 $\boldsymbol{t}_1$ 不变，当 α_0 与 α_1 同时增大时，将使曲线由扁平而变得丰满。进一步增大时，曲线将由钝渐锐，以致出现尖点或二重点，如图 6.6(b)所示。若只增大 α_0 将会使曲线在转入以 $\boldsymbol{t}_1$ 方向之前，更长部分接近 $\boldsymbol{t}_0$ 的方向，如图 6.6(b)所示。若只增大 α_1 的情况与此类似。

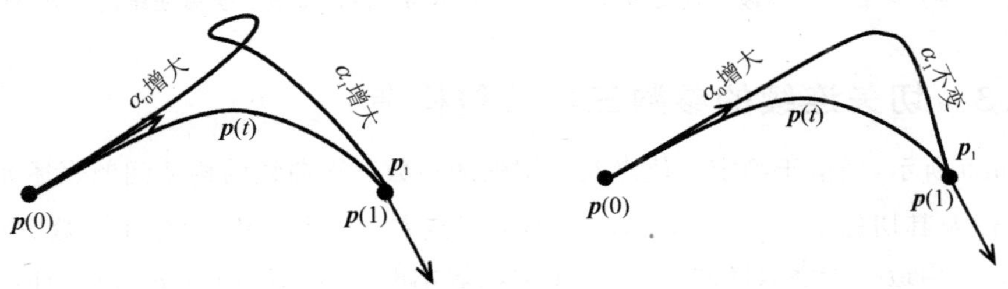

图 6.6　端点切矢模长对参数三次曲线段形状的影响

特殊地，当首末端切矢 $\dot{\boldsymbol{p}}_0$ 与 $\dot{\boldsymbol{p}}_1$ 平行于弦线矢量 $\boldsymbol{p}_0\boldsymbol{p}_1$ 时，方程(6.35)就定义了一段由参数三次表示的直线。

证明：由于首末端切矢与弦线矢量 $\boldsymbol{p}_0\boldsymbol{p}_1$ 平行，所以有

$$\dot{\boldsymbol{p}}(0)=\alpha_0(\boldsymbol{p}_1-\boldsymbol{p}_0)$$

$$\dot{\boldsymbol{p}}(1)=\alpha_1(\boldsymbol{p}_1-\boldsymbol{p}_0)$$

将其代入式(6.35)，则有

$$\begin{aligned}\boldsymbol{p}(t)&=F_0(t)\boldsymbol{p}_0+F_1(t)\boldsymbol{p}_1+\alpha_0G_0(t)(\boldsymbol{p}_1-\boldsymbol{p}_0)+\alpha_1G_1(t)(\boldsymbol{p}_1-\boldsymbol{p}_0)\\&=[F_0(t)-\alpha_0G_0(t)-\alpha_1G_1(t)]\boldsymbol{p}_0+[F_1(t)+\alpha_0G_0(t)+\alpha_1G_1(t)]\boldsymbol{p}_1\end{aligned}\tag{6.38}$$

注意到，埃尔米特基函数的部分规范性，即 $F_0(t)+F_1(t)\equiv1$，有上式中两基函数和为 1，故结论得证。

示例　当首末端切矢与弦线矢量一致时，参数三次曲线具有怎样的数学表达与几何形状？

解　当首末端切矢与弦线矢量一致时，有

$$\dot{\boldsymbol{p}}(0)=\dot{\boldsymbol{p}}(1)=\boldsymbol{p}_1-\boldsymbol{p}_0$$

将其代入式(6.38)中，则有

$$\boldsymbol{p}(t)=F_0(t)\boldsymbol{p}_0+F_1(t)\boldsymbol{p}_1,\quad t\in[0,1] \tag{6.39}$$

即曲线为连接首、末两端点的线性插值，如图6.7所示。

还有一种特殊情况，$\boldsymbol{p}_0=2(\boldsymbol{b}_1-\boldsymbol{p}_0)$，$\boldsymbol{p}_1=2(\boldsymbol{p}_1-\boldsymbol{b}_1)$，这里 $\boldsymbol{b}_1$ 为首末切线的交点，则方程(6.35)就精确定义了二次曲线中的抛物线，如图6.8所示。然而，参数三次曲线却不能精确表示二次曲线中的双曲线、椭圆弧与圆弧。

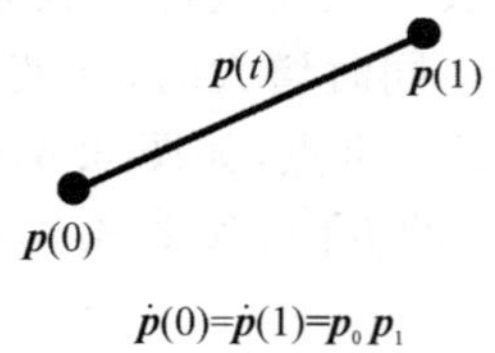

图6.7　使用参数三次曲线段定义直线

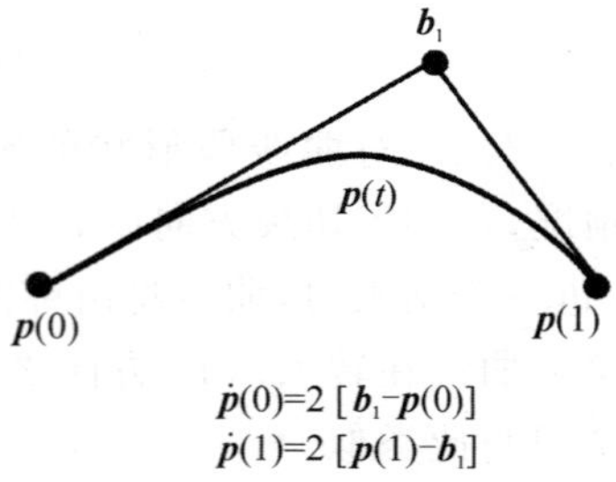

图6.8　使用参数三次曲线段定义抛物线

6.3.3　切矢连续的参数三次曲线构造

如图6.9所示，插值于给定型值点及其切矢的参数三次曲线的构造问题表述如下：给定一组型值点 $\boldsymbol{p}_i$ 及其切矢 $\dot{\boldsymbol{p}}_i$，$i=0,1,\cdots,n$，又对数据点实行了参数化，决定了参数分割 $\Delta U: u_0<u_1<\cdots<u_n$。构造一条参数区间$[u_0,u_n]$上分段表示的参数三次曲线 $\boldsymbol{p}(u)$，插值于给定的型值点及其切矢。

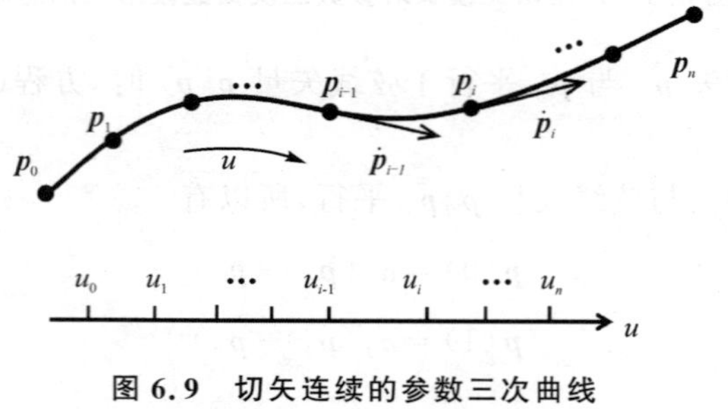

图6.9　切矢连续的参数三次曲线

设待求的参数三次曲线由 n 个曲线段组成，其表达式为

$$\boldsymbol{p}(u)=\boldsymbol{p}_i(u),\quad i=1,2,\cdots,n \tag{6.40}$$

其中 $\boldsymbol{p}_i(u)$插值于该曲线段的首末型值点及其切矢，插值条件表示为

$$\begin{cases}\boldsymbol{p}_i(u)=\boldsymbol{p}_i\\ \dot{\boldsymbol{p}}(u_i)=\dot{\boldsymbol{p}}_i\end{cases},\quad i=0,1,\cdots,n \tag{6.41}$$

首先采用线性参数变换完成弗格森参数三次曲线段由局部参数域 $t\in[0,1]$向整体参数

域 $u\in[u_i,u_{i+1}]$上的转换。令

$$t=t(u)=\frac{u-u_i}{u_{i+1}-u_i}=\frac{u-u_i}{\Delta_i} \tag{6.42}$$

式中，Δ_i 为节点区间长度，$\Delta_i=u_i-u_{i-1}$。分别将 $u=u_{i-1}$、$u=u_i$ 代入式(6.33)中，则有

$$\begin{cases}\boldsymbol{p}_0=\boldsymbol{p}(t(u_{i-1}))=\boldsymbol{p}_{i-1}\\ \boldsymbol{p}_1=\boldsymbol{p}(t(u_i))=\boldsymbol{p}_i\end{cases} \tag{6.43}$$

将曲线对新参数 u 求导，由链式法则可得

$$\frac{\mathrm{d}\boldsymbol{p}}{\mathrm{d}u}=\frac{\mathrm{d}\boldsymbol{p}}{\mathrm{d}t}\cdot\frac{\mathrm{d}\boldsymbol{p}}{\mathrm{d}t}=\frac{1}{\Delta_i}\frac{\mathrm{d}\boldsymbol{p}}{\mathrm{d}t} \tag{6.44}$$

分别将 $u=u_{i-1}$、$u=u_i$ 代入式(6.44)，可得

$$\begin{cases}\dot{\boldsymbol{p}}_{i-1}=\left.\frac{\mathrm{d}\boldsymbol{p}}{\mathrm{d}u}\right|_{u=u_i-1}=\left.\frac{1}{\Delta_i}\frac{\mathrm{d}\boldsymbol{p}}{\mathrm{d}t}\right|_{t=0}=\frac{1}{\Delta_i}\dot{\boldsymbol{p}}_0\\ \dot{\boldsymbol{p}}_i=\left.\frac{\mathrm{d}\boldsymbol{p}}{\mathrm{d}u}\right|_{u=u_i}=\left.\frac{1}{\Delta_i}\frac{\mathrm{d}\boldsymbol{p}}{\mathrm{d}t}\right|_{t=1}=\frac{1}{\Delta_i}\dot{\boldsymbol{p}}_1\end{cases} \tag{6.45}$$

将 $\boldsymbol{p}_0$、$\boldsymbol{p}_1$、$\dot{\boldsymbol{p}}_0$、$\dot{\boldsymbol{p}}_1$ 的求解结果 $\boldsymbol{p}_i$、$\boldsymbol{p}_{i+1}$、$\Delta_i\dot{\boldsymbol{p}}_0$、$\Delta_i\dot{\boldsymbol{p}}_1$，以及 t 到 u 的变换 $t=\dfrac{u-u_i}{\Delta_i}$ 代入式(6.33)，可得到用整体参数 u 表示的插值曲线段：

$$\boldsymbol{p}_i(u)=[F_{i0}(u)\quad F_{i1}(u)\quad G_{i0}(u)\quad G_{i1}(u)]\begin{bmatrix}\boldsymbol{p}_{i-1}\\ \boldsymbol{p}_i\\ \dot{\boldsymbol{p}}_{i-1}\\ \dot{\boldsymbol{p}}_i\end{bmatrix},\quad u\in[u_{i-1},u_i];i=1,2,\cdots,n \tag{6.46}$$

式中 4 个基函数就是以参数 u 为变量的三次埃尔米特基，它与定义区间有关。定义在 $u\in[u_i,u_{i+1}]$的这组三次埃尔米特基可以用矩阵形式写出：

$$\begin{bmatrix}F_{i0}(u)\\ F_{i1}(u)\\ G_{i0}(u)\\ G_{i1}(u)\end{bmatrix}=\begin{bmatrix}1-3\left(\frac{u-u_i}{\Delta_i}\right)^2+2\left(\frac{u-u_i}{\Delta_i}\right)^3\\ 3\left(\frac{u-u_i}{\Delta_i}\right)^2-2\left(\frac{u-u_i}{\Delta_i}\right)^3\\ (u-u_i)-2\frac{(u-u_i)^2}{\Delta_i}+\frac{(u-u_i)^3}{\Delta_i^2}\\ -\frac{(u-u_i)^2}{\Delta_i}-2\frac{(u-u_i)^3}{\Delta_i^2}\end{bmatrix}$$

合并各子曲线段 $\boldsymbol{p}_i(u)(i=1,2,\cdots,n)$就得到了一条参数区间$[u_0,u_n]$内分段表示的参数三次曲线 $\boldsymbol{p}(u)$，插值于给定的型值点及其切矢。

显然，对于第 $i-1$ 段曲线 $\boldsymbol{p}_{i-1}(u)$与第 $i+1$ 段曲线 $\boldsymbol{p}_{i+1}(u)$，在参数值 u_i 处，有

$$\begin{cases}\boldsymbol{p}_i(u_i)=\boldsymbol{p}_{i+1}(u_i)=\boldsymbol{p}_i\\ \dot{\boldsymbol{p}}_i(u_i)=\dot{\boldsymbol{p}}_{i+1}(u_i)=\dot{\boldsymbol{p}}_i\end{cases},\quad i=1,2,\cdots,n-1$$

即整条曲线在分段连接点处一阶导矢连续。

6.3.4 二阶导矢连续的参数样条曲线的构造

根据 6.3.3 小节方法构造组合曲线时，若任意地选取型值点处的切矢，则所构造的曲线 $\boldsymbol{p}(u)$ 就不能满足样条曲线的二阶导矢连续性要求。具体来说，$\boldsymbol{p}(u)$ 在分段连接点 $\boldsymbol{p}(u_i)(i=1,2,\cdots,n-1)$ 处仅能保证切矢连续，无法达到二阶导矢连续性要求。为了保证分段连接点处的 $\ddot{\boldsymbol{p}}(u_i)$ 连续，$\dot{\boldsymbol{p}}_i$ 的设置就必须适合某些条件。

样条曲线光顺性要求在曲线的参数区间达到二阶几何连续性要求，即位置、方向、曲率连续，这与参数连续性，即位置、切矢、二阶导矢连续性，并不完全一致。但可以证明，两参数曲线在公共连接点的二阶几何连续性可以由二阶参数连续性得到保证，而参数连续性与参数选取有关，且对插值条件的要求更为严格。下面仅介绍通过构造二阶参数连续的组合曲线形成参数三次样条曲线的方法。

构造三次样条曲线的问题描述如下：给定一组型值点 $\boldsymbol{p}_i, i=0,1,2,\cdots,n-1$，又对数据点实行了参数化，决定了参数分割 $\Delta U: u_0<u_1<\cdots<u_n$，构造一条参数区间 $[u_0,u_n]$ 上分段表示的参数三次样条曲线 $\boldsymbol{p}(u)$，插值于给定的型值点，并在分段连接点处具有连续的一阶与二阶导矢。

根据 6.3.3 小节方法使用式(6.46)可构造一条参数区间 $[u_0,u_n]$ 上分段表示的参数三次曲线 $\boldsymbol{p}(u)$，插值于给定的型值点及待求解切矢，式(6.46)也是参数三次样条曲线的表达式。现在要求求解未知切矢 $\dot{\boldsymbol{p}}_i, i=0,1,\cdots,n$，使构造的组合曲线在曲线的各分段连接点 $u_i(i=1,2,\cdots,n-1)$ 处满足二阶导矢连续性要求。

首先求解相接于型值点 $\boldsymbol{p}_i$ 的两邻接曲线段 $\boldsymbol{p}_i(u)$ 与 $\boldsymbol{p}_{i+1}(u)$ 的二阶导矢，其中第 i 段曲线的二阶导矢表达为

$$\ddot{\boldsymbol{p}}_i(u)=\begin{bmatrix}\ddot{G}_{i0}(u) & \ddot{F}_{i1}(u) & \ddot{F}_{i0}(u) & \ddot{G}_{i1}(u)\end{bmatrix}\begin{bmatrix}\boldsymbol{p}_{i-1}\\ \boldsymbol{p}_i\\ \dot{\boldsymbol{p}}_{i-1}\\ \dot{\boldsymbol{p}}_i\end{bmatrix},\quad u\in[u_{i-1},u_i]$$

第 $i+1$ 段曲线的二阶导矢表达为

$$\ddot{\boldsymbol{p}}_{i+1}(u)=\begin{bmatrix}\ddot{F}_{i0}(u) & \ddot{F}_{i1}(u) & \ddot{G}_{i0}(u) & \ddot{G}_{i1}(u)\end{bmatrix}\begin{bmatrix}\boldsymbol{p}_i\\ \boldsymbol{p}_{i+1}\\ \dot{\boldsymbol{p}}_i\\ \dot{\boldsymbol{p}}_{i+1}\end{bmatrix},\quad u\in[u_i,u_{i+1}]$$

再求解两曲线段在公共连接点处的二阶切矢，即将 $u=u_i$ 代入以上两表达式并令结果相等，得到以下二阶切矢连续性约束方程：

$$\Delta_i\dot{\boldsymbol{p}}_{i-1}+2(\Delta_{i-1}+\Delta_i)\dot{\boldsymbol{p}}_i+\Delta_{i-1}\dot{\boldsymbol{p}}_{i+1}=3\left(\Delta_i\frac{\Delta\boldsymbol{p}_{i-1}}{\Delta_{i-1}}+\Delta_{i-1}\frac{\Delta\boldsymbol{p}_i}{\Delta_i}\right),\quad i=1,2,\cdots,n-1 \tag{6.47}$$

上式要求在所有内节点 $u_i(i=1,2,\cdots,n-1)$ 成立，因此得到关于全部 $n+1$ 个切矢 $\dot{\boldsymbol{p}}_i(i=0,1,\cdots,n)$ 的 n 个线性方程。此即参数三次插值曲线成为参数三次样条曲线必须满足的连续性

条件，又称三切矢连续性方程。

现在的问题是待求切矢有 $n+1$ 个，而约束方程为 n 个，需要补充 2 个方程以求解全部待定切矢，一般通过设定边界条件实现。常用的方法有给定边界切矢和给定边界二阶导矢。

1. 给定边界切矢

给定曲线首末端点切矢，在力学上相当于梁的端部固支的情况，具有固定的切线方向。端点切矢方向根据形状设计要求比较容易确定。而模长则与曲线参数的选取有关，并非曲线的几何不变量。在弧长参数化情况下，切矢具有单位模长。因此，作为弧长参数化一种近似的积累弦长参数化法，通常给出单位切矢，有利于保证样条曲线在端部的光顺性。对于非积累弦长参数化法(包括规范积累弦长参数化法在内)，通常可取成与积累弦长参数化法下的单位切矢相当的切矢，即将模长取为

$$\begin{cases} \|\dot{\boldsymbol{p}}_0\| = \dfrac{\|\Delta \boldsymbol{p}_0\|}{\Delta_0} \\ \|\dot{\boldsymbol{p}}_n\| = \dfrac{\|\Delta \boldsymbol{p}_{n-1}\|}{\Delta_{n-1}} \end{cases}$$

其物理意义是将质点运动速度(切矢)设定为直线运动距离(弦长)与时间的比值。这样，在首末端就又添加了两个附加约束方程：

$$\begin{cases} \dot{\boldsymbol{p}}_0 = d_0 \dfrac{\|\Delta \boldsymbol{p}_0\|}{\Delta_0} \\ \dot{\boldsymbol{p}}_n = d_n \dfrac{\|\Delta \boldsymbol{p}_{n-1}\|}{\Delta_{n-1}} \end{cases}$$

在飞机设计中，机翼的翼型曲线与桨叶的叶型曲线都是平面曲线。设计时通常要求翼型曲线在前缘点垂直于翼弦线，后缘点具有指定的切线方向，这时就可利用本节方法设置边界的条件，完成翼型曲线的构造。图 6.10 所示为翼型端点条件。

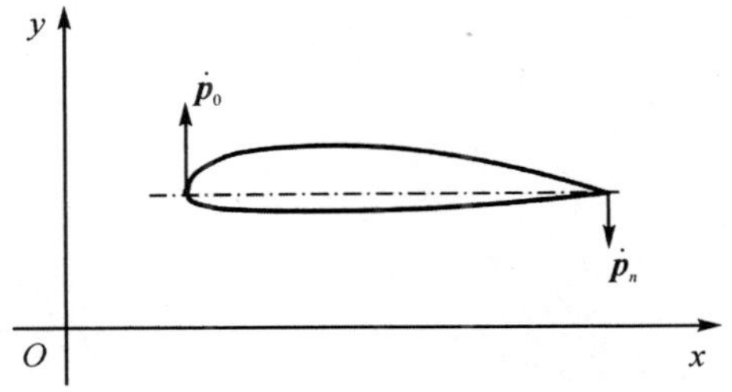

图 6.10　翼型端点条件

2. 给定边界二阶导矢

通常设定曲线首末端点曲率为零，相当于力学上的铰支梁，在端点不受力矩作用，故又称自由端点条件。模拟量制造模式中应用物理样条绘制曲线就属于此种情况。这一条件由端点二阶导矢取零矢量保证，即

$$\begin{cases} \ddot{\boldsymbol{p}}_0 = \boldsymbol{0} \\ \ddot{\boldsymbol{p}}_n = \boldsymbol{0} \end{cases}$$

参照式(6.38)，在首末端点 $u=u_0$、$u=u_n$ 处分别给出附加方程：

$$\begin{cases} 2\dot{\boldsymbol{p}}_0 + \dot{\boldsymbol{p}}_1 = 3\,\dfrac{\Delta \boldsymbol{p}_0}{\Delta_0} \\ 2\dot{\boldsymbol{p}}_{n-1} + \dot{\boldsymbol{p}}_n = 3\,\dfrac{\Delta \boldsymbol{p}_{n-1}}{\Delta_{n-1}} \end{cases}$$

联立补充方程与拼接连续性约束方程，可求解 $n+1$ 个待定切矢。进而采用式(6.37)构

建组合曲线，形成$[u_0, u_n]$上整体二阶导矢连续的参数三次样条曲线。

习　题

1. 讨论三次样条函数的力学背景。
2. 列出三次样条函数的定义。
3. 三次样条函数有怎样的参数连续性？
4. 列出三次插值样条函数的构造过程。
5. 对于函数 $y=3u^2+6u-2, u\in[0,1]$，令 t 为 u 的线性函数，且 $t\in[-1,3]$，求解 t 与 u 的关系式，并将函数转换为以 t 表示。
6. 说明三次函数曲线具有哪些局限性。
7. 说明参数样条曲线构建步骤。
8. 计算数据点列(2,4)、(3,7)、(6,8)、(7,11)的累加弦长。
9. 弗格森参数三次曲线段插值于哪些几何量？可以表达的特殊形状有哪些？
10. C^1 分段的三次埃尔米特差值曲线如何构造？
11. 列出满足 C^2 分段的三次埃尔米特差值曲线的求解过程。
12. 试分析采用分段参数三次曲线构造 C^2 连续样条曲线的过程。

第 7 章　孔斯曲面与参数双三次插值样条曲面

在构造飞机、汽车、船舶和其他产品的复杂外形曲面时，单一数学函数在形状表达能力与光顺性程度上难以满足工程要求。曲面拼接技术考虑将整张曲面分解为若干曲面片，每张曲面片由满足给定边界约束的方程表示，则既满足了单张曲面数学表达简化的要求，又满足组合曲面表达形状复杂性与光顺性的要求。理论上，采用这种分片技术，任何复杂形状都可以由曲面片拼合技术而成。

正如三次样条曲线是用光滑拼接的分段三次曲线来描述一条复杂曲线一样，孔斯曲面构造方法的基本思想是，将所要描述的曲面看作是由若干个曲面片光滑拼接而成的。在设计曲面时，设计人员从单个的曲面或很少的曲面片开始，如果得到的这张原始曲面不符合自己的愿望，设计者可以修改原始的输入信息，同时添加一些新的用来控制曲面形状的曲线，于是就可以用这些曲线作为边界，划分出更小的曲面片。在曲面片之间相邻接的边界上，保证位置、斜率、曲率，实际上是所期望的任何高阶偏导矢互相匹配，这就在很大程度上保证了整张曲面具有足够的光滑性。因其具有诸多灵活性设计手段，使得孔斯曲面构造技术成为适合于几何形状设计的重要曲面构造方法。举例来说，飞机机身可以通过描绘几条主要的纵向和横向曲线（如上、下顶点线，最大半宽线及几根主要的横切面线）来开始设计。一般来说，这张曲面需要通过增加若干新的控制曲线进行修正。当这些新的曲线被引入之后，原始曲面就被分割为更小的曲面片，并自动保证由这些曲面片合成的曲面具有所要求的光滑性。上述过程可以反复进行下去，直到最后得到的曲面达到全符合设计者的要求为止。

孔斯曲面所采用的分片构造技术可将按给定边界约束构造的若干曲面片拼合成一张完整的曲面，该方法理论严密，描述能力极强，对自由曲面造型技术的发展具有深远的意义。本章依次阐述第一类、第二类和第三类孔斯曲面以及双三次孔斯曲面，着重说明其构造原理。

7.1　孔斯曲面片的数学表示及几何特征

孔斯方法是用若干曲面片拼接成整张曲面，构造孔斯曲面时需要用很多曲面上的几何特征，如曲面的边界、偏导矢、跨界切矢等，部分相关概念在 2.3.2 小节中已有讨论。然而正如在样条函数的分段表达式中参数 u 在[0,1]区间变化一样，组成孔斯曲面的单个曲面片均定义在规范参数域上。规范参数域明确定义了曲面的参数范围，曲面的两参数 u 与 v 各自独立地在[0,1]中变化，在 uv 参数平面上就确定了单位正方形区域或规范参数域[0,1]×[0,1]，记为 $0\leqslant u,v\leqslant 1$。规范参数域下曲面的相关概念与原理来源于一般参数域，这里给出其具体表示，是对一般参数域情况下相关内容的明确与扩充。

1. 曲面片的数学表示

曲面片定义于规范参数域 $0\leqslant u,v\leqslant 1$ 上，其数学表示为

$$\boldsymbol{p}(u,v)=\sum_{i=0}^{m}\sum_{j=0}^{n}\boldsymbol{a}_{ij}\varphi_i(u)\psi_j(v),\quad 0\leqslant u,v\leqslant 1 \tag{7.1}$$

2. 曲面上的点

给定一对参数值 u^* 与 v^*，得到 $\boldsymbol{p}(u,v)$上的一点：

$$\boldsymbol{p}(u^*,v^*)=\sum_{i=0}^{m}\sum_{j=0}^{n}\boldsymbol{a}_{ij}\varphi_i(u^*)\psi_j(v^*),\quad 0\leqslant u,v\leqslant 1 \tag{7.2}$$

3. 曲面片的 4 条边界曲线

参数域上的 4 条边界 $v=0$、$v=1$、$u=0$、$u=1$ 定义了 $\boldsymbol{p}(u,v)$的 4 条边界曲线：

$$\begin{cases}\boldsymbol{p}(u,0)=\sum_{i=0}^{m}\sum_{j=0}^{n}\boldsymbol{a}_{ij}\varphi_i(u)\psi_j(0), & 0\leqslant u\leqslant 1\\ \boldsymbol{p}(u,1)=\sum_{i=0}^{m}\sum_{j=0}^{n}\boldsymbol{a}_{ij}\varphi_i(u)\psi_j(1), & 0\leqslant u\leqslant 1\\ \boldsymbol{p}(0,v)=\sum_{i=0}^{m}\sum_{j=0}^{n}\boldsymbol{a}_{ij}\varphi_i(0)\psi_j(v), & 0\leqslant v\leqslant 1\\ \boldsymbol{p}(1,v)=\sum_{i=0}^{m}\sum_{j=0}^{n}\boldsymbol{a}_{ij}\varphi_i(1)\psi_j(v), & 0\leqslant v\leqslant 1\end{cases} \tag{7.3}$$

4. 曲面片的 4 个角点

参数域上的 4 个角点(0,0)、(1,0)、(0,1)、(1,1)定义了 $\boldsymbol{p}(u,v)$的 4 个顶点：$\boldsymbol{p}(0,0)$、$\boldsymbol{p}(1,0)$、$\boldsymbol{p}(0,1)$、$\boldsymbol{p}(1,1)$。

5. 曲面片的 *u* 参数线与 *v* 参数线

参数域上与 u 轴、v 轴平行的两条直线 $v=v^*$、$u=u^*$ 定义了 $\boldsymbol{p}(u,v)$的两条等参数线 $\boldsymbol{p}(u^*,v)$、$\boldsymbol{p}(u,v^*)$。

6. *u* 向切矢与 *v* 向切矢

曲面片上一点 $\boldsymbol{p}(u^*,v^*)$的 u 向切矢与 v 向切矢分别定义为

$$\dot{\boldsymbol{p}}_u(u,v)=\left.\frac{\partial \boldsymbol{p}(u,v)}{\partial u}\right|_{u=u^*,v=v^*} \tag{7.4a}$$

$$\dot{\boldsymbol{p}}_v(u,v)=\left.\frac{\partial \boldsymbol{p}(u,v)}{\partial v}\right|_{u=u^*,v=v^*} \tag{7.4b}$$

7. 边界曲线的跨界切矢

边界曲线的跨界切矢为

$$\begin{cases}\dot{\boldsymbol{p}}_v(u,0)=\left.\frac{\partial \boldsymbol{p}(u,v)}{\partial v}\right|_{v=0}, & 0\leqslant u\leqslant 1\\ \dot{\boldsymbol{p}}_v(u,1)=\left.\frac{\partial \boldsymbol{p}(u,v)}{\partial u}\right|_{v=1}, & 0\leqslant u\leqslant 1\\ \dot{\boldsymbol{p}}_u(0,v)=\left.\frac{\partial \boldsymbol{p}(u,v)}{\partial v}\right|_{u=0}, & 0\leqslant v\leqslant 1\\ \dot{\boldsymbol{p}}_u(1,v)=\left.\frac{\partial \boldsymbol{p}(u,v)}{\partial v}\right|_{u=1}, & 0\leqslant v\leqslant 1\end{cases} \tag{7.5}$$

8. 混合偏导矢或扭矢

曲面片的混合偏导矢定义为

$$\ddot{\boldsymbol{p}}_{uv}(u,v)=\frac{\partial \boldsymbol{p}(u,v)}{\partial u\partial v} \tag{7.6}$$

4 个角点的混合偏导矢定义为

$$\begin{cases} \ddot{\boldsymbol{p}}_{uv}(0,0)=\left.\dfrac{\partial \boldsymbol{p}(u,v)}{\partial u\partial v}\right|_{u=0,v=0} \\ \ddot{\boldsymbol{p}}_{uv}(0,1)=\left.\dfrac{\partial \boldsymbol{p}(u,v)}{\partial u\partial v}\right|_{u=0,v=1} \\ \ddot{\boldsymbol{p}}_{uv}(1,0)=\left.\dfrac{\partial \boldsymbol{p}(u,v)}{\partial u\partial v}\right|_{u=1,v=0} \\ \ddot{\boldsymbol{p}}_{uv}(1,1)=\left.\dfrac{\partial \boldsymbol{p}(u,v)}{\partial u\partial v}\right|_{u=1,v=1} \end{cases} \tag{7.7}$$

7.2　插值于 4 个角点的双线性孔斯曲面片

在第 2 章中，介绍了插值于给定 4 点 $\boldsymbol{p}_{00}$、$\boldsymbol{p}_{01}$、$\boldsymbol{p}_{10}$、$\boldsymbol{p}_{11}$ 的双线性插值曲面片，其数学表示见式(2.17)，相关性质也进行了讨论。实际上，双线性插值曲面是孔斯曲面片的一个特例。定义该曲面片的两组基函数即为形成孔斯曲面片的两组混合函数，它们分别为$(1-u)$、u，$(1-v)$、v。下面进一步对该曲面的跨界切矢进行讨论。

由式(2.17)可得

$$\begin{cases} \dot{\boldsymbol{p}}_{v}(u,0)=[1-u\quad u]\begin{bmatrix}\boldsymbol{p}_{01}-\boldsymbol{p}_{00}\\ \boldsymbol{p}_{11}-\boldsymbol{p}_{10}\end{bmatrix}, & 0\leqslant u\leqslant 1 \\ \dot{\boldsymbol{p}}_{v}(u,1)=[1-u\quad u]\begin{bmatrix}\boldsymbol{p}_{01}-\boldsymbol{p}_{00}\\ \boldsymbol{p}_{11}-\boldsymbol{p}_{10}\end{bmatrix}, & 0\leqslant u\leqslant 1 \\ \dot{\boldsymbol{p}}_{u}(0,v)=[\boldsymbol{p}_{01}-\boldsymbol{p}_{00}\quad \boldsymbol{p}_{11}-\boldsymbol{p}_{10}]\begin{bmatrix}1-v\\ v\end{bmatrix}, & 0\leqslant v\leqslant 1 \\ \dot{\boldsymbol{p}}_{u}(1,v)=[\boldsymbol{p}_{01}-\boldsymbol{p}_{00}\quad \boldsymbol{p}_{11}-\boldsymbol{p}_{10}]\begin{bmatrix}1-v\\ v\end{bmatrix}, & 0\leqslant v\leqslant 1 \end{cases} \tag{7.8}$$

分析上式可知，双线性插值曲面片各边界线跨界切矢随该边界定义参数呈线性变化。同理，根据 2.3.2 小节的相关内容，可以求解曲面片的混合偏导矢与法矢等相关信息。

7.3　插值于 2 条边界曲线的线性孔斯曲面片

曲面片插值问题描述：给定两条以 u 为参数的曲线 $\boldsymbol{p}_{u0}(u)$ 和 $\boldsymbol{p}_{u1}(u)$$(0\leqslant u\leqslant 1)$，构造曲面片 $\boldsymbol{p}(u,v)$$(0\leqslant u,v\leqslant 1)$使其插值于这两条曲线。

构造方法：对于曲线 $\boldsymbol{p}_{u0}(u)$和 $\boldsymbol{p}_{u1}(u)$，在 v 向使用线性混合函数 $1-v$ 与 v 构造曲面片 $\boldsymbol{p}(u,v)$，即

$$\boldsymbol{p}(u,v)=(1-v)\boldsymbol{p}_{u0}(u)+v\boldsymbol{p}_{u1}(u),\quad 0\leqslant u,v\leqslant 1 \tag{7.9}$$

显然，所构造曲面片 $\boldsymbol{p}(u,v)$的两条边界曲线分别是给定的两条曲线，即

$$\boldsymbol{p}(u,0)=\boldsymbol{p}_{u0}(u),\quad \boldsymbol{p}(u,1)=\boldsymbol{p}_{u1}(u)$$

故 $\boldsymbol{p}(u,v)$满足给定的插值条件。

再检验曲面片的 v 参数线，即令 $v=v^{*}$，代入式(7.9)可得

$$p(u^*,v)=(1-v)p_{u0}(u^*)+vp_{u1}(u^*),\quad 0\leqslant v\leqslant 1$$

由此可知,该曲面片的 v 参数线均为直线,该曲面片就是用孔斯方法定义的直纹面。图 7.1 所示为插值于两条边界曲线的孔斯曲面片。

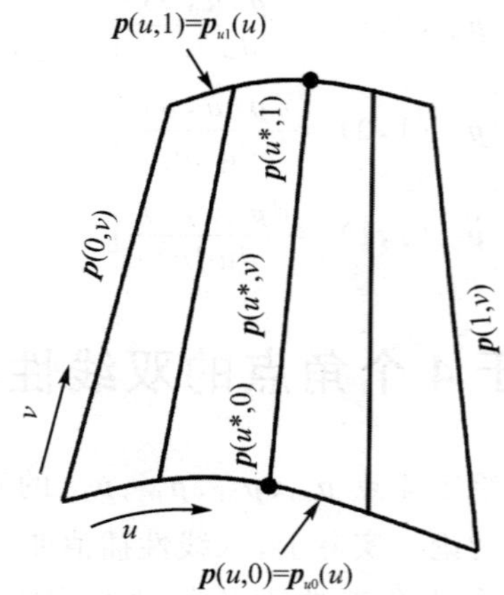

图 7.1　插值于两条边界曲线的孔斯曲面片

类似地,可构造插值于另两条边界曲线 $p_{0v}(v)$ 和 $p_{1v}(v)(0\leqslant v\leqslant 1)$ 的线性插值曲面片:

$$p(u,v)=(1-u)p_{0v}(v)+up_{1v}(v),\quad 0\leqslant u,v\leqslant 1 \tag{7.10}$$

同样,该曲面片的 u 参数线均为直线,因此也是用孔斯方法定义的直纹面:

$$p(u,v^*)=(1-u)p_{0v}(v^*)+up_{1v}(v^*),\quad 0\leqslant u\leqslant 1$$

7.4　插值于 4 条边界曲线的双线性孔斯曲面片

曲面片插值问题描述:构造曲面片 $p(u,v)(0\leqslant u,v\leqslant 1)$ 使其插值于给定的 4 条边界曲线 $p_{u0}(u)$、$p_{u1}(u)$、$p_{0v}(v)$、$p_{1v}(v)$。构造步骤如下:

1. 边界曲线有效性检查

给定的 4 条边界曲线应两两相交,形成彼此首尾相连的封闭区域。将曲线相交所形成的 4 个交点记为 p_{00}、p_{10}、p_{01}、p_{11},曲面片 $p(u,v)$ 应插值于这 4 个点。为此给定的边界曲线需满足以下约束条件:

$$p_{u0}(0)=p_{0v}(0)=p_{00},\quad p_{0v}(1)=p_{u1}(0)=p_{01}$$
$$p_{u0}(1)=p_{1v}(0)=p_{10},\quad p_{u1}(1)=p_{1v}(1)=p_{11}$$

2. 构造插值于边界曲线 $p_{u0}(u)$ 与 $p_{u1}(u)$ 的线性插值曲面 $p^{(1)}(u,v)$

对于曲线 $p_{u0}(u)$ 与 $p_{u1}(u)$,在 v 向使用线性混合函数 $1-v$ 与 v,构造插值于这两条边界的曲面片,记为 $p^{(1)}(u,v)$,即

$$p^{(1)}(u,v)=(1-v)p_{u0}(u)+vp_{u1}(u),\quad 1\leqslant u,v\leqslant 1 \tag{7.11}$$

3. 构造插值于边界曲线 $p_{0v}(v)$ 与 $p_{1v}(v)$ 的线性插值曲面 $p^{(2)}(u,v)$

同理,对于边界曲线 $p_{0v}(v)$ 与 $p_{1v}(v)$,在 u 向使用线性混合函数 $1-u$ 与 u,构造插值于这两条边界的曲面片 $p^{(2)}(u,v)$,即

$$p^{(2)}(u,v)=(1-u)p_{0v}(v)+up_{1v}(v),\quad 0\leqslant u,v\leqslant 1 \tag{7.12}$$

4. 构造 $\boldsymbol{p}^{(1)}(u,v)$ 与 $\boldsymbol{p}^{(2)}(u,v)$ 的叠加曲面 $\boldsymbol{p}^{(12)}(u,v)$

曲面 $\boldsymbol{p}^{(1)}(u,v)$ 与 $\boldsymbol{p}^{(2)}(u,v)$ 的叠加曲面片记为 $\boldsymbol{p}^{(12)}(u,v)$，即

$$\begin{aligned}\boldsymbol{p}^{(12)}(u,v) &= \boldsymbol{p}^{(1)}(u,v)+\boldsymbol{p}^{(2)}(u,v)\\ &=(1-v)\boldsymbol{p}_{u0}(u)+v\boldsymbol{p}_{u1}(u)+\\ &\quad(1-u)\boldsymbol{p}_{0v}(v)+u\boldsymbol{p}_{1v}(v),\quad 1\leqslant u,v\leqslant 1\end{aligned}\tag{7.13}$$

检验 $\boldsymbol{p}^{(12)}(u,v)$ 的 4 条边界曲线：

$$\boldsymbol{p}^{(12)}(u,0)=\boldsymbol{p}_{u0}(u)+(1-u)\boldsymbol{p}_{0v}(0)+u\boldsymbol{p}_{1v}(0)=\boldsymbol{p}_{u0}(u)+(1-u)\boldsymbol{p}_{00}+u\boldsymbol{p}_{10}$$

$$\boldsymbol{p}^{(12)}(u,1)=\boldsymbol{p}_{u1}(u)+(1-u)\boldsymbol{p}_{0v}(1)+u\boldsymbol{p}_{1v}(1)=\boldsymbol{p}_{u1}(u)+(1-u)\boldsymbol{p}_{01}+u\boldsymbol{p}_{11}$$

$$\boldsymbol{p}^{(12)}(0,v)=(1-v)\boldsymbol{p}_{u0}(0)+v\boldsymbol{p}_{u1}(0)+\boldsymbol{p}_{0v}(v)=(1-v)\boldsymbol{p}_{00}+v\boldsymbol{p}_{01}+\boldsymbol{p}_{0v}(v)$$

$$\boldsymbol{p}^{(12)}(1,v)=(1-v)\boldsymbol{p}_{u0}(1)+v\boldsymbol{p}_{u1}(1)+\boldsymbol{p}_{1v}(v)=(1-v)\boldsymbol{p}_{10}+v\boldsymbol{p}_{11}+\boldsymbol{p}_{1v}(v)$$

显然，叠加曲面 $\boldsymbol{p}^{(12)}(u,v)$ 不以给定的 4 条曲线为边界，这是由于曲面的叠加过程中重复应用了 4 个角点。

5. 构造插值于 4 个角点 $\boldsymbol{p}_{00}$、$\boldsymbol{p}_{10}$、$\boldsymbol{p}_{01}$、$\boldsymbol{p}_{11}$ 的曲面片 $\boldsymbol{p}^{(3)}(u,v)$

采用 7.2 节中的方法构造 $\boldsymbol{p}^{(3)}(u,v)$，则有

$$\begin{aligned}\boldsymbol{p}^{(3)}(u,v)&=(1-u)(1-v)\boldsymbol{p}_{00}+\\ &\quad(1-u)v\boldsymbol{p}_{01}+u(1-v)\boldsymbol{p}_{10}+uv\boldsymbol{p}_{11},\quad 1\leqslant u,v\leqslant 1\end{aligned}\tag{7.14}$$

6. 构造插值于给定 4 条边界曲线的曲面片 $\boldsymbol{p}(u,v)$

构造曲面片 $\boldsymbol{p}^{(12)}(u,v)$ 与 $\boldsymbol{p}^{(3)}(u,v)$ 的差曲面，以消除 4 个角点重复使用的情况，结果曲面记为 $\boldsymbol{p}(u,v)$，即

$$\begin{aligned}\boldsymbol{p}(u,v)&=\boldsymbol{p}^{(12)}(u,v)-\boldsymbol{p}^{(3)}(u,v)\\ &=\boldsymbol{p}^{(1)}(u,v)+\boldsymbol{p}^{(2)}(u,v)-\boldsymbol{p}^{(3)}(u,v)\\ &=\begin{bmatrix}1-v & v\end{bmatrix}\begin{bmatrix}\boldsymbol{p}_{u0}(u)\\ \boldsymbol{p}_{u1}(u)\end{bmatrix}+\begin{bmatrix}1-u & u\end{bmatrix}\begin{bmatrix}\boldsymbol{p}_{0v}(v)\\ \boldsymbol{p}_{1v}(v)\end{bmatrix}-\\ &\quad\begin{bmatrix}1-u & u\end{bmatrix}\begin{bmatrix}\boldsymbol{p}_{00} & \boldsymbol{p}_{01}\\ \boldsymbol{p}_{10} & \boldsymbol{p}_{11}\end{bmatrix}\begin{bmatrix}1-v\\ v\end{bmatrix},\quad 0\leqslant u,v\leqslant 1\end{aligned}\tag{7.15}$$

根据曲面 $\boldsymbol{p}(u,v)$ 的表达式，验证曲面 $\boldsymbol{p}(u,v)$ 的 4 条边界曲线：

$$\begin{cases}\boldsymbol{p}(u,0)=\boldsymbol{p}_{u0}(u)\\ \boldsymbol{p}(u,1)=\boldsymbol{p}_{u1}(u)\\ \boldsymbol{p}(0,v)=\boldsymbol{p}_{0v}(v)\\ \boldsymbol{p}(1,v)=\boldsymbol{p}_{1v}(v)\end{cases}$$

即曲面 $\boldsymbol{p}(u,v)$ 插值于给定的 4 条边界曲线。

根据曲面 $\boldsymbol{p}(u,v)$ 的表达式，验证曲面 $\boldsymbol{p}(u,v)$ 的 4 个角点：

$$\begin{cases}\boldsymbol{p}(0,0)=\boldsymbol{p}_{u0}(0)+\boldsymbol{p}_{0v}(0)-\boldsymbol{p}_{00}=\boldsymbol{p}_{00}\\ \boldsymbol{p}(0,1)=\boldsymbol{p}_{u1}(0)+\boldsymbol{p}_{0v}(1)-\boldsymbol{p}_{01}=\boldsymbol{p}_{01}\\ \boldsymbol{p}(1,0)=\boldsymbol{p}_{u0}(1)+\boldsymbol{p}_{1v}(0)-\boldsymbol{p}_{10}=\boldsymbol{p}_{10}\\ \boldsymbol{p}(1,1)=\boldsymbol{p}_{u1}(1)+\boldsymbol{p}_{01v}(1)-\boldsymbol{p}_{11}=\boldsymbol{p}_{11}\end{cases}$$

图 7.2 所示为插值于 4 条边界曲线的双线性孔斯曲面片构造过程。

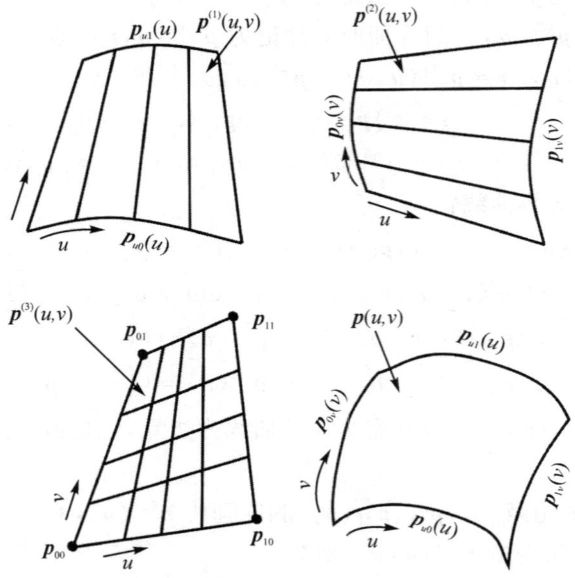

$$p^{(1)}(u,v)+p^{(2)}(u,v)-p^{(3)}(u,v)=p(u,v)$$

图 7.2　插值于 4 条边界曲线的双线性孔斯曲面片构造过程

7.5　插值于给定边界曲线的简单曲面片

7.5.1　曲面片的构造过程

这里引入混合函数的概念：混合函数即为构造参数三次样条曲线段与孔斯曲面片中采用的基函数，它们在相关的曲线曲面生成和表示中起着重要的作用，其功能是对给定的插值条件加权平均而产生的曲线段或曲面片。以式(6.33)给出的参数三次曲线段为例，其混合函数 $F_0(u)$、$F_1(u)$、$G_0(u)$、$G_1(u)$将给定的两个端点和端点切矢加权平均而产生一条插值曲线段，又如式(7.15)给出的是双线性孔斯曲面片，其混合函数是参数的线性函数$(1-u)$、u、$(1-v)$、v，它们将给定的两对边界“混合”起来生成一张插值于这两对边界的曲面片。我们也可以应用其他类型的混合函数构造插值于给定边界的孔斯曲面。为使表达式更具一般性，分别以混合函数和 $F_0(u)$、$F_1(u)$、$F_0(v)$、$F_1(v)$取代线性函数$(1-u)$、u、$(1-v)$、v。混合函数不是唯一的，但必须满足下述端点条件：

$$\begin{cases}F_0(0)=F_0(0)=1\\F_0(1)=F_1(0)=0\end{cases}\tag{7.16}$$

可将式(7.16)改写成另一种形式：

$$F_i(j)=\begin{cases}1, & i=j,\\0, & i\neq j,\end{cases}\quad i=0,1;j=0,1\tag{7.17}$$

具有给定边界的孔斯曲面片称为简单曲面片或基本曲面片，与双线性孔斯曲面片相似，简单曲面片的构造过程如下：

1. 构造插值于边界曲线 $\boldsymbol{p}_{u0}(u)$ 与 $\boldsymbol{p}_{u1}(u)$ 的插值曲面 $\boldsymbol{p}^{(1)}(u,v)$

对于曲线 $\boldsymbol{p}_{u0}(u)$ 与 $\boldsymbol{p}_{u1}(u)$，在 v 向使用线性混合函数 $F_0(v)$ 与 $F_1(v)$，构造插值于这两条边界的曲面片，记为 $\boldsymbol{p}^{(1)}(u,v)$，即

$$\boldsymbol{p}^{(1)}(u,v)=F_0(v)\boldsymbol{p}_{u0}(u)+F_1(v)\boldsymbol{p}_{u1}(u),\quad 0\leqslant u,v\leqslant 1 \tag{7.18}$$

当 $v=0$ 时，$\boldsymbol{p}^{(1)}(u,v)$ 的一条边界曲线为 $\boldsymbol{p}_{u0}(u)$，即

$$\boldsymbol{p}^{(1)}(u,0)=\boldsymbol{p}_{u0}(u),\quad 0\leqslant u\leqslant 1$$

当 v 从 0 开始逐渐向 1 变化时，$F_0(v)$ 减小，即 $\boldsymbol{p}_{u0}(u)$ 对曲面形状的影响减弱；$F_1(v)$ 增大，即 $\boldsymbol{p}_{u1}(u)$ 对曲面形状的影响增强。最后当 $v=1$ 时，$\boldsymbol{p}^{(1)}(u,v)$ 的另一边界正好是

$$\boldsymbol{p}^{(1)}(u,1)=\boldsymbol{p}_{u1}(u),\quad 0\leqslant u\leqslant 1$$

这就是说，混合函数 $F_0(\ )$ 和 $F_1(\ )$ 的作用是通过给定的边界曲线控制和影响曲面片的形状。

混合函数不是唯一的。见 7.4 节，在两条边界之间进行线性插值时就采用了 $F_0(v)=1-v$ 与 $F_1(v)=v$ 为混合函数。如果要构造三次曲面，则需要采用式(6.34)给出的三次混合函数(三次埃尔米特基)。当然不一定限于以上这些混合函数，但一定要满足式(7.16)的要求。

2. 构造插值于边界曲线 $\boldsymbol{p}_{0v}(v)$ 与 $\boldsymbol{p}_{1v}(v)$ 的插值曲面 $\boldsymbol{p}^{(2)}(u,v)$

同理，对于边界曲线 $\boldsymbol{p}_{0v}(v)$ 与 $\boldsymbol{p}_{1v}(v)$，在 u 向使用线性混合函数 $F_0(u)$ 与 $F_1(u)$，可得到插值于这两条边界的曲面片 $\boldsymbol{p}^{(2)}(u,v)$，即

$$\boldsymbol{p}^{(2)}(u,v)=F_0(u)\boldsymbol{p}_{0v}(v)+F_1(u)\boldsymbol{p}_{1v}(v),\quad 0\leqslant u\leqslant 1 \tag{7.19}$$

3. 构造 $\boldsymbol{p}^{(1)}(u,v)$ 与 $\boldsymbol{p}^{(2)}(u,v)$ 的叠加曲面 $\boldsymbol{p}^{(12)}(u,v)$

曲面 $\boldsymbol{p}^{(1)}(u,v)$ 与 $\boldsymbol{p}^{(2)}(u,v)$ 的叠加曲面片记为 $\boldsymbol{p}^{(12)}(u,v)$，则有

$$\begin{aligned}\boldsymbol{p}^{(12)}(u,v)&=\boldsymbol{p}^{(1)}(u,v)+\boldsymbol{p}^{(2)}(u,v)\\&=F_0(v)\boldsymbol{p}_{u0}(u)+F_1(v)\boldsymbol{p}_{u1}(u)+\\&\quad F_0(u)\boldsymbol{p}_{0v}(v)+F_1(u)\boldsymbol{p}_{1v}(v),\quad 1\leqslant u,v\leqslant 1\end{aligned} \tag{7.20}$$

验证曲面 $\boldsymbol{p}^{(12)}(u,v)$ 对应的边界分别是

$$\boldsymbol{p}^{(12)}(u,0)=\boldsymbol{p}_{u0}(u)+F_0(u)\boldsymbol{p}_{00}+F_1(u)\boldsymbol{p}_{10}$$
$$\boldsymbol{p}^{(12)}(u,1)=\boldsymbol{p}_{u1}(u)+F_0(u)\boldsymbol{p}_{01}+F_1(u)\boldsymbol{p}_{11}$$
$$\boldsymbol{p}^{(12)}(0,v)=\boldsymbol{p}_{0v}(v)+F_0(v)\boldsymbol{p}_{00}+F_1(v)\boldsymbol{p}_{01}$$
$$\boldsymbol{p}^{(12)}(1,v)=\boldsymbol{p}_{1v}(v)+F_0(v)\boldsymbol{p}_{10}+F_1(v)\boldsymbol{p}_{11}$$

显然，$\boldsymbol{p}^{(12)}(u,v)$ 并不插值于给定的 4 条边界。

4. 构造插值于 4 个角点 $\boldsymbol{p}_{00}$、$\boldsymbol{p}_{10}$、$\boldsymbol{p}_{01}$、$\boldsymbol{p}_{11}$ 的曲面片 $\boldsymbol{p}^{(3)}(u,v)$

对于 4 个角点 $\boldsymbol{p}_{00}$、$\boldsymbol{p}_{10}$、$\boldsymbol{p}_{01}$、$\boldsymbol{p}_{11}$，在 u、v 方向分别使用混合函数 $F_0(u)$ 与 $F_1(u)$、$F_0(v)$ 与 $F_1(v)$，则 $\boldsymbol{p}^{(3)}(u,v)$ 表达形式为

$$\begin{aligned}\boldsymbol{p}^{(3)}(u,v)&=F_0(u)F_0(v)\boldsymbol{p}_{00}+F_0(u)F_1(v)\boldsymbol{p}_{01}+F_1(u)F_0(v)\boldsymbol{p}_{10}+F_1(u)F_1(v)\boldsymbol{p}_{11}\\&=[F_0(u)\quad F_1(u)]\begin{bmatrix}\boldsymbol{p}_{00}&\boldsymbol{p}_{01}\\\boldsymbol{p}_{10}&\boldsymbol{p}_{11}\end{bmatrix}\begin{bmatrix}F_0(v)\\F_1(v)\end{bmatrix},\quad 1\leqslant u,v\leqslant 1\end{aligned} \tag{7.21}$$

容易验证 $\boldsymbol{p}^{(3)}(u,v)$ 插值于给定的 4 个角点，即

$$\boldsymbol{p}^{(3)}(0,0)=\boldsymbol{p}_{00}$$
$$\boldsymbol{p}^{(3)}(0,1)=\boldsymbol{p}_{01}$$
$$\boldsymbol{p}^{(3)}(1,0)=\boldsymbol{p}_{10}$$
$$\boldsymbol{p}^{(3)}(1,1)=\boldsymbol{p}_{11}$$

5. 构造曲面片 $p(u,v)$使其插值于给定的 4 条边界曲线

可以验证,曲面片 $\boldsymbol{p}(u,v)=\boldsymbol{p}^{(1)}(u,v)+\boldsymbol{p}^{(2)}(u,v)-\boldsymbol{p}^{(3)}(u,v)=\boldsymbol{p}^{(12)}(u,v)-\boldsymbol{p}^{(3)}(u,v)$ 便是要构造的具有给定的 4 条边界 $\boldsymbol{p}_{u0}(u)$、$\boldsymbol{p}_{u1}(u)$、$\boldsymbol{p}_{0v}(v)$、$\boldsymbol{p}_{1v}(v)$的曲面片,可方便地把它表示为矩阵形式:

$$\begin{aligned}\boldsymbol{p}(u,v)&=\boldsymbol{p}^{(12)}(u,v)-\boldsymbol{p}^{(3)}(u,v)=\boldsymbol{p}^{(1)}(u,v)+\boldsymbol{p}^{(2)}(u,v)-\boldsymbol{p}^{(3)}(u,v)\\&=[F_0(v)\quad F_1(v)]\begin{bmatrix}\boldsymbol{p}_{u0}(u)\\\boldsymbol{p}_{u1}(u)\end{bmatrix}+[F_0(u)\quad F_1(u)]\begin{bmatrix}\boldsymbol{p}_{0v}(v)\\\boldsymbol{p}_{1v}(v)\end{bmatrix}-\\&\quad[F_0(u)\quad F_1(u)]\begin{bmatrix}\boldsymbol{p}_{00}&\boldsymbol{p}_{01}\\\boldsymbol{p}_{10}&\boldsymbol{p}_{11}\end{bmatrix}\begin{bmatrix}F_0(v)\\F_1(v)\end{bmatrix},\quad 0\leqslant u,v\leqslant 1\end{aligned}\tag{7.22}$$

除了给出 4 条边界以外,上述过程对 $\boldsymbol{p}(u,v)$的构造再没有任何限制。从这个意义上说,简单曲面片是相当一般、相当灵活的一类曲面。只要给出一张曲线网格,就可以构造一张由这种类型的曲面片组成的合成曲面。

7.5.2 简单曲面片的光滑拼接

简单曲面片由给定的 4 条边界曲线定义,在确定了混合函数之后,简单曲面片的数学表示及所表达的形状也随之确定。也就是说,无论采用哪种混合函数,简单曲面片仅保证插值于给定的 4 条边界曲线,而其在 4 条边界上的跨界切矢则是固有的。然而在进行几何造型设计时,常常需要在已有的曲面上拼接曲面片,但由于各有各自的跨界斜率,因此不能达到与相邻曲面片的跨界切矢相匹配。

为了解决简单曲面片之间的光滑拼接问题,简单曲面的混合函数 $F_0(u)$、$F_1(u)$、$F_0(v)$、$F_1(v)$除需满足式(7.16)的要求以外,还需要满足下述端点导数条件:

$$\dot{F}_0(0)=\dot{F}_0(1)=0\tag{7.23}$$

该式还可表达为

$$F_i(j)=0,\quad i=0,1;j=0,1\tag{7.24}$$

以此为前提,对式(7.22)两边对 v 求偏导,并令 $v=0$,再结合式(7.23),则有

$$\dot{\boldsymbol{p}}_v(u,0)=F_0(u)\dot{\boldsymbol{p}}_v(0,0)+F_1(u)\dot{\boldsymbol{p}}_v(1,0),\quad 0\leqslant u\leqslant 1\tag{7.25}$$

这说明,边界 $\boldsymbol{p}(u,0)$上任一点处的跨界切矢等于这条边界的两个端点上的跨界切矢的线性组合,而同边界曲线 $\boldsymbol{p}(u,0)$本身的形状无关。

类似地,其他三条边界的跨界切矢分别为

$$\dot{\boldsymbol{p}}_v(u,1)=F_0(u)\dot{\boldsymbol{p}}_v(0,1)+F_1(u)\dot{\boldsymbol{p}}_v(1,1),\quad 0\leqslant u\leqslant 1\tag{7.26}$$

$$\dot{\boldsymbol{p}}_u(0,v)=F_0(v)\dot{\boldsymbol{p}}_u(0,0)+F_1(v)\dot{\boldsymbol{p}}_u(0,1),\quad 0\leqslant v\leqslant 1\tag{7.27}$$

$$\dot{\boldsymbol{p}}_u(1,v)=F_0(v)\dot{\boldsymbol{p}}_u(1,0)+F_1(v)\dot{\boldsymbol{p}}_v(1,1),\quad 0\leqslant v\leqslant 1\tag{7.28}$$

可应用简单曲面片边界上跨界斜率的公式(7.25)~公式(7.28)来解决两类简单曲面片之

间的光滑拼接问题。设两张简单曲面片有一条公共的边界，分别用 $\boldsymbol{p}^{(1)}(u,1)$ 与 $\boldsymbol{p}^{(2)}(u,0)$ 表示，则光滑拼接问题表述如下：

1. 一阶参数连续(C^1)

假设在公共边界的两端点上，两曲面片的两对边界具有相同的一阶导矢(切矢)，即

$$\dot{\boldsymbol{p}}_v^{(1)}(1,0)=\dot{\boldsymbol{p}}_v^{(1)}(1,1)$$

$$\dot{\boldsymbol{p}}_v^{(2)}(0,0)=\dot{\boldsymbol{p}}_v^{(2)}(0,1)$$

根据式(7.25)与式(7.26)则有

$$\begin{aligned}\boldsymbol{p}^{(1)}(u,1)=\boldsymbol{p}^{(2)}(u,0)&=F_0(u)\dot{\boldsymbol{p}}_v^{(1)}(1,0)+F_1(u)\dot{\boldsymbol{p}}_v^{(1)}(1,1)\\&=F_0(u)\dot{\boldsymbol{p}}_v^{(2)}(0,0)+F_1(u)\dot{\boldsymbol{p}}_v^{(2)}(0,1),\quad 0\leqslant u\leqslant 1\end{aligned}$$

这种情况下，在公共边界上两曲面可以达到位置与一阶导矢连续(C^1 连续)。图7.3所示为两曲面片 C^1 连续拼接。

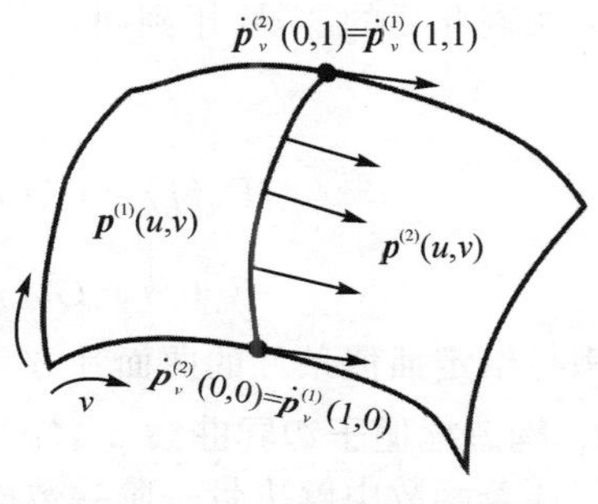

图7.3　两曲面片 C^1 连续拼接

2. 一阶几何连续(G^1)

实践中更多采用的是几何连续性要求。假设在公共边界的两端点上，两曲面片的两对边界分别相切，即切矢共线，则有

$$\dot{\boldsymbol{p}}_v^{(1)}(0,1)=\lambda\dot{\boldsymbol{p}}_v^{(2)}(0,0)$$

$$\dot{\boldsymbol{p}}_v^{(1)}(1,1)=\lambda\dot{\boldsymbol{p}}_v^{(2)}(1,0)$$

其中 λ 为常数，于是根据式(7.25)与式(7.26)则有

$$\begin{aligned}\dot{\boldsymbol{p}}_v^{(1)}(u,1)&=F_0(u)\dot{\boldsymbol{p}}_v^{(1)}(0,1)+F_1(u)\dot{\boldsymbol{p}}_v^{(1)}(1,1)\\&=\lambda\left[F_0(u)\dot{\boldsymbol{p}}_v^{(2)}(0,0)+F_1(u)\dot{\boldsymbol{p}}_v^{(2)}(1,0)\right]\\&=\lambda\dot{\boldsymbol{p}}_v^{(2)}(u,0),\quad 0\leqslant u\leqslant 1\end{aligned}$$

这表明，只要上述假设成立，则两曲面片在公共边界上各点的跨界切矢共线，就可以保证两曲面片在公共边界的每一点上有公共的切平面。然而这对两曲面所插值的边界曲线的设置提出了限制条件，从而增加了设计难度。

7.6　插值于给定边界及其跨界切矢的孔斯曲面片

简单曲面片有其本身固有的跨界斜率。在进行几何造型设计时，常常需要在已有的曲面上拼接曲面片，但由于各有各自的跨界斜率，因此很难与相邻曲面片的跨界斜率相匹配。为了克服简单曲面片存在的设计问题，同时保证由多块曲面片拼接而成的组合曲面的整体光顺性，所构造的曲面片需要插值于给定的四条边界，以及边界曲线的跨界切矢。这样就可以在任意指定边界曲线与跨界切矢的情况下，实现拼接曲面的光滑连接。

问题描述：构造曲面 $\boldsymbol{p}(u,v)$ 使其插值于给定的4条边界曲线 $\boldsymbol{p}_{u0}(u)$、$\boldsymbol{p}_{u1}(u)$、$\boldsymbol{p}_{0v}(v)$、$\boldsymbol{p}_{1v}(v)$，以及边界曲线的跨界切矢 $\bar{\boldsymbol{p}}_{v,u0}(u)$、$\bar{\boldsymbol{p}}_{v,u1}(u)$、$\bar{\boldsymbol{p}}_{u,0v}(v)$、$\bar{\boldsymbol{p}}_{u,u1}(v)$，同时规定该曲面的定义域采用规范参数域，即 $0\leqslant u,v\leqslant 1$。插值条件可表示为

$$\begin{cases} \boldsymbol{p}(u,0)=\boldsymbol{p}_{u0}(u) \\ \boldsymbol{p}(u,1)=\boldsymbol{p}_{u1}(u) \\ \boldsymbol{p}(0,v)=\boldsymbol{p}_{0v}(v) \\ \boldsymbol{p}(1,v)=\boldsymbol{p}_{1v}(v) \end{cases} \tag{7.29}$$

与

$$\begin{cases} \dot{\boldsymbol{p}}_v(u,0)=\bar{\boldsymbol{p}}_{v,u0}(u) \\ \dot{\boldsymbol{p}}_v(u,1)=\bar{\boldsymbol{p}}_{v,u1}(u) \\ \dot{\boldsymbol{p}}_u(0,v)=\bar{\boldsymbol{p}}_{u,0v}(v) \\ \dot{\boldsymbol{p}}_u(1,v)=\bar{\boldsymbol{p}}_{u,1v}(1,v) \end{cases} \tag{7.30}$$

为实现此目的，需要用到两对混合函数 $F_0()$、$F_1()$，$G_0()$、$G_1()$。它们必须具备下列端点性质：

$$\begin{cases} F_i(j)=G'_i(j)=\begin{cases}1, & i=j, \\ 0, & i\neq j, \quad i=0,1;j=0,1\end{cases} \\ F'_i(j)=G_i(j)=0, \end{cases} \tag{7.31}$$

满足给定插值条件的曲面片方程，可用和推导式(7.22)相类似的方法导出。

1. 构造插值于边界曲线 $\boldsymbol{p}_{u0}(u)$ 与 $\boldsymbol{p}_{u1}(u)$ 的跨界切矢 $\bar{\boldsymbol{p}}_{v,u0}(u)$ 与 $\bar{\boldsymbol{p}}_{v,u1}(u)$ 的插值曲面片

与样条函数中解决带一阶导数的插值问题相类似，采用如下广义的插值方法构造曲面：

$$\boldsymbol{p}^{(1)}(u,v)=[F_0(u) \quad F_1(u) \quad G_0(u) \quad G_1(u)]\begin{bmatrix}\boldsymbol{p}_{u0}(u) \\ \boldsymbol{p}_{u1}(u) \\ \bar{\boldsymbol{p}}_{v,u0}(u) \\ \bar{\boldsymbol{p}}_{v,u1}(u)\end{bmatrix}, \quad 0\leqslant u,v\leqslant 1 \tag{7.32}$$

$\boldsymbol{p}^{(1)}(u,v)$是否满足插值条件，可以通过简单的计算而直接验证。只要在该式中代入 $u=0$ 和 $u=1$ 即可检验其对边界曲线是否插值，在对该式求 u 向偏导后代入 $u=0$ 和 $u=1$ 即可检验其对边界曲线跨界切矢是否插值。

2. 构造插值于边界曲线 $\boldsymbol{p}_{0v}(v)$ 与 $\boldsymbol{p}_{1v}(v)$ 的跨界切矢 $\bar{\boldsymbol{p}}_{u,0v}(v)$ 与 $\bar{\boldsymbol{p}}_{u,1v}(v)$ 的插值曲面片

类似地，满足该插值条件的曲面片表达为

$$\boldsymbol{p}^{(2)}(u,v)=[F_0(v) \quad F_1(v) \quad G_0(v) \quad G_1(v)]\begin{bmatrix}\boldsymbol{p}_{0v}(v) \\ \boldsymbol{p}_{1v}(v) \\ \bar{\boldsymbol{p}}_{u,0v}(v) \\ \bar{\boldsymbol{p}}_{u,1v}(v)\end{bmatrix}, \quad 0\leqslant u,v\leqslant 1 \tag{7.33}$$

3. 构造插值于 4 条边界曲线及跨界切矢的插值曲面片

$\boldsymbol{p}^{(1)}(u,v)$和 $\boldsymbol{p}^{(2)}(u,v)$的简单叠加并不满足给定的插值条件，还必须从中减去曲面相互重叠的部分，即 4 个角点处的几何信息。同样，我们只要用角点信息，把相同的插值方法应用于 u 向和 v 向两个方向，即可获得此曲面片：

$$
\boldsymbol{p}^{(3)}(u,v)=\begin{bmatrix}F_0(u)\\F_1(u)\\G_0(u)\\G_1(u)\end{bmatrix}^{\mathrm{T}}\begin{bmatrix}\boldsymbol{p}_{00} & \boldsymbol{p}_{01} & \dot{\boldsymbol{p}}_{v00} & \dot{\boldsymbol{p}}_{v01}\\ \boldsymbol{p}_{10} & \boldsymbol{p}_{11} & \dot{\boldsymbol{p}}_{v10} & \dot{\boldsymbol{p}}_{v11}\\ \dot{\boldsymbol{p}}_{u00} & \dot{\boldsymbol{p}}_{u01} & \ddot{\boldsymbol{p}}_{uv00} & \ddot{\boldsymbol{p}}_{uv01}\\ \dot{\boldsymbol{p}}_{u10} & \dot{\boldsymbol{p}}_{u11} & \ddot{\boldsymbol{p}}_{uv10} & \ddot{\boldsymbol{p}}_{uv11}\end{bmatrix}\begin{bmatrix}F_0(v)\\F_1(v)\\G_0(v)\\G_1(v)\end{bmatrix},\quad 0\leqslant u,v\leqslant 1 \tag{7.34}
$$

最终,所需曲面片 $\boldsymbol{p}(u,v)$ 表达为

$$
\begin{aligned}
\boldsymbol{p}^{(3)}(u,v)&=\boldsymbol{p}^{(1)}(u,v)+\boldsymbol{p}^{(2)}(u,v)-\boldsymbol{p}^{(3)}(u,v)\\
&=[F_0(u)\quad F_1(u)\quad G_0(u)\quad G_1(u)]\begin{bmatrix}\boldsymbol{p}_{u0}(u)\\ \boldsymbol{p}_{u1}(u)\\ \bar{\boldsymbol{p}}_{v,u0}(u)\\ \bar{\boldsymbol{p}}_{v,u1}(u)\end{bmatrix}+\\
&\quad [F_0(v)\quad F_1(v)\quad G_0(v)\quad G_1(v)]\begin{bmatrix}\boldsymbol{p}_{0v}(v)\\ \boldsymbol{p}_{1v}(v)\\ \bar{\boldsymbol{p}}_{u,0v}(v)\\ \bar{\boldsymbol{p}}_{u,1v}(v)\end{bmatrix}-\\
&\quad \begin{bmatrix}F_0(u)\\F_1(u)\\G_0(u)\\G_1(u)\end{bmatrix}^{\mathrm{T}}\begin{bmatrix}\boldsymbol{p}_{00} & \boldsymbol{p}_{01} & \dot{\boldsymbol{p}}_{v00} & \dot{\boldsymbol{p}}_{v01}\\ \boldsymbol{p}_{10} & \boldsymbol{p}_{11} & \dot{\boldsymbol{p}}_{v10} & \dot{\boldsymbol{p}}_{v11}\\ \dot{\boldsymbol{p}}_{u00} & \dot{\boldsymbol{p}}_{u01} & \ddot{\boldsymbol{p}}_{uv00} & \ddot{\boldsymbol{p}}_{uv01}\\ \dot{\boldsymbol{p}}_{u10} & \dot{\boldsymbol{p}}_{u11} & \ddot{\boldsymbol{p}}_{uv10} & \ddot{\boldsymbol{p}}_{uv11}\end{bmatrix}\begin{bmatrix}F_0(v)\\F_1(v)\\G_0(v)\\G_1(v)\end{bmatrix},\quad 0\leqslant u,v\leqslant 1
\end{aligned} \tag{7.35}
$$

注意角点的混合偏导矢对于构造 $\boldsymbol{p}^{(3)}(u,v)$ 是必需的。只要混合函数满足式(7.31),由式(7.35)所表示的曲面片就有给定的边界曲线和跨界斜率。使用这种曲面片就能构造出在跨越边界时达到跨界切矢连续的光滑曲面。三次埃尔米特基就可满足构建混合函数的要求,并在实际应用中得到广泛采用。

7.7　具有给定边界及其跨界切矢、跨界二阶导矢的孔斯曲面片

一旦给定的 4 条边界及跨界切矢,并选择了混合函数,则利用 7.6 节方法构造的曲面片就唯一定义。如同简单曲面片的边界上有它自己固有的跨界斜率一样,曲面式(7.35)也有它自己固有的跨界二阶导矢 $\ddot{\boldsymbol{p}}_{vv}(u,0)$、$\ddot{\boldsymbol{p}}_{vv}(u,1)$、$\ddot{\boldsymbol{p}}_{uu}(0,v)$、$\ddot{\boldsymbol{p}}_{uu}(1,v)$,也可理解为近似的跨界曲率。

由于曲面即式(7.35)只能插值于给定边界及其跨界切矢,因此一般情况下该曲面片所固有的跨界曲率不能与所要求的跨界曲率相一致。

要构造具有给定的四条边界及其跨界斜率、跨界二阶导矢的曲面片,需要用到三对混合函数:$F_0(\ )$、$F_1(\ )$,$G_0(\ )$、$G_1(\ )$,$H_0(\ )$、$H_1(\ )$。它们需要满足以下端点性质:

$$\begin{cases} F_i(j)=\dot{G}_i(j)=\ddot{H}_i(j)=\begin{cases}1, & i=j,\\ 0, & i\neq j,\end{cases} \\ \dot{F}_i(j)=\ddot{F}_i(j)=G_i(j)=\ddot{G}_i(j)=H_i(j)=\dot{H}_i(j)=0, \end{cases} \quad i=0,1;j=0,1 \tag{7.36}$$

无须进行具体的推导，只要以此类推，就可以直接写出满足以上插值条件的孔斯曲面的表达式：

$$\boldsymbol{p}(u,v)=-\begin{bmatrix}-1 & F_0(u) & F_1(u) & G_0(u) & G_1(u) & H_0(u) & H_1(u)\end{bmatrix}\cdot$$

$$\begin{bmatrix} 0 & \boldsymbol{p}(u,0) & \boldsymbol{p}(u,1) & \dot{\boldsymbol{p}}_v(u,0) & \dot{\boldsymbol{p}}_v(u,1) & \ddot{\boldsymbol{p}}_{vv}(u,0) & \ddot{\boldsymbol{p}}_{vv}(u,1) \\ \boldsymbol{p}(0,v) & \boldsymbol{p}_{00} & \boldsymbol{p}_{01} & \dot{\boldsymbol{p}}_v(0,0) & \dot{\boldsymbol{p}}_v(0,1) & \ddot{\boldsymbol{p}}_{vv}(0,0) & \ddot{\boldsymbol{p}}_{vv}(0,1) \\ \boldsymbol{p}(1,v) & \boldsymbol{p}_{10} & \boldsymbol{p}_{11} & \dot{\boldsymbol{p}}_v(1,0) & \dot{\boldsymbol{p}}_v(1,1) & \ddot{\boldsymbol{p}}_{vv}(1,0) & \ddot{\boldsymbol{p}}_{vv}(1,1) \\ \dot{\boldsymbol{p}}_u(0,v) & \dot{\boldsymbol{p}}_u(0,0) & \dot{\boldsymbol{p}}_u(0,1) & \ddot{\boldsymbol{p}}_{uv}(0,1) & \ddot{\boldsymbol{p}}_{uv}(0,1) & \dddot{\boldsymbol{p}}_{uvv}(0,0) & \dddot{\boldsymbol{p}}_{uvv}(0,1) \\ \dot{\boldsymbol{p}}_u(0,v) & \dot{\boldsymbol{p}}_u(1,0) & \dot{\boldsymbol{p}}_u(1,1) & \ddot{\boldsymbol{p}}_{uv}(1,0) & \ddot{\boldsymbol{p}}_{uv}(1,1) & \dddot{\boldsymbol{p}}_{uvv}(1,0) & \dddot{\boldsymbol{p}}_{uvv}(1,1) \\ \ddot{\boldsymbol{p}}_{uu}(0,v) & \ddot{\boldsymbol{p}}_{uu}(0,0) & \ddot{\boldsymbol{p}}_{uu}(0,1) & \dddot{\boldsymbol{p}}_{uuv}(0,0) & \dddot{\boldsymbol{p}}_{uuv}(0,1) & \ddot{\boldsymbol{p}}_{uuvv}(0,0) & \ddot{\boldsymbol{p}}_{uuvv}(0,1) \\ \ddot{\boldsymbol{p}}_{uu}(1,v) & \ddot{\boldsymbol{p}}_{uu}(1,0) & \ddot{\boldsymbol{p}}_{uu}(1,1) & \dddot{\boldsymbol{p}}_{uuv}(1,0) & \dddot{\boldsymbol{p}}_{uuv}(1,1) & \ddot{\boldsymbol{p}}_{uuvv}(1,0) & \ddot{\boldsymbol{p}}_{uuvv}(1,1) \end{bmatrix}\cdot$$

$$\begin{bmatrix}-1 \\ F_0(v) \\ F_1(v) \\ G_0(v) \\ G_1(v) \\ H_0(v) \\ H_1(v)\end{bmatrix}, \quad 0\leqslant u,v\leqslant 1 \tag{7.37}$$

仔细观察方程(7.22)、方程(7.35)与方程(7.37)，可以明显地发现其规律：对曲面片满足边界条件的要求提高一阶，曲面方程中的边界信息方阵就要扩大二阶，并且要多用一对混合函数；边界信息方阵的第一行与第一列包含着全部边界信息；余下的子方阵则包含着角点信息；从边界信息方阵的分块中也可以很明显地看出方阵中元素的分布规律。认识了这些规律之后，就能容易地构造出满足更高阶边界条件的孔斯曲面方程。

实际应用中，通常采用以下形式的三对五次混合函数：

$$F_0(u)=-6u^5+15u^4-10u^3+1$$

$$F_1(u)=6u^5-15u^4+10u^3$$

$$G_0(u)=-3u^5+8u^4-6u^3+u$$

$$G_1(u)=-3u^5+7u^4-4u^3$$

$$H_0(u)=\frac{1}{2}(u^5+3u^4-3u^3+u^2)$$

$$H_1(u)=\frac{1}{2}(u^5-2u^4+u^2)$$

7.8　参数双三次插值样条曲面片

孔斯表达式充分地揭示了插值曲面的构成规律，可以推广到满足任何高阶边界条件的曲面上去。从理论上看，这是孔斯工作中最精彩的部分。但在实际应用中，往往无法提供这么多的边界信息。所以应当寻求需要条件较少、更便于实际计算的曲面。为此，孔斯提出对边界曲线和跨界切矢采用一种特定的定义形式，即直接利用角点信息和混合函数来定义边界曲线和跨界斜率。这将大大简化曲面方程(7.37)。

参数双三次插值样条曲面片定义为

$$\boldsymbol{p}(u,v)=\begin{bmatrix}F_0(u)\\F_1(u)\\G_0(u)\\G_1(u)\end{bmatrix}^{\mathrm{T}}\begin{bmatrix}\boldsymbol{p}_{00} & \boldsymbol{p}_{01} & \dot{\boldsymbol{p}}_{v00} & \dot{\boldsymbol{p}}_{v01}\\ \boldsymbol{p}_{10} & \boldsymbol{p}_{11} & \dot{\boldsymbol{p}}_{v10} & \dot{\boldsymbol{p}}_{v11}\\ \dot{\boldsymbol{p}}_{u00} & \dot{\boldsymbol{p}}_{u01} & \ddot{\boldsymbol{p}}_{uv00} & \ddot{\boldsymbol{p}}_{uv01}\\ \dot{\boldsymbol{p}}_{u10} & \dot{\boldsymbol{p}}_{u11} & \ddot{\boldsymbol{p}}_{uv10} & \ddot{\boldsymbol{p}}_{uv11}\end{bmatrix}\begin{bmatrix}F_0(v)\\F_1(v)\\G_0(v)\\G_1(v)\end{bmatrix},\quad 0\leqslant u,v\leqslant 1 \tag{7.38}$$

根据混合函数 $F_0()$、$F_1()$、$G_0()$、$G_1()$的端点性质容易验证，曲面 $\boldsymbol{p}(u,v)$的边界曲线为

$$\begin{cases}\boldsymbol{p}(u,0)=F_0(u)\boldsymbol{p}_{00}+F_1(u)\boldsymbol{p}_{01}+G_0(u)\dot{\boldsymbol{p}}_{u00}+G_1(u)\dot{\boldsymbol{p}}_{u10}\\ \boldsymbol{p}(u,1)=F_0(u)\boldsymbol{p}_{01}+F_1(u)\boldsymbol{p}_{11}+G_0(u)\dot{\boldsymbol{p}}_{u01}+G_1(u)\dot{\boldsymbol{p}}_{u11}\\ \boldsymbol{p}(0,v)=F_0(v)\boldsymbol{p}_{00}+F_1(v)\boldsymbol{p}_{01}+G_0(v)\dot{\boldsymbol{p}}_{v00}+G_1(v)\dot{\boldsymbol{p}}_{v01}\\ \boldsymbol{p}(1,v)=F_0(v)\boldsymbol{p}_{10}+F_1(v)\boldsymbol{p}_{11}+G_0(v)\dot{\boldsymbol{p}}_{v10}+G_1(v)\dot{\boldsymbol{p}}_{v11}\end{cases}$$

曲面 $\boldsymbol{p}(u,v)$的边界曲线跨界切矢为

$$\begin{cases}\dot{\boldsymbol{p}}_v(u,0)=\dot{F}_0(u)\dot{\boldsymbol{p}}_{v00}+\dot{F}_1(u)\dot{\boldsymbol{p}}_{v01}+\dot{G}_0(u)\ddot{\boldsymbol{p}}_{uv00}+\dot{G}_1(u)\ddot{\boldsymbol{p}}_{uv10}\\ \dot{\boldsymbol{p}}_v(u,1)=\dot{F}_0(u)\dot{\boldsymbol{p}}_{v01}+\dot{F}_1(u)\dot{\boldsymbol{p}}_{v11}+\dot{G}_0(u)\ddot{\boldsymbol{p}}_{uv01}+\dot{G}_1(u)\ddot{\boldsymbol{p}}_{uv11}\\ \dot{\boldsymbol{p}}_u(0,v)=\dot{F}_0(v)\dot{\boldsymbol{p}}_{u00}+\dot{F}_1(v)\dot{\boldsymbol{p}}_{v01}+\dot{G}_0(v)\ddot{\boldsymbol{p}}_{uv00}+\dot{G}_1(v)\ddot{\boldsymbol{p}}_{uv01}\\ \dot{\boldsymbol{p}}_u(1,v)=\dot{F}_0(v)\dot{\boldsymbol{p}}_{u10}+\dot{F}_1(v)\dot{\boldsymbol{p}}_{v11}+\dot{G}_0(v)\ddot{\boldsymbol{p}}_{uv10}+\dot{G}_1(v)\ddot{\boldsymbol{p}}_{uv01}\end{cases}$$

如图 7.4 所示，曲面片 $\boldsymbol{p}(u,v)$现在完全是利用它的 4 个角点的位置、u 向切矢、v 向切矢、混合偏导矢来定义。

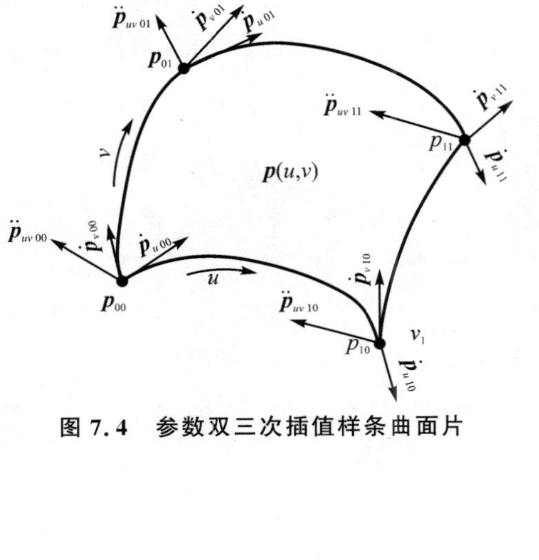

图 7.4　参数双三次插值样条曲面片

式(7.38)矢量矩阵中元素的分布规律为:左上角的二阶子方阵是角点位置矢量,右下角的二阶子方阵是角点的混合偏导矢(扭矢),其余两个二阶子方阵是角点沿 u 向和 v 向的切矢。系数矢量矩阵中的信息可以根据实际情况提供,且方程(7.38)也便于数值计算。根据曲面片角点处的矢量来确定跨界切矢有着重大的意义。当用这种类型的曲面片来构造组合曲面时,为达到现有边界的跨界切矢连续,只需要匹配相邻曲面片的相应角点处的 4 个矢量就行了。另外,由于混合偏导矢对曲面片的边界形状并无影响,调整角点混合偏导矢只会改变曲面片四条边界的跨界切矢,引起曲面内部形状的变化。

该曲面称为参数双三次曲面片。许多资料指出,利用这种曲面片分片地描述实用中常见的曲面,一般能满足要求。在一些实用性的文章中提到的所谓"孔斯曲面",多半是指这种双三次曲面,实际上它只是式(7.37)所表示的一类孔斯曲面在特定情况下的一种特殊形式。

习　题

1. 讨论孔斯曲面的构造原理。
2. 根据给定的 4 条边界曲线条件不同,孔斯曲面分为哪些类型,各自具有什么特征?
3. 列出孔斯曲面片的 4 条边界曲线的数学表示。
4. 孔斯曲面片的混合偏导矢如何定义?
5. 说明插值于 4 条边界曲线的双线性孔斯曲面片的构造过程。
6. 如何实现两相互拼接孔斯曲面片在公共边界处的一阶连续性要求?
7. 具有给定边界及其跨界切矢、跨界二阶导矢的孔斯曲面如何构造?
8. 说明直纹曲面的概念,并列出用孔斯方法定义的直纹曲面方程。
9. 参数双三次插值样条曲面片由哪些几何量定义?
10. 列出参数双三次插值样条曲面片的 4 个角点及其双参数方向偏导矢的数学表示。

第8章 贝齐尔曲线曲面

在计算机辅助几何设计中，通常将曲线曲面表示为基表示的特殊参数矢函数的形式。如果其中的系数矢量缺乏明确的几何意义，就难以根据系数矢量来推断曲线的几何特征，这样就增加了形状设计与人机交互的难度。在之前介绍的曲线曲面构造方法中，要求曲线曲面插值于所有给定的点，并满足给定的切矢和扭矢。当使用人机对话的手段进行交互设计时，采用切矢和扭矢的方向和大小等信息去控制曲线和曲面，不能给设计者提供所需要的直观感觉。而贝齐尔方法和后面要介绍的B样条方法，却可以不用通过所有给定的点，更不用考虑切矢和扭矢，而是采用曲线外和曲面外的点来定义曲线和曲面。这种方法能让使用者明显地感觉到输入与输出之间的关系，利用可控制的输入参数就能够改变曲线与曲面的形状，直到输出的结果与预期的形状完全相符为止。

贝齐尔方法因其独特的系数矢量与多项式基函数定义方式使得曲线曲面设计过程直观高效，并展现出强大的交互操作的形状控制能力。现今主流CAD系统，如CATIA、UG、ProE均将贝齐尔方法作为形状设计的主要工具之一，其中所用贝齐尔曲线高达15次，贝齐尔曲面高达9次，而前述多项式插值曲线曲面是不可能达到这样的高次而不出问题的。本章系统介绍贝齐尔曲线曲面的数学表示与基函数的性质，以及工程实践中常用的几何处理算法，如求值、分割、升阶等。为解决实践中单一贝齐尔曲线段描述复杂形状的不足，讨论了满足工程连续性要求的组合贝齐尔曲线曲面造型技术。

8.1 贝齐尔曲线的数学表示与性质

8.1.1 贝齐尔曲线的数学表示

在前面章节介绍的方法中，均采用多项式曲线曲面插值技术完成产品形状设计。设计员在绘制几何形状时，不但需要明确给出曲线曲面上的型值点及其各阶导矢，还要提供大量的边界条件信息，致使形状定义困难，形状的调整与修改难以实现。贝齐尔曲线采用一组称为控制顶点的位置矢量完成曲线曲面的定义，形状定义直观方便，形状修改与控制灵活高效，只要移动顶点就可以灵活地控制几何形状。

如图8.1所示，给定 $n+1$ 个控制顶点 $\boldsymbol{b}_i(i=0,1,\cdots,n)$ 定义一条 n 次贝齐尔曲线，方程如下：

$$\boldsymbol{p}(t)=\sum_{i=0}^{n}\boldsymbol{b}_i B_{i,n}(t),\quad t\in[0,1] \tag{8.1}$$

式中，系数矢量即为给定的 $n+1$ 个点，称为控制顶点。将控制顶点按顺序连接，形成的 n 条边组成的多边形称为控制多边形。$n+1$ 个控制顶点中，除首末控制顶点 $\boldsymbol{b}_0$ 与 $\boldsymbol{b}_n$ 外，其余控制顶点均不在所定义的曲线上。又由上述表达式可知，贝齐尔曲线是定义在规范区间[0,1]上的。

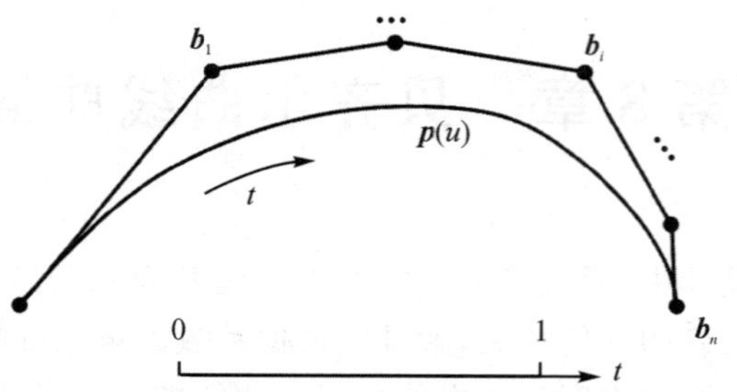

图 8.1　n 次贝齐尔曲线

贝齐尔曲线方程中的基函数称为伯恩斯坦基函数。第 i 个 n 次伯恩斯坦基函数标识为 $B_{i,n}(t)$，其第 1 个下标 i 为该基函数的序号，并与同序号的控制顶点 $\boldsymbol{b}_i$ 相关联；第 2 个下标 n 表示该基函数的次数，伯恩斯坦基函数的数学表示如下：

$$B_{i,n}(t)=\mathrm{C}_n^i t^i(1-t)^{n-i}=\frac{n!}{i!\ (n-i)!}t^i(1-t)^{n-i}$$

由上式可知，n 次伯恩斯坦基函数是参数 t 的 n 次多项式函数，伯恩斯坦基函数的次数等于控制顶点数减 1。一旦控制顶点给定，则伯恩斯坦基函数的次数随之确定，基函数与贝齐尔曲线的表达式也完全定义。

示例　给出零次与一次贝齐尔曲线的数学表示。

解　给定一个控制顶点 $\boldsymbol{b}_0$ 定义一条零次贝齐尔曲线：

$$\boldsymbol{p}(t)=\boldsymbol{b}_0B_{0,0}(t)=\boldsymbol{b}_0,\quad 0\leqslant t\leqslant 1$$

因此零次贝齐尔曲线就是定义该曲线的控制顶点 $\boldsymbol{b}_0$ 自身。

给定两个控制顶点 $\boldsymbol{b}_0$ 与 $\boldsymbol{b}_1$ 定义一条一次贝齐尔曲线。曲线中两个一次伯恩斯坦基函数分别为 $B_{0,1}(t)=1-t$ 与 $B_{1,1}(t)=t$，则一次 B 样条曲线定义为

$$\boldsymbol{p}(t)=(1-t)\boldsymbol{b}_0+t\boldsymbol{b}_1,\quad 0\leqslant t\leqslant 1$$

因此一次贝齐尔曲线就是定义该曲线的两顶点的线性插值直线。

示例　给定控制顶点 $\boldsymbol{b}_0(2,7)$、$\boldsymbol{b}_1(10,8)$、$\boldsymbol{b}_2(9,20)$、$\boldsymbol{b}_3(12,15)$、$\boldsymbol{b}_4(-6,5)$，列出这些控制顶点定义的贝齐尔曲线的表达式。

解　由题意知曲线次数 $n=4$，则根据式(8.1)与式(8.2)列出曲线方程如下：

$$\boldsymbol{p}(t)=\boldsymbol{b}_0(1-t)^4+4\boldsymbol{b}_1t(1-t)^3+6\boldsymbol{b}_2t^2(1-t)^2+4\boldsymbol{b}_3t^3(1-t)+\boldsymbol{b}_4t^4,\quad t\in[0,1]$$

绘制该曲线的 MATLAB 代码如下：

```
b0 = [2,2],b1 = [4,3],b2 = [5,6],b3 = [8,7],b4 = [14,3]          % 输入控制顶点
t = 0:0.05:1                                                     % 分割定义域获取参数节点序列
hndl = plot([2,4,5,8,14],[2,3,6,7,3]);                           % 绘制控制顶点
set(hndl,'Marker','o')
hold on
% 设置绘图区域
axis([0,15,0,8]);
% 计算型值点坐标
x = b0(1) * nchoosek(4,0) * (1 - t).^4 + b1(1) * nchoosek(4,1) * t. * (1 - t).^3 + b2(1) * nchoosek(4,
```

```
2) * t.^2. * (1 - t).^2 + b3(1) * nchoosek(4,3) * t.^3. * (1 - t) + b4(1) * t.^4;
    y = b0(2) * nchoosek(4,0) * (1 - t).^4 + b1(2) * nchoosek(4,1) * t. * (1 - t).^3 + b2(2) * nchoosek(4,
2) * t.^2. * (1 - t).^2 + b3(2) * nchoosek(4,3) * t.^3. * (1 - t) + b4(2) * t.^4;
    % 绘制曲线
    plot(x,y);
```

图 8.2 所示为程序绘制的贝齐尔曲线图形。

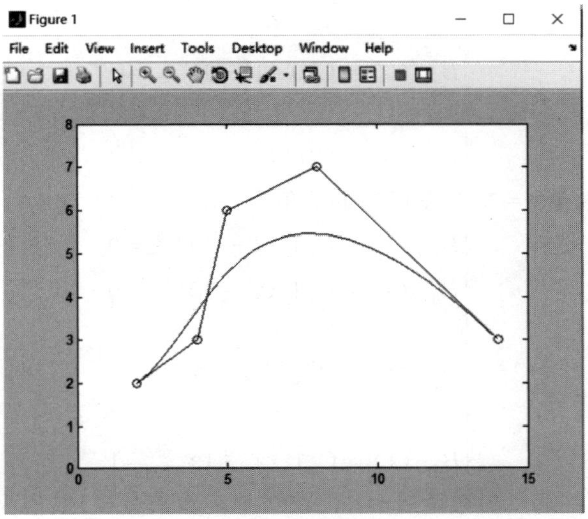

图 8.2　贝齐尔曲线图形

8.1.2　伯恩斯坦基函数及其性质

下面介绍伯恩斯坦基函数的性质与计算公式。

1. 定义式

伯恩斯坦基函数的表达式如下：

$$B_{i,n}(t)=\begin{cases}C_n^i t^i(1-t)^{n-i}=\dfrac{n!}{i!\ (n-i)!}t^i(1-t)^{n-i}, & i=0,1,\cdots,n;t\in[0,1]\\ 0, & \end{cases}\tag{8.2}$$

2. 非负性

从伯恩斯坦基函数的表达式可知，在曲线的参数区间[0,1]，所有的基函数取值均大于或等于 0，即

$$B_{i,n}(t)\geqslant 0,\quad i=0,1,\cdots,n$$

3. 规范性

将所有 $n+1$ 个 n 次伯恩斯坦基函数相加，结果恰好是二项式$[1+(1-t)]^n$ 的展开项，因此有

$$\sum_{i=0}^{n}B_{i,n}(t)=\sum_{i=0}^{n}C_n^i t^i(1-t)^{n-i}=[t+(1-t)]^n\equiv 1$$

上式表明伯恩斯坦基函数具有完全规范性，由此贝齐尔曲线就具有了几何不变性，坐标变

换也就容易进行。

4. 端点性质

函数的端点性质定义为其在参数区间首末端点的取值。对应于首端点参数值 $t=0$，各基函数的取值为

$$\begin{cases} B_{0,n}(0)=C_n^0 0^0(1-0)^{n-0}=1 \\ B_{1,n}(0)=C_n^1 0^1(1-0)^{n-1}=0 \\ \qquad \vdots \\ B_{i,n}(0)=C_n^i 0^i(1-0)^{n-i}=0 \\ \qquad \vdots \\ B_{i,n}(0)=C_n^n 0^n(1-0)^{n-n}=0 \end{cases}$$

对应于末端点参数值 $t=1$，各基函数的取值为

$$\begin{cases} B_{0,n}(1)=C_n^0 1^0(1-1)^{n-0}=0 \\ B_{1,n}(1)=C_n^1 1^1(1-1)^{n-1}=0 \\ \qquad \vdots \\ B_{i,n}(1)=C_n^i 1^i(1-1)^{n-i}=0 \\ \qquad \vdots \\ B_{i,n}(1)=C_n^n 1^n(1-1)^{n-n}=1 \end{cases}$$

由上可知，对应于首端点参数值 $t=0$，仅首个基函数 $B_{0,n}(t)$ 取值为 1，其他所有基函数取值为 0；对应于末端点参数值 $t=1$，仅最后的基函数 $B_{n,n}(t)$ 取值为 1，其他所有基函数取值为 0。该结论又可表示如下：

$$B_{i,n}(0)=\begin{cases}1, & i=0 \\ 0, & i=1,2,\cdots,n\end{cases} \tag{8.3a}$$

$$B_{i,n}(1)=\begin{cases}1, & i=n \\ 0, & i=0,1,2,\cdots,n-1\end{cases} \tag{8.3b}$$

5. 对称性

伯恩斯坦基函数具有对称性：

$$B_{i,n}(t)=C_n^i t^i(1-t)^{n-i}=C_n^{n-i}(1-t)^{n-i}[1-(1-t)]^i=B_{n-i,n}(1-t) \tag{8.4}$$

6. 函数递推公式

一个 n 次伯恩斯坦基函数可以表示为两个 $n-1$ 次伯恩斯坦基函数的线性组合：

$$B_{i,n}(t)=(1-t)B_{j,n-1}(1-t)+tB_{j-1,n-1}(1-t) \tag{8.5}$$

7. 最大值

一个 n 次伯恩斯坦基函数在 $t=i/n$ 处取最大值：

$$\max\left\lfloor B_{i,n}(t)\right\rfloor=B_{i,n}(i/n) \tag{8.6}$$

8. 升阶公式

一个 n 次伯恩斯坦基函数可以表示为两个 $n+1$ 次伯恩斯坦基函数的线性组合：

$$B_{i,n}(t)=\left(1-\frac{i}{n+1}\right)B_{i,n+1}(t)+\frac{i}{n+1}B_{i+1,n+1}(t) \tag{8.7}$$

图 8.3 所示为 5 次伯恩斯坦基函数的图形。

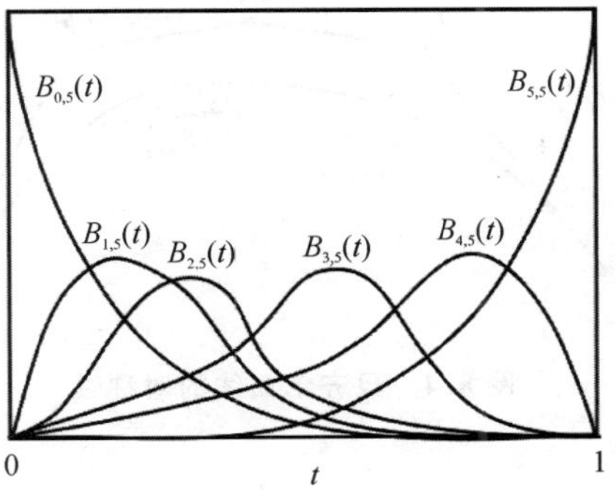

图 8.3　5 次伯恩斯坦基函数的图形

8.1.3　贝齐尔曲线的性质

贝齐尔曲线的性质由伯恩斯坦基函数的性质决定，因此贝齐尔曲线具有如下性质：

1. 端点几何性质

由式(8.3)表明的贝齐尔基函数的端点性质，有贝齐尔曲线的首末端点分别为

$$\boldsymbol{p}(0)=\sum_{i=0}^{n}\boldsymbol{b}_iB_{i,n}(0)=\boldsymbol{b}_0B_{0,n}(0)+\boldsymbol{b}_1B_{1,n}(0)+\cdots+\boldsymbol{b}_nB_{n,n}(0)=\boldsymbol{b}_0 \tag{8.8a}$$

$$\boldsymbol{p}(1)=\sum_{i=0}^{n}\boldsymbol{b}_iB_{i,n}(1)=\boldsymbol{b}_0B_{0,n}(1)+\boldsymbol{b}_1B_{1,n}(1)+\cdots+\boldsymbol{b}_nB_{n,n}(1)=\boldsymbol{b}_n \tag{8.8b}$$

由此可知，贝齐尔曲线的首末端点正好分别是贝齐尔曲线的首末控制顶点。

贝齐尔曲线在首末端点处的切矢分别与控制多边形的首末边相切，切矢模长分别为首末边的 n 倍，即

$$\dot{\boldsymbol{p}}(0)=n(\boldsymbol{b}_1-\boldsymbol{b}_0)=n\Delta\boldsymbol{b}_0 \tag{8.9a}$$

$$\dot{\boldsymbol{p}}(1)=n(\boldsymbol{b}_n-\boldsymbol{b}_{n-1})=n\Delta\boldsymbol{b}_{n-1} \tag{8.9b}$$

贝齐尔曲线在首末端点的 k 阶导矢分别与贝齐尔多边形的首末 k 条边有关，与其他边无关，因此有

$$\overset{(k)}{\boldsymbol{p}}(0)=\frac{n!}{(n-k)!}\Delta^{(k-1)}\boldsymbol{b}_0 \tag{8.10a}$$

$$\overset{(k)}{\boldsymbol{p}}(1)=\frac{n!}{(n-k)!}\Delta^{(k-1)}\boldsymbol{b}_{n-k} \tag{8.10b}$$

2. 几何不变性

由贝齐尔基函数的规范性可知，贝齐尔曲线是完全规范基表示，具有几何不变性。

3. 对称性

将贝齐尔控制顶点顺序取反，定义一条 n 次贝齐尔曲线 $\boldsymbol{q}(u)$，结合式(8.4)表明的伯恩斯坦基函数的对称性，有

$$\boldsymbol{q}(u)=\sum_{i=0}^{n}\boldsymbol{b}_{n-i}B_{n-i,n}(u)=-\sum_{i=0}^{n}\boldsymbol{b}_iB_{i,n}(t),\quad 0\leqslant u\leqslant 1$$

这里 $u=1-t$。由此可知，与原曲线 $\boldsymbol{p}(t)$ 相比，将贝齐尔多边形顺序取反所定义的曲线 $\boldsymbol{q}(u)$，它们形状相同，仅曲线方向取反，如图 8.4 所示。

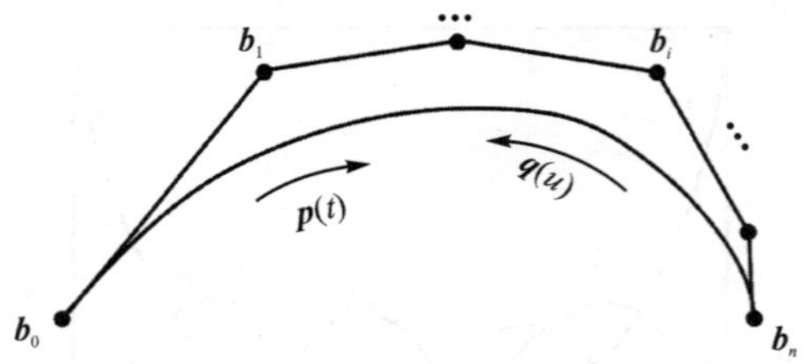

图 8.4　贝齐尔曲线的对称性

4. 凸包性质

点集的凸包定义：平面点集的凸包定义为包含全部控制的点最小封闭凸多边形；空间点集的凸包定义为包含全部点的最小封闭凸多面体。由贝齐尔曲线的数学表示可知，一条贝齐尔曲线可视为特征多边形各顶点的加权平均，各控制顶点的权因子即为对应的基函数。再由伯恩斯坦基函数的非负性与规范性可知，整条曲线又可表达为全部控制顶点的凸组合，反映到几何特征上，这条曲线将限定于全部控制顶点所控制的凸包内。图 8.5 所示为贝齐尔曲线的凸包性质。

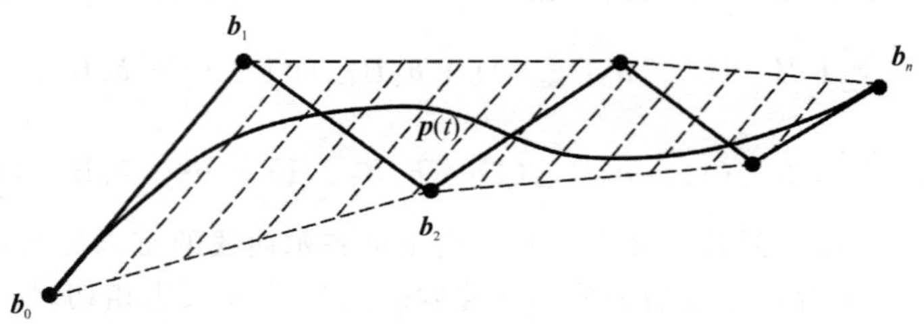

图 8.5　贝齐尔曲线的凸包性质

凸包性质确定了贝齐尔曲线的限制范围，结合端点几何性质，设计人员可根据预估的曲线范围来布设控制顶点。同时，在设计多条贝齐尔曲线时，若预设各曲线不相交，则可通过布设各曲线的控制顶点凸包不相交来实现。

伯恩斯坦基函数的性质决定了贝齐尔曲线的性质，正是由于贝齐尔曲线具有上述优良性质，使得它更适合于形状设计。

示例　给定控制顶点 $\boldsymbol{b}_0(2,7)$、$\boldsymbol{b}_1(10,8)$、$\boldsymbol{b}_2(9,20)$、$\boldsymbol{b}_3(12,15)$、$\boldsymbol{b}_4(-6,5)$，定义一条贝齐尔曲线，利用贝齐尔曲线的端点几何性质求解曲线首末端点的坐标及一阶导矢。

解　由题意知曲线次数 $n=4$，根据贝齐尔曲线的端点几何性质，有曲线的首末端点为 $\boldsymbol{p}(0)=\boldsymbol{b}_0=(2,7)$ 与 $\boldsymbol{p}(1)=\boldsymbol{b}_4=(-6,5)$。因此首末端点的一阶导矢为

$$\dot{\boldsymbol{p}}(0)=4(\boldsymbol{b}_1-\boldsymbol{b}_0)=(32,4),\quad \dot{\boldsymbol{p}}(1)=4(\boldsymbol{b}_4-\boldsymbol{b}_3)=(-72,-40)$$

8.2　贝齐尔曲线的导矢

贝齐尔曲线的一阶导矢或切矢可按如下公式计算：

$$\dot{\boldsymbol{p}}(t)=\frac{\mathrm{d}\boldsymbol{p}(t)}{\mathrm{d}t}=n\sum_{i=0}^{n-1}\Delta\boldsymbol{b}_i B_{i,n-1}(t),\quad 0\leqslant t\leqslant 1$$

式中,一阶差分矢量 $\Delta \boldsymbol{b}_i = \boldsymbol{b}_{i+1} - \boldsymbol{b}_i (i=0,1,\cdots,n-1)$ 就是控制多边形的边矢量。由此可见,n 次贝齐尔曲线的切矢可表示成 $n-1$ 次贝齐尔曲线 n 倍。这里 $n-1$ 次贝齐尔曲线的 n 个控制顶点就是来自 n 次贝齐尔曲线的 n 条边矢量。把这 n 条边矢量的起点置于原点,矢量的末端就成为控制顶点。

贝齐尔曲线的高阶导矢公式为

$$\overset{(k)}{\boldsymbol{p}}(t) = \frac{n!}{(n-k)!} \sum_{i=0}^{n-k} \Delta^k \boldsymbol{b}_i B_{i,n-k}(t), \quad 0 \leqslant t \leqslant 1 \tag{8.11}$$

式中,高阶差分矢量由低阶差分递推定义为

$$\Delta^k \boldsymbol{b}_i = \Delta^{k-1} \boldsymbol{b}_{i+1} - \Delta^{k-1} \boldsymbol{b}_i$$

8.3 贝齐尔曲线的递推定义与配套算法

由贝齐尔曲线的显式定义,采用曲线正算过程可以计算曲线上的点、法矢、曲率等几何信息。然而相关计算需要大量的乘法运算,从计算机程序实现来说,会带来比较大的舍入误差与机时消耗。曲线次数越高,此缺陷越显著。德卡斯特里奥算法采用线性递推过程定义贝齐尔曲线,将复杂的几何计算问题化解为一系列的线性递推运算,即使用几何作图也可求得贝齐尔曲线上的点。由于它是一系列线性运算,算法稳定可靠,所以易于在计算机上实现。在用德卡斯特里奥算法求得贝齐尔曲线上的点后,又可引出求贝齐尔曲线的导矢、分割与延拓算法。

8.3.1 德卡斯特里奥递推定义与几何作图

首先以二次贝齐尔曲线为例,介绍德卡斯特里奥递推算法。由式(8.1)可知,二次贝齐尔曲线表示为

$$\boldsymbol{p}(t) = (1-t)^2 \boldsymbol{b}_0 + 2t(1-t)\boldsymbol{b}_1 + t^2 \boldsymbol{b}_2, \quad 0 \leqslant t \leqslant 1 \tag{8.12}$$

给定参数值 t^*,t^* 把定义域分成长度比为 $t^* : (1-t^*)$ 的两段。依次对原始控制多边形的 2 条边 $\boldsymbol{b}_0\boldsymbol{b}_1$ 与 $\boldsymbol{b}_1\boldsymbol{b}_2$ 执行同样的定比分割,将获得的两个称为中间控制顶点的分点,记为 $\boldsymbol{b}_0^1$ 与 $\boldsymbol{b}_1^1$,即

$$\boldsymbol{b}_0^1 = (1-t^*)\boldsymbol{b}_0 + t^* \boldsymbol{b}_1, \quad \boldsymbol{b}_1^1 = (1-t^*)\boldsymbol{b}_1 + t^* \boldsymbol{b}_2 \tag{8.13}$$

再对边 $\boldsymbol{b}_0^1\boldsymbol{b}_1^1$ 执行同样的定比分割,得到一个中间控制顶点,记为 $\boldsymbol{b}_0^2$,即

$$\boldsymbol{b}_0^2 = (1-t^*)\boldsymbol{b}_0^1 + t^* \boldsymbol{b}_1^1 \tag{8.14}$$

将式(8.13)代入式(8.14),可得

$$\boldsymbol{b}_0^2 = (1-t^*)^2 \boldsymbol{b}_0 + 2t^*(1-t^*)\boldsymbol{b}_1 + t^{*2} \boldsymbol{b}_2 \tag{8.15}$$

由式(8.15)结合式(8.12)可知,$\boldsymbol{b}_0^2$ 正好是曲线上的点 $\boldsymbol{p}(t^*)$。变动参数值 t^*,则 $\boldsymbol{b}_0^2$ 的位置发生连续变化,其形成的轨迹即为曲线 $\boldsymbol{p}(t)$ 自身。

图 8.6 所示为二次贝齐尔曲线的递推定义。

将此过程推广到 n 次贝齐尔曲线,可得到下面的德卡斯特里奥线性递推定义。

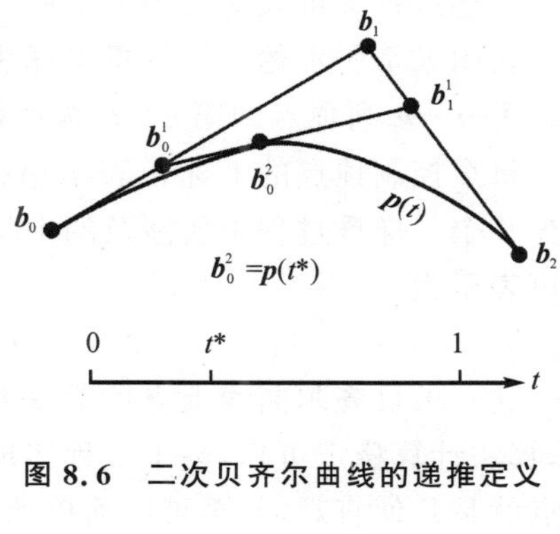

图 8.6　二次贝齐尔曲线的递推定义

1. 第 1 级递推

对于由 $n+1$ 个控制顶点 $\boldsymbol{b}_i(i=0,1,\cdots,n)$ 定义的 n 次贝齐尔曲线，给定参数值 $t^*,t^*\in[0,1]$，t^* 把定义域分成长度比为 $t^*:(1-t^*)$ 的两段。依次对原始控制多边形 n 条边 $\boldsymbol{b}_i\boldsymbol{b}_{i+1}$ $(i=0,1,\cdots,n-1)$ 执行同样的定比分割，将获得的 n 个称为中间控制顶点的分点记为 $\boldsymbol{b}_i^1$，即

$$\boldsymbol{b}_i^1=(1-t^*)\boldsymbol{b}_i+t^*\boldsymbol{b}_{i+1},\quad i=0,1,\cdots,n-1$$

如果在参数区间[0,1]连续变化参数值 t^*，则所有的中间控制顶点将定义一条 $n-1$ 次贝齐尔曲线，该曲线将等价于原 n 次贝齐尔曲线：

$$\boldsymbol{p}(t)=\sum_{i=0}^{n}\boldsymbol{b}_iB_{i,n}(t)=\sum_{i=0}^{n-1}\boldsymbol{b}_i^1B_{i,n-1}(t),\quad t\in[0,1]$$

2. 第 2 级递推

将这些中间控制顶点连线形成中间控制多边形，对其各边再执行同样的定比分割，得到 $n-1$ 个二级中间控制顶点 $\boldsymbol{b}_i^2$，即

$$\boldsymbol{b}_i^2=(1-t^*)\boldsymbol{b}_i^1+t^*\boldsymbol{b}_{i+1}^1,\quad i=0,1,\cdots,n-2$$

在参数区间[0,1]连续变化参数值 t^*，则所有的 k 级中间控制顶点将定义一条 $n-2$ 次贝齐尔曲线。该曲线将等价于原 n 次贝齐尔曲线：

$$\boldsymbol{p}(t)=\sum_{i=0}^{n}\boldsymbol{b}_iB_{i,n}(t)=\sum_{i=0}^{n-2}\boldsymbol{b}_i^2B_{i,n-1}(t),\quad t\in[0,1]$$

3. 第 k 级递推

此过程进行下去，k 级递推得到 $n-k+1$ 个中间控制顶点 $\boldsymbol{b}_i^k$，即

$$\boldsymbol{b}_i^k=(1-t^*)\boldsymbol{b}_i^{k-1}+t^*\boldsymbol{b}_{i+1}^{k-1},\quad i=0,1,\cdots,n-k$$

在参数区间[0,1]连续变化参数值 t^*，则所有的 k 级中间控制顶点将定义一条 $n-k$ 次贝齐尔曲线，该曲线将等价于原 n 次贝齐尔曲线：

$$\boldsymbol{p}(t)=\sum_{i=0}^{n}\boldsymbol{b}_iB_{i,n}(t)=\sum_{i=0}^{n-k}\boldsymbol{b}_i^kB_{i,n-1}(t),\quad t\in[0,1]$$

4. 第 n 级递推

此过程进行下去，直到第 n 级递推得到 1 个中间控制顶点 $\boldsymbol{b}_0^n$，即

$$\boldsymbol{b}_0^n=(1-t^*)\boldsymbol{b}_0^{n-1}+t^*\boldsymbol{b}_1^{n-1}$$

这个中间顶点等价于原 n 次贝齐尔曲线：

$$\boldsymbol{p}(t)=\boldsymbol{b}_0^n,\quad t\in[0,1]$$

上述过程又可表达为图 8.7 所示的递推三角阵列。

在图 8.7 所示德卡斯特里奥算法的三角阵列中，各列顶点上标表示的列序号即为递推级数。第 $n-k$ 列顶点即第 $n-k$ 级递推生成的中间顶点为 $\boldsymbol{b}_0^{n-k},\boldsymbol{b}_1^{n-k},\cdots,\boldsymbol{b}_k^{n-k}$。

每个控制顶点的上标 k 表示递推级数，下标表示序号。每进行一级递推，中间控制顶点就少一个。递推过程中所涉及的中间控制顶点由前一级递推的两个中间控制顶点线性定义，并可表示为

$$\boldsymbol{b}_i^k=(1-t)\boldsymbol{b}_i^{k-1}+t\boldsymbol{b}_{i+1}^{k-1}$$

这一求贝齐尔曲线上点的算法特别有效。递推生成每一个中间顶点的过程都是线性插值，算法计算稳定可靠，易于编程实现，并且执行速度相当快。这一算法的另一个非常重要的特点就是几何直观，甚至可以简单地用图 8.6 所示的作图来实现。

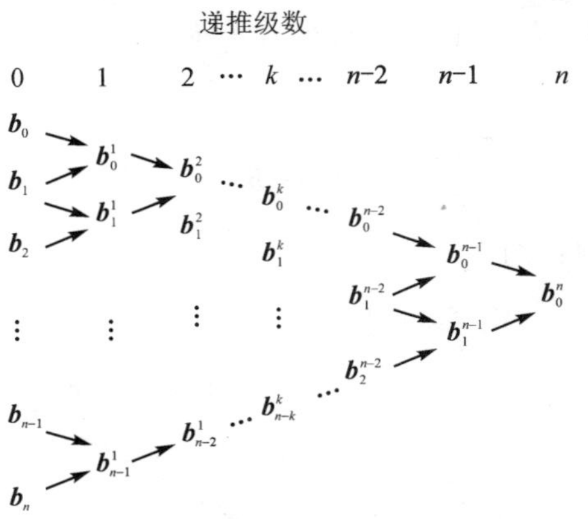

图 8.7　德卡斯特里奥递推定义的三角阵列

8.3.2　德卡斯特里奥算法求解曲线导矢

德卡斯特里奥算法除了计算贝齐尔曲线上的点以外，还可以快速计算曲线的各阶导矢。见图 8.7，在执行算法完成第 $n-1$ 阶递推后，得到两个中间控制顶点 $\boldsymbol{b}_0^{n-1}$ 与 $\boldsymbol{b}_1^{n-1}$，这两个顶点的一阶差分矢量或边矢量的 n 倍即为贝齐尔曲线的切矢：

$$\dot{\boldsymbol{p}}(t)=n(\boldsymbol{b}_1^{n-1}-\boldsymbol{b}_0^{n-1})=n\Delta^1\boldsymbol{b}_0^{n-1} \tag{8.16}$$

在执行算法完成第 $n-2$ 阶递推后，得到 3 个中间控制顶点 $\boldsymbol{b}_0^{n-1}$、$\boldsymbol{b}_1^{n-1}$、$\boldsymbol{b}_2^{n-1}$，这三个顶点的二阶差分矢量的 $n\times(n-1)$倍即为贝齐尔曲线的二阶导矢：

$$\ddot{\boldsymbol{p}}(t)=n(n-1)\Delta^2\boldsymbol{b}_0^{n-2}=n(n-1)(\boldsymbol{b}_2^{n-1}-2\boldsymbol{b}_1^{n-1}+\boldsymbol{b}_0^{n-1}) \tag{8.17}$$

贝齐尔曲线的 k 阶导矢可依据由德卡斯特里奥算法生成的中间顶点表达出来：

$$\overset{(k)}{\boldsymbol{p}}(t)=\frac{n!}{(n-k)!}\Delta^k\boldsymbol{b}_0^{n-k}$$

式中，$\Delta^k\boldsymbol{b}_0^{n-k}$ 表示中间顶点 $\boldsymbol{b}_0^{n-k},\boldsymbol{b}_1^{n-k},\cdots,\boldsymbol{b}_k^{n-k}$ 的 k 阶差分矢量，顶点上标表示递推级数。

示例　给定控制顶点 $\boldsymbol{b}_0(-16,0)$、$\boldsymbol{b}_1(0,20)$、$\boldsymbol{b}_2(16,20)$、$\boldsymbol{b}_3(16,0)$定义了一条平面三次贝齐尔曲线 $\boldsymbol{p}(t)$，分别用德卡斯特里奥算法递推计算与几何作图求曲线上参数为 $t=1/4$ 的点及其一阶导矢。

解　求曲线上的点 $\boldsymbol{p}(1/4)$：

$$\boldsymbol{b}_0^1=\left(1-\frac{1}{4}\right)\boldsymbol{b}_0+\frac{1}{4}\boldsymbol{b}_1=(-12,5)$$

$$\boldsymbol{b}_1^1=\left(1-\frac{1}{4}\right)\boldsymbol{b}_1+\frac{1}{4}\boldsymbol{b}_2=(4,20)$$

$$\boldsymbol{b}_2^1=\left(1-\frac{1}{4}\right)\boldsymbol{b}_2+\frac{1}{4}\boldsymbol{b}_3=(16,15)$$

$$\boldsymbol{b}_0^2=\left(1-\frac{1}{4}\right)\boldsymbol{b}_0^1+\frac{1}{4}\boldsymbol{b}_1^1=(-8,8.75)$$

$$\boldsymbol{b}_1^2=\left(1-\frac{1}{4}\right)\boldsymbol{b}_1^1+\frac{1}{4}\boldsymbol{b}_2^1=(7,18.75)$$

$$\boldsymbol{p}\left(\frac{1}{4}\right)=\boldsymbol{b}_0^3=\left(1-\frac{1}{4}\right)\boldsymbol{b}_0^2+\frac{1}{4}\boldsymbol{b}_1^2=(-4.25,11.25)$$

一阶导矢为

$$\dot{\boldsymbol{p}}\left(\frac{1}{4}\right)=3(\boldsymbol{b}_1^2-\boldsymbol{b}_0^2)=(45,30)$$

图 8.8 所示采用了几何作图。

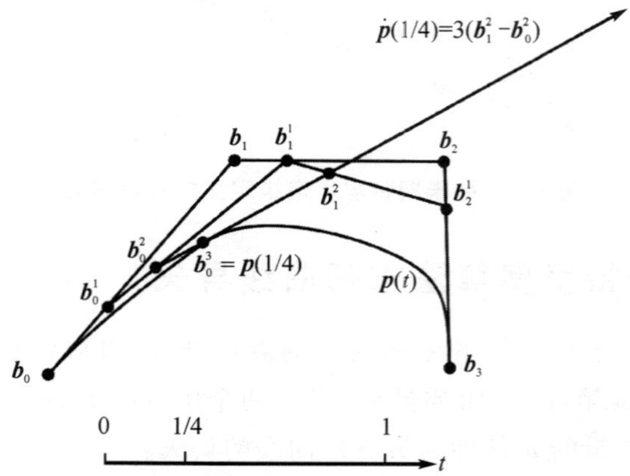

图 8.8　几何作图法

8.3.3　贝齐尔曲线的分割

给定控制顶点 $\boldsymbol{b}_i(i=0,1,\cdots,n)$ 及参数 $t^*\in[0,1]$，由德卡斯特里奥算法可求解贝齐尔曲线上的点 $\boldsymbol{p}(t^*)$。该点把曲线一分为二，分成两个子曲线段，这两曲线段都是 n 次贝齐尔曲线。怎样求解这两段曲线的数学表示，就是贝齐尔曲线的分割问题。实际上，定义这两段贝齐尔曲线的控制顶点都可在图 8.7 的三角阵列中找到。设 $\boldsymbol{p}^{(1)}(u)$ 表示原曲线介于 $t\in[0,t^*]$ 那段，定义该段曲线的控制顶点对应于三角阵列右上边所含顶点 $\boldsymbol{b}_0^0,\boldsymbol{b}_0^1,\cdots,\boldsymbol{b}_0^n$。于是，就可以像式(8.1)那样，用这组顶点给出定义该子曲线段的贝齐尔曲线：

$$\boldsymbol{p}^{(1)}(u)=\boldsymbol{b}_0^0B_{0,n}(u)+\boldsymbol{b}_0^1B_{1,n}(u)+\cdots+\boldsymbol{b}_0^nB_{n,n}(u)=\sum_{i=0}^{n}\boldsymbol{b}_0^iB_{i,n}(u),\quad 0\leqslant u\leqslant 1 \tag{8.18}$$

相似地，设 $\boldsymbol{p}^{(2)}(v)$ 对应于原曲线介于 $t\in[t^*,1]$ 那段，定义该段曲线的控制顶点对应于三角阵列右下边所含顶点 $\boldsymbol{b}_0^n,\boldsymbol{b}_1^{n-1},\cdots,\boldsymbol{b}_n^0$。于是，$\boldsymbol{p}^{(2)}(v)$ 可表示为

$$\boldsymbol{p}^{(2)}(v)=\boldsymbol{b}_0^nB_{0,n}(v)+\boldsymbol{b}_1^{n-1}B_{1,n}(v)+\cdots+\boldsymbol{b}_n^0B_{n,n}(v)=\sum_{i=0}^{n}\boldsymbol{b}_i^{n-i}B_{i,n}(v),\quad 0\leqslant v\leqslant 1 \tag{8.19}$$

示例　对于上一示例中的三次贝齐尔曲线，求其被点 $\boldsymbol{p}(1/4)$ 分割的两子线段的数学表示。

解　对该曲线执行德卡斯特里奥递推算法，再根据式(8.18)与式(8.19)，可得两子曲线

段，分别表示为

$$\boldsymbol{p}^{(1)}(u)=\boldsymbol{b}_0^0B_{0,3}(u)+\boldsymbol{b}_0^1B_{1,3}(u)+\boldsymbol{b}_0^2B_{1,3}(u)+\boldsymbol{b}_0^3B_{3,3}(u),\quad 0\leqslant u\leqslant 1$$

$$\boldsymbol{p}^{(2)}(v)=\boldsymbol{b}_0^3B_{0,3}(v)+\boldsymbol{b}_1^2B_{1,3}(v)+\boldsymbol{b}_2^1B_{2,3}(v)+\boldsymbol{b}_3^0B_{3,3}(v),\quad 0\leqslant v\leqslant 1$$

其中定义两曲线段的控制顶点见图 8.8。

8.4　贝齐尔曲线的升阶

贝齐尔曲线的次数就是曲线方程中伯恩斯坦基函数的次数，而伯恩斯坦基函数的次数则由控制顶点数决定。保持贝齐尔曲线的形状与方向不变，增加定义它的控制顶点，则曲线次数将随着增加。如何从原控制顶点求出新控制顶点，进而确定提升次数后曲线的数学表示，就是贝齐尔曲线的升阶问题。

利用伯恩斯坦基函数的升阶公式(8.7)，可以得到贝齐尔曲线的升阶公式。给定 $n+1$ 个控制顶点 $\boldsymbol{b}_0,\boldsymbol{b}_1,\cdots,\boldsymbol{b}_n$，定义一条 n 次贝齐尔曲线：

$$\boldsymbol{p}(t)=\sum_{i=0}^{n}\boldsymbol{b}_iB_{i,n}(t),\quad t\in[0,1]$$

在不改变曲线形状的情况下，增加一个控制顶点，新的控制顶点设为 $\boldsymbol{b}_0^*,\boldsymbol{b}_1^*,\cdots,\boldsymbol{b}_{n+1}^*$，所定义的曲线则表示为

$$\boldsymbol{p}^*(t)=\sum_{i=0}^{n+1}\boldsymbol{b}_i^*B_{i,n}(t),\quad 0\leqslant t\leqslant 1 \tag{8.20}$$

升阶后的控制顶点按以下公式决定：

$$\boldsymbol{b}_i^*=\left(1-\frac{i}{n+1}\right)\boldsymbol{b}_i+\frac{i}{n+1}\boldsymbol{b}_{i-1},\quad i=0,1,\cdots,n+1 \tag{8.21}$$

其中 $\boldsymbol{b}_{-1}=\boldsymbol{b}_{n+1}=\boldsymbol{0}$。

由此可见，新顶点是以参数值 t^* 按分段线性插值由原控制多边形得出的。因此可以得出，新控制多边形在原控制多边形的凸包内，新控制多边形比原控制多边形更靠近曲线。

示例　$\boldsymbol{b}_0(2,4)$、$\boldsymbol{b}_1(3,6)$、$\boldsymbol{b}_2(5,8)$、$\boldsymbol{b}_3(7,10)$定义一条三次贝齐尔曲线，求将其升阶到 4 次后的数学表示。

解　由式(8.21)可得到升阶后的新控制顶点：

$$\boldsymbol{b}_0^*=\boldsymbol{b}_0=(2,4)$$

$$\boldsymbol{b}_1^*=\left(1-\frac{1}{4}\right)\boldsymbol{b}_1+\frac{1}{4}\boldsymbol{b}_0=(2.75,5.5)$$

$$\boldsymbol{b}_2^*=\left(1-\frac{2}{4}\right)\boldsymbol{b}_2+\frac{2}{4}\boldsymbol{b}_1=(4,7)$$

$$\boldsymbol{b}_3^*=\left(1-\frac{3}{4}\right)\boldsymbol{b}_3+\frac{3}{4}\boldsymbol{b}_2=(5.5,8.5)$$

$$\boldsymbol{b}_4^*=\boldsymbol{b}_3=(7,10)$$

升阶后曲线表示为

$$\boldsymbol{p}^*(t)=\sum_{i=0}^{4}\boldsymbol{b}_i^*B_{i,4}(t),\quad 0\leqslant t\leqslant 1$$

升阶前后曲线定义如图8.9所示。

贝齐尔曲线的升阶可以重复进行，从而得到描述同一曲线形状的多个贝齐尔曲线方程。如果无限次升阶贝齐尔曲线，则最终控制多边形将收敛到所定义的该贝齐尔曲线自身。

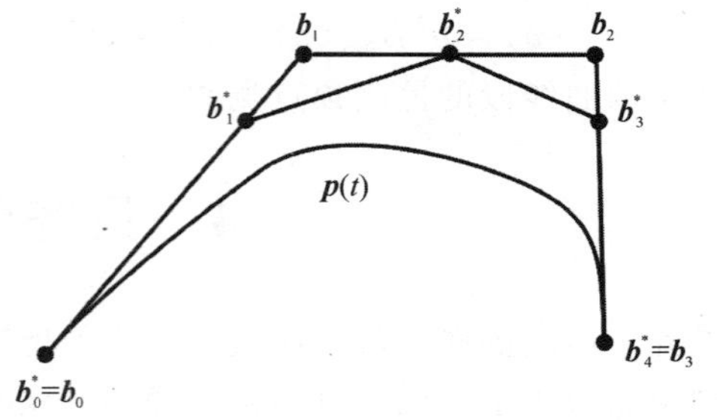

图8.9　贝齐尔曲线的升阶

在进行曲线形状设计时，经常需要调整曲线的形状以满足设计要求。贝齐尔曲线的形状调整通过移动控制顶点进行。一方面，贝齐尔曲线是整体表示的参数多项式曲线，不具有局部形状修改能力。调整某个控制顶点，将改变整个曲线的形状。此外，贝齐尔曲线的拐点数由控制顶点数决定。如果控制顶点数不足，则曲线的柔性调整能力就不足，有可能无论怎样移动调整顶点都达不到理想的曲线形状。通过曲线升阶来提升曲线的次数，从而可以降低其刚性、增强柔性，提高对曲线进行形状控制的潜在灵活性。

此外，在构造组合贝齐尔曲线时，要求各贝齐尔曲线段具有统一的次数。还有在构造曲面时经常采用的由曲线生成曲面的方法，也要求那些曲线必须是同次的。应用曲线升阶技术，可以把所有这些曲线中低于最高次数者都提升到最高次数，从而获得统一各曲线段的次数。

8.5　贝齐尔曲线的形状修改

采用控制顶点定义的贝齐尔曲线，对于曲线的交互形状设计与修改也十分方便，只要移动顶点就可以灵活地控制曲线的形状。在进行形状设计时，设计员可以借调整特征顶点的位置来修改贝齐尔曲线的形状，直至获得满意的结果。给定 $n+1$ 控制顶点 $\boldsymbol{b}_0,\boldsymbol{b}_1,\cdots,\boldsymbol{b}_n$，定义一条 n 次贝齐尔曲线：

$$\boldsymbol{p}(t)=\sum_{i=0}^{n}\boldsymbol{b}_iB_{i,n}(t),\quad 0\leqslant t\leqslant 1$$

移动第 i 个控制顶点 $\boldsymbol{b}_i$ 至 $\boldsymbol{b}_i^*$ 后，曲线将表示为

$$\begin{aligned}\boldsymbol{p}^*(t)&=\boldsymbol{b}_0B_{0,n}(t)+\boldsymbol{b}_1B_{1,n}(t)+\cdots+\boldsymbol{b}_j^*B_{j,n}(t)+\cdots+\boldsymbol{b}_nB_{n,n}(t)\\&=\boldsymbol{p}(t)+(\boldsymbol{b}_i^*-\boldsymbol{b}_i)B_{i,n}(t)\end{aligned}$$

由该式结合式(8.8)表达的贝齐尔曲线端点几何性质可见，移动除首末顶点外的其余控制顶点，将改变除首末控制顶点外整条曲线的几何形状；而移动首末控制顶点，将改变除该端点外其他部分的几何形状。图8.10所示为贝齐尔曲线的形状修改。

再者，由于 $B_{i,n}(t)$ 在 $t=i/n$ 处达到最大值，因此移动 $\boldsymbol{b}_i$ 至 $\boldsymbol{b}_i^*$ 后，曲线上参数为 $t=i/n$ 的那点 $\boldsymbol{p}(i/n)$ 处的位移最大：

$$\max\|[\boldsymbol{p}^*(t)-\boldsymbol{p}(t)]\|=\left\|\boldsymbol{p}^*\left(\frac{i}{n}\right)-\boldsymbol{p}\left(\frac{i}{n}\right)\right\|=\left\|(\boldsymbol{b}_i^*-\boldsymbol{b}_i)B_{i,n}\left(\frac{i}{n}\right)\right\|$$

反之，欲使曲线 $\boldsymbol{p}(t)$ 在 $\boldsymbol{p}(i/n)$ 处移动至 $\boldsymbol{p}^*(t)$，则移动 $\boldsymbol{b}_i$ 对曲线整体形状的影响最小。设移动 $\boldsymbol{b}_i$ 到 $\boldsymbol{b}_i^*$，则 $\boldsymbol{b}_i^*$ 的位置为

$$b_i^* = b_i + \frac{p^*\left(\frac{i}{n}\right) - p\left(\frac{i}{n}\right)}{B_{i,n}\left(\frac{i}{n}\right)}$$

在实际应用中，之所以贝齐尔曲线曲面能比其他形式的参数多项式曲线曲面采用高得多的次数，正是得益于贝齐尔方法的优良形状控制能力。

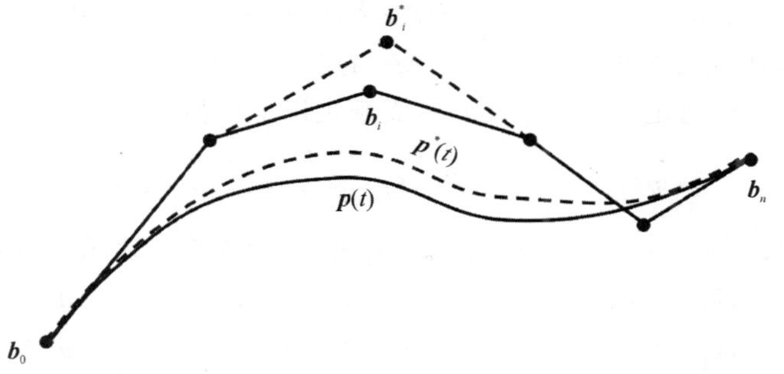

图 8.10　贝齐尔曲线的形状修改

8.6　贝齐尔曲线的形状设计

8.6.1　正向设计与逆向设计

几何形状设计分为正向设计与逆向设计。其中正向设计过程直接定义曲线曲面，在此基础上完成几何信息的计算，如提取曲线上的点、切矢、曲率等几何信息，或进行曲线的形状调整。就贝齐尔曲线设计而言，给定全部控制顶点即可完全定义贝齐尔曲线，此过程即为贝齐尔曲线的正向设计或正算。人们所说贝齐尔方法更好地适合于设计，正是指它的正算过程。逆向设计普遍应用于工程实践中，典型应用是对不存在设计模型的产品实物进行测量获取测量数据，利用曲线曲面拟合技术重建产品几何模型，最终完成产品的逆向设计。

正向设计可理解为表示新的几何形状，而反求或重构过程用于表示已经存在的几何形状，但应用中两者往往交错一起。在应用贝齐尔方法进行形状设计时，设计人员首先给出控制顶点的大致位置，生成初步的曲线，然后通过交互修改，直至获得满意的形状。这时就遇到一个怎样预先确定控制顶点大致位置的问题。实际设计过程中，常利用反求过程解决该问题，即给定曲线上预期通过的一些点或切矢等几何信息的预估值，然后利用反求技术求出控制顶点。一旦反算出控制顶点，曲线就完成了初始定义，也就转入了正算过程。我们知道，贝齐尔曲线、曲面分别是参数域内整体表示的多项式参数曲线段与曲面片，不具有局部修改能力。同时曲线次数越高，曲线的拐点数就越多，对于控制顶点的微小调整会造成曲线形状的难以控制，因此贝齐尔曲线次数就不宜太高。尽管这样，在实践中一般要求拟合的曲线数据点数目往往超过上述次数，要求拟合的曲面数据点数目也往往超过待定的曲面方程中系数矢量的个数。这就不能保证生成的曲线、曲面插值于给定的数据点，而只能逼近它们。

8.6.2 贝齐尔曲线的重构

给定数据点 $\boldsymbol{p}_j(j=0,1,\cdots,m)$，要求构造一条 n 次贝齐尔曲线

$$\boldsymbol{p}(t)=\sum_{i=0}^{n}\boldsymbol{b}_i B_{i,n}(t),\quad 0\leqslant t\leqslant 1$$

拟合这组数据点，式中控制顶点 $\boldsymbol{b}_i(i=0,1,\cdots,n)$待定。

相关概念与过程见第 5 章，这里就贝齐尔曲线重构这一情况展开讨论。首先完成数据点的参数化。通常，采用规范积累弦长参数化来决定参数序列：$t_0<t_1<\cdots<t_m$。

欲使逼近曲线 $\boldsymbol{p}(t)$通过数据点 $\boldsymbol{p}_j$，$\boldsymbol{p}(t)$需满足以下插值条件：

$$\boldsymbol{p}(t_j)=\sum_{i=0}^{n}\boldsymbol{b}_i B_{i,n}(t),\quad j=0,1,\cdots,m$$

从而获得 $m+1$ 个关于未知控制顶点的线性方程组，用矩阵形式表示如下：

$$\begin{bmatrix} B_{0,n}(t_0) & B_{1,n}(t_0) & \cdots & B_{n,n}(t_0) \\ B_{0,n}(t_1) & B_{1,n}(t_1) & \cdots & B_{n,n}(t_1) \\ \vdots & \vdots & & \vdots \\ B_{0,n}(t_m) & B_{1,n}(t_m) & \cdots & B_{n,n}(t_m) \end{bmatrix}\begin{bmatrix}\boldsymbol{b}_0\\ \boldsymbol{b}_1\\ \vdots\\ \boldsymbol{b}_n\end{bmatrix}=\begin{bmatrix}\boldsymbol{p}_0\\ \boldsymbol{p}_1\\ \vdots\\ \boldsymbol{p}_m\end{bmatrix}$$

令

$$\boldsymbol{\Phi}=\begin{bmatrix} B_{0,n}(t_0) & B_{1,n}(t_0) & \cdots & B_{n,n}(t_0) \\ B_{0,n}(t_1) & B_{1,n}(t_1) & \cdots & B_{n,n}(t_1) \\ \vdots & \vdots & & \vdots \\ B_{0,n}(t_m) & B_{1,n}(t_m) & \cdots & B_{n,n}(t_m) \end{bmatrix},\quad \boldsymbol{A}=\begin{bmatrix}\boldsymbol{b}_0\\ \boldsymbol{b}_1\\ \vdots\\ \boldsymbol{b}_n\end{bmatrix},\quad \boldsymbol{B}=\begin{bmatrix}\boldsymbol{p}_0\\ \boldsymbol{p}_1\\ \vdots\\ \boldsymbol{p}_m\end{bmatrix}$$

曲线拟合问题包括插值与逼近，特殊地，当 $n=m$ 时，以下方程组有唯一解：

$$\boldsymbol{A}=\boldsymbol{\Phi}^{-1}\cdot\boldsymbol{B}$$

所获曲线为插值曲线。

实践中普遍采用的是曲线逼近，这种情况下给定数据点大于待求控制顶点，即 $m>n$，这样就可以用低次贝齐尔曲线完成曲线重构。于是，问题成为求解包含 $n+1$ 个未知控制顶点而由 $m+1$ 个矢量方程组成的矛盾方程组的最小二乘解。此时逼近曲线的控制顶点可由如下方程求解：

$$\boldsymbol{\Phi}^{\mathrm{T}}\cdot\boldsymbol{\Phi}\cdot\boldsymbol{A}=\boldsymbol{\Phi}^{\mathrm{T}}\cdot\boldsymbol{B}$$

从而解得待求控制顶点：

$$\boldsymbol{A}=(\boldsymbol{\Phi}^{\mathrm{T}}\cdot\boldsymbol{\Phi})^{-1}\cdot\boldsymbol{\Phi}^{\mathrm{T}}\cdot\boldsymbol{B}$$

8.7 组合贝齐尔曲线构造

贝齐尔方法在应用中遇到的普遍问题是，单一的贝齐尔曲线段或贝齐尔曲面片难以描述复杂形状。原因在于贝齐尔方法是参数域内整体表示的参数多项式曲线曲面，缺乏局部形状控制能力。在对局部几何形状进行修改时，整个形状都将发生改变。

既然单一的贝齐尔曲线曲面不能满足描述复杂形状的需要，就必须采用组合曲线曲面构造技术，在满足一定的光滑连接条件下，分别采用分段与分片拟合构造复杂曲线曲面。拼接过

程中需要解决的关键问题是，如何实现分段分片的光滑连接。

8.7.1　曲线拼接的连续性要求

有两种不同的关于连接的光顺性的度量。一种是多年来沿用的函数曲线的可微性。比较典型的做法是，把组合参数曲线构造成在连接处具有直到 n 阶连续导矢，即 n 次连续可微，这类光顺性度量称为 C^n 或 n 阶参数连续性。参数连续是对参数曲线连接光顺性要求的过度限制，是人为强加的限制。对曲线的切向连续性要求并非一定具有连续的切矢，曲线具有曲率连续也非一定具有连续的二阶导矢。参数连续与参数选取及具体的参数化有关，而几何形状的内在几何特征例如光顺性是不依赖于参数选取及具体参数化的。

正是由于参数连续性不能客观准确度量参数曲线连接的光滑度，取而代之的是曾被称为视觉连续性的几何连续性。

几何连续性则是独立于具体参数化的，与曲线曲面的参数选择无关，仅由曲线曲面自身几何特性决定。几何连续性采用一组不同于参数连续性的指标度量，简记为 G^n。二阶及以下几何连续性的含义包括：零阶几何连续 G^0 表示两区线段间位置连续，这与 C^0 的度量指标及几何意义相同；一阶几何连续性 G^1 指两曲线段在公共连接点处具有公共的切线方向或单位切矢；二阶几何连续性 G^2 要求两曲线在公共连接点处具有公共的曲率矢。

几何连续性与参数选取及具体的参数化无关，这就排除了由参数选取引起的奇异情况。几何连续性避免了参数连续性对曲线连接光滑度的苛刻且不必要限制的松弛。由于几何连续性摆脱了对参数选择的依赖并着眼于形状内在几何特征的描述，从而获得了对形状控制的更大灵活性。这一发展无疑为在形状设计中施展与发挥设计者的创造能力提供了灵活的手段与有效的工具。工程实践表明，两曲线段相连接，只要在连接点有相同的切线方向就可以认为是光滑的。而在飞机气动外形或车身外形设计时，为保证工程使用要求，常采用的造型标准是整体 G^2 连续。

8.7.2　C^0 与 G^0 连续的组合贝齐尔曲线

令 $\boldsymbol{p}(u)$和 $\boldsymbol{q}(w)$为两条贝齐尔曲线，其中 $\boldsymbol{p}(u)$由 $\boldsymbol{b}_0,\boldsymbol{b}_1,\cdots,\boldsymbol{b}_m$ 定义，$\boldsymbol{q}(w)$由 $\boldsymbol{d}_0,\boldsymbol{d}_1,\cdots,\boldsymbol{d}_n$ 定义：

$$\boldsymbol{p}(u)=\sum_{i=0}^{m}\boldsymbol{b}_iB_{i,m}(u),\quad u\in[0,1] \tag{8.22}$$

$$\boldsymbol{q}(w)=\sum_{i=0}^{n}\boldsymbol{d}_iB_{i,n}(w),\quad w\in[0,1] \tag{8.23}$$

相互拼接两曲线的 0 阶参数连续性与几何连续性的要求是一致的，即要求两曲线具有公共连接点：

$$\boldsymbol{p}(1)=\boldsymbol{q}(0) \tag{8.24}$$

根据贝齐尔曲线的端点几何性质，要求：

$$\boldsymbol{b}_m=\boldsymbol{d}_0 \tag{8.25}$$

式(8.25)表明，为满足 C^0 与 G^0 连续性的要求，第一条曲线的最后一个控制顶点与第二条曲线的第一个控制顶点必须重合。

8.7.3 C^1 与 G^1 连续的组合贝齐尔曲线

为使两曲线在公共连接点处满足一阶参数连续性要求，有

$$\dot{\boldsymbol{p}}(1)=\dot{\boldsymbol{q}}(0) \tag{8.26}$$

曲线 $\boldsymbol{p}(u)$ 在末端点处的一阶导矢为

$$\dot{\boldsymbol{p}}(1)=m(\boldsymbol{b}_m-\boldsymbol{b}_{m-1}) \tag{8.27}$$

曲线 $\boldsymbol{q}(w)$ 在首端点处的一阶导矢为

$$\dot{\boldsymbol{q}}(0)=n(\boldsymbol{d}_1-\boldsymbol{d}_0) \tag{8.28}$$

为此，要求定义两曲线的控制顶点间满足下式：

$$n(\boldsymbol{d}_1-\boldsymbol{d}_0)=m(\boldsymbol{b}_m-\boldsymbol{b}_{m-1}) \tag{8.29}$$

式(8.29)表明，为满足一阶参数连续性要求，第一条曲线的控制多边形的最后一条边与第二条曲线的控制多边形的第一条边必须同向。结合 0 阶连续性条件，该约束等价于 $\boldsymbol{b}_{m-1}$、$\boldsymbol{b}_m=\boldsymbol{d}_0$、$\boldsymbol{d}_1$ 三顶点共线，同时，上述两条边矢量的模长还需满足此方程的要求。

为使曲线 $\boldsymbol{p}(u)$ 和 $\boldsymbol{q}(w)$ 拼接时达到一阶几何连续，两者在连接处的切矢方向必须相同，而模长可不做约束。此条件可用如下方程描述：

$$\dot{\boldsymbol{q}}(0)=\lambda\dot{\boldsymbol{p}}(1) \tag{8.30}$$

式中，λ 为一正常数，可在$(0,+\infty)$区间任意取值。

将式(8.27)和式(8.28)代入式(8.30)，可得到

$$n(\boldsymbol{d}_1-\boldsymbol{d}_0)=\lambda m(\boldsymbol{b}_m-\boldsymbol{b}_{m-1})$$

将其改写为

$$\boldsymbol{d}_1-\boldsymbol{d}_0=\lambda\frac{m}{n}(\boldsymbol{b}_m-\boldsymbol{b}_{m-1})=\xi(\boldsymbol{b}_m-\boldsymbol{b}_{m-1}) \tag{8.31}$$

式中，ξ 与 λ 意义相同，为任意可调整参数。式(8.31)表明，两条贝齐尔曲线拼接时，为使组合贝齐尔曲线在公共连接点处达到 G^1 连续性要求，顶点 $\boldsymbol{b}_{m-1}$、$\boldsymbol{b}_m=\boldsymbol{d}_0$、$\boldsymbol{d}_1$ 三顶点必须共线。显然，该条件比一阶参数连续性条件更为宽松。

8.7.4 C^2 与 G^2 连续的组合贝齐尔曲线

为使两曲线在公共连接点处满足二阶参数连续性要求，有

$$\ddot{\boldsymbol{p}}(1)=\ddot{\boldsymbol{q}}(0)$$

由式(8.10)可得到

$$n(n-1)(\boldsymbol{d}_2-2\boldsymbol{d}_1+\boldsymbol{d}_0)=m(m-1)(\boldsymbol{b}_m-2\boldsymbol{b}_{m-1}+\boldsymbol{b}_{m-2}) \tag{8.32}$$

式(8.32)表明，为使组合曲线在拼接位置达到 C^2 连续性，定义两曲线的控制顶点必须满足式(8.32)所表示的约束条件。

为使曲线 $\boldsymbol{p}(u)$ 和 $\boldsymbol{q}(w)$ 拼接时达到二阶几何连续，要求两者在连接处的曲率必须相同，则 $\dot{\boldsymbol{p}}(1)$、$\ddot{\boldsymbol{p}}(1)$、$\dot{\boldsymbol{q}}(0)$、$\ddot{\boldsymbol{q}}(0)$四者应满足下列关系：

$$\frac{\|\dot{\boldsymbol{q}}(0)\times\ddot{\boldsymbol{q}}(0)\|}{\|\dot{\boldsymbol{q}}(0)\|^3}=\frac{\|\dot{\boldsymbol{p}}(1)\times\ddot{\boldsymbol{p}}(1)\|}{\|\dot{\boldsymbol{p}}(1)\|^3} \tag{8.33}$$

将式(8.33)展开并化简，可得到两条贝齐尔曲线拼接时达到曲率连续的必要条件为

$$\boldsymbol{d}_2=\boldsymbol{d}_0+2\frac{\lambda m}{n}\boldsymbol{p}_m+\lambda^2\frac{m(m-1)}{n(n-1)}(\boldsymbol{p}_m-2\boldsymbol{p}_{m-1}+\boldsymbol{p}_{m-2}) \tag{8.34}$$

式中，$\lambda>0$ 表明 λ 为任意可调整参数。式(8.34)即为贝齐尔曲线拼接的 G^2 连续性条件，其几何意义为 $\boldsymbol{b}_{m-2}$、$\boldsymbol{b}_{m-1}$、$\boldsymbol{b}_m=\boldsymbol{d}_0$、$\boldsymbol{d}_1$、$\boldsymbol{d}_2$ 五点共面。

必须指出，前述三点共线和五点共面只是保证两曲线段在接合处方向连续和曲率连续的必要条件，而不是充分条件。要产生一条具有位置、斜率和曲率连续的合成贝齐尔曲线，必须利用式(8.24)、式(8.31)和式(8.34)依次确定下一段曲线的诸顶点；可以从曲线的一端开始，一次加一段曲线。后续曲线段的前 3 个控制顶点都需要根据连续性条件由前一曲线段的顶点确定。需要说明的是，仅仅在平面曲线的情况下，才有可能构造两个端点处都具有指定位置、切线方向和曲率的三次曲线段。

定义贝齐尔曲线的控制顶点数越多，曲线拼接时就可以有更多的自由度。因此，为了保持较高阶的连续性，可以采用曲线升阶的做法，也就是增加控制顶点的数量。这种增加曲线段的次数而又保持曲线的形状不变从而更好地控制曲线形状的灵活性是贝齐尔方法的优点之一。

8.8　双三次贝齐尔曲面

本节介绍双三次贝齐尔曲面的数学表示及其几何性质，再将相关概念推广，阐述任意次贝齐尔曲面的相关概念与设计方法。

8.8.1　双三次贝齐尔曲面的数学表示

如图 8.11 所示，给定定义双三次贝齐尔曲面的 16 个控制顶点 $\boldsymbol{b}_{ij}(i,j=0,1,2,3)$。将这些点沿参数 u 和 v 方向连接起来，形成在两参数方向由控制多边形形成的控制网格。再将这 16 个顶点按两参数方向排列形成一个 4×4 阶控制顶点方阵：

$$\boldsymbol{B}=\underset{u\text{向}\downarrow}{}\begin{bmatrix}\boldsymbol{b}_{0,0} & \boldsymbol{b}_{0,1} & \overset{\to v\text{向}}{\boldsymbol{b}_{0,2}} & \boldsymbol{b}_{0,3}\\ \boldsymbol{b}_{1,0} & \boldsymbol{b}_{1,1} & \boldsymbol{b}_{1,2} & \boldsymbol{b}_{1,3}\\ \boldsymbol{b}_{2,0} & \boldsymbol{b}_{2,1} & \boldsymbol{b}_{2,2} & \boldsymbol{b}_{2,3}\\ \boldsymbol{b}_{3,0} & \boldsymbol{b}_{3,1} & \boldsymbol{b}_{3,2} & \boldsymbol{b}_{3,3}\end{bmatrix}$$

先对方阵中的每一列(在图中沿 u 向排列)以其元素为顶点连成控制多边形，它们相应地定义了 4 条以 u 为参数的三次贝齐尔曲线：

$$\begin{cases}\boldsymbol{p}_0(u)=\sum\limits_{i=0}^{3}\boldsymbol{b}_{i,0}B_{i,3}(u)\\ \boldsymbol{p}_1(u)=\sum\limits_{i=0}^{3}\boldsymbol{b}_{i,1}B_{i,3}(u)\\ \boldsymbol{p}_2(u)=\sum\limits_{i=0}^{3}\boldsymbol{b}_{i,2}B_{i,3}(u)\\ \boldsymbol{p}_3(u)=\sum\limits_{i=0}^{3}\boldsymbol{b}_{i,3}B_{i,3}(u)\end{cases},\quad 0\leqslant u\leqslant 1$$

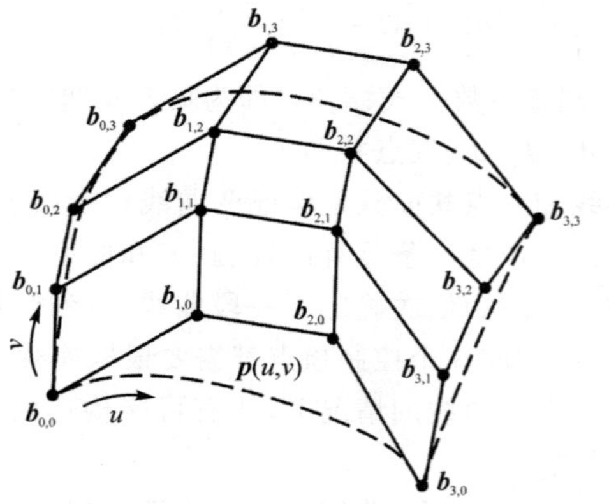

图 8.11　双三次贝齐尔曲面

固定 u 参数值 $u=u^*$，于是在上述 4 条曲线上分别得到相应的点 $\boldsymbol{p}_0(u^*)$、$\boldsymbol{p}_1(u^*)$、$\boldsymbol{p}_2(u^*)$、$\boldsymbol{p}_3(u^*)$。以这 4 个点为顶点形成特征多边形，于是定义了一条以 v 为参数的三次贝齐尔曲线：

$$\boldsymbol{q}(v)=\sum_{i=0}^{3}\boldsymbol{p}_i(u^*)B_{i,3}(v),\quad 0\leqslant v\leqslant 1$$

可以把 $\boldsymbol{q}(v)$设想为母线，而把 $\boldsymbol{p}_0(u)$、$\boldsymbol{p}_1(u)$、$\boldsymbol{p}_2(u)$、$\boldsymbol{p}_3(u)$当成准线。当 u^* 从 0 连续变化到 1 时，相当于母线 $\boldsymbol{q}(v)$的控制多边形沿着 4 条准线滑动，从而形成了双三次贝齐尔曲面。变动 u^* 等价于使用 u 替换表达式$\boldsymbol{q}(v)$中的 u^*，这样 $\boldsymbol{q}(v)$方程中又增加了参数 u。令 $u^*=u$，可得到转化为矩阵形式的以 $\boldsymbol{p}(u,v)$表示的 $\boldsymbol{q}(v)$。首先

$$\boldsymbol{p}(u,v)=\begin{bmatrix}\boldsymbol{p}_0(u) & \boldsymbol{p}_1(u) & \boldsymbol{p}_2(u) & \boldsymbol{p}_3(u)\end{bmatrix}\begin{bmatrix}B_{0,3}(v)\\B_{1,3}(v)\\B_{2,3}(v)\\B_{3,3}(v)\end{bmatrix},\quad 0\leqslant u,v\leqslant 1 \tag{8.35}$$

将 $\boldsymbol{p}_0(u)$、$\boldsymbol{p}_1(u)$、$\boldsymbol{p}_2(u)$、$\boldsymbol{p}_3(u)$的表达式代入上式，即可得到

$$\boldsymbol{p}(u,v)=\begin{bmatrix}B_{0,3}(u)\\B_{1,3}(u)\\B_{2,3}(u)\\B_{3,3}(u)\end{bmatrix}^{\mathrm{T}}\begin{bmatrix}\boldsymbol{b}_{0,0} & \boldsymbol{b}_{0,1} & \boldsymbol{b}_{0,2} & \boldsymbol{b}_{0,3}\\\boldsymbol{b}_{1,0} & \boldsymbol{b}_{1,1} & \boldsymbol{b}_{1,2} & \boldsymbol{b}_{1,3}\\\boldsymbol{b}_{2,0} & \boldsymbol{b}_{2,1} & \boldsymbol{b}_{2,2} & \boldsymbol{b}_{2,3}\\\boldsymbol{b}_{3,0} & \boldsymbol{b}_{3,1} & \boldsymbol{b}_{3,2} & \boldsymbol{b}_{3,3}\end{bmatrix}\begin{bmatrix}B_{0,3}(v)\\B_{1,3}(v)\\B_{2,3}(v)\\B_{3,3}(v)\end{bmatrix},\quad 0\leqslant u,v\leqslant 1 \tag{8.36}$$

还可以将方程(8.36)写成以下的和表达式：

$$\boldsymbol{p}(u,v)=\sum_{i=0}^{3}\sum_{j=0}^{3}\boldsymbol{b}_{i,j}B_{i,3}(u)B_{i,3}(v),\quad 0\leqslant u,v\leqslant 1 \tag{8.37}$$

为便于后续分析，将两组基函数分别表示为

$$\begin{bmatrix}B_{0,3}(u) & B_{1,3}(u) & B_{2,3}(u) & B_{3,3}(u)\end{bmatrix}=\begin{bmatrix}1 & u & u^2 & u^3\end{bmatrix}\boldsymbol{M}_{BE} \tag{8.38a}$$

$$\begin{bmatrix}B_{0,3}(v) & B_{1,3}(v) & B_{2,3}(v) & B_{3,3}(v)\end{bmatrix}=\begin{bmatrix}1 & v & v^2 & v^3\end{bmatrix}\boldsymbol{M}_{BE} \tag{8.38b}$$

式中，

$$M_{BE}=\begin{bmatrix}1&0&0&0\\-3&3&0&0\\3&-6&3&0\\-1&3&-3&1\end{bmatrix}\tag{8.39}$$

则曲面表达式可转化为

$$p(u,v)=\boldsymbol{UM}_{BE}\boldsymbol{BM}_{BE}^{\mathrm{T}}\boldsymbol{V}^{\mathrm{T}}\tag{8.40}$$

式中，$\boldsymbol{U}=[1\quad u\quad u^2\quad u^3]$，$\boldsymbol{V}=[1\quad v\quad v^2\quad v^3]$，$\boldsymbol{B}$ 为控制顶点矩阵。

双三次贝齐尔曲面定义与形状绘制代码如下：

```
% 输入控制顶点坐标
BX = [1,0,1,2;5,4,5,4;8,7,8,6;10,9,11,10];
BY = [1,5,7,17;1,4,6,7;1,4,8,1;1,5,8,10];
BZ = [1,2,0,3;5,6,7,8;7,4,8,11;2,1,3,2];
% 绘制控制顶点
plot3(BX,BY,BZ,'o','MarkerEdgeColor','r','MarkerFaceColor','r','MarkerSize',6);
% 输入矩阵 MBE
MBE = [1,0,0,0; - 3,3,0,0;3, - 6,3,0; - 1,3, - 3,1];
% 分割定义域获取交叉排列的参数点对
u = 0:0.05:1,v = 0:0.05:1;
[u,v] = meshgrid(u,v);
% 计算型值点坐标
for i = 1:21
  for j = 1:21
    x(i,j) = [1 u(i,j) u(i,j)^2 u(i,j)^3] * MBE * BX * MBE' * [1 v(i,j) v(i,j)^2 v(i,j)^3]';
    y(i,j) = [1 u(i,j) u(i,j)^2 u(i,j)^3] * MBE * BY * MBE' * [1 v(i,j) v(i,j)^2 v(i,j)^3]';
    z(i,j) = [1 u(i,j) u(i,j)^2 u(i,j)^3] * MBE * BZ * MBE' * [1 v(i,j) v(i,j)^2 v(i,j)^3]';
  end
end
% 绘制曲面
hold on;
grid on;
surf(x,y,z);
```

图 8.12 所示为程序绘制的双三次贝齐尔曲面图形。

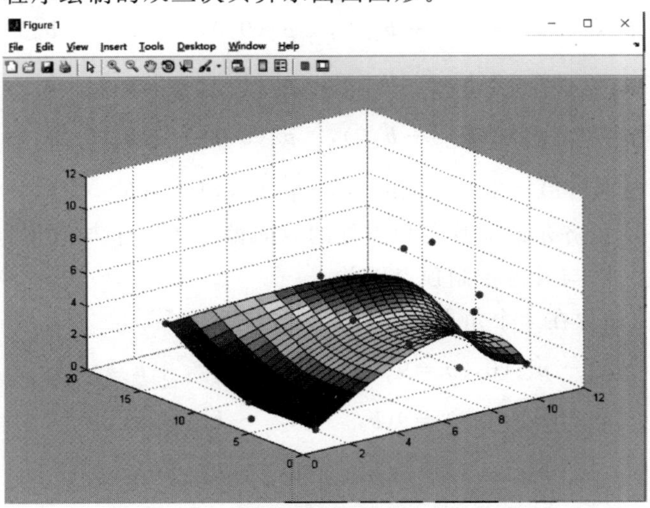

图 8.12　双三次贝齐尔曲面图形

8.8.2 双三次贝齐尔曲面的几何性质

1. 双三次贝齐尔曲面的角点

由双三次贝齐尔曲面的表达式(8.37)或式(8.40)可求解曲面的 4 个角点：

$$\boldsymbol{p}(0,0)=\boldsymbol{b}_{0,0}$$

$$\boldsymbol{p}(1,0)=\boldsymbol{b}_{3,0}$$

$$\boldsymbol{p}(0,1)=\boldsymbol{b}_{0,3}$$

$$\boldsymbol{p}(1,1)=\boldsymbol{b}_{3,3}$$

上式表明，控制网格的 4 个角点位于曲面上，并成为曲面的 4 个角点，然而控制顶点网格的其他顶点一般不落在曲面上。

2. 双三次贝齐尔曲面的边界曲线曲面的 4 条边界曲线

双三次贝齐尔曲面的边界曲线曲面的 4 条边界曲线分别为

$$\boldsymbol{p}(u,0)=\sum_{i=0}^{3}\boldsymbol{b}_{i,0}B_{i,3}(u),\quad 0\leqslant u\leqslant 1$$

$$\boldsymbol{p}(u,1)=\sum_{i=0}^{3}\boldsymbol{b}_{i,3}B_{i,3}(u),\quad 0\leqslant u\leqslant 1$$

$$\boldsymbol{p}(0,v)=\sum_{i=0}^{3}\boldsymbol{b}_{0,i}B_{i,3}(v),\quad 0\leqslant v\leqslant 1$$

$$\boldsymbol{p}(1,0)=\sum_{i=0}^{3}\boldsymbol{b}_{3,i}B_{i,3}(v),\quad 0\leqslant v\leqslant 1$$

上式表明，最外面的一圈顶点决定了双三次贝齐尔曲面片的 4 条边界，而中间的顶点与边界曲线无关。

3. 双三次贝齐尔曲面的导矢

双三次贝齐尔曲面各角点处的 u 向切矢及 v 向切矢分别为

$$\dot{\boldsymbol{p}}_u(0,0)=3(\boldsymbol{b}_{0,0}-\boldsymbol{b}_{1,0}),\quad \dot{\boldsymbol{p}}_v(0,0)=3(\boldsymbol{b}_{0,0}-\boldsymbol{b}_{0,1})$$

$$\dot{\boldsymbol{p}}_u(1,0)=3(\boldsymbol{b}_{3,0}-\boldsymbol{b}_{2,0}),\quad \dot{\boldsymbol{p}}_v(1,0)=3(\boldsymbol{b}_{3,0}-\boldsymbol{b}_{3,1})$$

$$\dot{\boldsymbol{p}}_u(0,1)=3(\boldsymbol{b}_{0,3}-\boldsymbol{b}_{1,3}),\quad \dot{\boldsymbol{p}}_v(0,1)=3(\boldsymbol{b}_{0,3}-\boldsymbol{b}_{0,2})$$

$$\dot{\boldsymbol{p}}_u(1,1)=3(\boldsymbol{b}_{3,3}-\boldsymbol{b}_{2,3}),\quad \dot{\boldsymbol{p}}_v(1,1)=3(\boldsymbol{b}_{3,3}-\boldsymbol{b}_{3,2})$$

上式表明，双三次贝齐尔曲面片各角点处的双向偏导矢除了与该顶点自身及网格边缘靠近它的两个顶点有关外，与其他控制顶点无关。

双三次贝齐尔曲面片在 4 个角点处的混合偏导矢为

$$\ddot{\boldsymbol{p}}_{uv}(0,0)=9(\boldsymbol{b}_{0,0}-\boldsymbol{b}_{1,0}-\boldsymbol{b}_{0,1}+\boldsymbol{b}_{1,1})$$

$$\ddot{\boldsymbol{p}}_{uv}(1,0)=9(\boldsymbol{b}_{3,0}-\boldsymbol{b}_{2,0}-\boldsymbol{b}_{3,1}+\boldsymbol{b}_{2,1})$$

$$\ddot{\boldsymbol{p}}_{uv}(0,1)=9(\boldsymbol{b}_{0,3}-\boldsymbol{b}_{0,2}-\boldsymbol{b}_{1,3}+\boldsymbol{b}_{1,2})$$

$$\ddot{\boldsymbol{p}}_{uv}(1,1)=9(\boldsymbol{b}_{3,3}-\boldsymbol{b}_{2,3}-\boldsymbol{b}_{3,2}+\boldsymbol{b}_{2,2})$$

上式表明，各角点处的混合偏导矢除了与该顶点自身及网格边缘靠近它的两个顶点有关外，还与特征网格中的对角方向邻近的那个顶点有关。

8.9　贝齐尔曲面的数学表示及其性质

8.9.1　贝齐尔曲面的数学表示

与双三次贝齐尔曲面相同，一般贝齐尔曲面的形成过程可定义为同时变化着形状的曲线在空间运动的轨迹。下面给出$(m+1)\times(n+1)$次贝齐尔曲面的构造过程。如图 8.13 所示，给定$(m+1)\times(n+1)$个控制顶点$\boldsymbol{b}_{i,j}(i=0,1,\cdots,m;j=0,1,\cdots,n)$。将这些点沿参数 u 和 v 方向连接起来，形成在两参数方向由控制多边形形成的控制顶点网格。再将这$(m+1)\times(n+1)$个顶点按两参数方向排列形成控制顶点矩阵：

$$\boldsymbol{B}=\underset{u向}{\downarrow}\begin{bmatrix} \boldsymbol{b}_{0,0} & \boldsymbol{b}_{0,1}\overset{\rightarrow v向}{} & \cdots & \boldsymbol{b}_{0,n} \\ \boldsymbol{b}_{1,0} & \boldsymbol{b}_{1,1} & \cdots & \boldsymbol{b}_{1,n} \\ \vdots & \vdots & & \vdots \\ \boldsymbol{b}_{m,0} & \boldsymbol{b}_{m,1} & \cdots & \boldsymbol{b}_{m,n} \end{bmatrix}$$

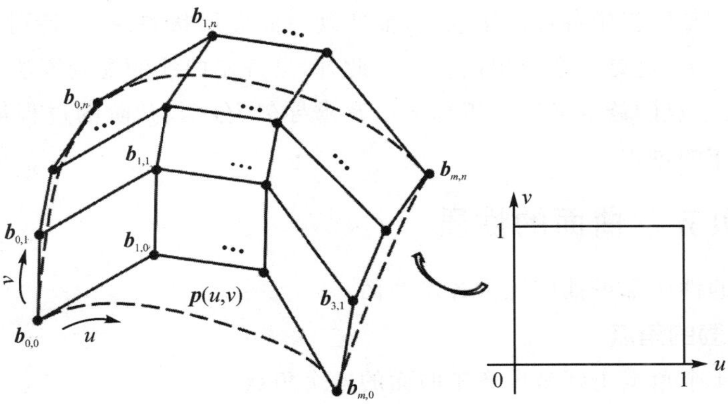

图 8.13　$m\times n$ 次贝齐尔曲面

先对方阵中的每一列(在图中沿 u 向排列)以其元素为顶点连成控制多边形，它们相应地定义了 $n+1$ 条以 u 为参数的 m 次贝齐尔曲线：

$$\boldsymbol{p}_j(u)=\sum_{i=0}^{m}\boldsymbol{b}_{i,0}B_{i,3}(u),\quad 0\leqslant u\leqslant 1;j=0,1,\cdots,n$$

固定 u 参数值，令 $u=u^*$，于是在上述曲线上分别得到相应的点 $\boldsymbol{p}_j(u^*),j=0,1,\cdots,n$。以这 $n+1$ 个点为顶点形成特征多边形，于是定义了一条以 v 为参数的 n 次贝齐尔曲线：

$$\boldsymbol{q}(v)=\sum_{j=0}^{n}\boldsymbol{p}_j(u^*)B_{j,n}(v),\quad 0\leqslant v\leqslant 1$$

可把$\boldsymbol{q}(v)$设想为母线，而把$\boldsymbol{p}_j(u^*)(j=0,1,\cdots,n)$当成准线。当$u^*$从0连续变化到1时，相当于母线$\boldsymbol{q}(v)$的控制多边形沿着$n+1$条准线滑动，从而形成了$u$向$m$次、$v$向$v$次贝齐尔曲面。变动$u^*$等价于使用$u$替换表达式$\boldsymbol{q}(v)$中的$u^*$，这样$\boldsymbol{q}(v)$方程中又增加了参数$u$。将$\boldsymbol{q}(v)$使用$\boldsymbol{p}(u,v)$表示，同时令$u^*=u$，可得到贝齐尔曲面的数学表示：

$$\boldsymbol{p}(u,v)=\sum_{i=0}^{m}\sum_{j=0}^{n}\boldsymbol{b}_{i,j}B_{i,m}(u)B_{j,n}(v),\quad 0\leqslant u,v\leqslant 1 \tag{8.41}$$

可将式(8.42)转换为矩阵表示形式：

$$\boldsymbol{p}(u,v)=\begin{bmatrix}B_{0,m}(u)\\B_{1,m}(u)\\\vdots\\B_{m,m}(u)\end{bmatrix}^{\mathrm{T}}\begin{bmatrix}\boldsymbol{b}_{0,0}&\boldsymbol{b}_{0,1}&\cdots&\boldsymbol{b}_{0,n}\\\boldsymbol{b}_{1,0}&\boldsymbol{b}_{1,1}&\cdots&\boldsymbol{b}_{1,n}\\\vdots&\vdots&&\vdots\\\boldsymbol{b}_{m,0}&\boldsymbol{b}_{m,1}&\cdots&\boldsymbol{b}_{m,n}\end{bmatrix}\begin{bmatrix}B_{0,n}(v)\\B_{0,n}(v)\\\vdots\\B_{0,n}(v)\end{bmatrix},\quad 0\leqslant u,v\leqslant 1 \tag{8.42}$$

贝齐尔曲面定义在规范参数域上，定义贝齐尔曲面的两组基函数都是伯恩斯坦基，其中$B_{i,m}(u)(i=0,1,\cdots,m)$为以$u$为参数的$m$次伯恩斯坦基，$B_{j,n}(v)(j=0,1,\cdots,n)$为以$v$为参数的$n$次伯恩斯坦基。贝齐尔曲面的次数以$u$向$m$次、$v$向$n$次分别定义，记为$m\times n$次。$\boldsymbol{b}_{i,j}(i=0,1,\cdots,m;j=0,1,\cdots,n)$称为曲面的控制顶点，沿$u$向和$v$向分别构成$m+1$个和$n+1$个控制多边形，一起组成曲面的控制网格。

给定了控制顶点点阵，贝齐尔曲面的基函数就完全确定，曲面也就完全定义，并具有了相应的形状。通过调整网格中各控制顶点，就能实现对曲面形状的控制，特别是不需要设计者确定切矢和混合偏导矢，这是一个突出的优点。此外，贝齐尔曲线的配套算法都可以推广到曲面上，求贝齐尔曲面上点的德卡斯特里奥算法以及求导矢、分割、升阶的过程都是对控制顶点点阵进行一系列操作的过程。

8.9.2 贝齐尔曲面的性质

贝齐尔曲线的性质都可推广到贝齐尔曲面：

1. 贝齐尔曲面的角点

贝齐尔网格4个角点正好是贝齐尔曲面的4个角点：

$$\boldsymbol{p}(0,0)=\boldsymbol{b}_{0,0}$$
$$\boldsymbol{p}(1,0)=\boldsymbol{b}_{m,0}$$
$$\boldsymbol{p}(0,1)=\boldsymbol{b}_{0,n}$$
$$\boldsymbol{p}(1,1)=\boldsymbol{b}_{m,n}$$

2. 贝齐尔曲面的边界

贝齐尔网格最外一圈顶点定义贝齐尔曲面的4条边界：

$$\boldsymbol{p}(u,0)=\sum_{i=0}^{m}\boldsymbol{b}_{i,0}B_{i,m}(u),\quad 0\leqslant u\leqslant 1$$

$$\boldsymbol{p}(u,1)=\sum_{i=0}^{m}\boldsymbol{b}_{i,n}B_{i,n}(u),\quad 0\leqslant u\leqslant 1$$

$$p(0,v)=\sum_{i=0}^{n}\boldsymbol{b}_{0,i}B_{i,n}(v),\quad 0\leqslant v\leqslant 1$$

$$p(1,v)=\sum_{i=0}^{n}\boldsymbol{b}_{m,i}B_{i,n}(v),\quad 0\leqslant v\leqslant 1$$

3. 贝齐尔曲面的 $\boldsymbol{u}$ 向切矢与 $\boldsymbol{v}$ 向切矢

$$\dot{\boldsymbol{p}}_u(u,v)=\frac{\partial \boldsymbol{p}(u,v)}{\partial u}=m\sum_{j=0}^{n}\sum_{i=0}^{m-1}\Delta^{1,0}\boldsymbol{b}_{i,j}B_{i,m-1}(u)B_{j,n}(v)$$

$$\dot{\boldsymbol{p}}_v(u,v)=\frac{\partial \boldsymbol{p}(u,v)}{\partial v}=n\sum_{i=0}^{m}\sum_{j=0}^{n-1}\Delta^{0,1}\boldsymbol{b}_{i,j}B_{i,m}(u)B_{j,n-1}(v)$$

式中,向前差分矢量定义为

$$\Delta^{1,0}\boldsymbol{b}_{i,j}=\boldsymbol{b}_{i+1,j}-\boldsymbol{b}_{i,j}$$

$$\Delta^{0,1}\boldsymbol{b}_{i,j}=\boldsymbol{b}_{i,j+1}-\boldsymbol{b}_{i,j}$$

4. 贝齐尔曲面的混合偏导矢

贝齐尔曲面的混合偏导矢定义为

$$\ddot{\boldsymbol{p}}_{uv}(u,v)=\frac{\partial^2 \boldsymbol{p}(u,v)}{\partial u\partial v}=mn\sum_{i=0}^{m-1}\sum_{j=0}^{n-1}\Delta^{1,1}\boldsymbol{b}_{i,j}B_{i,m-1}(u)B_{j,n-1}(v)$$

式中,向前差分矢量定义为

$$\Delta^{1,1}\boldsymbol{b}_{i,j}=\boldsymbol{b}_{i+1,j+1}-\boldsymbol{b}_{i+1,j}-\boldsymbol{b}_{i,j+1}+\boldsymbol{b}_{i,j}$$

5. 贝齐尔曲面边界的跨界切矢

贝齐尔曲面边界的跨界切矢只与定义该边界的顶点及相邻一排顶点有关,贝齐尔曲面边界的跨界二阶导矢只与定义该边界的顶点及相邻两排顶点有关,以此类推。

6. 几何不变性与仿射不变性

由于

$$\sum_{i=0}^{m}\sum_{j=0}^{n}B_{i,m}(u)B_{j,n}(v)\equiv 1$$

因此贝齐尔曲面是完全规范基表示,具有几何不变性与仿射不变性。

7. 凸包性质

贝齐尔曲面将限定于全部控制顶点所控制凸包内。

8. 形状控制

① 移动一个顶点时,将对曲面上参数为 $u=i/m,v=j/n$ 那点 $p(i/m,j/n)$ 处影响最大。

② 只要不去移动特征网格的最外一圈顶点,则不论其余顶点如何移动,也不会引起曲面边界的变化。

③ 只要不去移动特征网格的最外两圈顶点,则不论其余顶点如何移动,也不会改变曲面边界的跨界斜率,从而不会改变曲面同相邻曲面之间的一阶连续状态。

④ 只要不去移动特征网格的最外三圈顶点,则不论其余顶点如何移动,曲面边界的跨界二阶导矢也就不会改变。

8.9.3 贝齐尔曲面的递推定义

类似贝齐尔曲线可由一系列线性插值递推定义那样,贝齐尔曲面也可由一系列线性插值递推定义：

$$\boldsymbol{p}(u,v)=\sum_{i=0}^{m}\sum_{j=0}^{n}\boldsymbol{b}_{i,j}B_{i,m}(u)B_{j,n}(v)=\sum_{i=0}^{m-k}\sum_{j=0}^{n-l}\boldsymbol{b}_{i,j}^{k,l}{}_{i,j}B_{i,m-k}(u)B_{j,n-l}(v)=\cdots=\boldsymbol{b}_{0,0}^{m,n} \tag{8.43}$$

给定呈拓扑矩形阵列的控制顶点 $\boldsymbol{b}_{i,j}(i=0,1,\cdots,m;j=0,1,\cdots,n)$和一对参数值 u 与 v，则式(8.43)中各中间控制顶点的计算有两套方案。相应地，德卡斯特里奥算法的执行方案也有两个。

① 先以 u 参数值对控制网格沿 v 向的 $n+1$ 个控制多边形执行贝齐尔曲线的德卡斯特里奥算法，m 级递推后，得到沿 v 向由 $n+1$ 个顶点 $\boldsymbol{b}_{0,j}^{m;0}(j=0,1,\cdots,n)$构成的中间控制多边形；再以 v 参数值对它执行曲线的德卡斯特里奥算法，n 级递推后，得到一个点 $\boldsymbol{b}_{0,0}^{m;n}$，即所求曲面上的点 $\boldsymbol{p}(u,v)$。

各级中间控制顶点按下述线性递推公式计算：

$$\boldsymbol{b}_{i,j}^{k,l}=\begin{cases}\boldsymbol{b}_{i,j}, & k=l=0\\(1-u)\boldsymbol{b}_{i,j}^{k-1,0}+u\boldsymbol{b}_{i+1,j}^{k-1,0}, & k=1,2,\cdots,m;l=0\\(1-v)\boldsymbol{b}_{0,j}^{m,l-1}+v\boldsymbol{b}_{0,j+1}^{m,l-1}, & k=m;l=1,2,\cdots,n\end{cases}$$

② 先以 v 参数值对控制网格沿 u 向的 $m+1$ 个控制多边形执行 n 级递推，得到沿 u 向由 $m+1$ 个顶点 $\boldsymbol{b}_{i,0}^{0;n}(i=0,1,\cdots,m)$构成的中间控制多边形；再以 u 参数值对它执行 m 级递推，得到一个点 $\boldsymbol{b}_{0,0}^{m;n}$，即所求曲面上的点 $\boldsymbol{p}(u,v)$。

各级中间控制顶点按下述线性递推公式计算：

$$\boldsymbol{b}_{i,j}^{k,l}=\begin{cases}\boldsymbol{b}_{i,j}, & k=l=0\\(1-v)\boldsymbol{b}_{i,j}^{0,i-1}+v\boldsymbol{b}_{i,j+1}^{0,l-1}, & k=0;l=1,2,\cdots,n\\(1-u)\boldsymbol{b}_{i,0}^{k-1,n}+u\boldsymbol{b}_{i+1,0}^{k-1,n}, & k=1,2,\cdots,m;l=n\end{cases}$$

上述诸方案都是基于贝齐尔曲线的德卡斯特里奥算法，可用于计算贝齐尔曲面上点的基本算法。其主要特点是计算稳定可靠，直观简便，速度也相当快。无论采用上述各方案的哪一种，所得结果完全相同。

8.10 贝齐尔曲面的形状设计

8.10.1 由截面曲线生成曲面

一些测量设备，如三坐标测量机或关节臂测量设备，可以采用行扫描方式获取成行排列的测量数据。充分利用数据点的排列信息，可以提高曲面重构的精度与效率。行扫描方式给定的数据点位于若干个截面曲线上，曲面重构时可以先依次拟合这些截面数据点得到若干条截面曲线，再以这些截面曲线为骨架构造曲面。设计步骤如下：

1. 生成 u 参数截面曲线

应用贝齐尔曲线拟合方法，依次生成以 u 为参数的各截面曲线，可能所给各截面曲线的数据点数不同。虽然可取统一的次数为所有截面拟合曲线的次数，但在各截面间数据点差别较大的情况下，难以使所有截面都达到较好的拟合效果。为此，可视各截面数据点数的不同分别确定各自合适的次数,生成各截面拟合曲线。然后,将所有低于其中最高次的截面曲线升阶到最高次数 m。这时所有截面曲线都具有相同点数,即 $m+1$ 个贝齐尔点,假定顺序生成了 $n+1$ 个截面曲线 $\boldsymbol{p}_j(u)(j=0,1,\cdots,n)$,即

$$\boldsymbol{p}_j(u)=\sum_{i=0}^{m}\boldsymbol{b}_i^j B_{i,m}(u),\quad j=0,1,\cdots,n$$

2. 为截面曲线确定的 v 参数分割

可以将 $n+1$ 条截面曲线看作预构造曲面上的 $n+1$ 条 u 向的等参数线(v 为常数)。根据截面曲线在空间的分布情况,为每条曲线分配 v 参数值,使得曲线 $\boldsymbol{p}_j(u)$具有参数 $v=v_j$。使用如下的平均积累弦长参数化法确定:

$$v_j=\frac{1}{m}\sum_{i=0}^{m}\sum_{j=0}^{n}l_i^j=\frac{1}{m}\sum_{i=0}^{m}\sum_{j=0}^{n}\left\|\boldsymbol{b}_i^j-\boldsymbol{b}_i^{j-1}\right\|,\quad j=0,1,\cdots,n$$

再对 $v_j(j=0,1,\cdots,n)$进行规范化处理,即令

$$v_j=\frac{v_j}{v_n},\quad j=0,1,\cdots,n$$

3. 为各截面曲线的控制顶点点阵确定 u 参数分割

各截面曲线 $\boldsymbol{p}_j(u)(j=0,1,\cdots,n)$的控制顶点形成 $n+1$ 行、$m+1$ 列控制顶点点阵。对于每条曲线,视其控制顶点为数据点,采用平均曲线数据点参数化方法为各数据点分配 u 参数值:

$$u_j=\frac{1}{n}\sum_{j=0}^{n}\sum_{i=0}^{m}l_i^j=\frac{1}{n}\sum_{j=0}^{n}\sum_{i=0}^{m}\left\|\boldsymbol{b}_i^j-\boldsymbol{b}_i^j\right\|,\quad j=0,1,\cdots,n$$

4. 反算贝齐尔曲面的控制顶点

设确定的参数分割为 $\Delta V: v=v_0< v_1<\cdots<v_n=1$。现在沿 v 向就有 $n+1$ 行(行记为 $i=0,1,\cdots,n$)控制顶点,每行有 $m+1$ 个控制顶点 $\boldsymbol{b}_i^j, j=0,1,\cdots,m$,即形成了 $n+1$ 行、$m+1$ 列控制顶点点阵,但这些控制顶点并不是所构造曲面的控制顶点。依次把每列控制顶点视为"数据点",在分割 ΔV 上构造作为插值曲线的 n 次贝齐尔曲线,从而求得贝齐尔曲面控制顶点 $\boldsymbol{b}_{i,j}(i=0,1,\cdots,m;j=0,1,\cdots,n)$。

上述过程完成了一张 $m\times n$ 次贝齐尔曲面的重构。如果曲面形状不满足设计要求,可以进行交互修改。但是应该指出的是,因为贝齐尔曲面是参数多项式曲面,是整体的,当将它用于插值一组截面曲线时,同样会遇到参数多项式插值曲线存在的问题。因此,采用这样的方法时,截面数目受到限制。欲构造复杂形状的曲面,必须采用组合曲面。

8.10.2　由直接拟合数据点生成曲面

实践中也常遇到给定的 $k+1$ 个数据点空间排列无规律、邻接关系不确定的情况,该类数据称为散乱数据。对于该类数据的曲面插值,首要问题是对数据点如何实行参数化。可以设想,如果可以构造一张参考曲面逼近这些数据点,则可利用数据点在此曲面上的参数值完成待求插值曲面数据点的参数化。

1. 构造参考曲面

① 构造参考曲面的 4 条边界曲线,可选取数据点阵最外圈的数据点按曲线拟合方法确定 4 条边界。

② 通常采用插值于 4 条边界曲线的孔斯曲面构造参考曲面。

2. 数据点的参数化

① 将各数据点向参考曲面投影，获取其在曲面上的投影点。

② 反求曲面上各投影点的双参数值作为对应数据点的参数值，完成数据点参数化。

3. 构造拟合散乱数据点的贝齐尔曲面

① 确定拟合曲面的次数。绝大多数情况下，散乱数据点排列密集、数量巨大，而采用曲面插值法必将造成曲面次数过高，因此一般采用曲面逼近法构造曲面。采用曲面逼近法需要预先确定曲面的次数，假定为 $m\times n$ 次。

② 根据给定的散乱数据列出条件方程。则曲面拟合问题归结为：求解包含 $(m+1)\times(n+1)$ 个未知控制顶点，由 $k+1$ 个矢量方程组成的矛盾方程组，要求 $k+1>(m+1)\times(n+1)$。曲面拟合问题便成为求解包含 $(m+1)\times(n+1)$ 个未知控制顶点，由 $k+1$ 个矢量方程组成的矛盾方程组；采用前述基于最小二乘法的方法构造目标函数，求解未知控制顶点的最优解，完成散乱数据的曲面重构。实际应用中，常取 m 和 n 为 3、4、5。在类似于飞机或汽车外形设计里，常取 $m=n=4$。

8.10.3 贝齐尔曲面的光滑拼接

单一的贝齐尔曲面难以表达飞机或船体等复杂外形，应用中需要对原始数据进行分割，然后采用分块拟合技术，通过构造多张曲面片来表达复杂曲面形状。为达到曲面拼接的光顺性要求，相邻曲面片需要具有公共的边界和角点。因此在构造拟合曲面时需要对边界与角点单独处理。下面以图 8.14 所示两个双三次贝齐尔曲面片为例，讨论如何实现相互的光滑拼接。

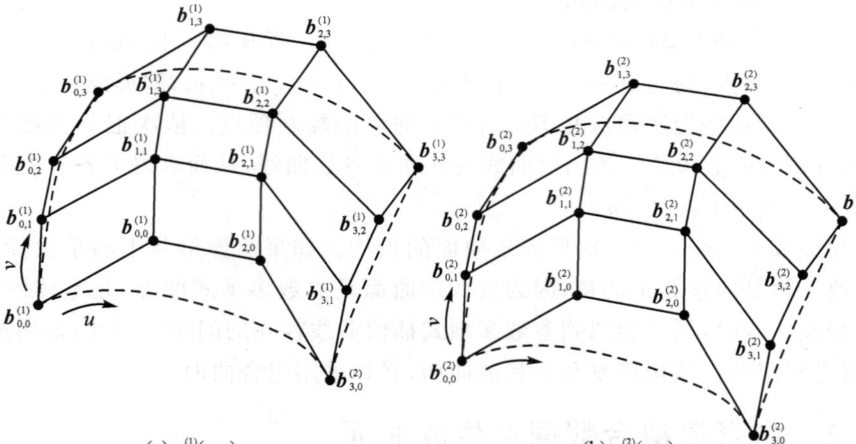

图 8.14　两个相互拼接的双三次贝齐尔曲面片

两个双三次贝齐尔曲面片的方程如下：

$$\begin{cases} \boldsymbol{p}^{(1)}(u,v)=\sum_{i=0}^{3}\sum_{j=0}^{3}\boldsymbol{b}_{i,j}^{(1)}B_{i,3}(u)B_{i,3}(v), & 0\leqslant u,v\leqslant 1 \\ \boldsymbol{p}^{(2)}(u,v)=\sum_{i=0}^{3}\sum_{j=0}^{3}\boldsymbol{b}_{i,j}^{(2)}B_{i,3}(u)B_{i,3}(v), & 0\leqslant u,v\leqslant 1 \end{cases} \tag{8.44}$$

如果两曲面片具有公共的边界曲线，不失一般性，两曲面方程需要满足：

$$\boldsymbol{p}^{(1)}(1,v)=\boldsymbol{p}^{(2)}(0,v),\quad 0\leqslant v\leqslant 1 \tag{8.45}$$

这样两曲面片在公共边界处就能达到位置连续（G^0）。根据贝齐尔曲面的边界几何性质，这个条件可写成：

$$\boldsymbol{b}_{3,j}^{(1)}=\boldsymbol{b}_{0,j}^{(2)},\quad j=0,1,2,3 \tag{8.46}$$

这说明两个曲面片之间要有一个公共的边界曲线，就需要两个特征多面形之间有一个公共的控制多边形。

G^0 连续的两个拼接曲面在公共边界处 v 向切矢自然连续，而为了保证一阶几何连续性（G^1），还要求跨界切矢连续。这就意味着两曲面在公共边界上切平面处处重合，该条件等价于曲面法线方向跨界连续，即

$$\dot{\boldsymbol{p}}_u^{(1)}(1,v)\times\dot{\boldsymbol{p}}_v^{(1)}(1,v)=\zeta(v)\dot{\boldsymbol{p}}_u^{(2)}(0,v)\times\dot{\boldsymbol{p}}_v^{(2)}(0,v),\quad 0\leqslant u,v\leqslant 1 \tag{8.47}$$

考虑到曲面法矢的模长可以任意设定，式(8.47)中引入了以 v 为参数的可变比例函数 $\zeta(v)>0$。

由于两曲面有公共的边界曲线，同时两曲面均设定为 3×3 次，因此两曲面在公共边界的 v 向切矢连续性条件自然满足，即

$$\dot{\boldsymbol{p}}_v^{(1)}(1,v)=\dot{\boldsymbol{p}}_v^{(2)}(0,v),\quad 0\leqslant v\leqslant 1 \tag{8.48}$$

在此基础上，下面给出满足约束方程(8.47)的两种曲面拼接方法。

方法 1

满足条件(8.47)的最简单的解是取

$$\boldsymbol{p}_u^{(1)}(1,v)=\zeta(v)\boldsymbol{p}_u^{(2)}(0,v) \tag{8.49}$$

这相当于要求两曲面所有 u 向等参数线，在公共边界处跨界切矢处处连续。参见式(8.37)双三次贝齐尔曲面的矩阵表示形式，将式(8.49)转化为

$$[0\quad 1\quad 2\quad 3]\boldsymbol{M}_{BE}\boldsymbol{B}^{(1)}\boldsymbol{M}_{BE}^{\mathrm{T}}\boldsymbol{V}^{\mathrm{T}}=\zeta(v)[0\quad 1\quad 0\quad 0]\boldsymbol{M}_{BE}\boldsymbol{B}^{(2)}\boldsymbol{M}_{BE}^{\mathrm{T}}\boldsymbol{V}^{\mathrm{T}} \tag{8.50}$$

因为等式右边是 v 的三次多项式，所以必须明确地将 $\zeta(v)$ 设置为常数，即令 $\zeta(v)=\zeta$，否则等式两边多项式的次数就不一致。再者，该约束方程需要在公共边界处处成立，即所有的 v 参数值都要满足此条件，因此必须使方程两边多项式对应项的系数相等，即

$$\boldsymbol{b}_{3,j}^{(1)}-\boldsymbol{b}_{2,j}^{(1)}=\zeta(\boldsymbol{b}_{1,j}^{(2)}-\boldsymbol{b}_{0,j}^{(2)}),\quad j=0,1,2,3 \tag{8.51}$$

上述 4 个条件方程要求定义两拼接贝齐尔曲面的控制顶点满足以下要求：

① 第 1 张曲面片的 4 个 u 向控制多边形的最后一条边，与第 2 张曲面片的 4 个 u 向控制多边形的首条边，必须两两共线。

② 第 1 张曲面片的 4 个 u 向控制多边形的最后一条边，与第 2 张曲面片的 4 个 u 向控制多边形的首条边，边长的比值必须相同。

根据贝齐尔曲面的端点几何性质，条件②同时决定了两拼接曲面在公共边界处跨界切矢模长的比值沿公共边界为常数。同时由于两曲面公共边界的切矢处处相同，因此根据以上方法所构造的拼接曲面在公共边界处处满足：

$$\begin{cases}\dot{\boldsymbol{p}}_v^{(1)}(1,v)=\dot{\boldsymbol{p}}_v^{(2)}(0,v)\\ \dot{\boldsymbol{p}}_u^{(1)}(1,v)=\zeta\dot{\boldsymbol{p}}_u^{(2)}(0,v)\end{cases},\quad 0\leqslant v\leqslant 1 \tag{8.52}$$

实际上，由这个切矢大小比值不变所增加的限制是苛刻的。例如，构造图 8.15 所示的光

滑合成曲面时,开始可以按需选择曲面片 A 的特征网格的 16 个顶点,然后必须确定曲面片 A 和 B 之间的跨界切矢大小的比值。曲面片 B 的特征网格的 8 个顶点被位置和跨界切矢连续性条件确定了,那么仅剩下的 8 个顶点就可以自由选择。类似地,一旦曲面片 A 和 C 之间的跨界切矢大小的比值确定之后,在定义曲面片 C 时也仅剩下 8 个顶点可选择。对于曲面片 D,受到的限制就更大了,曲面片 B 和 D 之间以及 C 和 D 之间切矢大小的比值已被确定,因而在定义 D 曲面的 16 个顶点中只有 4 个可以自由选择。

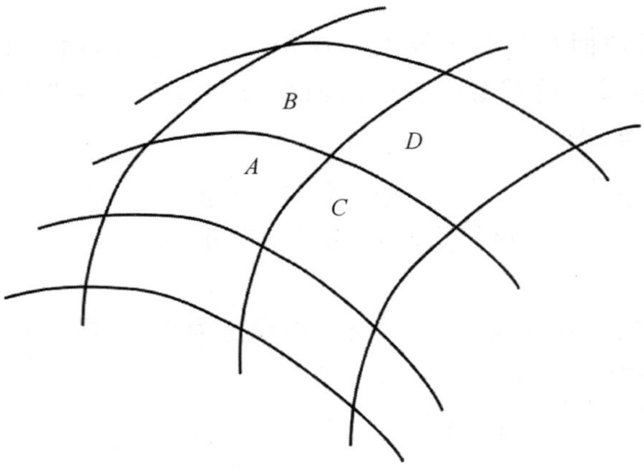

图 8.15　曲面光滑拼接策略

方法 2

显然,对于给定的任一给定平面,则该平面内的任意两方向矢量的加权矢量和都将与该平面平行。为了在进行曲面拼接时有更大的灵活性,尝试放弃式 (8.47)作为斜率匹配条件,而以

$$\dot{\boldsymbol{p}}_u^{(2)}(0,v)=\zeta(v)\dot{\boldsymbol{p}}_u^{(1)}(1,v)+\eta(v)\dot{\boldsymbol{p}}_v^{(1)}(1,v) \tag{8.53}$$

来构建约束方程,尝试满足式(8.53)的拼接连续性要求。式中 $\eta(v)>0$,是引入的另一个以 v 为参数的可调比例函数。方程右边表达的即为第一个曲面片在公共边界处 u 向(边界曲线切矢)与 v 向偏导矢(跨界切实)的线性组合。下面简单证明该方程满足曲面片光滑拼接要求。

由于两曲面在公共边界的 v 向切矢相同,所以有

$$\dot{\boldsymbol{p}}_v^{(1)}(1,v)\times\dot{\boldsymbol{p}}_v^{(2)}(0,v)=\boldsymbol{0} \tag{8.54}$$

将式 (8.53)两边分别叉乘 $\dot{\boldsymbol{p}}_v^{(2)}(0,v)$或 $\dot{\boldsymbol{p}}_v^{(1)}(1,v)$,则有

$$\begin{aligned}\dot{\boldsymbol{p}}_u^{(2)}(0,v)\times\dot{\boldsymbol{p}}_v^{(2)}(0,v)&=[\zeta(v)\dot{\boldsymbol{p}}_u^{(1)}(1,v)+\eta(v)\dot{\boldsymbol{p}}_v^{(1)}(1,v)]\times\dot{\boldsymbol{p}}_v^{(1)}(1,v)\\&=\zeta(v)\dot{\boldsymbol{p}}_u^{(1)}(1,v)\times\dot{\boldsymbol{p}}_v^{(1)}(1,v)+\eta(v)\dot{\boldsymbol{p}}_v^{(1)}(1,v)\times\dot{\boldsymbol{p}}_v^{(1)}(1,v)\\&=\zeta(v)\dot{\boldsymbol{p}}_u^{(1)}(1,v)\times\dot{\boldsymbol{p}}_v^{(1)}(1,v)\end{aligned}$$

结果得证。

需要说明的是,式(8.53)中引入了两个可调参数,它们与两参数方向切矢的线性组合,即等价于要求 $\dot{\boldsymbol{p}}_u^{(2)}(0,v)$位于 $\dot{\boldsymbol{p}}_u^{(1)}(1,v)$和 $\dot{\boldsymbol{p}}_v^{(1)}(1,v)$确定的平面内即可,这就为曲面拼接提供了更多的设计手段。

即使由于用式(8.53)而不是用式(8.47)带来了较大的灵活性,但如果首先设计一个单一

的曲面片，然后向外扩展以构造合成曲面，要在跨过所有曲面片边界时达到曲率连续(G^2)还是不够的。如果要达到上述要求，必须采用高于三次的曲面片。对于高阶的贝齐尔曲面，要确保各种阶数连续的条件可用本节类似的方法导出。

习　题

1. 分析贝齐尔曲线的端点几何性质。

2. 贝齐尔曲线的次数与伯恩斯坦基函数和控制顶点数分别具有怎样的关系？

3. 给定控制顶点 $\boldsymbol{b}_0(2,4)$、$\boldsymbol{b}_1(4,5)$、$\boldsymbol{b}_2(9,8)$，列出由其定义的贝齐尔曲线 $\boldsymbol{p}(t)$的表达式。计算曲线上的点 $\boldsymbol{p}(0.5)$与该点处的切矢。

4. 说明伯恩斯坦基函数的性质，以及由其决定的贝齐尔曲线的几何性质。

5. 给定控制顶点序列(2,7,2)、(−10,9,8)、(9,7,2)、(1,5,1)、(−6,7,5)、(3,2,4)，定义一条贝齐尔曲线，利用贝齐尔曲线的端点几何性质求解曲线首末端点坐标，以及一阶导矢和二阶导矢。

6. 分析贝齐尔曲线形状控制方法。

7. 给定控制顶点序列(2,7)、(−10,9)、(9,7)、(1,5)，定义一条贝齐尔曲线 $\boldsymbol{p}(t)$，分别用显示定义、德卡斯特里奥递推定义，用几何作图法求曲线上一点 $\boldsymbol{p}(0.25)$及该点处的一阶导矢与二阶导矢。

8. 给定控制顶点序列(2,7)、(−10,9)、(9,7)、(1,5)，定义一条贝齐尔曲线，列出曲线被点 $\boldsymbol{p}(0.25)$分成两子曲线段的数学表示，以及原曲线升阶为 4 次后的新控制顶点。

9. 给定控制顶点序列(2,7)、(−10,9)、(9,7)、(1,5)，定义一条贝齐尔曲线，列出曲线升阶一次后的曲线方程。

10. 说明拼接多条贝齐尔曲线形成 C^2 连续组合曲线的过程与条件方程。

11. 列出贝齐尔曲面的几何性质。

12. 列出由控制顶点点阵 $\boldsymbol{b}_{ij}(i=0,1,\cdots,m;j=0,1,\cdots,n)$定义的贝齐尔曲面的 4 个角点和 4 条边界曲线的表达式。

13. 给定控制顶点序列(2,7)、(−10,9)、(9,7)、(1,5)，定义一条平面贝齐尔曲线，列出将该曲线坐标原点逆时针旋转 45°后曲线的表达式。

14. 说明采用德卡斯特里奥递推算法求解贝齐尔曲面上一点及其双向偏导矢的过程，并列出表达式。

第9章　均匀B样条曲线曲面

贝齐尔曲线曲面定义简单直观，使用方便，便于实现计算机交互设计。但贝齐尔曲线曲面和定义它的特征多边形相距甚远，且不具有局部形状控制能力。修改一个顶点或改变顶点数量时，将改变整条曲线或整张曲面的几何形状。B样条曲线曲面是贝齐尔曲线曲面的推广，两者虽然都采用控制顶点定义，但采用了不同的基函数。由于B样条基函数具有良好的性质，所以B样条曲线曲面也具有良好的性质。它继承了贝齐尔曲线的直观性等优良属性，又克服了贝齐尔方法的不足，所以具有较强的局部形状控制能力。

B样条曲线曲面的研究日益深入，应用中也取得了良好的效果，在自由曲线曲面形状设计中是一种强有力的造型工具。然而由于B样条基函数的数学表示与特征的复杂性，导致B样条曲线曲面及其形状控制掌握起来相对困难。为便于学习，本章介绍作为B样条曲线曲面特例且在工程上常用的均匀B样条曲线曲面，均匀B样条曲线曲面的相关性质都可以推广至一般B样条曲线曲面，从而为全面了解B样条几何造型方法奠定基础。

9.1　二次均匀B样条曲线

样条曲线的基本思想是既分段又连续，B样条曲线自然也不例外。B样条曲线是分段表示的组合曲线，首先讨论各分段的数学表示与几何特性，再解决各分段间的连续性问题。

9.1.1　二次均匀B样条曲线段的数学表示

给定依序排列的三个控制顶点 $\boldsymbol{d}_i$、$\boldsymbol{d}_{i+1}$、$\boldsymbol{d}_{i+2}$ 及对应的二次B样条基函数 $N_{0,2}(u)$、$N_{1,2}(u)$、$N_{2,2}(u)$，唯一定义一条二次均匀B样条曲线段：

$$\boldsymbol{p}_i(u)=\sum_{j=0}^{2}\boldsymbol{d}_{j+i}N_{j,2}(u),\quad 0\leqslant u\leqslant 1 \tag{9.1}$$

式中，i 为曲线段的标号，u 为曲线段的参数，各曲线段均定义在规范参数域 $u\in[0,1]$上；$\boldsymbol{d}_i$、$\boldsymbol{d}_{i+1}$、$\boldsymbol{d}_{i+2}$ 为定义该曲线段的控制顶点，几何含义与贝齐尔曲线控制顶点相同；$N_{i,2}(u)(i=0,1,2)$为二次均匀B样条基函数，其表达式分别为

$$N_{0,2}(u)=\frac{1}{2}(1-u)^2 \tag{9.2a}$$

$$N_{1,2}(u)=\frac{1}{2}(1+2u-2u^2) \tag{9.2b}$$

$$N_{2,2}(u)=\frac{1}{2}u^2 \tag{9.2c}$$

将其代入式(9.1)中并进行适当的转换，可得到二次均匀B样条曲线段的完整定义：

$$\boldsymbol{p}_i(u)=\frac{1}{2}\begin{bmatrix}u^2 & u & 1\end{bmatrix}\begin{bmatrix}1 & -2 & 1\\ -2 & 2 & 0\\ 1 & 1 & 0\end{bmatrix}\begin{bmatrix}\boldsymbol{d}_i\\ \boldsymbol{d}_{i+1}\\ \boldsymbol{d}_{i+2}\end{bmatrix},\quad 0\leqslant u\leqslant 1 \tag{9.3}$$

二次均匀 B 样条 $N_{0,2}(u)$、$N_{1,2}(u)$、$N_{2,2}(u)$形状如图 9.1 所示，其定义于整个参数区间。这里特别注意，其在曲线定义域[0,1]上的图形。

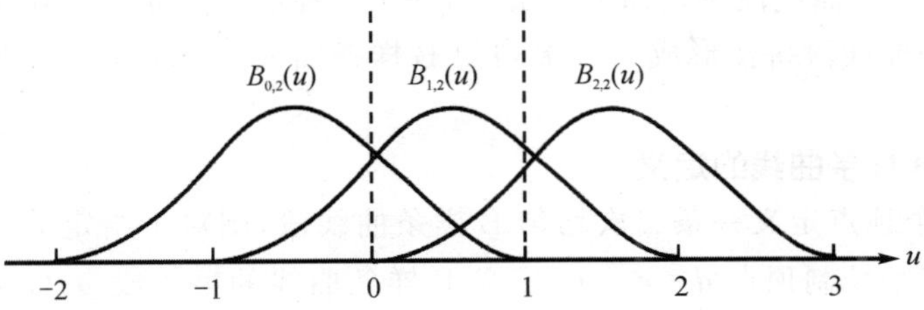

图 9.1　二次均匀 B 样条的图形

二次均匀 B 样条曲线段由 3 个控制顶点定义，B 样条曲线的凸包性质（后续章节介绍）决定了曲线段只能是平面曲线，同时各基函数类型均为抛物线。因此由各基函数线性组合而成的二次均匀 B 样条曲线段类型为抛物线。

9.1.2　二次均匀 B 样条曲线段的端点几何性质

二次均匀 B 样条曲线段由三个抛物线类型的基函数线性组合而成，故曲线类型为抛物线，其首、末端点分别为

$$\boldsymbol{p}_i(0)=\frac{1}{2}(\boldsymbol{d}_i+\boldsymbol{d}_{i+1}) \tag{9.4a}$$

$$\boldsymbol{p}_i(1)=\frac{1}{2}(\boldsymbol{d}_{i+1}+\boldsymbol{d}_{i+2}) \tag{9.4b}$$

由二次均匀 B 样条曲线段的方程可得到曲线切矢表达式：

$$\dot{\boldsymbol{p}}_i(u)=\frac{1}{2}\begin{bmatrix}2u & 1 & 0\end{bmatrix}\begin{bmatrix}1 & -2 & 1\\ -2 & 2 & 0\\ 1 & 1 & 0\end{bmatrix}\begin{bmatrix}\boldsymbol{d}_i\\ \boldsymbol{d}_{i+1}\\ \boldsymbol{d}_{i+2}\end{bmatrix},\quad 1\leqslant u\leqslant 1 \tag{9.5}$$

由二次均匀 B 样条曲线段的定义域[0,1]得到曲线段的首、末端点切矢为

$$\dot{\boldsymbol{p}}_i(0)=\boldsymbol{d}_{i+1}-\boldsymbol{d}_i \tag{9.6a}$$

$$\dot{\boldsymbol{p}}_i(1)=\boldsymbol{d}_{i+2}-\boldsymbol{d}_{i+1} \tag{9.6b}$$

由式(9.4)和式(9.6)可得到均匀二次 B 样条曲线段的端点几何性质如下：

① 首末端点分别位于控制多边形首末边的中点。

② 首末端点切矢分别为控制多边形首末边的边矢量。

图 9.2 所示为二次均匀 B 样条曲线段。

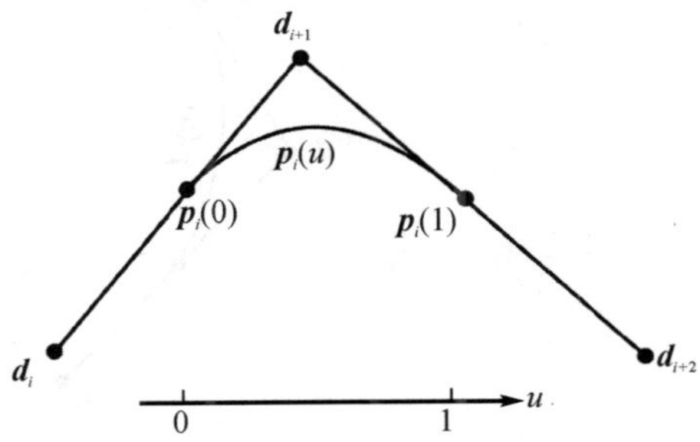

图 9.2　二次均匀 B 样条曲线段

9.1.3 二次均匀B样条曲线及性质

B样条曲线由多个曲线段拼接而成。给定 $n+1$ 个控制顶点 $\boldsymbol{d}_i\,(i=0,1,\cdots,n)$，定义一条由二次均匀B样条曲线段拼接形成的二次均匀B样条曲线。下面分析二次均匀B样条曲线的定义及其性质。

1. 二次均匀B样条曲线的定义

我们知道，三个顶点定义一条二次均匀B样条曲线段，则对于给定的控制顶点 $\boldsymbol{d}_i\,(i=0,1,\cdots,n)$，可知前三个控制顶点 $\boldsymbol{d}_0$、$\boldsymbol{d}_1$、$\boldsymbol{d}_2$ 定义B样条曲线的第一段 $\boldsymbol{p}_0(u)$，后移一个控制顶点得到的 $\boldsymbol{d}_1$、$\boldsymbol{d}_2$、$\boldsymbol{d}_3$ 定义B样条曲线的第二段 $\boldsymbol{p}_1(u)$，此过程继续下去，直到最后三个控制顶点 $\boldsymbol{d}_{n-2}$、$\boldsymbol{d}_{n-1}$、$\boldsymbol{d}_n$ 定义B样条曲线的最后一段 $\boldsymbol{p}_{n-2}(u)$。因此整条二次均匀B样条曲线由曲线段 $\boldsymbol{p}_i(u)\,(i=0,1,\cdots,n-2)$ 共 $n-1$ 段组成，其分段表示如下：

$$\boldsymbol{p}_i(u)=\sum_{j=0}^{2}\boldsymbol{d}_{j+i}N_{j,2}(u),\quad 0\leqslant u\leqslant 1;i=0,1,\cdots,n-2 \tag{9.7}$$

2. 二次均匀B样条曲线的连续性

不失一般性，取 $\boldsymbol{p}_i(u)$ 与 $\boldsymbol{p}_{i+1}(u)$ 段进行分析。由式(9.7)可知，$\boldsymbol{p}_i(u)$ 由 $\boldsymbol{d}_i$、$\boldsymbol{d}_{i+1}$、$\boldsymbol{d}_{i+2}$ 定义，$\boldsymbol{p}_{i+1}(u)$ 由 $\boldsymbol{d}_{i+1}$、$\boldsymbol{d}_{i+2}$、$\boldsymbol{d}_{i+3}$ 定义。根据二次均匀B样条曲线段的端点几何性质，有

$$\boldsymbol{p}_i(1)=\boldsymbol{p}_{i+1}(0)=\frac{1}{2}(\boldsymbol{d}_{i+1}+\boldsymbol{d}_{i+2}) \tag{9.8a}$$

$$\dot{\boldsymbol{p}}_i(1)=\dot{\boldsymbol{p}}_{i+1}(0)=\boldsymbol{d}_{i+2}-\boldsymbol{d}_{i+1} \tag{9.8b}$$

因此，二次均匀B样条曲线在分段连接点处切矢连续。

再考察分段连接点处的二阶导矢，则有

$$\ddot{\boldsymbol{p}}_i(1)=\boldsymbol{d}_i-2\boldsymbol{d}_{i+1}+\boldsymbol{d}_{i+2} \tag{9.9a}$$

$$\ddot{\boldsymbol{p}}_{i+1}(0)=\boldsymbol{d}_{i+2}-2\boldsymbol{d}_{i+2}+\boldsymbol{d}_{i+3} \tag{9.9b}$$

因此，二次均匀B样条曲线在分段连接点处二阶导矢不连续。

综上所述，二次均匀B样条曲线在分段连接点处达到 C^1 连续性。图9.3所示为 $n=5$ 的二次均匀B样条曲线示例。

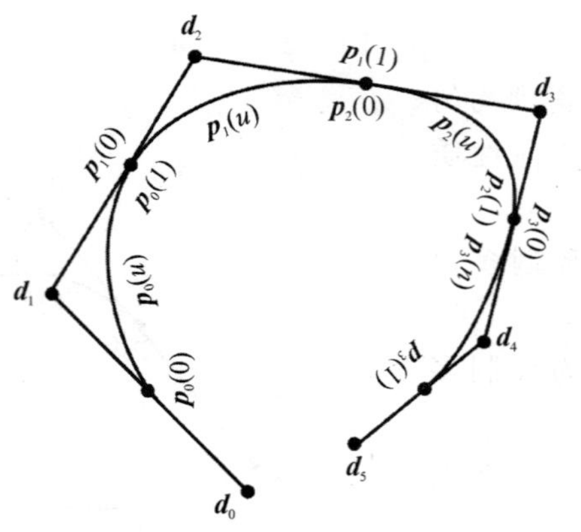

图9.3 二次均匀B样条曲线示例(n=5)

3. 重顶点对二次均匀 B 样条曲线的影响

（1）两顶点重合

设顶点 $\boldsymbol{d}_i$ 和 $\boldsymbol{d}_{i+1}$ 重合，则曲线段 $\boldsymbol{p}_i(u)$ 的首、末端点分别为

$$\boldsymbol{p}_i(0)=\boldsymbol{d}_i \tag{9.10a}$$

$$\boldsymbol{p}_i(1)=\boldsymbol{d}_i+\boldsymbol{d}_{i+2} \tag{9.10b}$$

所以曲线退化为直线段，其首、末端切矢分别为

$$\dot{\boldsymbol{p}}_i(0)=0 \tag{9.11a}$$

$$\dot{\boldsymbol{p}}_i(1)=\boldsymbol{d}_{i+2}-\boldsymbol{d}_i \tag{9.11b}$$

因此，当两个顶点重合时，二次均匀 B 样条曲线退化为直线段，首端为 $\boldsymbol{d}_i$，末端为该边中点，如图 9.4 所示。对于整条 B 样条曲线，若控制多边形的某两个中间顶点相重，则形成两条直边并产生一个尖角。如图 9.5 所示，$\boldsymbol{d}_{i-2}, \boldsymbol{d}_{i-1}, \cdots, \boldsymbol{d}_{i+3}$ 共 6 个顶点定义了整条 B 样条曲线，其中 $\boldsymbol{d}_i$ 与 $\boldsymbol{d}_{i+1}$ 重合，则曲线段 $\boldsymbol{p}_{i-1}(u)$ 与 $\boldsymbol{p}_i(u)$ 退化为直线段，两条曲线相交于 $\boldsymbol{d}_i$ 与 $\boldsymbol{d}_{i+1}$，即 $\boldsymbol{p}_{i-1}(1)=\boldsymbol{p}_i(0)=\boldsymbol{d}_i=\boldsymbol{d}_{i+1}$。两曲线段在该顶点切线方向不再连续，但 C^1 参数连续性仍然满足。

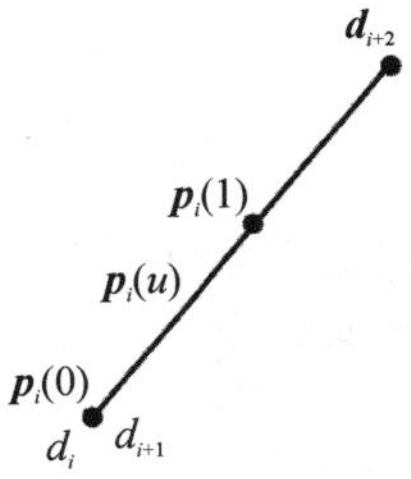

图 9.4　两顶点重合对单段曲线的影响

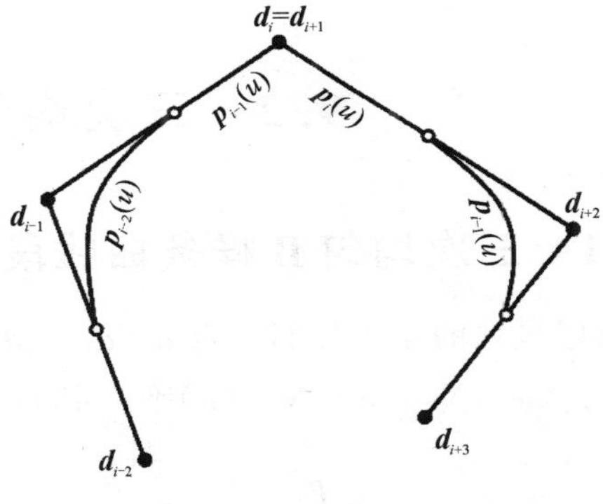

图 9.5　两顶点重合对整条曲线的影响

（2）三顶点共线

如图 9.6 所示，若定义 $\boldsymbol{p}_i(u)$ 的三个顶点 $\boldsymbol{d}_i$、$\boldsymbol{d}_{i+1}$、$\boldsymbol{d}_{i+2}$ 共线，则曲线段退化为直线段，首点在 $\boldsymbol{d}_i$ 与 $\boldsymbol{d}_{i+1}$ 的中点，末点在 $\boldsymbol{d}_{i+1}$ 和 $\boldsymbol{d}_{i+2}$ 的中点，应用三顶点共线，可在二次均匀 B 样条曲线内嵌入一直线段。

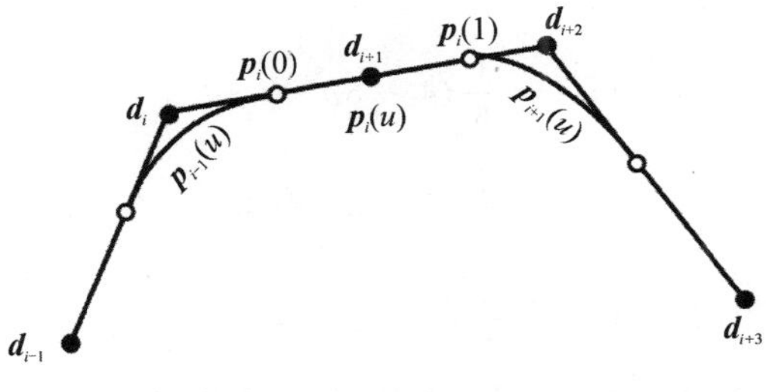

图 9.6　三顶点共线对整条曲线的影响

4. 二次 B 样条曲线的形状控制

对于顶点 $\boldsymbol{d}_i$，定义各曲线段的控制顶点中包含该顶点的仅有 $\boldsymbol{p}_i(u)$、$\boldsymbol{p}_{i-1}(u)$、$\boldsymbol{p}_{i-2}(u)$这三条曲线段。因此移动顶点 $\boldsymbol{d}_i$ 将仅影响此三段曲线，如图 9.7 所示。图中实线表示原始的 B 样条曲线，虚线表示顶点 $\boldsymbol{d}_i$ 移至 d_i^* 后所形成的曲线。从图中可明显地看到 B 样条曲线的局部形状控制性质，即移动一个控制顶点，将仅改变 B 样条曲线中与该顶点关联的三个曲线段的几何形状，对曲线的其余部分不产生影响，这在形状设计中是非常重要的。

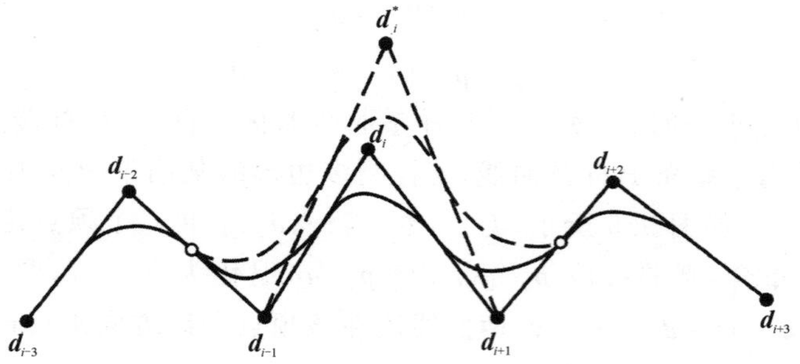

图 9.7　二次均匀 B 样条曲线的局部控制性质

9.2　三次均匀 B 样条曲线

9.2.1　三次均匀 B 样条曲线段的数学表示

给定依序排列的 4 个控制顶点 $\boldsymbol{d}_i$、$\boldsymbol{d}_{i+1}$、$\boldsymbol{d}_{i+2}$、$\boldsymbol{d}_{i+3}$ 以及对应的三次均匀 B 样条基函数 $N_{0,3}(u)$、$N_{1,3}(u)$、$N_{2,3}(u)$、$N_{2,3}(u)$唯一定义一条三次均匀 B 样条曲线段：

$$\boldsymbol{p}_i(u)=\sum_{j=0}^{3}\boldsymbol{d}_{j+i}N_{j,3}(u),\quad 0\leqslant u\leqslant 1 \tag{9.12}$$

式中，i 为曲线段的标号，u 为曲线段的参数，各曲线段均定义在规范参数域 $u\in[0,1]$上；$\boldsymbol{d}_i$、$\boldsymbol{d}_{i+1}$、$\boldsymbol{d}_{i+2}$、$\boldsymbol{d}_{i+3}$ 为定义该曲线段的控制顶点，几何含义与贝齐尔曲线控制顶点相同；$B_{i,3}(u)$ $(i=0,1,2,3)$为三次均匀 B 样条基函数，分别与 4 个控制顶点线性组合，构成三次 B 样条曲线段的数学表示。

三次均匀 B 样条基函数，其表达式分别为

$$N_{0,3}(u)=\frac{1}{6}(1-u)^3$$

$$N_{1,3}(u)=\frac{1}{6}(4-6u^2+3u^3)$$

$$N_{2,3}(u)=\frac{1}{6}(1+3u+3u^2-3u^3)$$

$$N_{3,3}(u)=\frac{1}{6}u^3$$

将其代入式(9.12)并进行适当转换，可得到三次均匀 B 样条曲线段的完整定义：

$$\boldsymbol{p}_i(u)=\frac{1}{6}\begin{bmatrix}u^3 & u^2 & u & 1\end{bmatrix}\begin{bmatrix}-1 & 3 & -3 & 1\\ 3 & -6 & 3 & 0\\ -3 & 0 & 3 & 0\\ 1 & 4 & 1 & 0\end{bmatrix}\begin{bmatrix}\boldsymbol{d}_i\\ \boldsymbol{d}_{i+1}\\ \boldsymbol{d}_{i+2}\\ \boldsymbol{d}_{i+3}\end{bmatrix},\quad 1\leqslant u\leqslant 1 \tag{9.13}$$

图 9.8 所示为三次均匀 B 样条基函数。

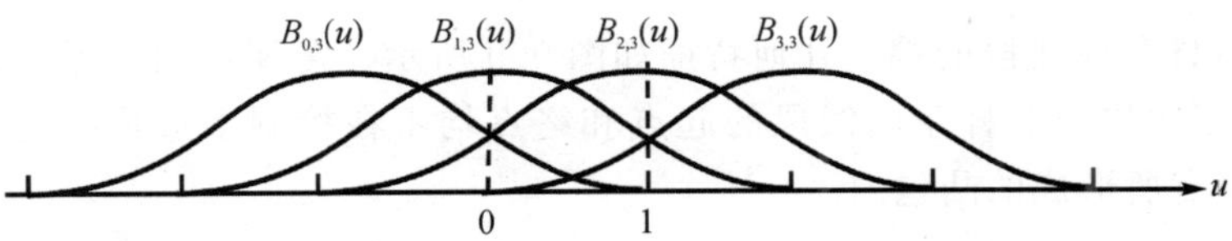

图 9.8　三次均匀 B 样条基函数

9.2.2　三次均匀 B 样条曲线段的端点几何性质

将参数 u 的首末参数值代入曲线段方程(9.13),可得曲线段的首、末端点:

$$\boldsymbol{p}_i(0)=\frac{1}{6}(\boldsymbol{d}_i+4\boldsymbol{d}_{i+1}+\boldsymbol{d}_{i+2})=\boldsymbol{d}_{i+1}+\frac{1}{6}[(\boldsymbol{d}_i-\boldsymbol{d}_{i+1})+(\boldsymbol{d}_{i+2}-\boldsymbol{d}_{i+1})] \tag{9.14a}$$

$$\boldsymbol{p}_i(1)=\frac{1}{6}(\boldsymbol{d}_{i+1}+4\boldsymbol{d}_{i+2}+\boldsymbol{d}_{i+3})=\boldsymbol{d}_{i+2}+\frac{1}{6}[(\boldsymbol{d}_{i+1}-\boldsymbol{d}_{i+2})+(\boldsymbol{d}_{i+3}-\boldsymbol{d}_{i+2})] \tag{9.14b}$$

由三次 B 样条曲线段的方程可得到曲线段切矢表达式:

$$\dot{\boldsymbol{p}}_i(u)=\frac{1}{6}\begin{bmatrix}3u^2 & 2u & 1 & 0\end{bmatrix}\begin{bmatrix}-1 & 3 & -3 & 1\\ 3 & -6 & 3 & 0\\ -3 & 0 & 3 & 0\\ 1 & 4 & 1 & 0\end{bmatrix}\begin{bmatrix}\boldsymbol{d}_i\\ \boldsymbol{d}_{i+1}\\ \boldsymbol{d}_{i+2}\\ \boldsymbol{d}_{i+3}\end{bmatrix},\quad 1\leqslant u\leqslant 1 \tag{9.15}$$

将参数 u 的首末参数值代入曲线段切矢方程,可得到曲线段的首、末端点切矢:

$$\dot{\boldsymbol{p}}_i(0)=\frac{1}{2}(\boldsymbol{d}_{i+2}-\boldsymbol{d}_i) \tag{9.16a}$$

$$\dot{\boldsymbol{p}}_i(1)=\frac{1}{2}(\boldsymbol{d}_{i+3}-\boldsymbol{d}_{i+1}) \tag{9.16b}$$

由三次均匀 B 样条曲线段方程可得到曲线段二阶导矢表达式:

$$\ddot{\boldsymbol{p}}_i(u)=\frac{1}{6}\begin{bmatrix}6u & 2 & 0 & 0\end{bmatrix}\begin{bmatrix}-1 & 3 & -3 & 1\\ 3 & -6 & 3 & 0\\ -3 & 0 & 3 & 0\\ 1 & 4 & 1 & 0\end{bmatrix}\begin{bmatrix}\boldsymbol{d}_i\\ \boldsymbol{d}_{i+1}\\ \boldsymbol{d}_{i+2}\\ \boldsymbol{d}_{i+3}\end{bmatrix},\quad 1\leqslant u\leqslant 1 \tag{9.17}$$

将参数 u 的首末参数值代入此方程,可得到曲线段的首、末端点二阶导矢:

$$\ddot{\boldsymbol{p}}_i(0)=\boldsymbol{d}_i-2\boldsymbol{d}_{i+1}+\boldsymbol{d}_{i+2} \tag{9.18a}$$

$$\ddot{\boldsymbol{p}}_i(1)=\boldsymbol{d}_{i+1}-2\boldsymbol{d}_{i+2}+\boldsymbol{d}_{i+3} \tag{9.18b}$$

由式(9.14)、式(9.16)和式(9.18)所描述的端点几何特性可表述如下:

① 首端点几何特征:首端点位于以控制多边形前两条边($\boldsymbol{d}_{i+1}\boldsymbol{d}_i$ 和 $\boldsymbol{d}_{i+1}\boldsymbol{d}_{i+2}$)为邻边的平行四

边形对角线的 1/6 处;首端点切矢与第一、第三控制顶点连线($\boldsymbol{d}_i\boldsymbol{d}_{i+2}$)平行,模为其长度的 1/2;首端点二阶导矢是以控制多边形前两条边($\boldsymbol{d}_{i+1}\boldsymbol{d}_i$ 和 $\boldsymbol{d}_{i+1}\boldsymbol{d}_{i+2}$)为邻边的平行四边形的对角线。

② 末端点几何特征:末端点位于以控制多边形后两条边($\boldsymbol{d}_{i+1}\boldsymbol{d}_{i+2}$ 和 $\boldsymbol{d}_{i+2}\boldsymbol{d}_{i+3}$)为邻边的平行四边形对角线的 1/6 处;末端点切矢与第三、第四控制顶点连线($\boldsymbol{d}_{i+1}\boldsymbol{d}_{i+3}$)平行,模为其长度的 1/2;末端点二阶导矢是以控制多边形后两条边($\boldsymbol{d}_{i+1}\boldsymbol{d}_{i+2}$ 和 $\boldsymbol{d}_{i+2}\boldsymbol{d}_{i+3}$)为邻边的平行四边形的对角线。

三次均匀 B 样条曲线段的端点几何特征如图 9.9 所示。需要说明的是,与二次均匀 B 样条曲线段不同,三次均匀 B 样条曲线段的起点和终点均不在控制多边形的边上,但曲线段仍落在 4 个控制顶点所形成的凸包内。

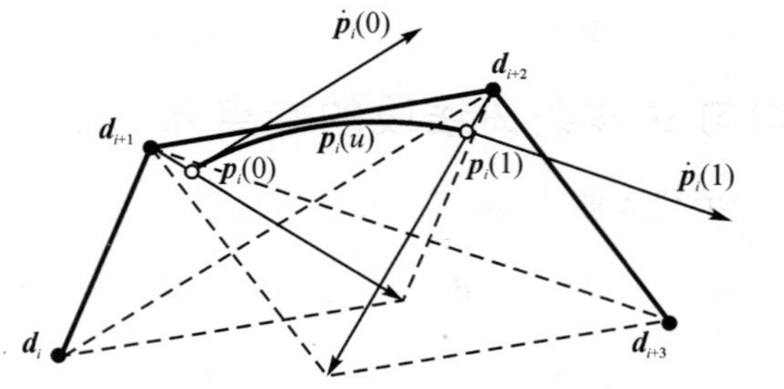

图 9.9 三次均匀 B 样条曲线段的端点几何特征

9.2.3 三次均匀 B 样条曲线的定义及性质

给定 $n+1$ 个控制顶点 $\boldsymbol{d}_i(i=0,1,\cdots,n)$,定义一条由三次均匀 B 样条曲线段组合拼接形成的三次均匀 B 样条曲线。下面分析三次均匀 B 样条曲线的性质。

1. 三次均匀 B 样条曲线的定义

我们知道,4 个顶点定义一条三次均匀 B 样条曲线段,则对于给定的控制顶点,可知前 4 个控制顶点 $\boldsymbol{d}_0$、$\boldsymbol{d}_1$、$\boldsymbol{d}_2$、$\boldsymbol{d}_3$ 定义 B 样条曲线的第一段 $\boldsymbol{p}_0(u)$,后移一个控制顶点得到的 $\boldsymbol{d}_1$、$\boldsymbol{d}_2$、$\boldsymbol{d}_3$、$\boldsymbol{d}_4$ 定义 B 样条曲线的第二段 $\boldsymbol{p}_1(u)$,此过程继续下去,直到最后 4 个控制顶点 $\boldsymbol{d}_{n-3}$、$\boldsymbol{d}_{n-2}$、$\boldsymbol{d}_{n-1}$、$\boldsymbol{d}_n$ 定义 B 样条曲线的最后一段 $\boldsymbol{p}_{n-3}(u)$。因此整条三次 B 样条由 $\boldsymbol{p}_i(u)(i=0,1,\cdots,n-3)$ 共 $n-2$ 段三次 B 样条曲线段组成,其分段表示如下:

$$\boldsymbol{p}_i(u)=\sum_{j=0}^{3}\boldsymbol{d}_{j+i}N_{j,3}(u),\quad 0\leqslant u\leqslant 1;i=0,1,\cdots,n-3 \tag{9.19}$$

图 9.10 所示为三次均匀 B 样条曲线段。

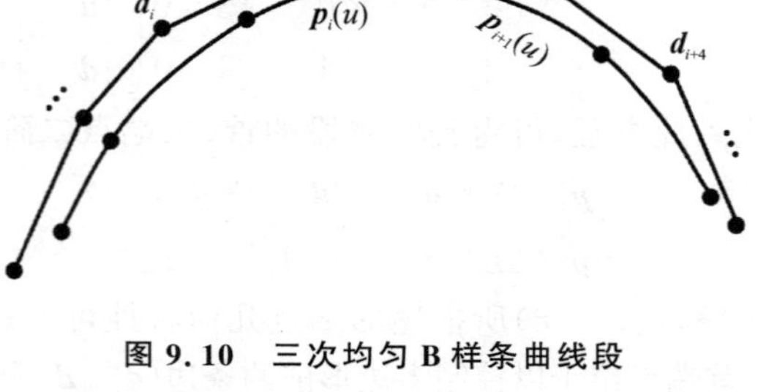

图 9.10 三次均匀 B 样条曲线段

示例　给定控制顶点 $\boldsymbol{d}_0(2,7)$、$\boldsymbol{d}_1(10,8)$、$\boldsymbol{d}_2(9,20)$、$\boldsymbol{d}_3(12,15)$、$\boldsymbol{d}_4(-6,5)$，绘制由这些控制顶点定义的三次均匀 B 样条曲线。

解　给定控制顶点共 5 个，因此 B 样条曲线共包含 2 个曲线段，其中 $\boldsymbol{d}_0$、$\boldsymbol{d}_1$、$\boldsymbol{d}_2$、$\boldsymbol{d}_3$ 定义曲线的第一段 $\boldsymbol{p}_0(u)$，$\boldsymbol{d}_1$、$\boldsymbol{d}_2$、$\boldsymbol{d}_3$、$\boldsymbol{d}_4$ 定义曲线的第二段 $\boldsymbol{p}_1(u)$。绘制该曲线的 MATLAB 代码如下：

```
b0 = [2,2],b1 = [4,3],b2 = [5,6],b3 = [8,7],b4 = [14,3]          % 输入控制顶点
u = 0:0.05:1                                                    % 分割定义域获取参数节点序列
hndl = plot([2,4,5,8,14],[2,3,6,7,3]);                          % 绘制控制顶点
set(hndl,'Marker','o')
hold on
% 设置绘图区域
axis([0,15,0,8]);
B = 1/6 * [-1,3,-3,1;3,-6,3,0;-3,0,3,0;1,4,1,0];               % 输入 B 样条的系数矩阵
% 求节点序列的基函数值
N03 = (1-u).^3/6,N13 = (4-6*u.^2+3*u.^3)/6,N23 = (1+3*u+3*u.^2-3*u.^3)/6,N33 = u.^3/6;
% 绘制第一段曲线
x1 = N03 * b0(1) + N13 * b1(1) + N23 * b2(1) + N33 * b3(1);
y1 = N03 * b0(2) + N13 * b1(2) + N23 * b2(2) + N33 * b3(2);
plot(x1,y1);                                                    % 绘制第一段曲线图形
plot(x1(1),y1(1),x1(21),y1(21),'Marker','*');                  % 绘制第一段曲线图形
% 绘制第二段曲线
x2 = N03 * b1(1) + N13 * b2(1) + N23 * b3(1) + N33 * b4(1);
y2 = N03 * b1(2) + N13 * b2(2) + N23 * b3(2) + N33 * b4(2);
plot(x2,y2);                                                    % 绘制第二段曲线图形
plot(x2(1),y2(1),x2(21),y2(21),'Marker','*');                  % 绘制第二段曲线的首末端点
```

图 9.11 所示为程序绘制的三次均匀 B 样条曲线图形。注意，各段曲线的首末端点不再是该段的首末控制顶点。

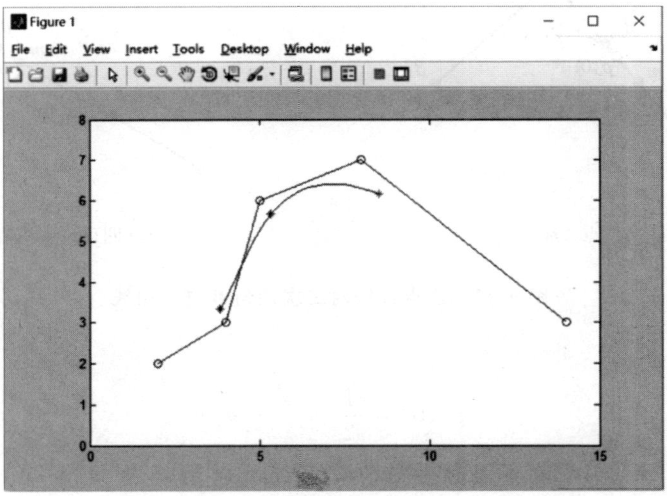

图 9.11　三次均匀 B 样条曲线图形

2. 三次均匀B样条曲线的连续性

不失一般性，取相互拼接的两曲线段 $\boldsymbol{p}_i(u)$ 与 $\boldsymbol{p}_{i+1}(u)$ 进行分析，其中 $\boldsymbol{p}_i(u)$ 由 $\boldsymbol{d}_i$、$\boldsymbol{d}_{i+1}$、$\boldsymbol{d}_{i+2}$、$\boldsymbol{d}_{i+3}$ 定义，$\boldsymbol{p}_{i+1}(u)$ 由 $\boldsymbol{d}_{i+1}$、$\boldsymbol{d}_{i+2}$、$\boldsymbol{d}_{i+3}$、$\boldsymbol{d}_{i+4}$ 定义。根据三次均匀B样条曲线段的端点几何性质，有

$$\boldsymbol{p}_i(1)=\boldsymbol{p}_{i+1}(0)=\frac{1}{6}(\boldsymbol{d}_{i+1}+4\boldsymbol{d}_{i+2}+\boldsymbol{d}_{i+3}) \tag{9.20a}$$

$$\dot{\boldsymbol{p}}_i(1)=\dot{\boldsymbol{p}}_{i+1}(0)=\frac{1}{2}(\boldsymbol{d}_{i+3}-\boldsymbol{d}_{i+1}) \tag{9.20b}$$

$$\ddot{\boldsymbol{p}}_i(1)=\ddot{\boldsymbol{p}}_{i+1}(0)=\boldsymbol{d}_{i+1}-2\boldsymbol{d}_{i+2}+\boldsymbol{d}_{i+3} \tag{9.20c}$$

因此，三次均匀B样条曲线在分段连接点处达到二阶参数(G^2)连续。

再考察分段连接点处的三阶导矢，则有

$$\dddot{\boldsymbol{p}}_i(1)=-\boldsymbol{d}_i+3\boldsymbol{d}_{i+1}-3\boldsymbol{d}_{i+2}+\boldsymbol{d}_{i+3} \tag{9.21a}$$

$$\dddot{\boldsymbol{p}}_{i+1}(0)=-\boldsymbol{d}_{i+1}+3\boldsymbol{d}_{i+2}-3\boldsymbol{d}_{i+3}+\boldsymbol{d}_{i+4} \tag{9.21b}$$

因此，三次均匀B样条曲线在分段连接点处三阶导矢不连续。

综上所述，三次均匀B样条曲线在分段连接点处具有二阶参数连续性。

3. 顶点共线对三次均匀B样条曲线的影响

(1) 三顶点共线

三顶点 $\boldsymbol{d}_i$、$\boldsymbol{d}_{i+1}$、$\boldsymbol{d}_{i+2}$ 共线，设 $\boldsymbol{m}$ 是线段 $\boldsymbol{d}_i\boldsymbol{d}_{i+2}$ 的中点，见图9.12(a)，则三次均匀B样条曲线段的起点 $\boldsymbol{p}_i(0)$ 所在位置为

$$\boldsymbol{p}_i(0)-\boldsymbol{d}_{i+1}=\frac{1}{3}\,\frac{\boldsymbol{d}_i+\boldsymbol{d}_{i+2}-2\boldsymbol{d}_{i+1}}{2}=\frac{1}{3}(\boldsymbol{m}-\boldsymbol{d}_{i+1}) \tag{9.22}$$

式(9.22)表明，曲线段的首端点与控制顶点 $\boldsymbol{d}_{i+1}$ 的距离等于线段 $\boldsymbol{d}_i\boldsymbol{d}_{i+2}$ 的中点 $\boldsymbol{m}$ 与 $\boldsymbol{d}_{i+1}$ 距离的1/3，由此可确定曲线段首端点的位置。

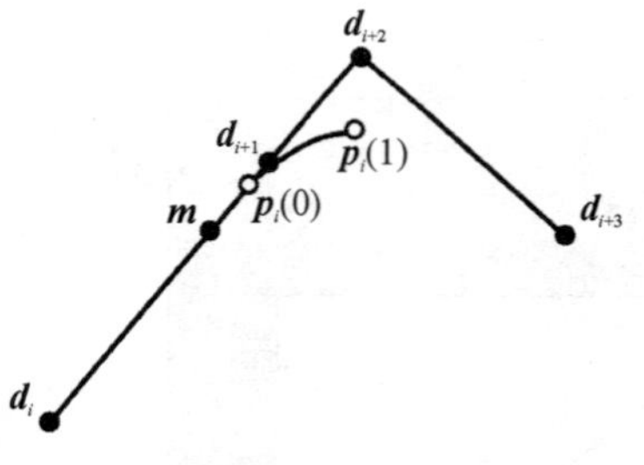

(a) 三顶点共线情况

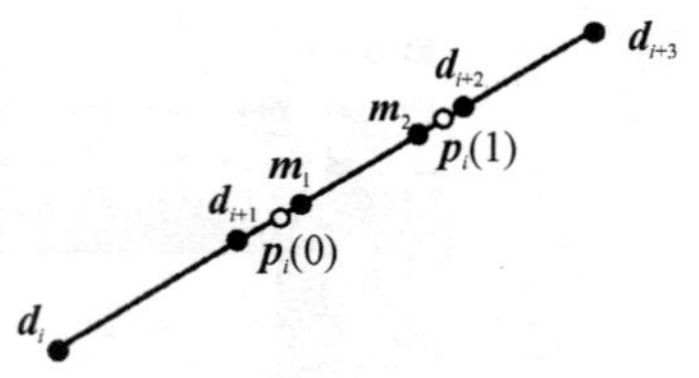

(b) 四顶点共线情况

图9.12 顶点共线对三次均匀B样条曲线

由于

$$\dot{\boldsymbol{p}}_i(0)=\frac{1}{2}(\boldsymbol{d}_{i+2}-\boldsymbol{d}_i) \tag{9.23}$$

因此曲线段在其首端点与控制多边形相切。

同时，容易验证三顶点重合情况下 $\dot{\boldsymbol{p}}_i(0)$ 与 $\ddot{\boldsymbol{p}}_i(0)$ 平行，因此有

$$\dot{\boldsymbol{p}}_i(0) \times \ddot{\boldsymbol{p}}_i(0) = \boldsymbol{0} \tag{9.24}$$

故曲线在 $\boldsymbol{p}_i(0)$处的曲率 $K=0$,利用此性质可在形状设计时在曲线上布置拐点。反之,为使 $\boldsymbol{p}_i(0)$处的曲率为 0,其必要条件也是三顶点共线。因此,三顶点共线是在三次均匀 B 样条曲线在曲线段间公共连接点处构造拐点的实用工具。

(2) 四顶点共线

由 B 样条曲线的凸包性可知,由四个共线顶点定义的三次 B 样条曲线段退化为直线段。因此,可在三次 B 样条曲线内光滑地嵌入直线段,这一特点对机械类零件的设计有重要价值。四顶点 $\boldsymbol{d}_i$、$\boldsymbol{d}_{i+1}$、$\boldsymbol{d}_{i+2}$、$\boldsymbol{d}_{i+3}$ 共线,设 $\boldsymbol{m}_1$ 是线段 $\boldsymbol{d}_i\boldsymbol{d}_{i+2}$ 的中点,$\boldsymbol{m}_2$ 是线段 $\boldsymbol{d}_{i+3}\boldsymbol{d}_{i+1}$ 的中点,如图 9.12(b)所示,直线段的首、末端点分别为

$$\boldsymbol{p}_i(0) - \boldsymbol{d}_{i+1} = \frac{1}{3}\,\frac{\boldsymbol{d}_i + \boldsymbol{d}_{i+2} - 2\boldsymbol{d}_{i+1}}{2} = \frac{1}{3}(\boldsymbol{m}_1 - \boldsymbol{d}_{i+1}) \tag{9.25a}$$

$$\boldsymbol{p}_i(1) - \boldsymbol{d}_{i+2} = \frac{1}{3}\,\frac{\boldsymbol{d}_{i+3} + \boldsymbol{d}_{i+1} - 2\boldsymbol{d}_{i+2}}{2} = \frac{1}{3}(\boldsymbol{m}_2 - \boldsymbol{d}_{i+2}) \tag{9.25b}$$

式(9.25)表明曲线段的首端点与控制顶点 $\boldsymbol{d}_{i+1}$ 的距离等于 $\boldsymbol{m}_1$ 与 $\boldsymbol{d}_{i+1}$ 距离的 1/3,末端点与控制顶点 $\boldsymbol{d}_{i+2}$ 的距离等于 $\boldsymbol{m}_2$ 与 $\boldsymbol{d}_{i+2}$ 距离的 1/3,由此可快速确定曲线段首末端点的位置。

与三顶点共线类似,四顶点共线情况下曲线段在首末端点曲率均为 0。

4. 顶点重合对三次均匀 B 样条曲线的影响

(1) 两顶点重合

若两顶点 $\boldsymbol{d}_i+1$ 和 $\boldsymbol{d}_{i+2}$ 重合,这种情况可看成三角形 $\boldsymbol{d}_i\boldsymbol{d}_{i+1}\boldsymbol{d}_{i+2}$ 的退化,此时,曲线段的首、末端点满足以下关系:

$$\begin{cases} \boldsymbol{p}_i(0) = \boldsymbol{d}_{i+1} + \dfrac{1}{6}(\boldsymbol{d}_i - \boldsymbol{d}_{i+1}) \\ \boldsymbol{p}_i(1) = \boldsymbol{d}_{i+2} + \dfrac{1}{6}(\boldsymbol{d}_{i+3} - \boldsymbol{d}_{i+2}) \end{cases} \tag{9.26}$$

即首端点 $\boldsymbol{p}_i(0)$与 $\boldsymbol{d}_{i+1}$ 的距离等于 $\boldsymbol{d}_i$ 与 $\boldsymbol{d}_{i+1}$ 距离的$^{1/6}$,末端点 $\boldsymbol{p}_i(1)$与 $\boldsymbol{d}_{i+2}$ 的距离等于 $\boldsymbol{d}_{i+3}$ 与 $\boldsymbol{d}_{i+2}$ 距离的 1/6,且两端点曲率为 0。由 $\boldsymbol{d}_i$、$\boldsymbol{d}_{i+1}$、$\boldsymbol{d}_{i+2}(=\boldsymbol{d}_{i+1})$、$\boldsymbol{d}_{i+3}$ 定义的曲线段 $\boldsymbol{p}_i(u)$及邻接曲线段 $\boldsymbol{p}_{i-1}(u)$和 $\boldsymbol{p}_{i+1}(u)$如图 9.13 所示,其中 $\boldsymbol{p}_i(u)$在首末端点分别与边 $\boldsymbol{d}_i\boldsymbol{d}_{i+1}$ 和 $\boldsymbol{d}_{i+2}\boldsymbol{d}_{i+3}$ 相切。

(2) 三顶点重合

采用三顶点重合技术,可以构造含有尖点的 B 样条曲线。如图 9.14 所示,由顶点 $\boldsymbol{d}_i$、$\boldsymbol{d}_{i+1}$、$\boldsymbol{d}_{i+2}$、$\boldsymbol{d}_{i+3}$、$\boldsymbol{d}_{i+4}$ 可以定义两段三次均匀 B 样条曲线,满足公共连接点 $\boldsymbol{p}_{i+1}(0)$处的 C^2 连续条件。若在 $\boldsymbol{d}_{i+2}$ 设置两个顶点相重,则由顶点 $\boldsymbol{d}_i$、$\boldsymbol{d}_{i+1}$、$\boldsymbol{d}_{i+2}$、$\boldsymbol{d}_{i+2}$、$\boldsymbol{d}_{i+3}$、$\boldsymbol{d}_{i+4}$ 可以构造三段三次均匀 B 样条曲线 $\boldsymbol{p}_i(0)\boldsymbol{A}\boldsymbol{B}\boldsymbol{p}_{i+2}(0)$。若在 $\boldsymbol{d}_{i+2}$ 设置三个顶点相重,则由顶点 $\boldsymbol{d}_i$、$\boldsymbol{d}_{i+1}$、$\boldsymbol{d}_{i+2}$、$\boldsymbol{d}_{i+2}$、$\boldsymbol{d}_{i+2}$、$\boldsymbol{d}_{i+3}$、$\boldsymbol{d}_{i+4}$ 可以定义四段三次均匀 B 样条曲线 $\boldsymbol{p}_i(0)\boldsymbol{A}\boldsymbol{d}_{i+2}\boldsymbol{B}\boldsymbol{p}_{i+2}(0)$。在三重顶点 $\boldsymbol{d}_{i+2}$ 处,曲线的方向将不再连续,并形成尖点,而且两侧含有直线段 $\boldsymbol{A}\boldsymbol{d}_{i+2}$ 和 $\boldsymbol{d}_{i+2}\boldsymbol{B}$。在尖点处曲线的方向虽然不连续,但是对于参数曲线来说,确实达到了 C^2 连续,因为在三重顶点处的一阶和二阶导矢都退化为零。

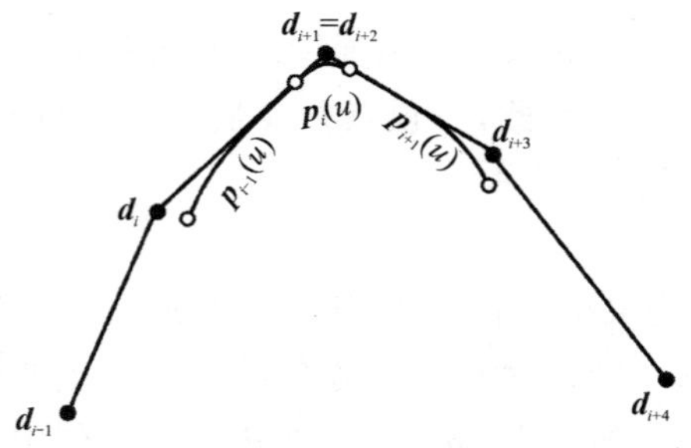

图 9.13　两顶点重合的三次均匀 B 样条曲线

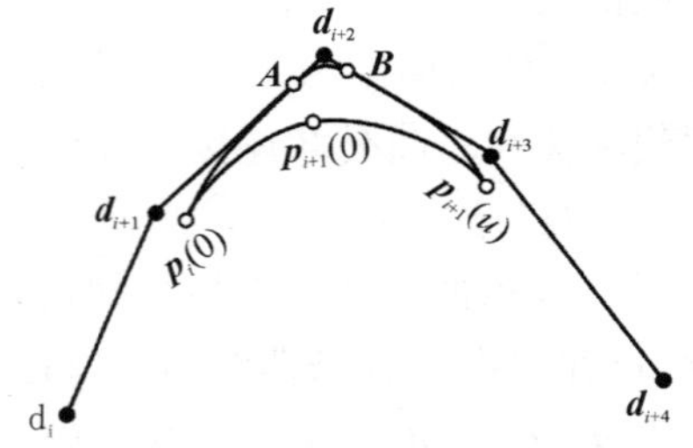

图 9.14　三顶点重合的三次均匀 B 样条曲线

示例　设有 7 个顶点 $\boldsymbol{d}_i$，$i=0,1,\cdots,6$，其中 $\boldsymbol{d}_2$、$\boldsymbol{d}_3$、$\boldsymbol{d}_4$ 重合，分析由这 7 个顶点所确定的 B 样条曲线的几何形状。

解　7 个顶点定义的 B 样条曲线由 4 个曲线段组成，三重顶点处是由两段直线形成的尖角。从外表看，切矢是间断的，然而对于参数曲线，确实达到了二阶连续。在三重顶点处的一阶和二阶导矢都退化为零。其三次均匀 B 样条曲线如图 9.15 所示。

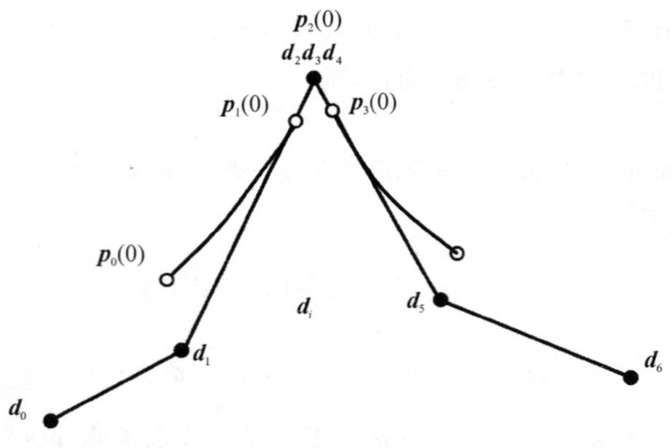

图 9.15　示例三顶点重合的三次均匀 B 样条曲线

9.2.4　三次均匀 B 样条曲线的几何性质

1. 直观性

B 样条曲线的形状由特征多边形决定，而且曲线和多边形相当逼近。

2. 局部性质

式(9.12)表明，三次均匀 B 样条曲线段 $\boldsymbol{p}_i(u)$ 仅由 4 个控制顶点 $\boldsymbol{d}_i$、$\boldsymbol{d}_{i+1}$、$\boldsymbol{d}_{i+2}$、$\boldsymbol{d}_{i+3}$ 确定，而与其他控制顶点无关。所以改变特征多边形的某一控制顶点 $\boldsymbol{d}_i$，将只对相关的 4 个曲线段 $\boldsymbol{p}_{i-3}(u)$、$\boldsymbol{p}_{i-2}(u)$、$\boldsymbol{p}_{i-1}(u)$、$\boldsymbol{p}_i(u)$ 产生影响，而不会改变其他曲线段的几何形状。

3. 凸包性

由于

$$\sum_{j=0}^{3} N_{j,3}(u) \equiv 1, \quad 0 \leqslant u \leqslant 1 \tag{9.27}$$

因此 B 样条曲线段 $\boldsymbol{p}_i(u)$ 可视为 4 个控制顶点 $\boldsymbol{d}_i$、$\boldsymbol{d}_{i+1}$、$\boldsymbol{d}_{i+2}$、$\boldsymbol{d}_{i+3}$ 的凸线性组合，$\boldsymbol{p}_i(u)$ 的形状必位于 4 个顶点所张成的凸包内。这就是说，三次均匀 B 样条的每一曲线段必定落在决定该曲线段的 4 个顶点张成的凸包之内，而整条 B 样条曲线必定落在由相继的 4 个多边形顶点所组成的凸包的并集之中，如图 9.16 所示。

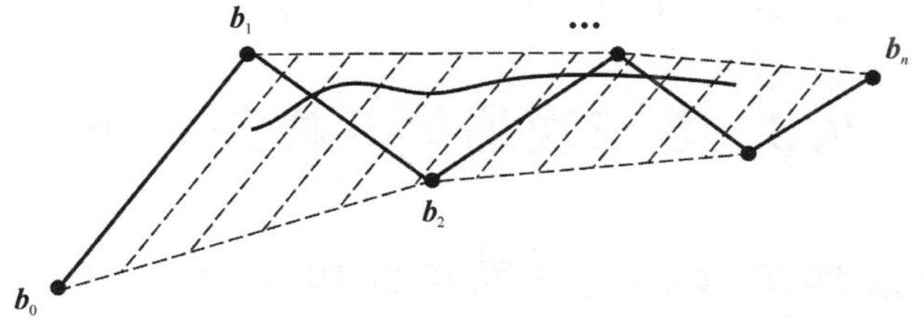

图 9.16　B 样条曲线的凸包性质

4. B 样条曲线具有几何不变性

由式(9.27)可知，B 样条基函数满足规范性要求，B 样条曲线具有几何不变性。

9.2.5　三次均匀 B 样条曲线的形状控制

以上讨论了三次均匀 B 样条曲线的几何特性及调整多边形顶点对曲线的影响，现将控制三次均匀 B 样条曲线几何形状的措施归纳如下：

① 为在曲线内嵌入一段直线，可应用四顶点共线的技巧。

② 为使曲线和特征多边形相切，可应用三顶点共线或两顶点重合技术。

③ 为使曲线通过某一顶点，从而在曲线上使之形成一个尖点，可在该处使三个顶点重合。

④ 改变一个顶点，将影响相邻四段曲线的形状。

示例　分析移动顶点 $\boldsymbol{d}_i$，对三次均匀 B 样条曲线的影响。

解　定义各曲线段的控制顶点中包含该顶点的仅有 $\boldsymbol{p}_i(u)$、$\boldsymbol{p}_{i-1}(u)$、$\boldsymbol{p}_{i-2}(u)$、$\boldsymbol{p}_{i-3}(u)$ 这 4 个曲线段。因此移动顶点 $\boldsymbol{d}_i$ 将影响此四段曲线的几何形状，对曲线的其余部分不产生影响。这在形状设计中是非常重要的。

综合来看，三次均匀 B 样条曲线的优点是，根据特征多边形形状可以相当准确地预测曲线的形状；可以局部修改设计；曲线的形态控制灵活，再加上方程的阶次低、计算程序简单、计算速度快等特点，故 B 样条曲线和曲面深受工程人员欢迎。

9.2.6　三次均匀 B 样条曲线的形状设计

1. 正　算

给定一组控制顶点即完全定义了三次均匀 B 样条曲线，也就可以完成曲线的分段连接点、曲线上的点、切矢、曲率等几何信息，这样的过程称为正算。在数控绘图和数控加工中往往需要对参数进行等间隔插值，这时不必将参数代入曲线表达式逐点计算，采用差分运算就可以使计算高速进行。

2. 反 算

从给定的一种型值点反算控制顶点，进而完成B样条曲线的定义则称为B样条曲线的反算，也就是曲线拟合或重构。即使对于形状设计，B样条拟合方案也仍有其实际意义。通过大致给定位于曲线上的一些点，可以反算出B样条曲线的控制顶点，而作为曲线设计的初始控制顶点，要比直接给出不位于曲线上的控制顶点，显然更适合设计人员的意愿，并且也容易给出。因为在设计人员头脑里直接考虑的是曲线的大致形状，而并非控制多边形的大致形状。有了曲线与初始控制顶点后，设计人员就可以根据需要，对已有曲线形状不满意之处，通过调整初始控制顶点进行形状修改，直至最后获得满意的结果，并把调整后的控制顶点等信息存储下来。

9.3 双三次均匀B样条曲面

9.3.1 双三次均匀B样条曲面片的数学表示

双三次均匀B样条曲面片的形成过程如下：

如图9.17所示，给定16个控制顶点 $\boldsymbol{d}_{i,j}$（$i=0,1,2,3;j=0,1,2,3$），将这些点沿参数 u 和 v 方向连接起来，形成两参数方向的由控制多边形形成的控制顶点网格；再将这16个顶点按两参数方向排列，形成控制顶点矩阵：

$$\boldsymbol{D} = \underset{\downarrow u\text{向}}{} \overset{\rightarrow v\text{向}}{\begin{bmatrix} \boldsymbol{d}_{0,0} & \boldsymbol{d}_{0,1} & \boldsymbol{d}_{0,2} & \boldsymbol{d}_{0,3} \\ \boldsymbol{d}_{1,0} & \boldsymbol{d}_{1,1} & \boldsymbol{d}_{1,2} & \boldsymbol{d}_{1,3} \\ \boldsymbol{d}_{2,0} & \boldsymbol{d}_{2,1} & \boldsymbol{d}_{2,2} & \boldsymbol{d}_{2,3} \\ \boldsymbol{d}_{3,0} & \boldsymbol{d}_{3,1} & \boldsymbol{d}_{3,2} & \boldsymbol{d}_{3,3} \end{bmatrix}}$$

先对方阵中的每一列（在图中沿 u 向排列），以其元素为顶点连成控制多边形。它们相应地定义了4条以 u 为参数的三次均匀B样条曲线：

$$\boldsymbol{p}_j(u) = \sum_{i=0}^{3} \boldsymbol{d}_{i,0} N_{i,3}(u), \quad 0 \leqslant u \leqslant 1; j = 0,1,2,3$$

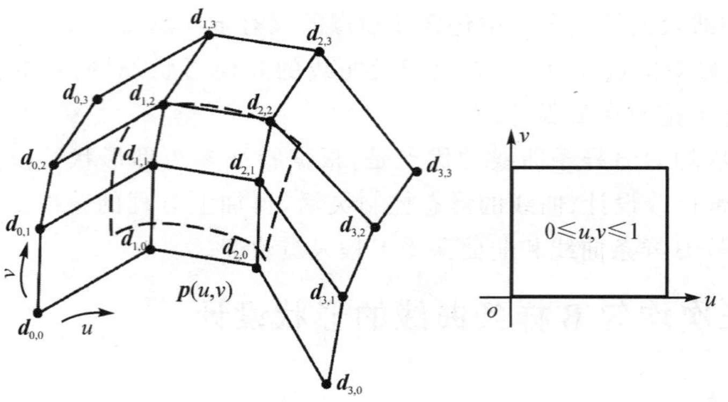

图9.17 双三次均匀B样条曲面片的定义

固定 u 参数值 $u=u^*$，于是在上述曲线上分别得到相应的点 $\boldsymbol{p}_j(u^*)$，$j=0,1,2,3$。以这

4 个点为顶点连成控制多边形，再构造一条以 v 为参数的三次均匀 B 样条曲线：

$$\boldsymbol{q}(v)=\sum_{j=0}^{3}\boldsymbol{p}_j(u^*)N_{j,3}(v),\quad 0\leqslant v\leqslant 1$$

可把 $\boldsymbol{q}(v)$ 设想为母线，而把 $\boldsymbol{p}_j(u^*)(j=0,1,2,3)$ 当成准线。当 u^* 从 0 连续变化到 1 时，相当于母线 $\boldsymbol{q}(v)$ 的控制多边形沿着 4 条准线滑动，从而形成了 u 向 3 次、v 向 3 次的双三次均匀 B 样条曲面。变动 u^* 等价于使用 u 替换表达式 $\boldsymbol{q}(v)$ 中的 u^*，这样 $\boldsymbol{q}(v)$ 方程中又增加了参数 u，符合曲面的双参数矢函数特征。将 $\boldsymbol{q}(v)$ 用 $\boldsymbol{p}(u,v)$ 表示，同时令 $u^*=u$，得到双三次均匀 B 样条曲面的数学表示：

$$\boldsymbol{p}(u,v)=\sum_{i=0}^{3}\sum_{j=0}^{3}\boldsymbol{d}_{i,j}N_{i,3}(u)N_{j,3}(v),\quad 0\leqslant u,v\leqslant 1 \tag{9.28}$$

可将式(9.28)转换为矩阵表示形式：

$$\boldsymbol{p}(u,v)=\begin{bmatrix}N_{0,3}(u) & N_{1,3}(u) & N_{2,3}(u) & N_{3,3}(u)\end{bmatrix}\begin{bmatrix}\boldsymbol{d}_{0,0} & \boldsymbol{d}_{0,1} & \boldsymbol{d}_{0,2} & \boldsymbol{d}_{0,3}\\ \boldsymbol{d}_{1,0} & \boldsymbol{d}_{1,1} & \boldsymbol{d}_{1,2} & \boldsymbol{d}_{1,3}\\ \boldsymbol{d}_{2,0} & \boldsymbol{d}_{2,1} & \boldsymbol{d}_{2,2} & \boldsymbol{d}_{2,3}\\ \boldsymbol{d}_{3,0} & \boldsymbol{d}_{3,1} & \boldsymbol{d}_{3,2} & \boldsymbol{d}_{3,3}\end{bmatrix}\begin{bmatrix}N_{0,3}(v)\\ N_{1,3}(v)\\ N_{2,3}(v)\\ N_{3,3}(v)\end{bmatrix},$$

$$0\leqslant u,v\leqslant 1 \tag{9.29}$$

双三次均匀 B 样条曲面定义在规范参数域上，定义曲面的两组基函数都是三次均匀 B 样条基函数，其中 $N_{i,3}(u)(i=0,1,2,3)$ 为以 u 为参数的三次均匀 B 样条基函数，$N_{j,3}(v)(j=0,1,2,3)$ 为以 v 为参数的三次均匀 B 样条基函数。

给定了控制顶点点阵，双三次均匀 B 样条曲面就完全定义并具有了相应的形状。通过调整网格中各控制顶点，就能实现对曲面形状的控制。

容易验证，双三次均匀 B 样条曲面的 4 个角点并不与控制顶点网格的 4 个角点重合，同时，曲面的 4 条边界曲线也不由控制顶点网格的 4 个边界控制多边形所定义。

令

$$\boldsymbol{U}=\begin{bmatrix}u^3 & u^2 & u & 1\end{bmatrix},\quad \boldsymbol{V}=\begin{bmatrix}v^3 & v^2 & v & 1\end{bmatrix},\quad \boldsymbol{B}=\frac{1}{6}\begin{bmatrix}-1 & 3 & -3 & 1\\ 3 & -6 & 3 & 0\\ -3 & 0 & 3 & 0\\ 1 & 4 & 1 & 0\end{bmatrix} \tag{9.30}$$

式(9.29)还可以写成：

$$\boldsymbol{p}(u,v)=\boldsymbol{UBDB}^{\mathrm{T}}\boldsymbol{V}^{\mathrm{T}} \tag{9.31}$$

用 MATLAB 绘制双三次均匀 B 样条曲面的定义与形状，代码如下：

```
% 输入控制顶点坐标
DX = [1,0,1,2;5,4,5,4;8,7,8,6;10,9,11,10];
DY = [1,5,7,17;1,4,6,7;1,4,8,1;1,5,8,10];
DZ = [1,2,0,3;5,6,7,8;7,4,8,11;2,1,3,2];
% 绘制控制顶点
plot3(DX,DY,DZ,'o','MarkerEdgeColor','r','MarkerFaceColor','r','MarkerSize',6);
% 分割定义域获取交叉排列的参数点对
u = (0:0.05:1)',v = (0:0.05:1)';
% 输入矩阵 U 与 V
```

```
U = [u.^3,u.^2,u,ones(21,1)],V = [v.^3,v.^2,v,ones(21,1)];
% 输入矩阵 B
B = [ - 1,3, - 3,1;3, - 6,3,0; - 3,0,3,0;1,4,1,0]/6;
[u,v] = meshgrid(u,v);
% 计算型值点坐标
fori = 1:21
  forj = 1:21
    x(i,j) = U(i,:) * B * DX * B' * V(j,:)';
    y(i,j) = U(i,:) * B * DY * B' * V(j,:)';
    z(i,j) = U(i,:) * B * DZ * B' * V(j,:)';
  end
end
% 绘制曲面
hold on;
grid on;
surf(x,y,z);
```

图 9.18 所示为程序绘制的双三次均匀 B 样条曲面片图形。注意,控制顶点网格的 4 个角点不再是曲面片的 4 个角点。

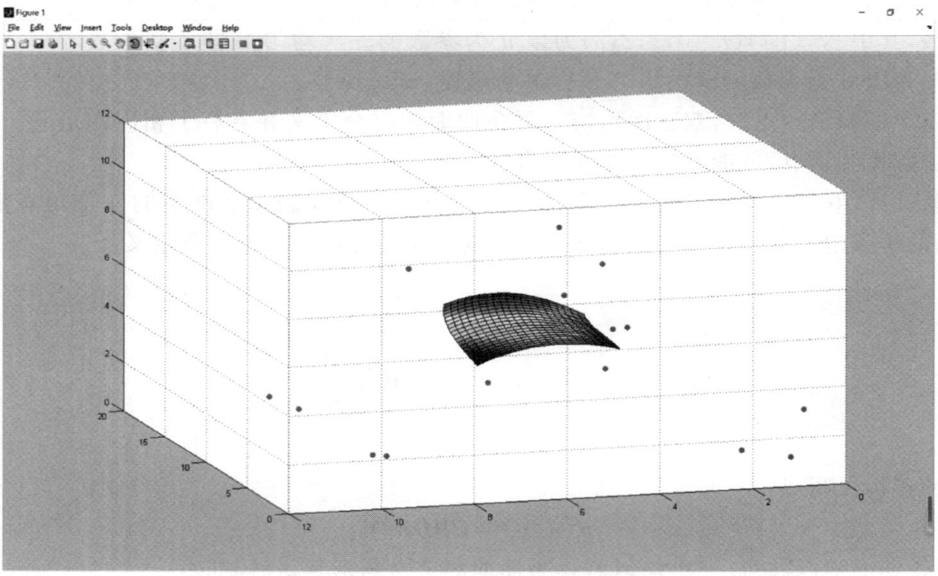

图 9.18　双三次均匀 B 样条曲面片图形

9.3.2　双三次均匀 B 样条曲面的数学表示

给定$(m+1)\times(n+1)$个控制顶点 $\boldsymbol{d}_{i,j}(i=0,1,\cdots,m;j=0,1,\cdots,n)$,定义一张双三次均匀 B 样条曲面。将这些点沿参数 u 和 v 方向连接起来,形成两参数方向的由控制多边形形成的控制顶点网格。

$$
\boldsymbol{D} = \underset{u\text{向}}{\downarrow} \begin{bmatrix} \boldsymbol{d}_{0,0} & \boldsymbol{d}_{0,1} \xrightarrow{v\text{向}} & \cdots & \boldsymbol{d}_{0,n} \\ \boldsymbol{d}_{1,0} & \boldsymbol{d}_{1,1} & \cdots & \boldsymbol{d}_{1,n} \\ \vdots & \vdots & & \vdots \\ \boldsymbol{d}_{m,0} & \boldsymbol{d}_{m,1} & \cdots & \boldsymbol{d}_{m,n} \end{bmatrix}
$$

B 样条曲面由 B 样条曲面片拼接而成，与控制顶点相似，曲面片也沿 u 与 v 参数方向成行成列排列。一个双三次均匀 B 样条曲面片由 4×4 个控制顶点定义，对于给定的 $(m+1)\times(n+1)$ 个控制顶点，随着 m 与 n 的增多，曲面片的数量也将随之增多。m 每增加 1 个，曲面片列数加 1；n 每增加 1 个，曲面片行数加 1。整个双三次均匀 B 样条曲面将由 $(m-2)\times(n-2)$ 个曲面片拼接而成。各曲面片的数学表示如下：

$$
\boldsymbol{p}_{i,j}(u,v) = \sum_{k=0}^{3}\sum_{l=0}^{3}\boldsymbol{d}_{k+i,l+j}N_{k,3}(u)N_{l,3}(v),
$$
$$
0 \leqslant u \leqslant 1; i = 0,1,\cdots,m-3; j = 0,1,\cdots,n-3 \tag{9.32}
$$

可以证明，具有公共边界的两相邻曲面片之间达到 C^2 连续。关于双三次均匀 B 样条曲面的性质将在后续章节合并介绍。

习　题

1. 组合二次 B 样条曲线段形成的曲线在分段连接点具有怎样的参数连续性？

2. 二次均匀 B 样条曲线段有怎样的端点几何性质？

3. 如何实现二次 B 样条曲线的形状控制？

4. 说明三次均匀 B 样条曲线段的几何特性。

5. 给定控制顶点序列(2,7,2)、(−10,9,8)、(9,7,2)、(1,5,1)定义一条三次均匀 B 样条曲线段，求该曲线段首末端点坐标、一阶导矢及二阶导矢。

6. 已知特征多边形顶点 v_0、v_1、v_2、v_3、v_4，后续采用重顶点技巧构造一条通过 v_2 点的三次均匀 B 样条曲线 $\boldsymbol{p}(u)$：

(1) 该 B 样条曲线由哪几个子曲线段组成？列出定义各曲线段控制顶点序列。

(2) 绘制各曲线段形状。

(3) 绘制各曲线段首末端点的位置、切矢和二阶导矢。

(4) 列出各曲线段的表达式。

7. 顶点共线与重合如何影响三次均匀 B 样条曲线的几何形状？

8. 对比分析 B 样条曲线与贝齐尔曲线的差别与联系。

9. 双三次均匀 B 样条曲面片由哪些几何量定义？列出 4 个角点与 4 条边界曲线的数学表示。

10. 由双三次均匀 B 样条曲面片拼接形成的组合曲面在公共边界处如何实现二阶参数连续性？

第 10 章　B 样条曲线曲面

贝齐尔方法实际上是 B 样条方法的一种特殊情况，B 样条方法兼具了贝齐尔方法的一切优点，克服了其由于整体表示带来不具有局部性质的缺点，同时解决了描述复杂形状时带来的连接问题，在表示与设计自由曲线曲面时表现出很大的灵活性，是最广泛采用的自由曲线曲面数学描述方法。同时，B 样条曲线曲面又是作为有理 B 样条曲线曲面的基础。

本章在第 9 章已经讨论的均匀 B 样条曲线曲面的基础上，将其诸多优良性质推广，进一步阐述了一般 B 样条曲线曲面的描述与形状控制。同时从工程实践需求出发，分析 B 样条曲线曲面拟合技术与构造方法，相关内容的理解与掌握将为后续有理 B 样条曲线曲面的学习奠定基础。

10.1　B 样条曲线的数学表示

给定 $n+1$ 个依序排列的控制顶点 $\boldsymbol{d}_i(i=0,1,\cdots,n)$ 以及相联系的 B 样条基函数 $N_{i,k}(u)$、曲线的次数 k，所定义的 k 次 B 样条曲线数学表示为

$$\boldsymbol{p}(u)=\sum_{i=0}^{n}\boldsymbol{d}_i N_{i,k}(u) \tag{10.1}$$

与贝齐尔曲线类似，B 样条曲线仍采用控制顶点定义，顺序连接控制顶点所形成的折线为控制多边形。$N_{i,k}(u)(i=0,1,\cdots,n)$ 称为 k 次规范 B 样条基函数，其中下标 i 表示基函数的序号，使其与同序号控制顶点相关联，k 表示基函数的次数。正是由于 B 样条基函数的采用，使得 B 样条曲线具有了强大的复杂形状描述能力及形状调整与控制能力。注意，式(10.1)中并未列出曲线的定义域，相关内容将在后续展开讨论。

10.2　B 样条基函数的递推定义与性质

10.2.1　B 样条基函数的递推定义

第 9 章给出了二次与三次均匀 B 样条基函数的定义，从中可见，给定基函数的次数，即可完全确定均匀 B 样条基函数。然而对于一般的 B 样条基函数，欲完全确定其数学表示，还需要预先给定称为节点矢量的非递减的参数 u 的序列 $\boldsymbol{U}: u_0\leqslant u_1\leqslant u_2\leqslant\cdots\leqslant u_{n+k+1}$。

B 样条基函数有多种等价定义。对于一般的 B 样条基函数，在理论上则较多地采用截尾幂函数的差商定义。这里给出作为标准算法的德布尔-考克斯递推定义（又称为德布尔-考克斯递推公式）：

$$
\begin{cases}
N_{i,0}(u)=\begin{cases}1, & u\in[u_i,u_{i+1}]\\0, & u\notin[u_i,u_{i+1}]\end{cases}\\
N_{i,k}(u)=\dfrac{u-u_i}{u_{i+k}-u_i}N_{i,k-1}(u)+\dfrac{u_{i+k+1}-u}{u_{i+k+1}-u_{i+1}}N_{i+1,k-1}(u)\\
令\dfrac{0}{0}=0
\end{cases}
\tag{10.2}
$$

式中，$N_{i,k}(u)$的双下标中第一个下标 i 表示序号，并与对应的控制顶点 $\boldsymbol{d}_i$ 相关联；第二个下标 k 表示次数。

该递推公式表明，一个高次 B 样条由两个低一次的 B 样条递推得到，并表示为它们的线性组合。为研究 k 次 B 样条基函数的数学表示及其性质，首先完成几个低次 B 样条的递推过程，然后将结论向高次样条推广并得出初步结论。

参数 u 定义于整个参数区间，即 $u\in(-\infty,+\infty)$，但对于 B 样条基函数，仅在某一区间段取大于 0 的值。这里给出 B 样条基函数支撑区间的定义：对于 B 样条基函数，在其支撑区间内取大于零的值，而在其他区间取值为 0。

10.2.2　零次 B 样条基函数

式(10.2)中的第一式给出了 $N_{i,0}(u)$的表达式：

$$
N_{i,0}(u)=\begin{cases}1, & u\in[u_i,u_{i+1}]\\0, & u\notin[u_i,u_{i+1}]\end{cases}
\tag{10.3}
$$

可知 $N_{i,0}(u)$表达为一开关函数，取值为 0 和 1。因此零次 B 样条基函数像开关那样发生作用，即 1 表示接通，0 表示断开。参数 u 定义于整个参数区间，即 $u\in(-\infty,+\infty)$，其中在$[u_i,u_{i+1}]$区间取值为 1，其他区间取值 0，函数曲线状如平台，如图 10.1 所示，故又称平台函数。

下面总结 $N_{i,0}(u)$的特征。

1. 支撑区间

零次 B 样条 $N_{i,0}(u)$的支撑区间为$[u_i,u_{i+1}]$，仅含一个节点区间。

2. 函数形式

由 $N_{i,0}(u)$的表达式可知，该函数在支撑区间内是 u 的零次多项式函数。

3. 连续性

从 $N_{i,0}(u)$的表达式与其图形可知，在支撑区间两端点 u_i 与 u_{i+1} 处，函数值不连续，故具有 C^{-1} 阶连续性。

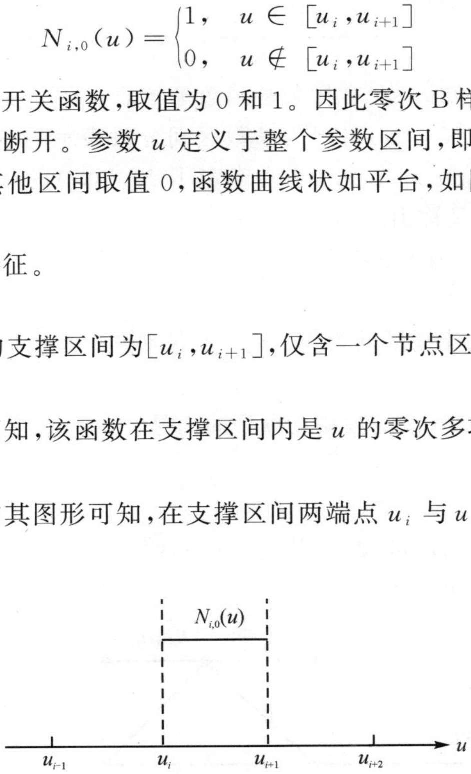

图 10.1　零次 B 样条基函数

10.2.3 一次B样条基函数

一次B样条基函数 $N_{i,1}(u)$ 由两个零次B样条 $N_{i,0}(u)$ 与 $N_{i+1,0}(u)$ 递推得到，是它们的凸线性组合：

$$N_{i,1}(u)=\frac{u-u_i}{u_{i+1}-u_i}N_{i,0}(u)+\frac{u_{i+2}-u}{u_{i+2}-u_{i+1}}N_{i+1,0}(u) \tag{10.4}$$

由式(10.3)得到 $N_{i,1}(u)$ 中包含的 $N_{i,0}(u)$ 与 $N_{i+1,0}(u)$ 的表达式：

$$\begin{cases} N_{i,0}(u)=\begin{cases}1, & u\in[u_i,u_{i+1}] \\ 0, & u\notin[u_i,u_{i+1}]\end{cases} \\ N_{i+1,0}(u)=\begin{cases}1, & u\in[u_{i+1},u_{i+2}] \\ 0, & u\notin[u_{i+1},u_{i+2}]\end{cases}\end{cases} \tag{10.5}$$

由于 $N_{i,0}(u)$ 在区间 $[u_i,u_{i+1}]$ 上取1，$N_{i+1,0}(u)$ 在区间 $[u_{i+1},u_{i+2}]$ 上取1，在其他区间上均取0，因此这两个函数的凸组合函数，其大于0的取值范围只能是两者的并集区间 $[u_i,u_{i+2}]$，即其支撑区间为 $[u_i,u_{i+2}]$，而在其他区间均取值0。

将式(10.5)代入式(10.4)可得到 $N_{i,1}(u)$ 的表达式：

$$N_{i,1}(u)=\begin{cases}\dfrac{u-u_i}{u_{i+1}-u_i}, & u\in[u_i,u_{i+1}] \\ \dfrac{u_{i+2}-u}{u_{i+2}-u_{i+1}}, & u\in[u_{i+1},u_{i+2}]\end{cases} \tag{10.6}$$

由 $N_{i,1}(u)$ 的表达式可知，一次B样条基函数是参数 u 的一次多项式函数，但在支撑区间各子区间段的表示不同，故 $N_{i,1}(u)$ 可视为参数区间分段表示的一次多项式函数。确定了支撑区间所涉及的节点值 u_i、u_{i+1}、u_{i+2}，也就确定了 $N_{i,1}(u)$ 的表达式。$N_{i,1}(u)$ 的图形如图10.2所示，状如山形，故又称山形函数。

下面总结一次B样条基函数的特征。

1. 支撑区间

一次B样条 $N_{i,1}(u)$ 的支撑区间为 $[u_i,u_{i+2}]$，包含两个节点区间段。

2. 函数形式

由 $N_{i,1}(u)$ 的表达式可知，该函数在支撑区间内是 u 的一次多项式函数，但每个区间内表达式不同。

3. 连续性

从 $N_{i,1}(u)$ 的表达式及图形可知，在其支撑区间两端点 u_i、u_{i+2} 及内节点 u_{i+1} 处仅达到位置连续，即具有 C^0 阶连续性。

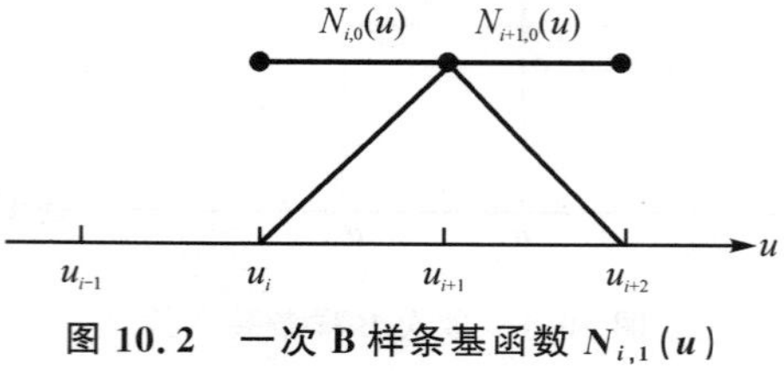

图10.2 一次B样条基函数 $N_{i,1}(u)$

10.2.4　二次 B 样条基函数

与前述分析相似，二次 B 样条 $N_{i,2}(u)$ 由两个一次 B 样条 $N_{i,1}(u)$ 与 $N_{i+1,1}(u)$ 递推得到，是它们的凸线性组合：

$$N_{i,2}(u)=\frac{u-u_i}{u_{i+2}-u_i}N_{i,1}(u)+\frac{u_{i+3}-u}{u_{i+3}-u_{i+1}}N_{i+1,1}(u) \tag{10.7}$$

其中 $N_{i,1}(u)$ 的支撑区间为 $[u_i, u_{i+2}]$，并表示为

$$N_{i,1}(u)=\begin{cases}\dfrac{u-u_i}{u_{i+1}-u_i}, & u\in[u_i,u_{i+1}]\\[2ex] \dfrac{u_{i+2}-u}{u_{i+2}-u_{i+1}}, & u\in[u_{i+1},u_{i+2}]\end{cases}$$

$N_{i+1,1}(u)$ 的支撑区间为 $[u_{i+1}, u_{i+3}]$，并表示为

$$N_{i+1,1}(u)=\begin{cases}\dfrac{u-u_{i+1}}{u_{i+2}-u_{i+1}}, & u_{i+1}\leqslant u\leqslant u_{i+2}\\[2ex] \dfrac{u_{i+3}-u}{u_{i+3}-u_{i+2}}, & u_{i+2}\leqslant u\leqslant u_{i+3}\end{cases}$$

因此，$N_{i,2}(u)$ 的支撑区间为两者的并集 $[u_i, u_{i+3}]$，在此区间上 $N_{i,2}(u)$ 表示为

$$N_{i,2}(u)=\begin{cases}\dfrac{(u-u_i)^2}{(u_{i+2}-u_i)(u_{i+1}-u_i)}, & u\in[u_i,u_{i+1}]\\[2ex] \dfrac{(u-u_i)(u_{i+2}-u)}{(u_{i+2}-u_i)(u_{i+2}-u_{i+1})}+\dfrac{(u_{i+3}-u)(u-u_{i+1})}{(u_{i+3}-u_{i+1})(u_{i+2}-u_{i+1})}, & u\in[u_{i+1},u_{i+2}]\\[2ex] \dfrac{(u_{i+3}-u)^2}{(u_{i+3}-u_{i+1})(u_{i+3}-u_{i+2})}, & u\in[u_{i+2},u_{i+3}]\end{cases} \tag{10.8}$$

$N_{i,2}(u)$ 的图形如图 10.3 所示。

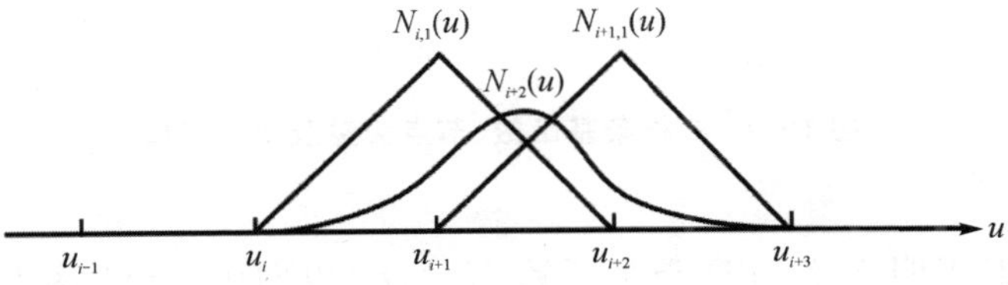

图 10.3　二次 B 样条基函数 $N_{i,2}(u)$

下面总结二次 B 样条基函数的特征。

1. 支撑区间

二次 B 样条 $N_{i,2}(u)$ 的支撑区间为 $[u_i, u_{i+3}]$，包含 3 个节点区间段。

2. 函数形式

由 $N_{i,2}(u)$ 的表达式可知，该函数在支撑区间内是 u 的二次多项式函数，但每个区间段表达式不同。

3. 连续性

从 $N_{i,2}(u)$ 的表达式与其图形可知，在其支撑区间两端点 u_i、u_{i+3} 及内节点 u_{i+1}、u_{i+3} 处

达到斜率连续，即具有 C^1 阶连续性。

10.2.5 B样条基函数的性质

将上述低次B样条的分析过程向高次B样条推广，可得到B样条基函数的性质。

1. 局部支承

B样条 $N_{i,k}(u)$ 虽定义在整个参数 u 轴上，但仅在其支承区间内部有大于零的值，在支承区间外均为0。B样条基函数 $N_{i,k}(u)$ 的支撑区间为 $[u_i,u_{i+k+1}]$，该支撑区间由 $k+2$ 个子区间段合并而成。$N_{i,k}(u)$ 由支撑区间内包含的 $k+2$ 个节点值 $u_i,u_{i+1},\cdots,u_{i+k+1}$ 定义：

$$\begin{cases} N_{i,k}(u) \geqslant 0, & u \in [u_i,u_{i+k+1}] \\ N_{i,k}(u) = 0, & u \notin [u_i,u_{i+k+1}] \end{cases} \tag{10.9}$$

2. 节点矢量

B样条曲线方程中包含 $n+1$ 个控制顶点 $\boldsymbol{d}_i$ 及相联系的基函数 $N_{i,k}(u)$，$i=0,1,\cdots,n$。$N_{i,k}(u)$ 由其支承区间 $[u_i,u_{i+k+1}]$ 内涉及的节点值定义，各基函数所涉及的节点的并集就是定义全部B样条基的节点矢量 $\boldsymbol{U}=[u_0,u_1,\cdots,u_{n+k+1}]$。节点矢量中包含 $n+k+2$ 个节点值，它们按非递减循序排列，$u_0\leqslant u_1\leqslant\cdots\leqslant u_{n+k+1}$。给定了节点矢量即可完成定义曲线的 $n+1$ 个基函数。这里要注意节点矢量与数据点参数化的差异。

这里需要说明节点重复度的概念。节点重复度指节点矢量中节点值重复的个数，记为 r。如果节点序列单调增，则各节点重复度为1。如果取节点值的节点个数为多个，如 $u_8=u_9=1.8$，则在节点值1.8处节点重复度为2。

图10.4所示为B样条基函数、节点矢量及支撑区间。

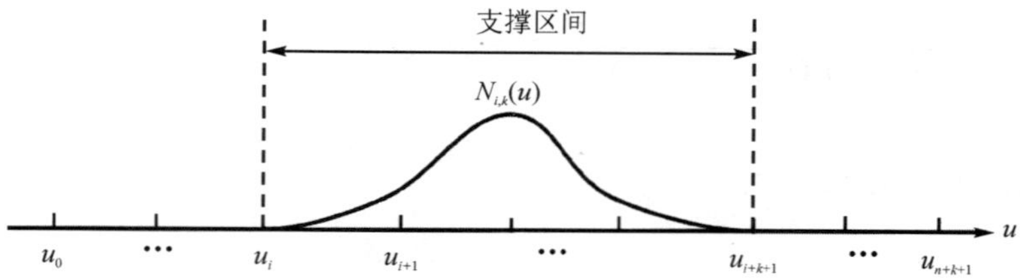

图10.4　B样条基函数、节点矢量及支撑区间

3. 递推性

递推公式(10.2)表明 k 次B样条基函数 $N_{i,k}(u)$ 由两个 $k-1$ 次B样条 $N_{i,k-1}(u)$ 与 $N_{i+1,k-1}(u)$ 递推得到。其凸线性组合的系数分别为 $\dfrac{u-u_i}{u_{i+k}-u_i}$ 与 $\dfrac{u_{i+k+1}-u}{u_{i+k+1}-u_{i+1}}$，两个系数的分母恰好是两个 $k-1$ 次B样条 $N_{i,k-1}(u)$ 与 $N_{i+1,k-1}(u)$ 的支承区间 $[u_i,u_{i+k}]$ 与 $[u_{i+1},u_{i+k+1}]$ 的长度，分子恰好是参数 u 把 $N_{i,k}(u)$ 的支承区间 $[u_i,u_{i+k+1}]$ 划分成两部分 $[u_i,u]$、$[u,u_{i+k+1}]$ 的长度。在重节点的情况下，递推公式右端两个凸线性组合系数可能出现分子、分母都为零的情况，这时按规定该系数取为零。

4. 规范性

B样条基函数在曲线的定义域 $[u_k,u_{n+1}]$ 内具有完全的规范性。

$$\sum_{i=0}^{n} N_{i,k}(u) \equiv 1, \quad u \in [u_k, u_{n+1}] \tag{10.10}$$

5. 连续性

$N_{i,k}(u)$在支撑区间包含的各节点 $u_i, u_{i+1}, \cdots, u_{i+k+1}$ 处是 $k-r$ 次可微的，即有 C^{k-r} 阶连续性，在节点区间内部它是无限次可微的，即有 C^{∞} 阶连续性。这里 r 是节点重复度。

6. 函数性质

$N_{i,k}(u)$是关于参数 u 的 k 次多项式样条函数，但在支撑区间各子区间段的表达式不同。因此 $N_{i,k}(u)$既分段表示又具有 $k-r$ 阶参数连续性，是 k 次多项式样条函数。

10.3　B 样条曲线的性质

10.3.1　B 样条曲线的分段定义

式(10.1)表明，整条 B 样条曲线由 $n+1$ 个控制顶点及关联的基函数定义。具体到曲线上的某一点 $\boldsymbol{p}(u^*)$来说，各控制顶点 $\boldsymbol{d}_i$ 对其产生的影响受相联系的基函数在 u^* 上的取值 $N_{i,k}(u^*)$的控制。如果 $N_{i,k}(t^*)$取值为 0，则控制顶点 $\boldsymbol{d}_i$ 对 $\boldsymbol{p}(u^*)$并不产生影响。又由于 B 样条基函数的支撑区间范围有限，因此曲线在各节点区间段将仅由部分控制顶点定义与影响。

现进行模拟测试，考察 B 样条曲线 $\boldsymbol{p}(u)$在节点区间 $u \in [u_i, u_{i+1}]$哪一段受哪些控制顶点的影响(不失一般性，设 $i \gg k$)。测试方法是列出各基函数 $N_{j,k}(u)(j=0,1,\cdots,n)$的支撑区间，判断其是否覆盖区间段$[u_i, u_{i+1}]$；如果不覆盖，则 $N_{j,k}(u)$取值为 0，$\boldsymbol{d}_j$ 将不参与该曲线段的定义。

表 10.1　考察 $N_{j,k}(u)$支撑区间是否覆盖$[u_i, u_{i+1}]$

j	$N_{j,k}(u)$的支撑区间	是否覆盖$[u_i, u_{i+1}]$	$\boldsymbol{d}_j$ 是否定义该段
0	$[u_0, u_{k+1}]$	否	否
1	$[u_1, u_{k+2}]$	否	否
⋮	⋮	否	否
$i-k-1$	$[u_{i-k-1}, u_i]$	否	否
$i-k$	$[u_{i-k}, u_{i+1}]$	是	是
$i-k+1$	$[u_{i-k+1}, u_{i+2}]$	是	是
⋮	⋮	是	是
i	$[u_i, u_{i+k+1}]$	是	是
$i+1$	$[u_{i+1}, u_{i+k+2}]$	否	否
⋮	⋮	否	否
n	$[u_n, u_{n+k+1}]$	否	否

由表 10.1 可见，对于曲线 $\boldsymbol{p}(u)$位于区间$[u_i, u_{i+1}]$这段，仅有基函数 $N_{i-k,k}(u)$，$N_{i-k+1,k}(u)$，$\cdots$，$N_{i,k}(u)$在此区间有大于 0 的值，其他基函数取值都为 0。因此，该段曲线仅由这些基函数及关联的控制顶点定义 $\boldsymbol{d}_{i-k}, \boldsymbol{d}_{i-k+1}, \cdots, \boldsymbol{d}_{i,k}$，则曲线 $\boldsymbol{p}(u)$在 $u \in [u_i, u_{i+1}]$那段，略去基函数取零值的那些项可表示为

$$p(u)=\sum_{j=i-k}^{i} d_j N_{j,k}(u), \quad u_i \leqslant u \leqslant u_{i+1} \tag{10.11}$$

式(10.11)表明了B样条曲线局部性质的一个方面：在曲线定义域内，定义在非零节点区间 $u \in [u_i, u_{i+1}]$ 那一段 k 次B样条曲线，由 $k+1$ 个控制顶点 $d_{i-k}, d_{i-k+1}, \cdots, d_i$ 及相应的B样条基函数决定，与其他顶点无关。而贝齐尔曲线上除两端点外的所有点都与控制多边形的全部顶点有关。

10.3.2 B样条曲线的定义域

曲线的定义域由参数范围确定，此范围对应于曲线首末端点参数值所界定的范围。前已提及B样条曲线的定义域，那么B样条曲线究竟有怎样的定义域呢？式(10.11)表明B样条曲线在某一节点区间由 $k+1$ 个控制顶点及相联系B样条基函数定义。这样定义B样条曲线的前 $k+1$ 个控制顶点 $d_0, d_1, \cdots, d_k$ 将定义B样条曲线的一段，结合式(10.11)可知该段曲线的参数范围为 $[u_k, u_{k+1}]$。后移一个控制顶点得到的 $k+1$ 个控制顶点 $d_1, d_2, \cdots, d_{k+1}$ 定义曲线的第二段，参数范围为 $[u_{k+1}, u_{k+2}]$。此过程依序进行，直至最后 $k+1$ 个控制顶点 $d_{n-k}, d_{n-k+1}, \cdots, d_n$ 定义了曲线的最后一段，参数范围为 $[u_n, u_{n+1}]$。上述各节点区间的并集就是 k 次B样条曲线的定义域 $[u_k, u_{n+1}]$。整条B样条由定义域内的 $n-k+1$ 个节点区间段合并而成，增加或减少一个控制顶点，B样条曲线便相应增加或减少了一曲线段。

又由B样条曲线的定义域 $[u_k, u_{n+1}]$ 可知，曲线的首端点为 $p(u_k)$，末端点为 $p(u_{n+1})$。B样条曲线是一条整体表示的分段参数样条曲线，对于曲线定义域各内节点参数值 $u_{k+1}, \cdots, u_n$，曲线上对应的点 $p(u_{k+1}), p(u_{k+2}), \cdots, p(u_n)$ 即为各子区间段的分段连接点。

图10.5所示为B样条曲线的分段连接点与定义域。

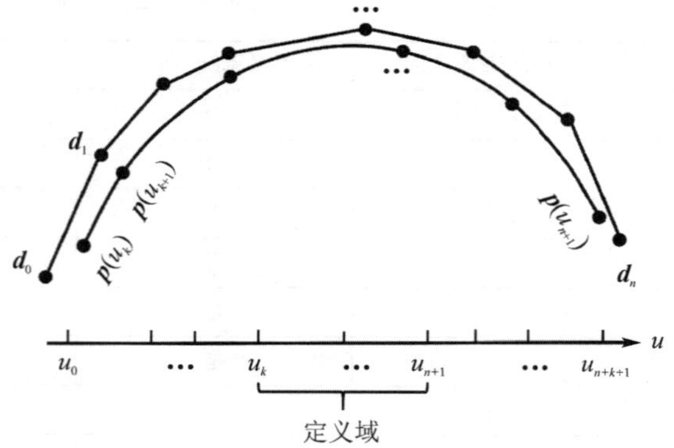

图10.5　B样条曲线的分段连接点与定义域

综合以上讨论并结合式(10.11)，可将 k 次B样条曲线表示为

$$p(u)=\sum_{i=0}^{n} d_i N_{i,k}(u)=\sum_{j=i-k}^{i} d_j N_{j,k}(u), \quad u \in [u_i, u_{i+1}] \subset [u_k, u_{n+1}] \tag{10.12}$$

10.3.3 B样条曲线的局部形状控制

前已述及，移动贝齐尔曲线的一个控制顶点，将影响除了首末控制顶点以外整条曲线的几何形状，因此贝齐尔曲线不具备局部形状调整能力。我们又知道，B样条曲线是由 $n-k+1$ 段

子曲线段拼接而成的参数样条曲线。现进行模拟测试，考察移动一个控制顶点 $\boldsymbol{d}_i$，将对 B 样条曲线的哪些部分产生影响。不失一般性，设 $i \gg k$。测试方法是列出定义各子曲线段的 $k+1$ 个控制顶点，检查其中是否包含 $\boldsymbol{d}_i$。如果包含 $\boldsymbol{d}_i$，则移动 $\boldsymbol{d}_i$ 将影响该段曲线的形状，否则，该段曲线的形状将保持不变。检查结果见表 10.2。

表 10.2　考察移动 $\boldsymbol{d}_i$ 影响的曲线段

子曲线段	控制顶点	是否包含 $\boldsymbol{d}_i$	移动 $\boldsymbol{d}_i$ 有无影响
$[u_k, u_{k+1}]$	$\boldsymbol{d}_0, \boldsymbol{d}_1, \cdots, \boldsymbol{d}_k$	否	无
$[u_{k+1}, u_{k+2}]$	$\boldsymbol{d}_1, \boldsymbol{d}_2, \cdots, \boldsymbol{d}_{k+1}$	否	无
⋮	⋮	否	无
$[u_{i-1}, u_i]$	$\boldsymbol{d}_{i-k-1}, \boldsymbol{d}_{i-k}, \cdots, \boldsymbol{d}_{i-1}$	否	无
$[u_i, u_{i+1}]$	$\boldsymbol{d}_{i-k}, \boldsymbol{d}_{i-k+1}, \cdots, \boldsymbol{d}_i$	是	有
$[u_{i+1}, u_{i+2}]$	$\boldsymbol{d}_{i-k+1}, \boldsymbol{d}_{i-k+1}, \cdots, \boldsymbol{d}_{i+1}$	是	有
⋮	⋮	是	有
$[u_{i+k}, u_{i+k+1}]$	$\boldsymbol{d}_i, \boldsymbol{d}_{i+1}, \cdots, \boldsymbol{d}_{i+k}$	是	有
$[u_{i+k+1}, u_{i+k+2}]$	$\boldsymbol{d}_{i+1}, \boldsymbol{d}_{i+2}, \cdots, \boldsymbol{d}_{i+k+1}$	否	无
⋮	⋮	否	无
$[u_n, u_{n+1}]$	$\boldsymbol{d}_{n-k}, \boldsymbol{d}_{n-k+1}, \cdots, \boldsymbol{d}_n$	否	无

上述模拟测试过程得到了定义各子曲线段的控制顶点中包含 $\boldsymbol{d}_i$ 的那些段，将这些区间段合并得到参数区间$[u_i, u_{i+k+1}]$，该区间恰好为基函数 $N_{i,k}(u)$的支撑区间。由此得到以下结论：移动 B 样条曲线的第 i 个控制顶点 $\boldsymbol{d}_i$ 将改变定义在第 i 个 k 次 B 样条基函数 $N_{i,k}(u)$的支撑区间$[u_i, u_{i+k+1}]$上那部分曲线的形状，所影响的曲线段数为 $k+1$，对曲线的其余部分不产生影响。这里还需要注意，所影响的区间段应包含于曲线的定义域之内。所以，移动 $\boldsymbol{d}_i$ 的影响区域的完整表达应为$[u_i, u_{i+k+1}] \subset [u_k, u_{n+1}]$。

图 10.6 所示为 B 样条曲线的局部形状控制。

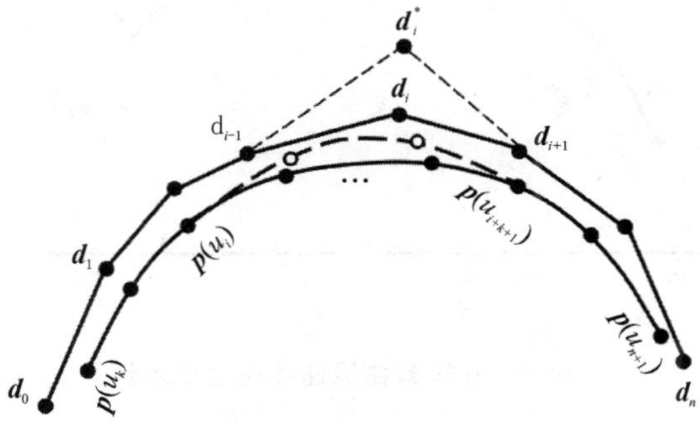

图 10.6　B 样条曲线的局部形状控制

现举例说明上述所讨论的诸参量间的关系以及该如何确定。

例如，给定控制顶点 $\boldsymbol{d}_i(i=0,1,\cdots,8)$，定义一条三次 B 样条曲线。

这表明 $n=8$，取次数 $k=3$。有关各量可确定如下：

① 节点矢量：

$$\boldsymbol{U}=[u_0,u_1,\cdots,u_{n+k+1}]=[u_0,u_1,\cdots,u_{12}]$$

② 曲线定义域：

$$[u_k,u_{n+1}]=[u_3,u_9]$$

③ 曲线段数：当定义域$[u_3,u_9]$内不含重节点时，曲线段数 $n-k+1=6$。

④ 曲线定义在 $u\in[u_6,u_7]$上那一曲线段由哪些控制顶点定义？因为 $i=6$，所以它由$[\boldsymbol{d}_{i-k},\cdots,\boldsymbol{d}_i]=[\boldsymbol{d}_3,\boldsymbol{d}_4,\boldsymbol{d}_5,\boldsymbol{d}_6]$ 4 个控制顶点定义，与其他顶点无关。

⑤ 移动控制顶点 $\boldsymbol{d}_3$ 将影响到哪些曲线段的形状？因为 $i=3$，所以将至多影响定义在$(u_i,u_{n+k+1})=(u_3,u_7)$区间上那些曲线段的形状，对曲线其他部分不产生影响。

⑥ 移动控制顶点 $\boldsymbol{d}_7$ 将影响到哪些曲线段的形状？虽然$(u_i,u_{n+k+1})=(u_7,u_{11})$，但其中因$[u_9,u_{11}]$落在定义域以外，故仅影响定义在$(u_7,u_9)$所含两个节点区间上的那部分曲线的形状，对曲线的其他部分不产生影响。

10.3.4 可微性或参数连续性

B样条曲线是整体表示的分段参数样条曲线，在曲线定义域内，k 次 B 样条基函数在各节点处是 $k-r$ 次可微的，也即是 C^{k-r} 的，这导致所定义的 k 次 B 样条曲线也是 C^{k-1} 连续的，或者说具有 $k-r$ 阶参数连续性。这里 r 为节点重复度。确切地说，k 次 B 样条曲线在其定义域内的非零节点区间内部或在每一曲线段内部是无限次可微的，即是 C^{∞} 的，或者说具有无穷阶参数连续性；在定义域内重复度为 r 的节点处则是 $k-r$ 次可微的，即 C^{k-r} 的，或者说具有 $k-r$ 阶参数连续性。B样条曲线就是在参数连续性基础上轻而易举地解决了连接问题。

B样条曲线连续性分析示例见图 10.7，给定节点中 $u_{k+1}=u_{k+2}$，因此该节点重复度为 2。除此之外，其余节点重复度均为 1，因此曲线在分段连接 $\boldsymbol{p}(u_{k+1})$处为 $k-2$ 阶连续，在其余分段连接点为 $k-1$ 阶连续。

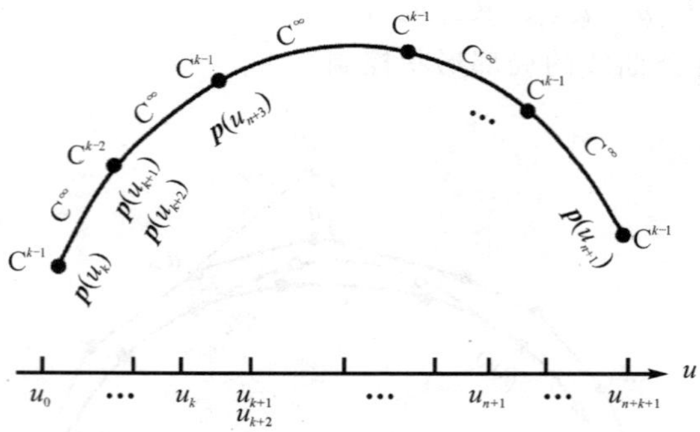

图 10.7 B样条曲线连续性分析示例

10.3.5 凸包性质

B样条曲线各子曲线段由相关的 $k+1$ 个控制顶点定义，由 B 样条基函数的规范性与非负性可知，各子曲线段将限制于其控制顶点所形成的凸包之内。对于整条 B 样条曲线来说，其凸包是定义各曲线段的控制顶点凸包的并集。相应地，整条曲线也将限制于此凸包范围之内。B 样条曲线的凸包区域比同一组顶点定义贝齐尔曲线的凸包区域要小，至多相同。凸包性质导致：顺序 $k+1$ 个顶点重合时，由该 $k+1$ 个顶点定义的 k 次 B 样条曲线段退化到这一重合点；顺序 $k+1$ 个顶点共线时，由该 $k+1$ 个顶点定义的曲线段退化为一直线段。利用此性质，可以在 B 样条曲线内部嵌入直线段，并形成尖角。图 10.8 所示为三次 B 样条曲线的凸包。

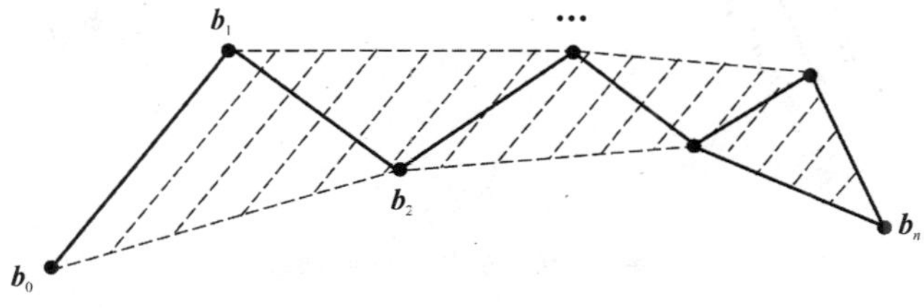

图 10.8　三次 B 样条曲线的凸包

10.3.6　几何不变性

由于 B 样条基函数在其定义域内具有完全规范性，因此 B 样条曲线是完全规范基表示，具有几何不变性。

10.4　曲线次数对几何形状的影响

给定 $n+1$ 个控制顶点 $\boldsymbol{d}_i(i=0,1,\cdots,n)$，定义一条零次 B 样条曲线。曲线次数 $k=0$ 时，曲线的节点矢量为 $\boldsymbol{U}=[u_0,\cdots,u_{n+1}]$，定义域为 $[u_0,u_{n+1}]$，曲线由 $n+1$ 段零次 B 样条曲线段组成。列出其分段表示如下：

$$\boldsymbol{p}(u)=\sum_{j=i}^{i}\boldsymbol{d}_j N_{j,0}(u),\quad u\in[u_i,u_{i+1}]\subset[u_0,u_{n+1}]$$

从式(10.3)直接得到 $n+1$ 个 B 样条基函数：

$$N_{i,0}(u)=1,\quad i=0,1,\cdots,n;u\in[u_i,u_{i+1}]$$

于是得到零次 B 样条曲线方程：

$$\boldsymbol{p}(u)=\sum_{i=0}^{n}\boldsymbol{d}_i N_{i,0}(0)=\boldsymbol{d}_i,\quad i=0,1,\cdots,n;u\in[u_i,u_{i+1}]\subset[u_0,u_{n+1}]$$

表明零次 B 样条曲线就是控制顶点点列自身，与所取的节点矢量中节点分布情况无关。欲保持曲线的位置连续，在定义域内的节点重复度至多应为曲线的次数。对于零次 B 样条曲线，即使将节点矢量取成严格递增序列，所有节点的重复度也等于 1。由于节点重复度大于曲线次数 0，曲线在分段连接点处也仅有 C^{-1} 阶参数连续性。因此，所定义的零次 B 样条曲线位置是不连续的。由零次 B 样条基函数取值决定了，每条零次 B 样条曲线段都缩成了具有 0 长度的段，或者说集中到一个相应的顶点。整条零次 B 样条曲线就是由给定控制顶点的那个离散点列自身。图 10.9 所示为零次 B 样条曲线。

给定 $n+1$ 个控制顶点 $\boldsymbol{d}_i(i=0,1,\cdots,n)$，定义一条一次 B 样条曲线。曲线次数 $k=1$ 时，节点矢量为 $\boldsymbol{U}=[u_0,\cdots,u_{n+2}]$，定义域为 $[u_1,u_{n+1}]$，曲线由 n 段一次 B 样条曲线段组成。列出其分段表示如下：

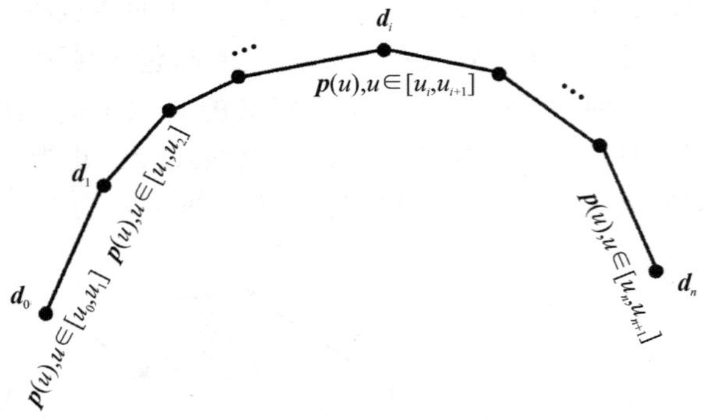

图 10.9　零次 B 样条曲线

$$\boldsymbol{p}(u)=\sum_{j=i-1}^{i}\boldsymbol{d}_j N_{j,1}(u)=\boldsymbol{d}_{i-1}N_{i-1,1}(u)+\boldsymbol{d}_i N_{i,1}(u),\quad u\in[u_i,u_{i+1}]\subset[u_1,u_{n+1}]$$

式中涉及的两个基函数如下：

$$\begin{cases}N_{i-1,1}(u)=\dfrac{u-u_i}{u_{i+1}-u_i}\\ N_{i,1}(u)=\dfrac{u_{i+2}-u}{u_{i+2}-u_{i+1}}\end{cases},\quad u\in[u_i,u_{i+1}]$$

将其代入曲线方程，得到一次 B 样条曲线方程：

$$\boldsymbol{p}(u)=\boldsymbol{d}_{i-1}\frac{u-u_i}{u_{i+1}-u_i}+\boldsymbol{d}_i\frac{u_{i+2}-u}{u_{i+2}-u_{i+1}},\quad u\in[u_i,u_{i+1}]\subset[u_1,u_{n+1}]$$

若曲线定义域 $u\in[u_k,u_{n+1}]$内的节点形成严格递增序列，即所有内节点重复度都等于曲线次数 $k=1$，则该方程表明了一次 B 样条曲线就是控制多边形自身。内节点不宜取重复度高于次数，否则将引起由控制多边形表示的一次 B 样条曲线在相应顶点处断开的位置不连续。可见，无论节点怎样分布，以及节点矢量两端节点是否采用二重节点，只要曲线定义域的内节点不相重，一次 B 样条曲线恒为控制多边形自身。图 10.10 所示为一次 B 样条曲线。

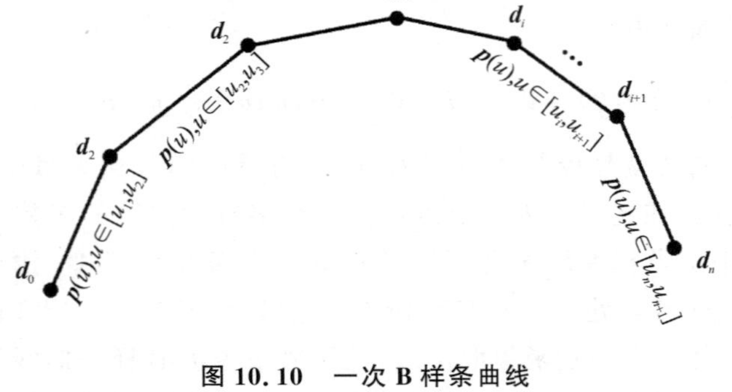

图 10.10　一次 B 样条曲线

B 样条曲线的次数由基函数次数定义，并随其提高而增高，但仍然保持 B 样条方法的优点。与低次 B 样条曲线相比较，高次 B 样条曲线的光滑性提高，在不含重节点的情况下，k 次 B 样条曲线可保证 $k-1$ 阶的连续，但曲线与特征多边形的逼近程度较差。由 B 样条曲线局部控制性质得知，曲线次数越高，移动一个控制顶点影响的曲线段数越多，影响区域越大，局部控制的能力也将逐渐减弱。同时曲线次数越高，曲线计算量也越大。实际工作中，人们只要求所构造的曲线能逼近足够复杂的外形，并保证一定的光顺性，同时希望计算量尽可能小。在多数情况下，二次、三次和四次 B 样条曲线能满足工程实际的需求，因而获得了广泛的应用。

10.5　重节点的影响

在定义 B 样条基函数的节点矢量 $\boldsymbol{U}=[u_0,u_1,\cdots,u_{n+k+1}]$ 中，位于定义域之内的那部分节点，$u_{k+1},u_{k+2},\cdots,u_n$ 为内节点，它们也是曲线分段连接点的参数值。定义域两端点及以外的那些节点为端节点，它们是 $u_0,u_1,\cdots,u_k$ 与 $u_{n+1},u_{n+2},\cdots,u_{n+k+1}$。

把顺序 r 个节点相重称为该节点具有重复度 r，或称该节点为 r 重节点。前面已提及重节点导致的一些结果，这里介绍重节点对 B 样条基函数与 B 样条曲线的影响。

10.5.1　重节点对 B 样条基函数的影响

重节点对 B 样条基函数的影响：

① 节点重复度每增加 1，B 样条的支撑区间中减少一个非零节点区间，B 样条在该重节点处的可微性降一次。定义域内的重节点或零长度节点区间映射到曲线上是个点。只有定义域的非零长度节点区间和对应的 $k+1$ 个顶点不完全重合时，映射到曲线上，才得到非退化的 k 次 B 样条曲线段。

② 内节点均匀分布，端节点有重复度 $k+1$ 的情况称为是准均匀的。

③ 若 $n=k$，并按以下方式设置节点矢量：

$$u_0=u_1=\cdots=u_k=0,\quad u_{k+1}=u_{k+2}=\cdots=u_{2k+1}=1$$

则此节点矢量所定义的 B 样条基函数就是 k 次伯恩斯坦基函数：

$$N_{i,k}(u)=B_{i,k}(u)=C_k^i u^i(1-u)^{k-i},\quad i=0,1,\cdots,k$$

由此可知，伯恩斯坦基是 B 样条基的特例。

10.5.2　重节点对 B 样条曲线的影响

由重节点对 B 样条基函数的影响导致了重节点对 B 样条曲线的影响：

① 在 B 样条曲线定义域内的内重节点 $u_{k+1},u_{k+2},\cdots,u_n$，重复度每增加 1，曲线段数减 1，样条曲线在该重节点处的可微性或参数连续阶降 1。因此 k 次 B 样条曲线在重复度为 r 的节点处是 C^{k-r} 连续的。一条位置连续的曲线，其内节点所取的最大重复度等于曲线的次数，端节点的最大重复度为 $k+1$。依据这一性质，可以在 B 样条曲线内部构造尖点与尖角（注意与重顶点构造尖角的区别）。甚至两条或多条分离的 B 样条曲线可以采用一个统一的方程表示。

② 对于首、末端节点 $u_0,u_1,\cdots,u_k$ 与 $u_{n+1},u_{n+2},\cdots,u_{n+k+1}$，当两者的重复度为 k 时，k 次 B 样条曲线的端点将与相应的控制多边形的端顶点相重，并在端点处与控制多边形相切。当端节点重复度为 $k+1$ 时，k 次 B 样条曲线就具有和 k 次贝齐尔曲线相同的端点几何性质：

首先，曲线的首末端点分别是首末数据点，即

$$\boldsymbol{p}(u_k)=\boldsymbol{d}_0$$
$$\boldsymbol{p}(u_{n+1})=\boldsymbol{d}_n$$

其次,曲线在首末端点分别与首末控制多边形相切,即

$$\dot{\boldsymbol{p}}(u_k)=n(\boldsymbol{d}_1-\boldsymbol{d}_0)$$

$$\dot{\boldsymbol{p}}(u_{n+1})=n(\boldsymbol{d}_n-\boldsymbol{d}_{n-1})$$

此情况见图 10.11。

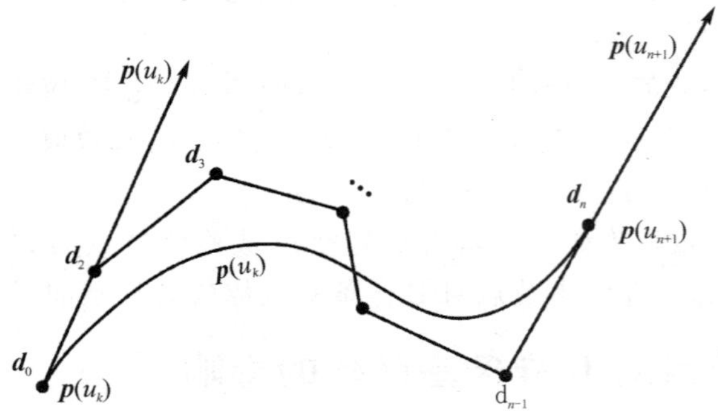

图 10.11　端节点重复度为 $k+1$ 时 B 样条曲线的端点几何性质

③ k 次 B 样条曲线若在定义域内相邻两节点都具有重复度 k,定义在该节点区间上那段 B 样条曲线就退化为 k 次贝齐尔曲线。

④ 若取 $n=k$,则 B 样条曲线定义域内仅包含 1 个节点区间,曲线就仅含 1 个 B 样条曲线段。若取端节点重复度为 $k+1$ 并令

$$u_0=u_1=\cdots=u_k=0,\quad u_{k+1}=u_{k+2}=\cdots=u_{2k+1}=1$$

则所定义的 k 次 B 样条曲线就是 k 次贝齐尔曲线:

$$\boldsymbol{p}(u)=\sum_{i=0}^{k}\boldsymbol{d}_k B_{i,k}(u),\quad 0\leqslant u\leqslant 1$$

由此可知,贝齐尔曲线是 B 样条曲线的特例,B 样条方法是贝齐尔曲线的强有力的推广。

10.6　B 样条曲线的类型划分

由于零次与一次 B 样条曲线分别就是控制顶点与控制多边形自身,与所取节点矢量无关,所以下述按节点矢量分类尽管对零次与一次 B 样条曲线也适用,但已经没有意义。现在考虑高于一次的 B 样条曲线。给定 $n+1$ 个控制顶点 $\boldsymbol{d}_i(i=0,1,\cdots,n)$ 与次数 k,有节点矢量 $\boldsymbol{U}=[u_0,\cdots,u_{n+k+1}]$。B 样条曲线按节点矢量中节点的分布情况不同,可划分为如下 4 种类型:

1. 均匀 B 样条曲线

节点矢量中节点沿参数轴均匀或等距分布,所有节点区间长度 $\Delta_i=u_{i+1}-u_i=$ 常数>0,$i=0,1,\cdots,n+k$。这样的节点矢量定义了均匀 B 样条基函数。在这种类型里,由节点矢量决定的均匀 B 样条基在定义域内各个节点区间上都具有相同图形,其中任一节点区间上的 B 样条基都可由另一节点区间上的 B 样条基经平移得到。

均匀 B 样条基在曲线定义域内各节点区间上具有用局部参数表示的统一的表达式,使得计算与处理简单方便。但用它定义的均匀 B 样条曲线有个缺点,就是没有保留贝齐尔曲线的

端点几何性质。样条曲线的首末端点不再是控制多边形的首末顶点。除二次均匀 B 样条曲线外，高于二次的均匀 B 样条曲线在端点处不再与控制多边形相切。几种低次均匀 B 样条曲线及其形状控制已于第 9 章介绍。

2. 准均匀 B 样条曲线

节点矢量中两端节点具有重复度 $k+1$，即 $u_0=\cdots=u_k$，$u_{n+1}=\cdots=u_{n+k+1}$，所有内节点均匀分布，具有重复度 1。定义域 $u\in[u_k,u_{n+1}]$ 内节点区间 $\Delta_i=u_{i+1}-u_i=$ 常数 >0，$i=k$，$k-1$，…，n。与均匀 B 样条曲线定义域内节点分布相同，差别仅在于两端节点。这样的节点矢量定义了准均匀 B 样条基。

为保留与贝齐尔曲线相同的端点几何性质，以实现对曲线在端点的行为有较好的控制，可以采用准均匀 B 样条曲线。准均匀 B 样条曲线的节点矢量中两端节点具有重复度 $k+1$，所有内节点呈均匀分布。由此决定的准均匀 B 样条基所定义的准均匀 B 样条曲线就具有同次贝齐尔曲线的端点几何性质。

3. 分段贝齐尔曲线

分段贝齐尔曲线的节点矢量中两端节点重复度与类型 2 相同，为 $k+1$。所不同的是，所有内节点重复度为 k，选用该类型有个限制条件，控制顶点数减 1 必须等于次数的正整数倍，即 n/k 为正整数。这样的节点矢量定义了分段伯恩斯坦基。

STEP 标准支持分段贝齐尔曲线作为 B 样条曲线的一种特殊类型。这是一组顺序首尾相接且同为 k 次的贝齐尔曲线。曲线的每段正常地由 $k+1$ 个控制顶点即它的贝齐尔点定义。参数连续的组合贝齐尔曲线及几何连续的组合贝齐尔曲线，都给出了它们的分段贝齐尔表示。可见它有着广泛的应用。只是，在那里还没有把它作为一种 B 样条曲线类型。分段贝齐尔曲线采用局部参数时，也无需用到 B 样条里的节点矢量。即使采用整体参数，给出了参数分割，也还有别于 B 样条里的节点矢量。在 STEP 里，作为 B 样条曲线特殊类型的分段贝齐尔曲线是这样来表示的，它的节点矢量中所有内节点都取成重复度 k，首末端节点重复度取成 $k+1$。除第一段仍要求 $k+1$ 个顶点外，因分段连接点为公共顶点，每增加一段，仅增加 1 个顶点。节点矢量中的节点数据可以像均匀与准均匀类型那样由系统自动决定。

在曲线设计时，分段贝齐尔曲线类型实际上是不直接采用的。因为如果直接用控制顶点来构造，则必须满足顶点数减 1 是次数的整数倍这一要求；否则，或不能生成曲线，或生成曲线时就必须删除多余顶点。即使满足整数倍这一要求，所构造的分段贝齐尔曲线在连接点处往往只能是位置连续或者达到 G^1 连续（见图 10.12(a)），要达到 G^2 连续就较困难。

分段贝齐尔曲线类型的主要用途之一，就是可以把几何连续的分段多项式曲线统一采用 B 样条表示，以便实现统一的数据管理，便于数据传递和交换。B 样条曲线采用分段贝齐尔表示后，各曲线段就具有了相对独立性。移动一曲线段的控制顶点只影响该曲线段的形状，对其他曲线段的形状没有影响。由于采用分段贝齐尔表示，贝齐尔曲线的一整套简单有效的算法都可原封不动地采用。这时凸包性质变得更强，达到最小的凸包区域。在求交（求曲线与曲线、曲线与曲面的交点及曲面与曲面的交线）方法中，分割求交法就广泛利用了这个性质。

4. 一般非均匀 B 样条曲线

在这种类型里，任意分布的节点矢量 $\boldsymbol{U}=[u_0,u_1,\cdots,u_{n+k+1}]$，只要在数学上满足：①节点序列非递减；②两端节点重复度 $\leqslant k+1$；③内节点重复度 $\leqslant k$。这样的节点矢量定义了一般非均匀 B 样条基函数。可见，前三种类型都可作为特例被包括在这种类型里。对于开曲线，

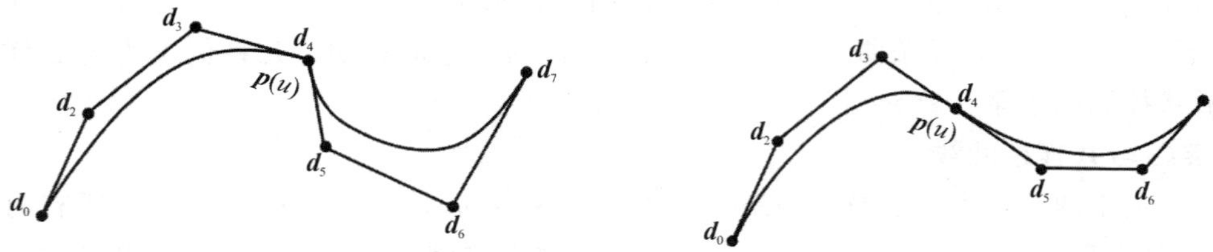

(a) G^0连续的分段贝齐尔曲线　　(b) G^1连续的分段贝齐尔曲线

图 10.12　分段贝齐尔曲线($k=3$)

通常为使其具有同次贝齐尔曲线的端点几何性质，两端节点取成重复度 $k+1$。

与其他类型 B 样条曲线不同的是，给定控制顶点 $\boldsymbol{d}_i, i=0,1,\cdots,n$，欲定义一条 k 次非均匀 B 样条曲线，还必须确定它的节点矢量 $\boldsymbol{U}=[u_0,u_1,\cdots,u_{n+k+1}]$中具体的节点值。

对于开曲线包括首末端点仅位置连续的闭曲线，如前所指，都建议两端节点取重复度为 $k+1$，以使具有同次贝齐尔曲线的端点几何性质，便于人们对曲线在端点的行为有较好的控制。通常将曲线的定义域取成规范参数域，即使得 $u\in[u_k,u_{n+1}]=[0,1]$，于是 $u_0=u_1=\cdots=u_k=0, u_{n+1}=u_{n+2}=\cdots=u_{n+k+1}=1$。剩下需要确定的就只有 $u_{k+1},u_{k+2},\cdots,u_n$ 那些内节点，共 $n-k$ 个。

对于插值曲线，相对于均匀参数化来说，弦长参数化是比较合理的。它使顺序两个数据点的参数值之差与其距离成比例。以下介绍的两种确定节点矢量的方法，实际上都是从这个考虑出发的。但是，对于现在考虑的非均匀 B 样条曲线来说，仅仅给定了控制顶点与次数，欲要定义的曲线还不存在。插值曲线中的数据点在这里所对应的 B 样条曲线的分段连接点，其位置尚未确定。由控制多边形仅能知道曲线的大致走向。确定节点矢量的依据只有这些给定的控制顶点与次数。为此，人们以不同的方法使曲线的分段连接点与控制顶点或控制多边形的边对应起来。

10.7　B 样条曲面及性质

1. B 样条曲面的数学表示

给定$(m+1)\times(n+1)$个控制顶点 $\boldsymbol{d}_{i,j}(i=0,1,\cdots,m;j=0,1,\cdots,n)$，形成控制顶点阵列，并沿双参数方向连线构成一张控制网格。又分别给定参数 u、v 的次数 k、l 和两个节点矢量 $\boldsymbol{U}=[u_0,u_1,\cdots,u_{m+k+1}]$、$\boldsymbol{V}=[v_0,v_1,\cdots,v_{n+l+1}]$，就定义一张 $k\times l$ 次 B 样条曲面。其曲面方程如下：

$$\boldsymbol{p}(u,v)=\sum_{i=0}^{m}\sum_{j=0}^{n}\boldsymbol{d}_{i,j}N_{i,k}(u)N_{j,l}(u),\quad u\in[u_k,u_{m+1}],v\in[v_l,v_{n+1}] \tag{10.13}$$

式中，B 样条基函数 $N_{i,k}(u)(i=0,1,\cdots,m)$与 $N_{j,l}(v)(j=0,1,\cdots,n)$分别由节点矢量 $\boldsymbol{U}$ 与 $\boldsymbol{V}$ 按德布尔-考克斯递推公式(10.2)决定。

图 10.13 所示为 $k\times1$ 次 B 样条曲面。

2. B 样条曲面的分片表示

B 样条曲线的局部性质可以推广到曲面，因此曲面在 u、v 参数方向分别由$(m-k+1)\times$

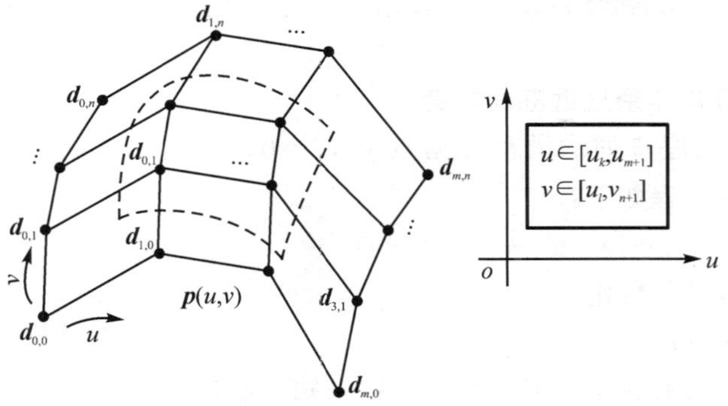

图 10.13　$k\times 1$ 次 B 样条曲

$(n-l+1)$张子曲面片拼接而成。曲面定义在子矩形域 $u_e\leqslant u<u_{e+1}$、$v_f\leqslant v<v_{f+1}$ 的那块 B 样条子曲面片仅和控制点阵中的部分顶点 $\boldsymbol{d}_{i,j}$（$i=e-k,e-k+1,\cdots,e$；$j=f-l,f-l+1,\cdots,f$）有关，与其他顶点无关。B 样条曲面的定义域为 $u_k\leqslant u\leqslant u_{m+1}$，$v_f\leqslant v\leqslant v_{n+1}$。相应地，上述曲面方程就可以改写成为分片表示形式：

$$\boldsymbol{p}(u,v)=\sum_{i=e-k}^{e}\sum_{j=f-l}^{f}\boldsymbol{d}_{i,j}N_{i,k}(u)N_{j,l}(u),$$
$$u\in[u_e,u_{e+1}]\subset[u_k,u_{m+1}]\;;v\in[v_f,v_{f+1}]\subset[v_l,v_{n+1}] \tag{10.14}$$

3. 与贝齐尔曲面的关联

类似贝齐尔曲线性质向贝齐尔曲面的推广，B 样条曲线的其他性质也可推广到 B 样条曲面。与 B 样条曲线分类一样，B 样条曲面沿任一参数方向按所取节点矢量不同可以划分成 4 种不同类型：均匀、准均匀、分片贝齐尔及非均匀 B 样条曲面。沿两个参数方向也可选取不同类型。特殊地，若两个节点矢量分别为

$$\boldsymbol{U}=[\underbrace{0,\cdots,0}_{k+1\text{重}},\underbrace{1,\cdots,1}_{k+1\text{重}}],\quad \boldsymbol{V}=[\underbrace{0,\cdots,0}_{l+1\text{重}},\underbrace{l,\cdots,1}_{l+1\text{重}}]$$

则所定义的 B 样条曲面就是 $k\times l$ 次贝齐尔曲面。

10.8　B 样条曲面拟合

产品几何造型技术的两大核心内容是几何形状的数学表示与造型设计。如果采用的是正向设计过程，确定了曲线曲面的类型并设置好相关定义信息之后，造型系统即会应用相应的数学表示建立其数字模型，并进行后续的求交、裁剪、光顺等几何处理以及装配或有限元等工程分析。然而，更常见的通常是称之为逆向开发的设计流程，设计人员获取的通常是需要构造形状上的一些数据点或粗略的设计信息或示意图，如何将存在于设计人员脑海中的构思或大致轮廓融合进产品开发过程，并通过与造型系统的交互修改获得满意的设计结果，是形状设计需要解决的问题。就 B 样条曲面设计来说，相关功能通过下述的曲面拟合与交互造型过程予以实现。

10.8.1　给定型值点的 B 样条曲面拟合

构造一张 $k\times l$ 次 B 样条曲面，使其插值或逼近给定的一组数据点（型值点），此即 B 样条曲面的拟合或构造。给定的数据点可以是无序或散乱排列，也可以呈拓扑矩形阵列。对于散

乱数据点的B样条曲面拟合，实际应用中数据点的数量远多于待求控制顶点，此为曲面逼近问题。

1. 散乱数据点的B样条逼近曲面构造

给定 $m+1$ 个呈无序排列的散乱数据点 $\boldsymbol{p}_i, i=0,1,\cdots,n$，与贝齐尔曲面的构造过程类似，B样条曲面的构造过程如下：

① 构造参考曲面；

② 完成散乱数据点参数化；

③ 构造条件方程组；

④ 使用基于最小二乘的曲面拟合技术求解未知控制顶点。

步骤③中的条件方程组根据待求曲面满足插值条件，即令曲面在参数值处插值于给定数据点列出。此为矛盾方程组，使用最小二乘技术可求解最佳逼近曲面。同时，可对最小二乘技术进行拓展，使其满足特殊的构造要求。如令曲面严格插值于某个或某些数据点，或在某些位置具有给定的法矢方向。上述要求可通过相应的约束方程表达，并将其与最小二乘法结合，则曲面逼近问题就可通过满足给定约束条件下的最小二乘法求解。

散乱数据曲面重构实例如图10.14所示。其中图10.14(a)为使用光学扫描仪获取的测量数据点云，呈无规则排列。图10.14(b)为在B样条曲面拟合基础上构造的实体模型。

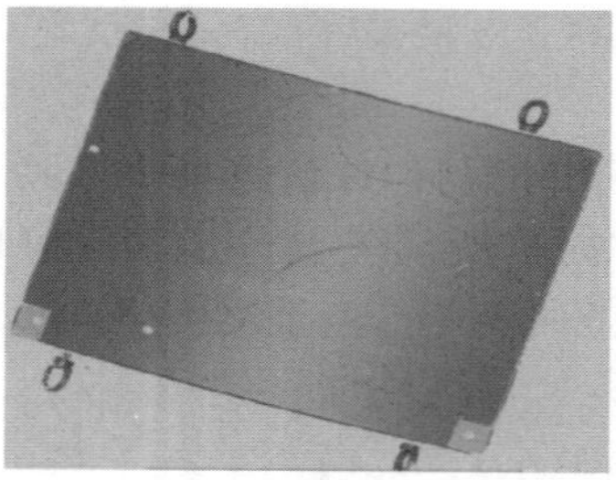

(a) 测量数据点云

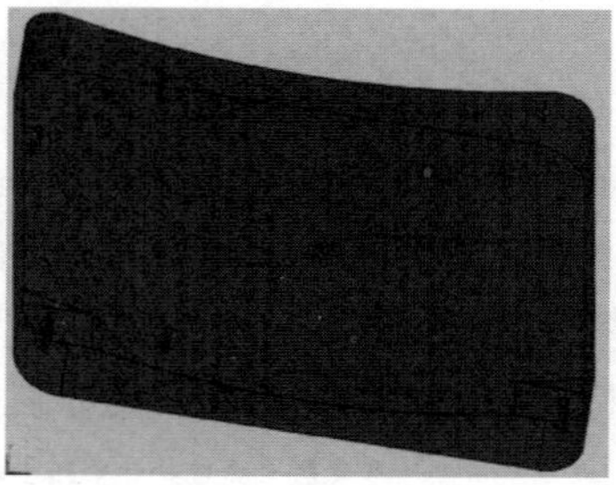

(b) 重构几何模型

图10.14　散乱数据几何模型重构

2. 规则数据点的B样条逼近曲面构造

给定的数据点也可以在空间呈拓扑阵列排列，则数据点表示为 $\boldsymbol{p}_{i,j}(i=0,1,\cdots,r;j=0,1,\cdots,s)$。通常，类似曲线拟合，使数据点阵四角的4个数据点成为整张曲面的4角点。相应地，曲面两参数节点矢量的设置就需要满足一定的条件，可以通过控制端节点重复度实现。

此外，将数据点阵中每一排数据点置于曲面的一条等参数线上。曲面拟合问题虽然也能像散乱数据点拟合那样，表达为求解未知控制顶点 $\boldsymbol{d}_{i,j}(i=0,1,\cdots,m;j=0,1,\cdots,n)$ 的一个线性方程组。但更高效的方法是将曲面的反算问题化解为两阶段的曲线反算问题。待求的B样条插值曲面方程可写为

$$\boldsymbol{p}(u,v)=\sum_{i=0}^{n}\sum_{j=0}^{m}\boldsymbol{d}_{i,j}N_{i,k}(u)N_{j,l}(v)$$

将其改写为

$$\boldsymbol{p}(u,v)=\sum_{i=0}^{m}\left(\sum_{j=0}^{n}\boldsymbol{d}_{i,j}N_{j,l}(v)\right)N_{i,k}(u)$$

这就给出了类似于 B 样条曲线方程的表达式：

$$\boldsymbol{p}(u,v)=\sum_{i=0}^{m}\boldsymbol{c}_i(v)N_{i,k}(u)$$

这里控制顶点被下述控制曲线所替代：

$$\boldsymbol{c}_i(v)=\sum_{j=0}^{n}\boldsymbol{d}_{i,j}N_{j,l}(v),\quad i=0,1,\cdots,m$$

若固定参数值 v，就给出了在这些控制曲线上 $m+1$ 个点 $\boldsymbol{c}_i(v)(i=0,1,\cdots,m)$。这些点又作为控制顶点，就定义了曲面上以 u 为参数的等参数线。当参数 v 值扫过它的整个定义域时，无限多的等参数线就描述了整张曲面。显然，曲面上这无限多条以 u 为参数的等参数线中，有 $n+1$ 条插值给定的数据点，其中每一条插值数据点阵的一列数据点。这 $n+1$ 条等参数线称为截面曲线。于是就可以由下式反算 B 样条插值曲线，求出这些截面曲线的控制顶点 $\boldsymbol{d}_{i,j}(i=0,1,\cdots,m;\ j=0,1,\cdots,s)$。

$$\boldsymbol{s}_j(u_{k+1})=\sum_{r=0}^{m}\bar{\boldsymbol{d}}_{r,j}N_{r,k}(u_{k+i})=\boldsymbol{p}_{i,j},\quad i=0,1,\cdots,m;j=0,1,\cdots,n$$

一张以这些截面曲线为它的等参数线的曲面，要求一组控制曲线用来定义截面曲线的控制顶点 $\boldsymbol{c}_i(v_{i+j})=d_{i,j}(i=0,1,\cdots,m;\ j=0,1,\cdots,s)$。类似曲线插值，这里选择了一组 v 参数值 $v_{i+j}(j=0,1,\cdots,s)$ 为控制曲线的节点矢量，即数据点 $\boldsymbol{p}_{i,j}$ 的 v 参数值。于是，这个问题就被表达为 $m+1$ 条插值曲线的反算问题：

$$\sum_{r=0}^{m}\bar{\boldsymbol{d}}_{i,s}N_{s,l}(v_{i+j})=\bar{\boldsymbol{d}}_{i,j},\quad j=0,1,\cdots,s;i=0,1,\cdots,m$$

求解这些方程组，得到所求 B 样条插值曲面的 $(m+1)\times(n+1)$ 个控制顶点 $\boldsymbol{d}_{i,j}(i=0,1,\cdots,m;j=0,1,\cdots,n)$。

顾名思义，截面曲线应是平面曲线。数据点是在 $m+1$ 个一组的截面内给出的，这些截面可以是平行的或不平行的。这符合多数实际工程情况。规则数据 B 样条曲面重构实例如图 10.15 所示，其中的数据点由三坐标测量机通过连续轮廓扫描获得，每次扫描获取的测量数据位于各自的扫描平面内，全部测量数据呈行列规则排列。重构 B 样条曲面 u 向次数为 8，v 向次数为 6。曲面在 u、v 参数方向分别由 11×13 张子曲面片拼接而成。

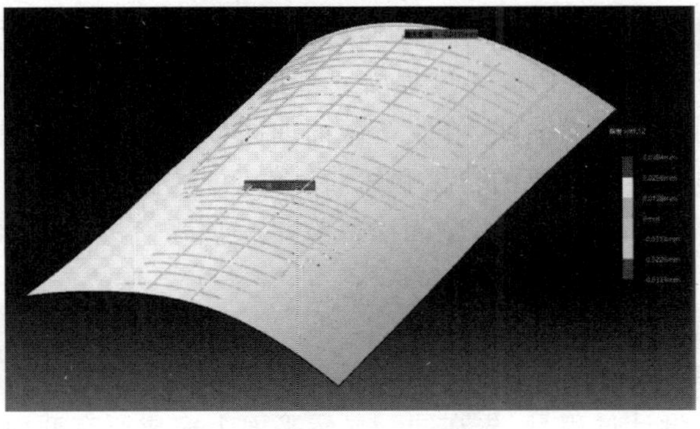

图 10.15　规则数据 B 样条曲面重构实例

10.8.2 蒙面法构造 B 样条曲面

前面给出了 B 样条曲面几何设计的理论基础，这里讨论如何将其应用于产品几何造型中。在形状设计里一个特别重要的问题是怎样使曲面定义与交互的维数从三维的物体空间减少到二维的屏幕显示平面。这个维数问题对于某些二维半设计应用类别(例如旋转面)是容易解决的。对于一般的三维曲面，例如下面所要考察的插值曲面的表示，这个问题的解决需要借助合适的交互技术来完成。不同于前面介绍的给定数据点的 B 样条曲面拟合的另一类拟合问题，就是蒙面法生成曲面。在这里曲面插值不再是逼近或插值给定的数据点，而是直接顺序通过一组曲线。这个方法传统上称为放样，它一直都是造船、汽车与飞机工业所普遍采用的曲面造型方法。

1. 蒙面法构造 B 样条曲面的一般过程

放样过程已成为现代 CAD 系统曲面设计的重要方法。放样技术的最重要方法就是曲面蒙面法，其任务就是通过一组有序的称为截面曲线的空间曲线拟合一张曲面。可理解为给一族截面曲线构成的骨架蒙上一张光滑的皮面，所生成的曲面就称为蒙皮曲面。蒙面法常被认为最适合于交互 CAD 应用，是在当今曲面造型实践中广泛采用的技术。目前市场上每个 CAD 系统都采用类似的方法构造曲面。

为了使蒙面法成为交互 CAD 应用里一种有用的方法，就面临怎样解决在三维空间里截面曲线的交互问题。由于现代 CAD 系统中对于初始模型描述，恰好普遍采用平面曲线构造截面曲线，这就为蒙面法的应用提供了有力的支撑。一般蒙面法生成非有理 B 样条曲面的过程是：

① 直接在空间内生成非有理 B 样条曲线表示的截面曲线 $\boldsymbol{c}_i(u)$，$i=0,1,\cdots,s$，所有截面曲线都是所求曲面在 u 参数方向的平截面曲线。蒙面法就是混合这些截面曲线到一起以形成一张曲面。混合方向是曲面的 v 参数方向，有时又称为经线方向或纵向。

② 使得截面曲线相容，即具有统一次数与节点矢量。

③ 给出截面曲线的控制顶点。

④ 在纵向生成蒙皮曲面。

虽然构想是简单的，但要实现蒙面法截面曲线的相容却相当困难。交互设计蒙皮曲面经常是一个困难的迭代过程，曲面形状难以控制，它依赖于截面曲线的数目、形状、定位以及用于 v 参数方向的插值方法。经常采用的 4 过程由一个小数目的截面曲线开始，然后交互地蒙面，取平面切割曲面得到附加的截面曲线，修改新截面曲线以得到更需要的形状和重新蒙面。最后一张蒙皮曲面可能显现出不想要的自交和扭曲。然而，尽管遇到这些困难，但蒙面法用来生成张量积非有理 B 样条曲面是成功的，蒙面法依然是一项强有力的并且被广泛采用的曲面设计技术。

图 10.16 所示为曲面造型蒙面构造法。

2. 基于脊线的蒙面法

基于脊线的蒙面法设计过程是，先在同一显示平面上完成所有截面曲线的设计，然后用一条所谓脊线或路径线引导截面曲线变换到三维空间。接着生成插值这些截面曲线的曲面。下面仅以截面曲线为 B 样条曲线为例介绍该类曲面的构造方法。事实上，此方法可以推广到任意类型的截面曲线，包括非均匀有理 B 样条曲线。

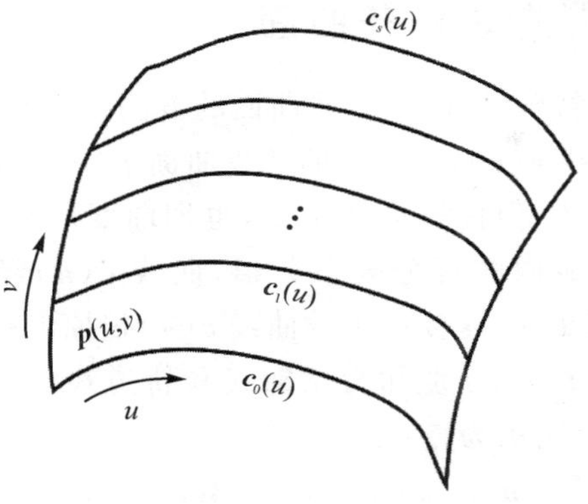

图 10.16　曲面造型蒙面构造法

基于脊线的蒙面法设计 B 样条曲面的过程如下：

(1) 设计截面曲线

由于所有截面曲线都是所求曲面在 u 参数方向的平面的截面曲线，可在设计平面即显示平面的 xoy 坐标系里定义所有这些截面曲线。设共有 $s+1$ 条。这 $s+1$ 条截面曲线应具有统一次数与节点矢量，且参数化情况良好地相近，符合相容性要求。可以实现如下：①初始地生成形状符合要求的截面曲线，都分别采用 B 样条曲线表示。它们可能具有不同的次数与节点矢量。②统一次数，使所有较低次数的截面曲线都升阶到其中的最高次数。③域参数变换，使所有截面曲线都具有统一的定义域。④插入节点，每一截面曲线的节点矢量插入其他截面曲线节点矢量中相异的节点值。插入节点的结果使得所有截面曲线都具有统一的节点矢量，即所求曲面沿 u 参数方向的节点矢量。它是所有 $s+1$ 条截面曲线节点矢量的并集。

(2) 设计脊线

脊线可以是平面曲线，也可以是定义在 xyz 坐标系里的真正的三维曲线。设计人员用脊线定位和定向空间中的截面曲线。脊线通常也当作一条插值曲线来设计，因此，需要给出作为样条曲线端点与分段连接点的数据点。这些数据点不是随意给的，而是定为设计平面的原点变换到三维空间的那一点，被称为脊线的目标点。显然它位于三维空间截面曲线实际所在平面内。顾名思义，应该使脊线的形状反映曲面沿纵向的形状。脊线的参数化应与各截面曲线沿纵向的分布相对应。因此，明显的选择是，使曲面沿纵向的节点矢量与脊线的节点矢量相一致。设计人员在理解目标点、脊线的意义与作用基础上根据需要选取合适的目标点与边界条件，并进行必要的交互修改，设计出符合要求的脊线。

(3) 变换截面曲线到三维空间

首先，平移截面曲线，使所取原点与相应的目标点重合。其次，旋转截面曲线使其定位于脊线上目标点的法平面内，即截面曲线应垂直于脊线在目标点的切矢。最后，使截面曲线围绕脊线在目标点的切矢旋转到所需要的位置。根据几何不变性，所有这些变换都只需针对截面曲线的 B 样条控制顶点进行。

(4) 生成曲面

利用 10.8.1 小节介绍的 B 样条曲面拟合技术，就可由上一步得到的各截面曲线的控制顶点反算出曲面的控制顶点，从而完成蒙面重构。

10.8.3 扫掠法构造 B 样条曲面

扫掠法是蒙面法的一种特殊情况，其构造曲面的方法是，给两条曲线 $\boldsymbol{c}(u)$ 和 $\boldsymbol{t}(v)$，$0\leqslant u,n\leqslant 1$，沿着曲线 $\boldsymbol{t}(v)$ 移动曲线 $\boldsymbol{c}(u)$，所形成的蒙皮曲面 $\boldsymbol{p}(u,v)$ 即为扫掠曲面。曲线 $\boldsymbol{c}(u)$ 在移动过程中可以被旋转和缩放，但保持形状不变，也即曲面所有的 u 参数线形状相同。更精确地，对于在曲线 $\boldsymbol{t}(n)$ 参数域内的每个 v 参数值，曲线 $\boldsymbol{c}(u)$ 经过旋转或缩放后，被移动到 $\boldsymbol{t}(v)$。因此当 v 从 0 变化到 1 时，这变换了的曲线 $\boldsymbol{c}(u)$ 扫掠出一张曲面，因此称为扫掠曲面。在这个定义下，曲线 $\boldsymbol{c}(u)$ 和 $\boldsymbol{t}(v)$ 分别称为轮廓线和轨道线，有时也把轨道线称为脊线。这样，一般的扫掠曲面方程可以表示为

$$\boldsymbol{p}(u,v)=\boldsymbol{t}(v)+\boldsymbol{M}(v)\boldsymbol{c}(u)$$

式中，$\boldsymbol{M}(v)$ 是一个包含随参数 v 旋转和缩放变化的坐标变化矩阵。

通过检验 $\boldsymbol{p}(u,v)$ 的 u 参数线：

$$\boldsymbol{p}(u,v^*)=\boldsymbol{t}(v^*)+\boldsymbol{M}(v^*)\boldsymbol{c}(u)$$

可以验证上述曲面形成过程。

图 10.17 给出了一般扫掠曲面实例：将一条 B 样条作为轮廓线，另一曲线作为轨道线，轮廓线沿轨道线简单扫掠结果将生成扫掠曲面。一种特殊情况是没有旋转和缩放的扫掠曲面，即曲线 $\boldsymbol{c}(u)$ 仅以同样的定向沿曲线 $\boldsymbol{t}(v)$ 滑动，这样的扫掠称为平移扫掠或简单扫掠。平移扫掠生成曲面的方程为

$$\boldsymbol{p}(u,v)=\boldsymbol{t}(v)+\boldsymbol{c}(u)$$

如果轨道线是直线段，就得到一般柱面；如果轨道线是曲线，就得到偏移曲面。

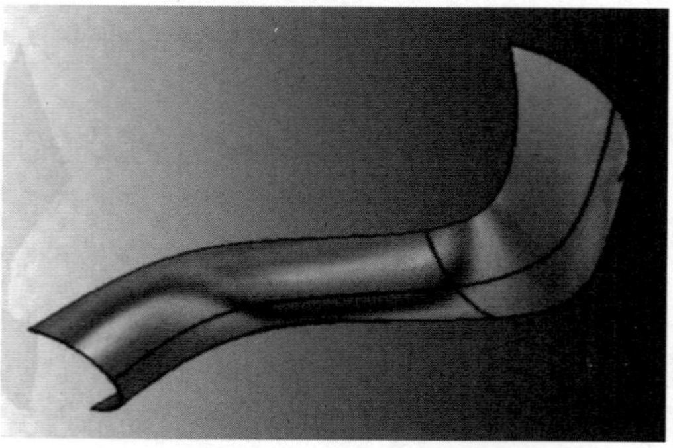

图 10.17 扫掠曲面实例

旋转扫掠是一种特殊的扫掠。轮廓线（又称母线）与轨道线都是平面曲线，且轮廓线所在平面垂直于轨道线所在平面，轨道线是一段圆弧或整圆，又在轮廓线所在平面给出一条通过轨道圆圆心的轴线、轮廓线绕轴线旋转生成的旋转面。轮廓线绕轴线旋转就意味着轮廓线上每一点的轨迹都是圆弧或整圆，因此，实际上这里轨道线的给出是没有意义或可有可无的。

习 题

1. 比较分析 B 样条曲线曲面与贝齐尔曲线曲面技术的优缺点。

2. 说明 B 样条基函数的主要性质。

3. 说明重节点对 B 样条基函数具有怎样的影响。

4. B 样条曲线的次数如何确定？其与控制顶点数、基函数的次数是否相同？

5. 给定一条由 8 个控制顶点定义的三次 B 样条曲线，其 B 样条基函数 $N_{5,3}(u)$ 由哪些参数节点定义？具有怎样的支撑区间以及参数连续性？

6. 给定一条由 8 个控制顶点定义的三次 B 样条曲线，列出其节点矢量以及曲线的定义域。

7. 给定控制顶点 $\boldsymbol{d}_i(i=0,1,\cdots,9)$ 定义一条 4 次 B 样条曲线，问：曲线定义在 $[u_6,u_7]$ 上的曲线段由哪些控制顶点定义？移动顶点 $\boldsymbol{d}_3$ 将影响哪些曲线段的形状？

8. 说明重节点与重顶点分别对 B 样条具有怎样的影响。

9. 如何采用 B 样条曲线表达一条贝齐尔曲线？

10. 说明 B 样条曲线的分类及其各自的特征。

11. 如何将求解曲线上一点的德卡斯特里奥递推算法推广完成 B 样条曲面上一点的求解？

12. 列出由控制顶点点阵 $\boldsymbol{b}_{ij}(i=0,1,\cdots,6;j=0,1,\cdots,8)$ 定义一张 3×2 次贝齐尔曲面，列出定义子矩形域 $u\in[u_5,u_6]$、$v\in[u_4,u_5]$ 上的那块子曲面片的控制顶点。

13. 说明蒙面法构造 B 样条曲面的原理。

14. 讨论散乱数据点的 B 样条曲面构造的步骤与原理。

15. 说明如何采用扫掠法构造 B 样条曲面。

第 11 章　有理 B 样条曲线曲面

在工程设计领域，相当多的零件外形由初等解析曲线曲面组成，这些形状都在工程图中明确标注形状与尺寸，并严格限制了加工精度。前面介绍的几何造型方法，尤其是 B 样条曲线曲面造型技术，在自由曲线曲面的表达与设计方面具有突出的优势，但却不能精确表示与处理初等解析曲线曲面。解析几何中的隐方程或显函数虽然可以精确描述解析曲线曲面，但因其存在诸多缺点，如不具备几何不变性且形状范围难以界定，而不适于几何形状的数学描述。同时，因其与自由曲线曲面表达形式与处理方法的不一致，使得两者难以集成到一个几何造型系统中。

非均匀有理 B 样条(NURBS)曲线曲面是在贝齐尔方法和 B 样条方法的基础上发展起来的。为解决工程实践中精确表示二次曲线曲面的需要，同时保留贝齐尔方法、B 样条方法的强大自由曲线曲面设计功能，才出现了 NURBS 方法。NURBS 曲线曲面已成为工业产品几何定义的 STEP 国际标准，目前主流 CAD 系统如 CATIA、UGII、ProE、Solidworks 等都具有 NURBS 功能。本章介绍 NURBS 曲线曲面造型技术，重点阐述其如何解决二次解析曲线曲面的精确表示问题。

11.1　NURBS 曲线曲面造型技术的优势

B 样条技术在设计自由曲线曲面时表现出了强大的能力，然而在表示规则曲线曲面时却遇到了问题。B 样条与贝齐尔曲线都不能精确表示除抛物线以外的二次曲线弧，B 样条与贝齐尔曲面都不能精确表示除抛物面外的二次曲面，而只能给出近似表示。为了精确表示二次曲线弧与二次曲面，就不得不采用另外一套数学描述方法，譬如用隐方程表示。这样不仅重新带来隐方程表示所存在的问题，而且将导致一个几何设计系统并存两种不同的数学方法。这将使系统变得十分庞杂，也是系统研制人员最为忌讳的。

要解决这个问题，显然应该是改造现有的 B 样条方法，在保留它描述自由型形状长处的同时，扩充其统一表示二次曲线与二次曲面的能力。人们所寻求的这种方法就是有理 B 样条方法。由于在形状描述实践中，它经常更多地以非均匀类型出现，而均匀、准均匀、分段贝齐尔三种类型又可看成是非均匀类型的特例，所以人们习惯地称之为非均匀有理 B 样条方法，简称 NURBS 方法。NURBS 方法提出的首要理由是，为了找到与描述自由曲线曲面的 B 样条方法相统一且又能精确表示二次曲线弧与二次曲面的数学方法。

NURBS 曲线曲面造型技术具有下述优点：

① 既为标准解析形状又为自由曲线曲面的精确表示与设计提供了一个公共的数学形式。

② 由操纵控制顶点及权因子为各种形状设计提供了充分的灵活性。

③ NURBS 有明显的几何解释，使得它对有良好的几何知识尤其是画法几何知识的设计人员特别有用。

④ NURBS 有强有力的几何配套技术，包括插入节点/细化/消去、升阶、分裂等，使其能应

用于设计、分析与处理等各个环节。

⑤ NURBS 在比例、旋转、平移、剪切以及平行和透视投影变换下是不变的。

⑥ NURBS 是非有理 B 样条形式以及有理与非有理贝齐尔形式的推广。

11.2　NURBS 曲线的数学表示

前面介绍的贝齐尔曲线曲面采用整体表示的参数多项式矢函数定义，B 样条方法则采用分段表示的参数多项式矢函数定义。与之不同，NURBS 方法则采用分子分母分别是分段参数多项式矢函数与分段多项式函数的分式定义，是有理的。相对而言，把以前介绍的贝齐尔方法与 B 样条方法都称为非有理的。

NURBS 曲线的定义：如图 11.1 所示，给定 $n+1$ 个控制顶点 $\boldsymbol{d}_i(i=0,1,\cdots,n)$ 与相联系的权因子 $\omega_i(i=0,1,\cdots,n)$，非递减的节点矢量 $\boldsymbol{U}=[u_0,u_1,\cdots,u_{n+k+1}]$，以及曲线的次数 k，所定义的 NURBS 曲线可以表示为如下有理多项式参数矢函数：

$$\boldsymbol{p}(u)=\frac{\sum_{i=0}^{n}\omega_i\boldsymbol{d}_iN_{i,k}(u)}{\sum_{i=0}^{n}\omega_iN_{i,k}(u)},\quad u\in[u_k,u_{n+1}] \tag{11.1}$$

式(11.1)给出了 NURBS 曲线的数学定义，这也是“有理”的由来。

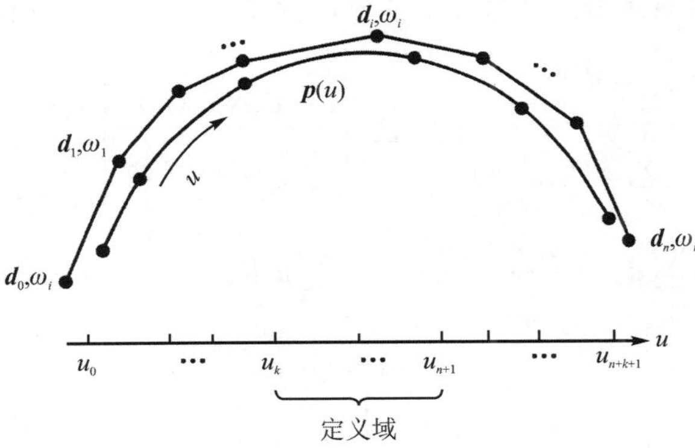

图 11.1　NURBS 曲线定义

相关说明如下：

① 控制顶点：$\boldsymbol{d}_i(i=0,1,\cdots,n)$称为控制顶点，顺序连线形成控制多边形。

② 权因子：$\omega_i\in(-\infty,+\infty)(i=0,1,\cdots,n)$称为权或权因子，分别与控制顶点 $\boldsymbol{d}_i(i=0,1,\cdots,n)$联系。要求首、末权因子 $\omega_0,\omega_1>0$，其余 $\omega_i\geqslant0$，且顺序 k 个权因子不同时为零，以防止分母为零、保留凸包性质，以及曲线不致因权因子而退化为一点。将首、末权因子都等于 1 的 NURBS 曲线称为标准型 NURBS 曲线，否则称为非标准型 NURBS 曲线。实践中通常采用标准型 NURBS 曲线，一般所指的 NURBS 曲线通常也是标准型的，常将“标准型”修饰词略去。

③ 基函数：$N_{i,k}(u)$是由节点矢量 $\boldsymbol{U}=[u_0,u_1,\cdots,u_{n+k+1}]$按德布尔-考克斯递推公式(10.2)决定的 k 次规范 B 样条基函数。

④ 节点矢量：对于 NURBS 开曲线，常将两端节点的重复度取为 $k+1$，即 $u_0=\cdots=u_k$，$u_n=\cdots=u_{n+k+1}$。且在大多数实际应用里，端节点值多取为 0 与 1。因此，有曲线定义域 $u\in[u_k,u_{n+1}]=[0,1]$。

⑤ 特殊情况：当 $n=k$ 时，这 k 次 NURBS 曲线就称为 k 次有理贝齐尔曲线。k 次 NURBS 曲线的节点矢量中两端节点重复度取成 $k+1$，就使得曲线具有同次有理贝齐尔曲线的端点几何性质。如果权因子 $\omega_1,\omega_{n-1}\neq 0$ 曲线的首、末端点分别是控制多边形的首、末顶点，那么曲线在首、末端点处分别与控制多边形首、末边相切。

与非有理 B 样条曲线比较，NURBS 曲线定义中增加了权因子与分母。正是因为多了权因子与分母，曲线定义变得更为复杂，形状设计与控制难度随之增加。至今，NURBS 方法还有一些理论与实际问题仍未得到完全解决。权因子不像基函数那样随参数而变化，但两者都通过对控制顶点的作用影响曲线。基函数对曲线的影响是指从总体上决定了这一类曲线的性质。当基函数给定后，由控制顶点与相联系的权因子决定曲线的形状，同时也决定了曲线上点与参数域内点的对应关系。

11.3 NURBS 曲线的性质

11.3.1 有理基函数的性质

将式(11.1)表达的有理分式通过以下推导，可将曲线表示为以下有理基函数形式：

$$\boldsymbol{p}(u)=\frac{\sum_{i=0}^{n}\omega_i\boldsymbol{d}_iN_{i,k}(u)}{\sum_{j=0}^{n}\omega_jN_{j,k}(u)}=\sum_{i=0}^{n}\left[\frac{\omega_i\boldsymbol{d}_iN_{i,k}(u)}{\sum_{j=0}^{n}\omega_jN_{j,k}(u)}\right]$$

$$=\sum_{i=0}^{n}\boldsymbol{d}_i\frac{\omega_iN_{i,k}(u)}{\sum_{j=0}^{n}\omega_jN_{j,k}(u)}=\sum_{i=0}^{n}\boldsymbol{d}_iR_{i,k}(u),\quad u\in[u_k,u_{n+1}] \tag{11.2}$$

式中，

$$R_{i,k}(u)=\frac{\omega_iN_{i,k}(u)}{\sum_{j=0}^{n}\omega_jN_{j,k}(u)},\quad i=0,1,\cdots,n \tag{11.3}$$

称 $R_{i,k}(u)$ 为 k 次有理基函数，它具有与 k 次规范 B 样条基函数 $N_{i,k}(u)$ 类似的性质。

1. 局部支承性质

$R_{i,k}(u)$ 具有与 B 样条基函数相同的支撑区间，即

$$R_{i,k}(u)=0,\quad u\notin[u_i,u_{i+k+1}]$$

2. 规范性

NURBS 曲线为规范基表示，即

$$\sum_{j=i-k}^{i}R_{i,k}(u)\equiv 1,\quad u\in[u_i,u_{i+1}]\subset[u_k,u_{n+1}]$$

3. 可微性

如果分母不为零，那么在节点区间内是无限次连续可微的，在节点处是 $k-r$ 次连续可微

的。这里 r 是该节点的重复度。

4. 函数值

① 若 $\omega_i=0$,则 $R_{i,k}(u)=0$;

② 若 $\omega_i\to+\infty$,则 $R_{i,k}(u)=1$;

③ 若 $\omega_j\to+\infty$ 且 $j\neq i$,则 $R_{i,k}(u)=0$;

④ 若所有权因子 $\omega_i=1(i=0,1,\cdots,n)$,则有理基函数就称为同次 B 样条基函数,即 $R_{i,k}(u)=B_{i,k}(u)$。更特殊地,若 $n=k$,且首、末端节点重复度均为 $k+1$ 且取值为 0 与 1,则有理基函数就称为同次伯恩斯坦基函数,即

$$R_{i,k}(u)=B_{i,k}(u),i=0,1,\cdots,k,\quad \boldsymbol{U}=[\underbrace{0,\cdots,0}_{k+1\text{个相重}},\underbrace{1,\cdots,1}_{k+1\text{个相重}}]$$

11.3.2　曲线的几何性质

由有理基函数的性质可得到 NURBS 曲线的几何性质:

1. NURBS 曲线的分段定义

k 次 NURBS 曲线上参数为 $u\in[u_i,u_{i+1}]\subset[u_k,u_{n+1}]$ 的一点 $\boldsymbol{p}(u)$ 至多由 $k+1$ 个控制顶点 $\boldsymbol{d}_j$ 及相联系的权因子 $\omega_j(j=i-k,\cdots,i)$ 定义,与其他控制顶点及权因子无关:

$$\boldsymbol{p}(u)=\sum_{j=i-k}^{i}\boldsymbol{d}_iR_{i,k}(u),\quad u\in[u_i,u_{i+1}]\in[u_k,u_{n+1}] \tag{11.4}$$

2. 局部控制性质

若移动 k 次 NURBS 曲线的一个控制顶点 $\boldsymbol{d}_i$ 或者改变所联系的权因子 ω_i,将仅仅影响定义在区间 $[u_i,u_{i+k+1}]$ 上那部分曲线的形状,对 NURBS 曲线的其他部分不产生影响。

3. 凸包性质

定义在非零节点区间上的一曲线段,位于定义它的 $k+1$ 个控制顶点 $\boldsymbol{d}_{i-k},\boldsymbol{d}_{i-k+1},\cdots,\boldsymbol{d}_i$ 的凸包内。整条 NURBS 曲线位于所有定义各曲线段的控制顶点的凸包的并集内。所有权因子大于零保证凸包性质成立。

4. 几何不变性

有理基函数的规范性导致 NURBS 曲线具有几何不变性,即曲线的数学表示与几何形状不随坐标系的改变而改变。

5. 参数连续性

在曲线定义域内有与有理基函数同样的可微性,或称为参数连续性。

6. 零权因子对曲线的影响

如果某个权因子 ω_i 等于零,那么相应的那个控制顶点 $\boldsymbol{d}_i$ 对曲线形状根本没有影响。

7. 非有理/有理贝齐尔曲线和非有理 B 样条曲线是 NURBS 曲线的特例

从对 NURBS 曲线的有理基函数分析可见,当所有权因子均为相同的非零有限值时,约去分子、分母的公因子,由 B 样条基函数的规范性,分母将等于 1,这时 NURBS 曲线就变成非有理 B 样条曲线。可见,有理是因权因子引起的。它也告诉我们,NURBS 曲线是非有理/有理贝齐尔曲线和非有理 B 样条曲线的推广。

8. NURBS 曲线的类型划分

与非有理 B 样条曲线按节点矢量分类一样,NURBS 曲线也按节点矢量划分为:均匀类

型、准均匀类型、分段贝齐尔类型与一般非均匀类型。实践中罕见采用均匀类型，而通常采用包括准均匀类型、分段贝齐尔类型及一般非均匀类型在内的非均匀类型，因此有非均匀有理 B 样条曲线简称为 NURBS 曲线。其中一般非均匀类型的节点矢量还包括用户给定的满足数学上的要求：节点成非递减排列，节点个数等于 $n+k+2$，这里 n 为顶点数减 1，k 为次数，两端节点重复度$\leqslant k+1$，内节点重复度$\leqslant k$。

11.4 NURBS 曲线的几何意义

现在以齐次坐标变换技术（见 4.1.2 小节）为基础，说明平面 NURBS 曲线的构造原理。如图 11.2 所示，给定依序排列的 $n+1$ 个控制顶点 $\boldsymbol{d}_i(x_i, y_i)$ 及相联系的权因子 $\omega_i(i=0,1,\cdots,n)$，k 次 NURBS 曲线的形成过程如下：

① 以控制顶点 $\boldsymbol{d}_i(x_i, y_i)(i=0,1,\cdots,n)$ 的齐次坐标定义带权控制顶点：

$$\boldsymbol{D}_i=(\omega_i\boldsymbol{d}_i,\omega_i)=(\omega_i x_i,\omega_i x_i,\omega_i\boldsymbol{d}_i),\quad i=0,1,\cdots,k$$

② 用带权控制顶点 $\boldsymbol{D}_i(i=0,1,\cdots,n)$ 定义一条齐次坐标空间中三维的 k 次非有理 B 样条曲线：

$$\boldsymbol{P}(u)=\sum_{i=0}^{n}\boldsymbol{D}_i N_{i,k}(u)$$

③ 将曲线 $\boldsymbol{P}(u)$ 投影到 $\omega=1$ 平面上，所得投影曲线即为笛卡儿坐标系 xoy 上定义的 k 次 NURBS 曲线：

$$\boldsymbol{p}(u)=H\{\boldsymbol{P}(u)\}=H\left\{\sum_{i=0}^{n}\boldsymbol{D}_i N_{i,k}(u)\right\}=H\left\{\sum_{i=0}^{n}[\omega_i\boldsymbol{d}_i \quad \omega_i]N_{i,k}(u)\right\}$$

$$=H\left\{\sum_{i=0}^{n}[\omega_i\boldsymbol{d}_i N_{i,k}(u) \quad \omega_i N_{i,k}(u)]\right\}=\frac{\sum_{i=0}^{n}\omega_i\boldsymbol{d}_i N_{i,k}(u)}{\sum_{i=0}^{n}\omega_i N_{i,k}(u)}$$

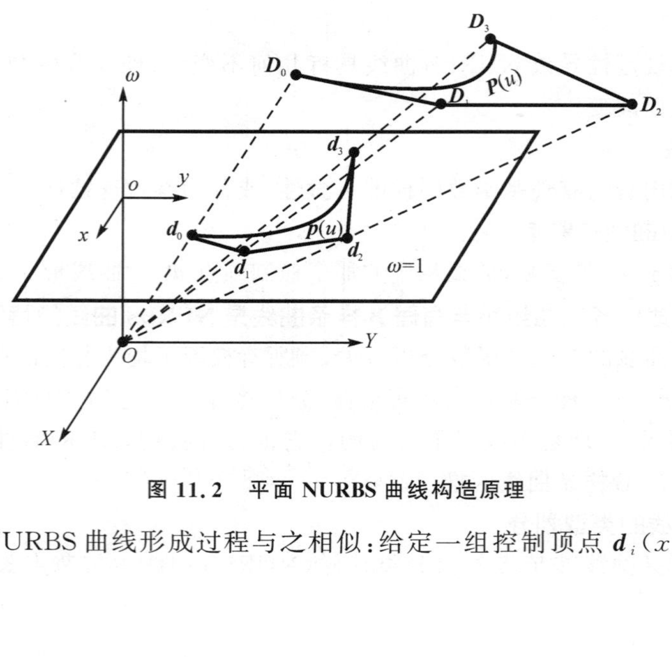

图 11.2 平面 NURBS 曲线构造原理

三维空间的 NURBS 曲线形成过程与之相似：给定一组控制顶点 $\boldsymbol{d}_i(x_i, y_i, z_i)$ 及相联系

的权因子 $\omega_i(i=0,1,\cdots,n)$定义齐次坐标空间中带权控制顶点 $\boldsymbol{D}_i(\omega_i\boldsymbol{d}_i,\omega_i)$，$i=0,1,\cdots,n$，利用该组控制顶点定义齐次坐标空间中的 k 次非有理 B 样条曲线 $\boldsymbol{P}(u)$，以坐标原点 $O(0,0,0)$为投影中心，将该曲线向 $\omega=1$ 超平面上进行中心投影变换，所得投影曲线即为三维笛卡儿坐标空间中定义的 k 次 NURBS 曲线 $\boldsymbol{p}(u)$。$\boldsymbol{P}(u)$称为 $\boldsymbol{p}(u)$的齐次曲线。三维 NURBS 曲线方程与二维 NURBS 曲线方程是一致的，仅仅其中矢量维数不同。

上述过程表明，NURBS 曲线是在高一维空间里它的控制顶点的齐次坐标或带权控制顶点所定义的非有理 B 样条曲线在 $\omega=1$ 超平面上的投影。这给出了 NURBS 曲线的几何意义和生成的几何原理。因而也告诉我们，权因子的变动改变了带权控制顶点在齐次坐标空间的位置，也就影响了它在齐次坐标空间定义的非有理 B 样条曲线；相应地，它在 $\omega=1$ 超平面上的投影即 NURBS 曲线也受到影响。在这里也可以看到，不仅控制顶点有权因子，NURBS 曲线上的点也有权因子，它就等于投影前曲线上那个点的最后一维坐标。它是 B 样条基函数作用于控制顶点的权因子生成的以参数 u 为变量的 B 样条函数。最后，研究 NURBS 方法要落实到它的计算机处理上，要解决适合于 NURBS 的配套算法。上述曲线生成过程提示我们，非有理 B 样条曲线的大多数算法可以推广应用于 NURBS 曲线。

11.5　权因子对 NURBS 曲线的影响

11.5.1　投影变换中的交比

在后面的内容中将经常用到交比(cross-ratio，C_r)及投影变换中的一个重要性质：在投影变换中交比保持不变。共线四点 $\boldsymbol{a}$、$\boldsymbol{b}$、$\boldsymbol{c}$、$\boldsymbol{d}$ 的交比定义如下：

$$C_r(\boldsymbol{a},\boldsymbol{b},\boldsymbol{c},\boldsymbol{d})=\frac{\overline{\boldsymbol{ab}}\Big/\overline{\boldsymbol{bd}}}{\overline{\boldsymbol{ac}}\Big/\overline{\boldsymbol{cd}}} \tag{11.5}$$

它等于 $\boldsymbol{b}$ 点分 $\boldsymbol{ad}$ 成两段的长度比与 $\boldsymbol{c}$ 点分 $\boldsymbol{ad}$ 成两段的长度比的比值。其中 $\boldsymbol{ad}$ 及所分四线段都应理解为有向线段，因此所取长度为代数长。直线段被分成两子段的长度比在仿射变换中保持不变。然而在投影变换中就不再保持不变，但却保持上述交比不变。如图 11.3 所示，这被称为交比定理。

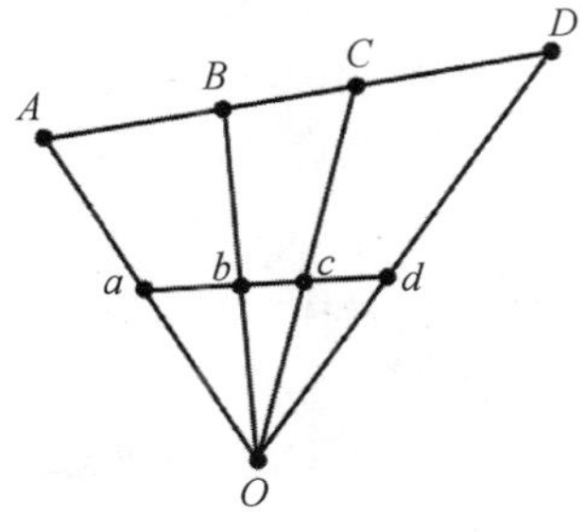

图 11.3　共线四点的交比

可见，共线四点 $\boldsymbol{a}$、$\boldsymbol{b}$、$\boldsymbol{c}$、$\boldsymbol{d}$ 的交比仅与在投影中心 O 的角度有关。从 O 点发出的 4 条投影射线可与任一直线相交，得 4 个交点将有同样的交比，不管该直线是怎样选择的。所有这样的直线都与投影有关，因此我们可以说投影保留四共线点的交比不变。

11.5.2　权因子的几何意义

权因子与对应的控制顶点相联系，改变权因子，将影响该控制顶点对曲线形状的控制能力。除此之外，权因子还有明确的几何意义。现在假设只改变权因子 ω_i，而使所有控制顶点、其他权因子和节点矢量保持不变，以寻找 ω_i 的几何意义。在此情况下，曲线可表示为双参数 u 与 ω_i 的矢函数，即 $\boldsymbol{p}=\boldsymbol{p}(u,\omega_i)$，给定一个 ω_i，得到一条曲线。如果使 ω_i 在某个范围内变化，则得到一族曲线。另一方面，由于权因子 ω_i 仅仅影响定义在区间 $[u_i,u_{i+k+1}]\subset[u_k,u_{n+1}]$ 那部分曲线的形状，对其他部分不产生影响，因此我们只需考察整条曲线的这一部分。

给定一个 ω_i，得到一条曲线。如果使 ω_i 在某个范围内变化，则得到一族曲线，如图 11.4 所示。分析其中的 4 条曲线，它们分别是 $\boldsymbol{p}(u,0)$、$\boldsymbol{p}(u,1)$、$\boldsymbol{p}(u,+\infty)$、$\boldsymbol{p}(u,\omega_i)$（这里 ω_i 为不等于 0 或 1 的有限值）。在参数区间中取参数值 $u^*\in[u_i,u_{i+k+1}]$，在 4 条曲线上各得一点，其中一点是 $\omega_i=0$ 曲线 $\boldsymbol{p}(u,0)$ 上的点 $\boldsymbol{m}=\boldsymbol{p}(u^*,0)$ 的曲线；一点是 $\omega_i=1$ 的曲线 $\boldsymbol{p}(u,1)$ 上的点 $\boldsymbol{n}=\boldsymbol{p}(u^*,1)$；一点是 $\omega_i\to+\infty$ 的曲线 $\boldsymbol{p}(u,+\infty)$ 上的点 $\boldsymbol{p}(u^*,+\infty)$，因这时相应的有理基函数 $R_{i,k}(u)=1$，ω_i 所影响的那部分曲线退化到一个点 $\boldsymbol{d}_i$，即 $\boldsymbol{d}_i=\boldsymbol{p}(u,+\infty)$；再任取一个 $\omega_i\neq 0,1$ 的有限值，得到第 4 条曲线 $\boldsymbol{p}(u,\omega_i)$ 上的点 $\boldsymbol{p}=\boldsymbol{p}(u^*,\omega_i)$。

如果令

$$\begin{cases}\alpha=R_{i,k}(u,\omega_i=1)\\ \beta=R_{i,k}(u)\end{cases}$$

则有

$$\begin{cases}\boldsymbol{n}=(1-\alpha)\boldsymbol{p}+\alpha\boldsymbol{d}_i\\ \boldsymbol{p}=(1-\beta)\boldsymbol{p}+\beta\boldsymbol{d}_i\end{cases}$$

且有如下等式成立：

$$\frac{1-\alpha}{\alpha}:\frac{1-\beta}{\beta}=\frac{\|\boldsymbol{n}-\boldsymbol{d}_i\|}{\|\boldsymbol{n}-\boldsymbol{m}\|}:\frac{\|\boldsymbol{p}-\boldsymbol{d}_i\|}{\|\boldsymbol{p}-\boldsymbol{m}\|}=\omega_i$$

由此得到权因子 ω_i 的几何意义：权因子 ω_i 等于过控制顶点 $\boldsymbol{d}_i$ 的一条直线（该直线是仅仅改变权因子所得一族 NURBS 曲线上具有某个相同的参数 u 的点的集合）上分别具有权因子 $\omega_i=+\infty$、0、1 和 $\omega_i\neq 0,1$ 那四点 $\boldsymbol{d}$、$\boldsymbol{m}$、$\boldsymbol{n}$、$\boldsymbol{p}$ 的交比。这四点中前三点是特定点。如果改变参数 u 将得到一条过控制顶点 4 的直线。类似地有其他三点，上述关系同样成立。

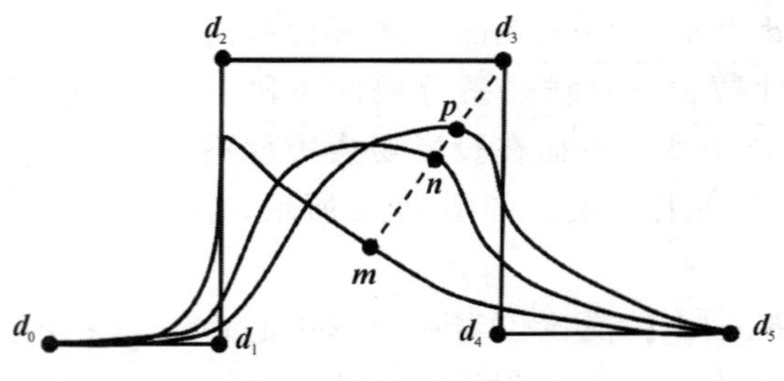

图 11.4　权因子的几何意义($k=3$)

相应地，有以下结论：

① 固定曲线的参数 $u=u^*$，从 4 条曲线上得到的 4 点 $\boldsymbol{m}$、$\boldsymbol{n}$、$\boldsymbol{p}$、$\boldsymbol{d}_i$ 位于一条直线上。

② 固定曲线的参数 $u=u^*$，而使 ω_i 变化，4 点中仅有点 $\boldsymbol{p}=\boldsymbol{p}(u^*,\omega_i)$ 的位置发生变化，但点 $\boldsymbol{p}$ 的移动轨迹仍位于原有直线上。

③ 改变 u 值，则上述 4 点移动所扫描的轨迹形成 4 条曲线，其中 $\boldsymbol{p}(u,+\infty)$ 特殊，其形状

退化为一个点 $\boldsymbol{d}_i$。

④ 改变 u 值所形成的 4 条曲线上得到的 4 点均通过 $\boldsymbol{d}_i$。

11.5.3　权因子对曲线形状的影响

弄清楚了权因子的几何意义后，就很容易分析权因子对曲线形状的影响：

① 若固定所有控制顶点及除权因子 ω_i 外所有其他权因子不变，当 ω_i 变化时，$\boldsymbol{p}$ 点随之移动，它在空间扫描出一条过控制顶点 $\boldsymbol{d}_i$ 的一条直线。

② 增大或减小 ω_i，β 随之增大或减小，导致曲线被拉向或推离控制顶点 $\boldsymbol{d}_i$，即 ω_i 的减小和增加起到了曲线相对于顶点 $\boldsymbol{d}_i$ 的推拉作用。

③ 增大或减小 ω_i，β 随之增大或减小，导致曲线被推离或拉向除 $\boldsymbol{d}_i$ 以外的所有其他控制顶点。

④ 当 $\omega_i \to +\infty$ 时，$\boldsymbol{p}$ 趋近与控制顶点 $\boldsymbol{d}_i$ 重合。

⑤ 在实际应用中，当需要修改曲线形状时，往往首先移动控制顶点。在曲线形状大致确定后，再根据需要在小范围内调整权因子，使曲线从整体到局部逐渐达到要求。

11.6　规则曲线的 NURBS 表示

如前所述，NURBS 曲线曲面技术是贝齐尔与 B 样条技术的推广。有理贝齐尔曲线曲面又是 NURBS 的特例，采用有理贝齐尔曲线可以精确地表示圆锥曲线。因此，本节首先介绍二次有理贝齐尔曲线的基本理论，然后讨论应用该类型曲线如何构造规则曲线的方法。

11.6.1　有理贝齐尔曲线的基本理论

前面介绍的贝齐尔方法采用参数多项式矢函数表达曲线曲面，而有理贝齐尔方法的表达形式是有理分式，其分子、分母分别是参数多项式矢函数与参数多项式标量函数。

1. 有理一次贝齐尔曲线的数学表示

给定控制顶点 $\boldsymbol{b}_0$ 与 $\boldsymbol{b}_1$，以及相联系的权因子 ω_0 与 ω_1，定义一条有理一次贝齐尔曲线：

$$\boldsymbol{p}(u)=\frac{\sum_{i=0}^{1}\omega_i\boldsymbol{b}_iB_{i,1}(u)}{\sum_{i=0}^{1}\omega_iB_{i,1}(u)}=\frac{\omega_0\boldsymbol{b}_0(1-u)+\omega_1\boldsymbol{b}_1u}{\omega_0(1-u)+\omega_1u},\quad u\in[0,1] \tag{11.6}$$

式中，$B_{0,1}(u)$与 $B_{1,1}(u)$为一次伯恩斯坦基函数，权因子 ω_0 与 ω_1 通常取大于 0 的值。

下面分析由式(11.6)表达的有理一次贝齐尔曲线的几何形状。作有理线性参数变换：

$$t=\frac{\omega_1u}{\omega_0(1-u)+\omega_1u},\quad u\in[0,1]$$

则方程(11.6)可改写为

$$\boldsymbol{p}(t)=(1-t)\boldsymbol{b}_0+t\boldsymbol{b}_1,\quad t\in[0,1]$$

该式表明，一条非有理一次贝齐尔曲线就是连接控制顶点 $\boldsymbol{b}_0$ 与 $\boldsymbol{b}_1$ 的直线段。这表明了有理一次贝齐尔曲线与非有理一次贝齐尔曲线所表达的曲线形状是相同的。

如果 ω_0 与 ω_1 之一为 0，则相应该顶点将不起作用，有理一次贝齐尔曲线退化到另一顶点。只要 ω_0 与 ω_1 均非 0，有理一次贝齐尔曲线总是顶点 $\boldsymbol{b}_0$ 与 $\boldsymbol{b}_1$ 相连的直线，与 ω_0 与 ω_1 取值无关。如果将有理一次贝齐尔曲线取成标准型，即首、末权因子都等于 1，则有理一次贝齐尔曲线就是非有理一次贝齐尔曲线。

如果是用于定义直线段，采用非有理一次贝齐尔曲线就完全可以，不必引入有理一次贝齐尔曲线。这里介绍它，主要目的是以此为基础有助于理解后面将要介绍的有理贝齐尔曲线的递推定义及有关基本概念。

2. 有理二次贝齐尔曲线的数学表示

给定控制顶点 $\boldsymbol{b}_0$、$\boldsymbol{b}_1$、$\boldsymbol{b}_2$ 与相联系的权因子 ω_0、ω_1、ω_2，定义一条二次有理贝齐尔曲线，其数学表示如下：

$$\boldsymbol{p}(u)=\frac{\sum_{i=0}^{2}\omega_i\boldsymbol{b}_iB_{i,2}(u)}{\sum_{i=0}^{2}\omega_iB_{i,2}(u)}=\frac{\omega_0\boldsymbol{b}_0(1-u)^2+2\omega_1\boldsymbol{b}_1u(1-u)+\omega_2\boldsymbol{b}_2u^2}{\omega_0(1-u)^2+2\omega_1u(1-u)+\omega_2u^2},\quad u\in[0,1] \tag{11.7}$$

式中，$B_{0,2}(u)$、$B_{1,2}(u)$ 与 $B_{1,2}(u)$ 为二次伯恩斯坦基函数。图 11.5 所示为有理二次贝齐尔曲线。

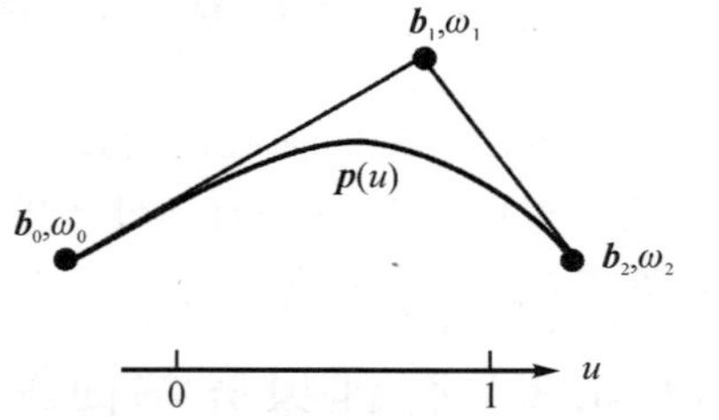

图 11.5 有理二次贝齐尔曲线

明显与非有理贝齐尔曲线的不同之处在于，后者当控制顶点与首、末端点参数值（即曲线定义域）确定后，曲线上任意一点都有它的确定的参数值，也就是说曲线参数化是完全确定了的。而在上述有理二次贝齐尔曲线的情况下，同一条曲线，定义域不变，却可以因为选取不同的权因子，而使得曲线上的点与定义域内的点有不同的对应关系，即可以有不同的参数化。

11.6.2 规则曲线的有理二次贝齐尔曲线表示

二次规则曲线又称圆锥截线，可理解为平面截圆锥所生成的截面曲线。显然，二次规则曲线都是平面曲线。如图 11.6 所示，二次曲线的类型与几何形状由截平面与圆锥之间相对位置决定，其类型包括圆、椭圆、抛物线、双曲线等。

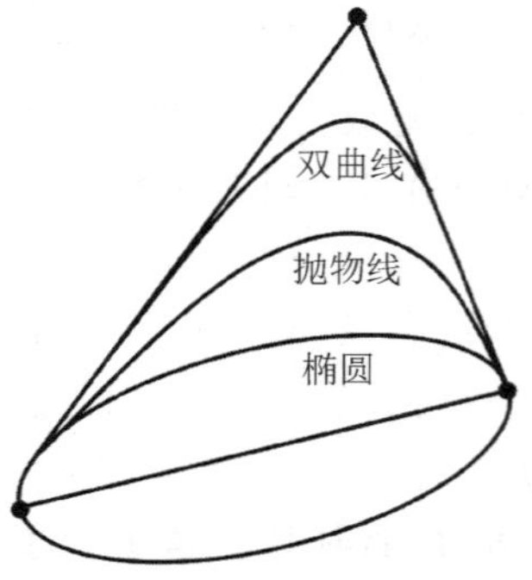

图 11.6 二次规则曲线的形成

在解析几何里用隐方程表示二次规则曲线：

$$Ax^2+Bxy+Cy^2+Dx+Ey+F=0$$

该式所包含的 6 个系数中，只有 5 个是独立的。也就是说，一条二次曲线可由 5 个独立的条件决定。然而，这些系数的几何意义不明显。对实际工程应用来说，直接采用这种隐方程显然不方便，需要寻求有明显几何意义以适合工程应用的条件和表示形式。

下面直接给出采用有理二次贝齐尔曲线定义二次规则曲线的方法。若固定首、末权因子 $\omega_0=\omega_2=1$，就只剩下一个可调的内权因子 ω_1，这样给出的有理二次贝齐尔表示称为标准型有理二次贝齐尔曲线。

1. 标准型有理二次贝齐尔曲线形状判别一

对于标准型有理二次贝齐尔曲线，可按内权因子 ω_1 的取值范围直接判别有理二次贝齐尔曲线的形状类别：

① $\omega_1 \to +\infty$　退化的二次曲线(一对直线段$\overline{\boldsymbol{b}_0\boldsymbol{b}_1}$与$\overline{\boldsymbol{b}_1\boldsymbol{b}_2}$，极限为内顶点 $\boldsymbol{b}_1$)；

② $\omega_1 \in (1,+\infty)$　双曲线弧；

③ $\omega_1 = 1$　抛物线弧；

④ $\omega_1 \in (0,1)$　椭圆弧；

⑤ $\omega_1 = 0$　连接 $\boldsymbol{b}_0$ 与 $\boldsymbol{b}_2$ 两点的直线段$\overline{\boldsymbol{b}_0\boldsymbol{b}_2}$；

⑥ $\omega_1 \in (-\infty,0)$　同正值形状类别，是其在凸包三角形外的补弧。

对于标准型 ω_1 在取值范围$(-1,+\infty)$内，曲线方程(11.7)的右端分母恒为正，曲线是有界的，表示了在首、末顶点之间一段连续的曲线弧。这一范围的曲线弧正是在工程实际中用的二次曲线弧。若将 ω_1 取为上述范围以外的负权因子，有理二次贝齐尔曲线将出现奇异的情况。

2. 标准型有理二次贝齐尔曲线形状判别二

对于标准型有理二次贝齐尔曲线，工程上也常用形状因子(ρ 因子)来判别二次曲线弧的类型，其表达式如下：

$$\rho = \frac{\omega_1}{1+\omega_1}$$

采用形状因子判断二次曲线类型的规则如下：

① $\rho \in (1,+\infty)$　凸包三角形外的双曲线弧；

② $\rho = 1$　一对直线段即$\overline{\boldsymbol{b}_0\boldsymbol{b}_1}$与$\overline{\boldsymbol{b}_1\boldsymbol{b}_2}$；

③ $\rho \in \left(\frac{1}{2},1\right)$　双曲线弧；

④ $\rho = \frac{1}{2}$　抛物线弧；

⑤ $\rho \in \left(0,\frac{1}{2}\right)$　椭圆弧，$\frac{-\rho}{1-2\rho}$的补弧；

⑥ $\rho = 0$　连接 $\boldsymbol{b}_0$ 与 $\boldsymbol{b}_2$ 的直线段$\overline{\boldsymbol{b}_0\boldsymbol{b}_2}$；

⑦ $\rho \in (-\infty,0)$　凸包三角形外的椭圆弧。

3. 非标准型有理二次贝齐尔曲线形状判别

对于非标准型的有理二次贝齐尔曲线，可以采用形状不变因子判别曲线类型。形状不变因子定义如下：

$$k = \frac{\omega_0\omega_2}{\omega_1^2}$$

因 $\omega_0,\omega_2 > 0$，故 k 恒为正。曲线形状分类如下：

① $k \to 0$　一对直线段即$\overline{\boldsymbol{b}_0\boldsymbol{b}_1}$与$\overline{\boldsymbol{b}_1\boldsymbol{b}_2}$；

② $k = 0$　内顶点 $\boldsymbol{b}_1$；

③ $k \in (0,1)$　双曲线弧；

④ $k=1$　抛物线弧；

⑤ $k\in(1,+\infty)$　椭圆弧；

⑥ $k=+\infty$　连接 $\boldsymbol{b}_0$ 与 $\boldsymbol{b}_2$ 的直线段$\overline{\boldsymbol{b}_0\boldsymbol{b}_2}$。

11.6.3　圆弧的 NURBS 定义

从工程需求出发，圆弧的表示应满足下述要求：①较少的控制顶点；②紧凑的凸包；③良好的参数化；④所含每一弧段圆心角不超过 90°；⑤一致性。这些要求应同时得到满足。

上述要求决定曲线应采用二次 NURBS 曲线表示，$0\leqslant|\theta|\leqslant 90°$的圆弧可作单段处理，可以使用作为 NURBS 特例的标准型有理二次贝齐尔曲线表示。$|\theta|>90°$的圆弧应作分段处理，采用一般的二次 NURBS 表示。当 $90°\leqslant|\theta|\leqslant 180°$时，分为两段；当 $180°\leqslant|\theta|\leqslant 270°$时，分为三段；当 $270°\leqslant|\theta|\leqslant 360°$时，分为四段。下面我们要考虑解决的是圆心角分别为 $90°\leqslant|\theta|\leqslant 180°$、$180°\leqslant|\theta|\leqslant 270°$、$270°\leqslant|\theta|\leqslant 360°$三种范围圆弧的二次 NURBS 表示。

1. $|\boldsymbol{\theta}|\leqslant 90°$圆弧的有理二次贝齐尔表示

如图 11.7 所示，若控制二边形的两边等长，即 $\|\boldsymbol{b}_0\boldsymbol{b}_1\|=\|\boldsymbol{b}_1\boldsymbol{b}_2\|$，$\varphi$ 为等腰三角形 $\boldsymbol{b}_0\boldsymbol{b}_1\boldsymbol{b}_2$ 的底角，设置内权因子 $\omega_1=\varphi$，则所定义的标准型有理二次贝齐尔曲线为中心角等于 2φ 的圆弧。

示例　给定圆弧的两端点 $\boldsymbol{b}_0=(5,5)$与 $\boldsymbol{b}_2=(5,25)$，完成如图 11.8 所示顶角 θ 为 60°的圆弧的 NURBS 曲线定义。

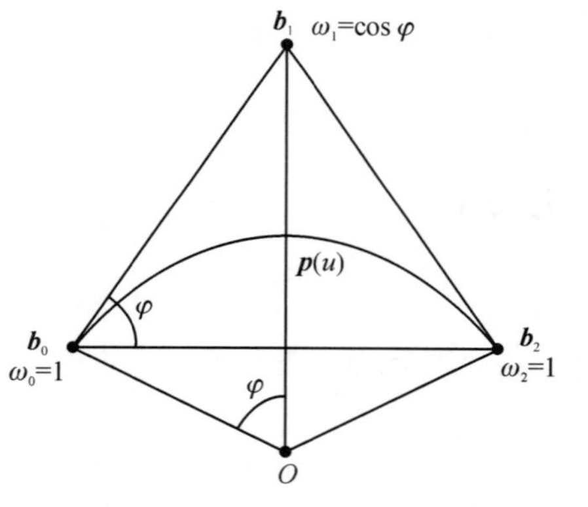

图 11.7　$|\theta|\leqslant 90°$圆弧的有理二次贝齐尔表示

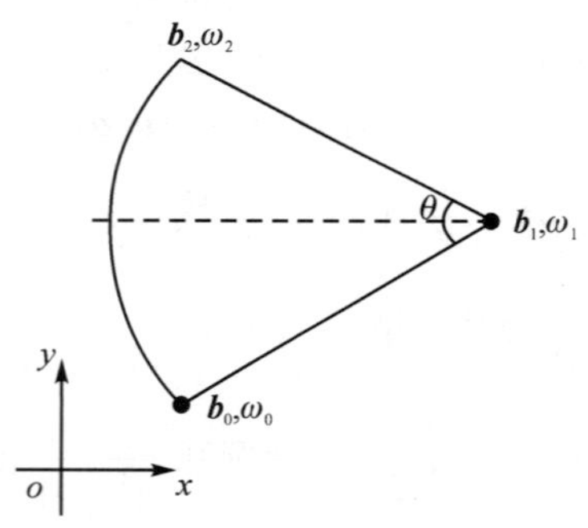

图 11.8　圆弧的有理二次贝齐尔表示示例

解　圆弧方程表示为

$$\boldsymbol{p}(u)=\frac{(1-u)^2\omega_0\boldsymbol{b}_0+2u(1-u)\omega_1\boldsymbol{b}_1+u^2\omega_2\boldsymbol{b}_2}{(1-u)^2\omega_0+2u(1-u)\omega_1+u^2\omega_2},\quad 0\leqslant u\leqslant 1$$

该示例中底角为顶角的 1/2，因此各顶点权因子设置如下：

$$\omega_0=1,\ \omega_1=\cos(\theta/2)=0.866,\quad \omega_1=1$$

中间控制顶点由两半径线求交点得到

$$\boldsymbol{b}_1=(-0.77,15)$$

2. $90°<|\boldsymbol{\theta}|\leqslant 180°$圆弧的二次 NURBS 表示

$90°<|\theta|\leqslant 180°$圆弧的二次 NURBS 表示如图 11.9 所示：圆弧首端点为控制多边形的首

顶点 $\boldsymbol{d}_0$，圆弧末端点为末顶点 $\boldsymbol{d}_3$，两内顶点 $\boldsymbol{d}_1$ 与 $\boldsymbol{d}_2$ 的连线正好在圆弧中点与圆相切，但切点不是控制顶点，不必求出。控制多边形的首、末边 $\boldsymbol{d}_0\boldsymbol{d}_1$ 与 $\boldsymbol{d}_2\boldsymbol{d}_3$ 分别是圆弧首、末端点的切线，首、末边 $\boldsymbol{d}_0\boldsymbol{d}_1$ 与 $\boldsymbol{d}_2\boldsymbol{d}_3$ 等长，中间边 $\boldsymbol{d}_1\boldsymbol{d}_2$ 的长度等于两倍的首、末边。不必由画切线和求切线交点的方法来确定两内顶点 $\boldsymbol{d}_1$ 与 $\boldsymbol{d}_2$，可以由三角关系求出首、末边 $\boldsymbol{d}_0\boldsymbol{d}_1$ 与 $\boldsymbol{d}_2\boldsymbol{d}_3$ 的长度，然后通过旋转矢量求出 $\boldsymbol{d}_1$ 与 $\boldsymbol{d}_2$。圆弧方程如下：

$$\boldsymbol{p}(u)=\frac{\sum_{i=0}^{3}\omega_i\boldsymbol{d}_iN_{i,2}(u)}{\sum_{i=0}^{3}\omega_iN_{i,2}(u)},\quad u\in[0,1]$$

式中，首、末权因子 $\omega_0=\omega_3=1$，两内权因子 $\omega_1=\omega_2=\cos^2(\theta/4)$。节点矢量为 $\boldsymbol{U}=[0,0,0,1/2,1,1,1]$。

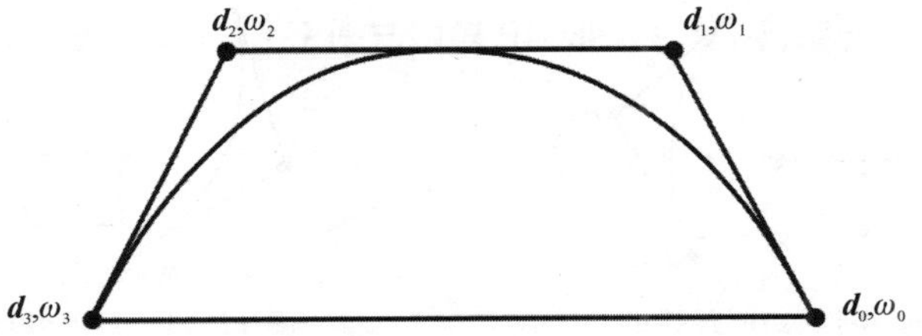

图 11.9　90°<|θ|≤180°圆弧的二次 NURBS 表示

3. 180°<|θ|≤270°圆弧的二次 NURBS 表示

将 180°<|θ|≤270°圆弧三等分，第二内分点不必求出，由三角关系和旋转矢量得到第二内分点，则第一、二段包含的圆心角在(90°,180°]范围内，于是可采用 90°<|θ|≤180°圆弧的二次 NURBS 表示，但插入的将是 $u=1/3$ 节点；第三段包含的圆心角在(0°,90°]范围内，可相应采用 0°<|θ|≤90°圆弧的二次 NURBS 表示。两者相接处的公共连接点成为公共控制顶点，这可由插入 $u=2/3$ 节点两次得到。权因子依次为 1、$\cos^2(\theta/6)$、$\cos^2(\theta/6)$、1、$\cos(\theta/6)$、1。节点矢量为 $\boldsymbol{U}=[0,0,0,\ 1/3,2/3,2/3,1,1,1]$。于是得到图 11.10 所示 180°<|θ|≤270°圆弧的二次 NURBS 表示，圆弧方程如下：

$$\boldsymbol{p}(u)=\frac{\sum_{i=0}^{5}\omega_i\boldsymbol{d}_iN_{i,2}(u)}{\sum_{i=0}^{5}\omega_iN_{i,2}(u)},\quad u\in[0,1]$$

式中，首、末权因子 $\omega_0=\omega_5=1$，内权因子 $\omega_1=\omega_2=\omega_3=\cos^2(\theta/6)$，节点矢量为 $\boldsymbol{U}=[0,0,0,1/3,2/3,1,1,1]$。

4. 270°<|θ|≤360°圆弧的二次 NURBS 表示

将 270°<|θ|≤360°圆弧四等分，由三角关系和旋转矢量得到中间那个内分点，另外两个分点不必求出，则第一、二段包含的圆心角在(90°,180°]范围内，于是可采用 90°<|θ|≤180°圆弧的二次 NURBS 表示，但插入的将是 $u=1/4$ 节点；第三、四段包含的圆心角也在(90°,180°]范围内，也可相应采用 90°<|θ|≤180°圆弧的二次 NURBS 表示，但插入的将是 $u=3/4$ 节点。两者相接处的公共连接点成为公共控制顶点，这可由插入 $u=1/2$ 节点两次得到。权因子依次为：$\omega_0=1$、$\omega_1=\cos^2(\theta/8)$、$\omega_2=\cos^2(\theta/8)$、$\omega_3=\cos^2(\theta/8))$、$\omega_4=\cos^2(\theta/8)$、$\omega_5=1$。

节点矢量为 $\boldsymbol{U}=[0,0,0,1/4,1/2,1/2,3/4,0,0,0]$。于是得到图 11.11 所示的 $270°<|\theta|\leqslant 360°$圆弧的二次 NURBS 表示，圆弧方程如下：

$$\boldsymbol{p}(u)=\frac{\sum_{i=0}^{6}\omega_i\boldsymbol{d}_iN_{i,2}(u)}{\sum_{i=0}^{6}\omega_iN_{i,2}(u)},\quad u\in[0,1]$$

值得注意的是，整圆的处理也包含在统一处理之中，并未引入特殊处理，这就实现了对圆弧 NURBS 表示要求的一致性。

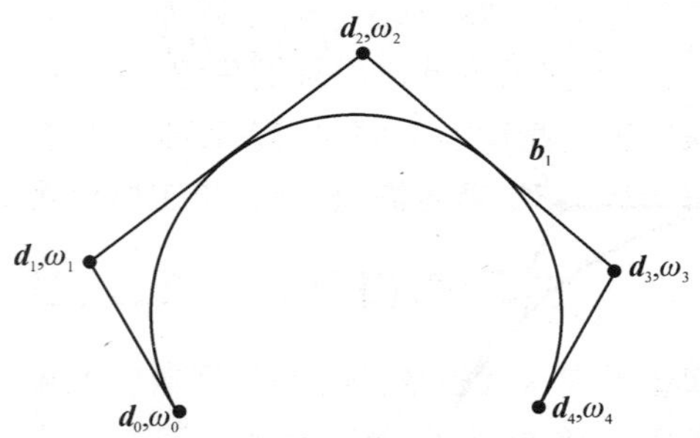

图 11.10 $180°<|\boldsymbol{\theta}|\leqslant 270°$圆弧的二次 NURBS 表示

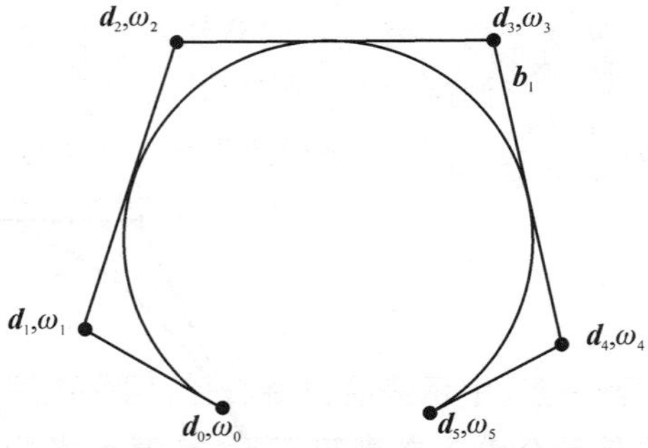

图 11.11 $270°<|\boldsymbol{\theta}|\leqslant 360°$圆弧的二次 NURBS 表示

11.7 NURBS 曲面的数学表示与几何性质

11.7.1 NURBS 曲面的数学表示

给定 $(m+1)\times(n+1)$ 个控制顶点 $\boldsymbol{d}_{ij}$ 及相联系的权因子 $\omega_{ij}(i=0,1,\cdots,m;j=0,\cdots,n)$，以及曲面在双参数方向的次数为 k 与 l，双参数 u 与 v 对应的节点矢量 $\boldsymbol{U}=[u_0,u_1,\cdots,u_{m+k+1}]$ 与 $\boldsymbol{V}=[v_0,v_1,\cdots,v_{n+l+1}]$，定义一张 $k\times l$ 次 NURBS 曲面，其方程如下：

$$\boldsymbol{p}(u,v)=\frac{\sum_{i=0}^{m}\sum_{j=0}^{n}\omega_{ij}\boldsymbol{d}_{ij}N_{i,k}(u)N_{j,l}(v)}{\sum_{i=0}^{m}\sum_{j=0}^{n}\omega_{ij}N_{i,k}(u)N_{j,l}(v)},\quad u\in[u_k,u_{m+1}],v\in[v_l,v_{n+1}] \tag{11.8}$$

将 NURBS 曲线的相关概念推广到 NURBS 曲面，得到 NURBS 曲面的定义信息。这里控制顶点 $\boldsymbol{d}_{ij}(i=0,1,\cdots,m;j=0,1,\cdots,n)$ 呈拓扑矩形阵列，形成一个控制网格。ω_{ij} 是与顶点 $\boldsymbol{d}_{ij}$ 联系的权因子，规定四角顶点处用正权因子，即 ω_{00}、ω_{0n}、ω_{m0}、$\omega_{mn}>0$，其余 $\omega_{ij}\geqslant 0$ 且顺序 $k\times l$ 个权因子不同时为零。$N_{i,k}(u)(i=0,1,\cdots,m)$ 和 $N_{j,l}(v)(j=0,1,\cdots,n)$ 分别为 u 向 k 次和 v 向 l 次的规范 B 样条基函数，它们分别由 u 向与 v 向的节点矢量 $\boldsymbol{U}=[u_0,u_1,\cdots,u_{m+k+1}]$ 与 $\boldsymbol{V}=[v_0,v_1,\cdots,v_{n+l+1}]$ 按德布尔考克斯递推公式决定。

NURBS 曲面的定义域由参数平面内的矩形区域界定：

$$u\in[u_k,u_{m+1}],\quad v\in[v_l,v_{n+1}]$$

该定义域被其内节点线划分成 $(m-k+1)\times(n-l+1)$ 个子区间，相应地，曲面也划分为

$(m-k+1)\times(n-l+1)$个子曲面片。NURBS 曲面是一种特殊形式的分片有理参数多项式曲面。

示例　分析如图 11.12 所示 3×2 次 NURBS 曲面的定义信息。

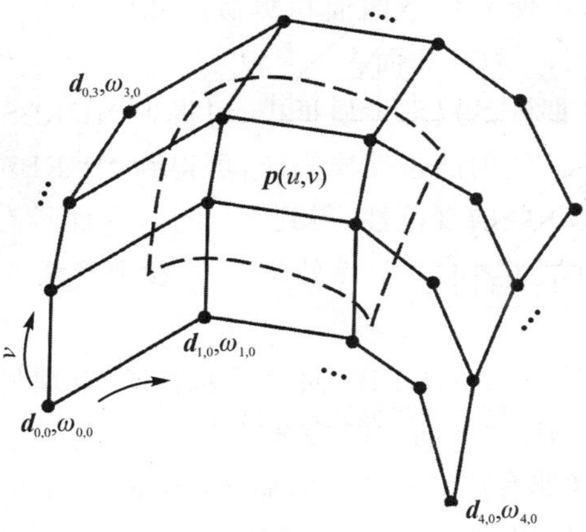

图 11.12　3×2 次 NURBS 曲面示例

解　该曲面由 5×4 个控制顶点 $\boldsymbol{d}_{ij}$ 及相联系的权因子 $\omega_{ij}(i=0,1,2,3,4;j=0,1,2,3)$定义，$m=4,n=3$。曲面 u 向次数 k 为 3，v 向次数 l 为 2。u 与 v 的节点矢量为 $\boldsymbol{U}=[u_0,u_1,\cdots,u_8]$与 $\boldsymbol{V}=[v_0,v_1,\cdots,v_6]$。

曲面的定义域为 $u\in[u_3,u_5]$，$v\in[v_2,v_4]$。

根据曲面的定义域确定曲面的 4 个角点为 $\boldsymbol{p}(u_3,v_2)$、$\boldsymbol{p}(u_5,v_2)$、$\boldsymbol{p}(u_3,v_4)$、$\boldsymbol{p}(u_5,v_4)$，曲面的 4 条边界曲线为 $\boldsymbol{p}(u,v_2)$、$\boldsymbol{p}(u,v_4)$、$\boldsymbol{p}(u_3,v)$、$\boldsymbol{p}(u_5,v)$。

曲面划分为$(m-k+1)\times(n-l+1)=2\times2$ 个子曲面片。

11.7.2　NURBS 曲面的几何性质

与 NURBS 曲线类似，可将 NURBS 曲面转换为以下有理基函数表示形式：

$$\boldsymbol{p}(u,v)=\sum_{j=0}^{n}\omega_{ij}\boldsymbol{d}_{ij}R_{i,k;j,l}(u),\quad u\in[u_k,u_{m+1}],v\in[v_l,v_{n+1}] \tag{11.9}$$

这里 $R_{i,k;j,l}(u,v)$是双变量 u 与 v 的有理基函数：

$$R_{i,k;j,l}(u,v)=\frac{\omega_{ij}N_{i,k}(u)N_{j,l}(u)}{\sum_{i=0}^{m}\sum_{j=0}^{n}\omega_{ij}N_{i,k}(u)N_{j,l}(u)} \tag{11.10}$$

有理双变量基函数 $R_{i,k;j,l}(u,v)$具有与非有理 B 样条基函数 $N_{i,k}(u)N_{j,l}(v)$相类似的性质：

① 局部支撑性质：

$$R_{i,k;j,l}(u,v)=0,\quad u\notin[u_i,u_{i+k+1}]\text{ 或 }v\notin[u_j,u_{j+l+1}]$$

② 规范性：

$$\sum_{r=i-k}^{i}\sum_{s=j-l}^{j}R_{r,k;s,l}(u,v)\equiv1,\quad u\in[u_r,u_{r+1}]\subset[u_k,u_{m+1}],v\in[u_s,u_{s+1}]\subset\in[v_l,v_{n+1}]$$

③ 可微性：在每个子矩形域内两参数方向无穷次可微，在重复度为 r 的 u 节点处沿 u 向是 $k-r$ 次连续可微的，在重复度为 r 的 v 节点处沿 v 向是 $l-r$ 次连续可微的。

④ $R_{i,k;j,l}(u,v)$是双变量B样条基函数的推广：当所有$\omega_{ij}=1$时，

$$R_{i,k;j,l}(u,v)=N_{i,k}(u)\cdot N_{j,l}(v)$$

有理B样条曲面具有与非有理B样条曲面相类似的几何性质。也可以说，NURBS曲线的大多数性质都可直接推广到NURBS曲面：

① 局部性质。将NURBS曲线的局部性质推广，可得到NURBS曲面的局部性质。

② 凸包性质。将NURBS曲线的凸包性质推广，可得到NURBS曲面的局部性质。

③ 几何不变性。由有理基函数的规范性，得到NURBS曲面具有几何不变性。

④ 连续性。沿u向在重复度为r的u节点处是C^{k-r}参数连续的，沿v向在重复度为r的v节点处是C^{l-r}参数连续的。

⑤ 与非有理B样条曲面的关联。NURBS曲面是非有理/有理贝齐尔曲面及非有理B样条曲面的合适推广。它们都是NURBS曲面的特例。

⑥ NURBS曲面的分类。像非有理B样条曲面那样，NURBS曲面也可按所取节点矢量沿每个参数方向划分为四种类型。对于开曲面，甚至对于闭曲面，每个节点矢量的两端节点通常都取成重节点，重复度等于该方向参数次数加1。这样可以使NURBS曲面的四个角点恰恰就是控制网格的四个角顶点，曲面在角点处的单向偏导矢恰好就是边界曲线在端点处的导矢。

11.7.3 NURBS曲面的几何意义

与NURBS曲线相似，NURBS曲面的形成过程可表达如下：

① 在齐次坐标空间中定义带权控制顶点$\boldsymbol{D}_{ij}$，即

$$\boldsymbol{D}_{ij}=[\omega_{ij}\boldsymbol{d}_{ij}\quad \omega_{ij}],\quad i=0,1,\cdots,m;j=0,1,\cdots,n$$

② 采用带权控制顶点$\boldsymbol{D}_{ij}$在齐次空间里定义非有理B样条曲面$\boldsymbol{P}(u,v)$，即

$$\boldsymbol{P}(u,v)=\sum_{i=0}^{m}\sum_{j=0}^{n}\boldsymbol{D}_{ij}N_{i,k}(u)N_{j,l}(v),\quad u\in[u_k,u_{m+1}],v\in[v_l,v_{n+1}]$$

③ 投影非有理B样条曲面。将非有理B样条曲面$\boldsymbol{P}(u,v)$向$\omega=1$超平面上投影，投影中心取为齐次坐标的原点，投影曲线即定义了NURBS曲面：

$$\boldsymbol{p}(u,v)=H\{\boldsymbol{P}(u,v)\}=\sum_{i=0}^{m}\sum_{j=0}^{n}\boldsymbol{D}_{ij}N_{i,k}(u)N_{j,l}(v),\quad u\in[u_k,u_{m+1}],v\in[v_l,v_{n+1}] \tag{11.11}$$

11.8 规则曲面的NURBS表示

11.8.1 柱面和锥面

一般柱面又称为列表柱面，是用扫掠法生成的柱面，就如将加热到高温的金属坯料经挤压通过模具的型孔成为具有固定截面轮廓的型材那样，因此也被称为拉伸曲面。一般柱面生成过程是，先生成一条截面轮廓线，又称为准线，可以是有理的或非有理的，可以是开曲线或闭曲线。考虑到一般性，设该轮廓线为一条定义在节点矢量$\boldsymbol{U}$上的k次NURBS曲线，其方程用有理基函数表示：

$$c(u)=\sum_{i=0}^{m} d_{i,0} R_{i,k}(u), \quad u \in [u_k, u_{m+1}]$$

式中，$d_{i,0}$ 为控制顶点，相应有权因子 $\omega_{i,0}$；$R_{i,k}(u)$为 k 次有理基函数。使该轮廓线平移一给定距离，平移矢量为 e，从而形成了一般柱面，曲面方程可表示为

$$p(u,v)=\sum_{i=0}^{m}\sum_{j=0}^{1} d_{i,j} R_{i,k;j,l}(u,v), \quad u \in [u_k, u_{m+1}], v \in [0,1] \tag{11.12}$$

式中，$R_{i,k;j,l}(u,v)$是由节点矢量 U 与 $V=[0,0,1,1]$及其权因子决定的有理基函数，

$$R_{i,k;j,l}(u,v)=\frac{\omega_{i,j} N_{i,k}(u) N_{j,1}(v)}{\sum_{i=0}^{m}\sum_{j=0}^{1} \omega_{i,j} N_{i,k}(u) N_{j,1}(v)}$$

控制顶点 $d_{i,1}$ 由控制顶点 $d_{i,0}(i=0,1,\cdots,m)$平移得到，平移矢量为 e，即

$$d_{i,1}=d_{i,0}+e, \quad i=0,1,\cdots,m$$

相联系的权因子则保持不变，即

$$\omega_{i,1}=\omega_{i,0}, \quad i=0,1,\cdots,m$$

曲面的 v 参数线就是直母线，因此一般柱面也可看作直母线一端点沿准线运动平移扫掠生成的曲面。上述过程又可表述为：在一般柱面中，由控制顶点 $d_{i,0}$ 及其权因子 $\omega_{i,0}(i=0,1,\cdots,m)$定义一条原始准线，而由控制顶点 $d_{i,1}$ 及其权因子 $\omega_{i,1}(i=0,1,\cdots,m)$定义另一条准线。后者由前者平移得到，平移矢量为 e。因此，一般柱面又可看作母线沿两条准线上等参数点运动平移扫掠生成的曲面。

图 11.13 所示为一般柱面 NURBS 曲面定义。

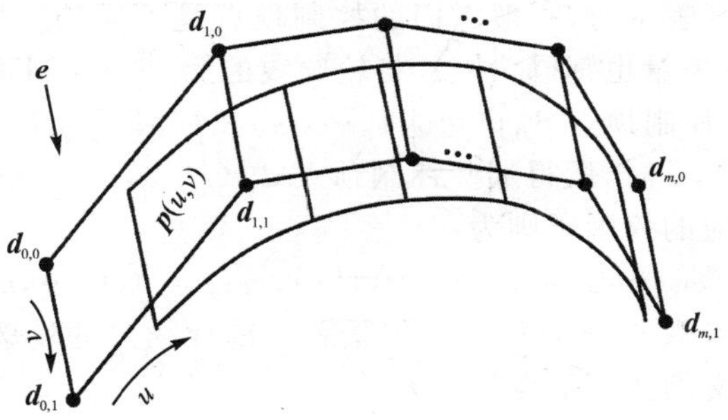

图 11.13　一般柱面 NURBS 曲面定义

对一般柱面方程进行处理，可得到特殊柱面的数学表示：

① 圆柱面。特殊地，当准线为圆弧或整圆时，就得到圆柱面片或整圆柱面。

② 一般锥面。将定义一般柱面另一准线的控制顶点缩到一点即锥顶，权因子不变，两个节点矢量都不变，就定义了一般锥面。从准线上一点到锥顶的直线就是母线。

在式(11.12)表示的一般柱面方程中，只需将定义其中一条准线的所有控制顶点重合取为锥顶点 d，即 $d_{i,1}=d(i=0,1,\cdots,m)$，即可完成一般锥面方程的定义。

③ 圆锥面。特殊地，若准线是圆弧或整圆，一般锥面就变成圆锥面片或整圆锥面。

11.8.2　旋转面

旋转面是在工程设计与图形中最常用的曲面之一。它由一轮廓线(或称母线)围绕一轴线旋转扫掠而成。实际上圆柱面与圆锥面也包括其中，只不过其轮廓线为直线。现在讨论轮廓线为曲线的一般旋转面。定义一张旋转面最方便的办法：先在某个坐标平面譬如 xz 平面内

选取某一坐标轴为旋转面的轴线，然后在该坐标平面内定义所需要的轮廓线(也可以定义一空间直线段作为旋转面的轴线，同时选取过该轴线的一个平面，在该平面内定义一条曲线作为轮廓线)；然后，将轮廓线绕轴线旋转一周，即得整旋转面。若旋转不到一周，则得部分旋转面，再将其变换到需要的空间位置。如果轮廓线是用贝齐尔、B样条或NURBS表示，所有这些变换都只需对控制顶点进行，NURBS表示的权因子在变换中保持不变。

设所定义的轮廓线为一条以 v 为参数的一次NURBS曲线，其方程为

$$\boldsymbol{p}(v)=\frac{\sum_{j=0}^{n}\omega_j\boldsymbol{d}_jN_{j,l}(v)}{\sum_{j=0}^{n}\omega_jN_{j,l}(v)},\quad v\in[v_l,v_{n+1}]$$

它由控制顶点 $\boldsymbol{d}_j$ 与权因子 $\omega_j(j=0,1,\cdots,n)$ 和节点矢量 $\boldsymbol{V}=[v_0,v_1,\cdots,v_{n+l+1}]$ 定义。将该轮廓线绕旋转轴线旋转 θ 角，得下述用NURBS曲面表示的旋转面：

$$\boldsymbol{p}(u,v)=\frac{\sum_{i=0}^{m}\sum_{j=0}^{n}\omega_{ij}\boldsymbol{d}_{ij}N_{i,k}(u)N_{j,l}(v)}{\sum_{i=0}^{m}\sum_{j=0}^{n}\omega_{ij}N_{i,k}(u)N_{j,l}(v)},\quad u\in[u_k,u_{m+1}],v\in[v_l,v_{n+1}] \tag{11.13}$$

下面讨论如何选取曲面方程中的控制顶点 $\boldsymbol{d}_{i,j}$ 及其权因子 $\omega_{i,j}(i=0,1,\cdots,m;j=0,1,\cdots,n)$ 和两个参数方向的节点矢量 $\boldsymbol{U}$ 与 $\boldsymbol{V}$。

当将轮廓线旋转 θ 角时，定义它的控制顶点 $\boldsymbol{d}_j(j=0,1,\cdots,n)$ 中的每一个顶点也跟着旋转 θ 角。每个顶点在旋转中的轨迹都是旋转角同为 θ 角但半径不同的圆弧。因而，按前面介绍的方法圆弧的NURBS表示时，一般它们的控制顶点是不同的。但是序号相同的那些顶点的权因子是相同的，节点矢量也都同为 $\boldsymbol{U}$。将轮廓线的第 j 个控制顶点 $\boldsymbol{d}_j$ 旋转 θ 角形成的圆弧用NURBS表示时，有控制顶点 $\boldsymbol{d}_{ij}(i=0,1,\cdots,m)$ 及权因子 $\omega_i(i=0,1,\cdots,m)$。那么，当 j 取遍所有值即 $j=0,1,\cdots,n$ 时，所得那些控制顶点 $\boldsymbol{d}_{ij}(i=0,1,\cdots,m;j=0,1,\cdots,n)$ 就是定义旋转面的控制顶点。相应的权因子则为

$$\omega_{i,j}=\omega_i\omega_j,\quad i=0,1,\cdots,m;j=0,1,\cdots,n$$

该NURBS旋转面参数 v 方向的节点矢量就是前面给定的轮廓线的节点矢量 $\boldsymbol{V}$，参数 u 方向的节点矢量就是定义圆弧的节点矢量 $\boldsymbol{U}$。

图11.14给出了整球面及其NURBS表示的控制网格，它由使半圆绕过两端点的直径轴旋转一周得到。它的控制网格形成一外切正立方盒。控制网格上带小圆圈标志所在位置就是控制顶点，权因子未示出。图11.15所示是整圆环面及其NURBS表示的控制网格，它由使一整圆绕所在平面内不与该整圆相交的一轴线旋转得到。

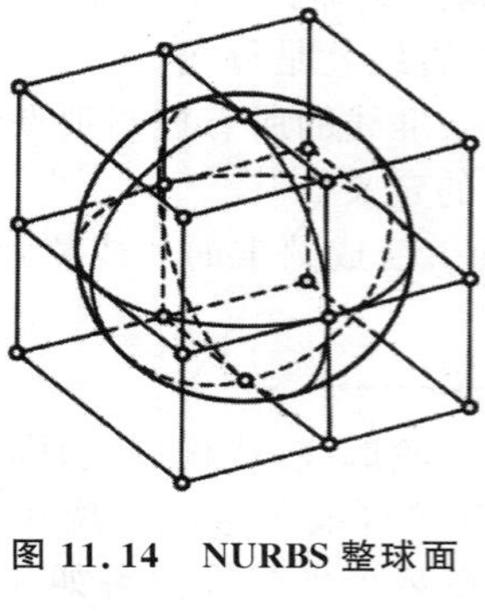

图11.14 NURBS整球面

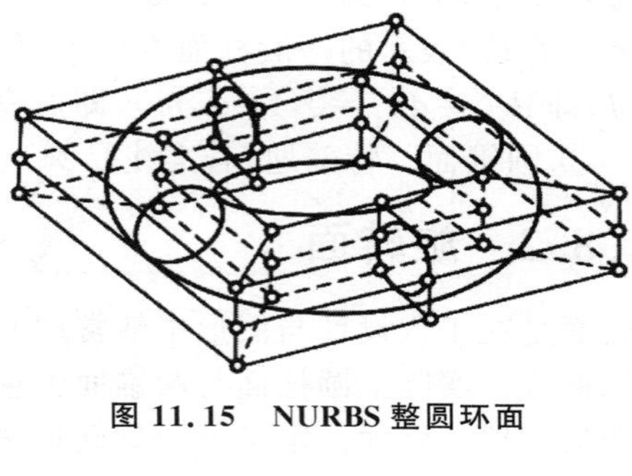

图11.15 NURBS整圆环面

11.8.3 直纹面

给定两条 k 次 NURBS 曲线：

$$\begin{cases} \boldsymbol{p}_1(u)=\sum_{i=0}^{m_1}\boldsymbol{d}_i^1 R_{i,k}(u), & u\in[u_k,u_{m_1+1}] \\ \boldsymbol{p}_2(u)=\sum_{i=0}^{m_2}\boldsymbol{d}_i^2 R_{i,k}(u), & u\in[u_k,u_{m_2+1}] \end{cases}$$

两曲线的节点矢量为 $\boldsymbol{U}_1$ 和 $\boldsymbol{U}_2$，若在 $\boldsymbol{p}_1(u)$ 和 $\boldsymbol{p}_1(u)$ 之间作线性插值，便可产生直纹面。

由于插值在等参数点之间进行，也即对于固定的 u^*，$\boldsymbol{p}(u^*,v)$ 为连接点 $\boldsymbol{p}_1(u^*)$ 和 $\boldsymbol{p}_1(u^*)$ 的直线段，因此直纹面的 NURBS 表达式为

$$\boldsymbol{p}(u,v)=\sum_{i=0}^{m}\sum_{j=0}^{1}\boldsymbol{d}_{i,j}R_{i,k;j,1}(u,v),\quad u\in[u_k,u_{m_1+1}]$$

其中 v 向节点矢量 $\boldsymbol{V}=[0,0,1,1]$。又因为上述直纹面表达式在两个 u 向边界应满足：

$$\begin{cases} \boldsymbol{p}_1(u)=\boldsymbol{p}(u,0)=\sum_{i=0}^{m}\boldsymbol{d}_{i,0}R_{i,k}(u) \\ \boldsymbol{p}_2(u)=\boldsymbol{p}(u,0)=\sum_{i=0}^{m}\boldsymbol{d}_{i,1}R_{i,k}(u) \end{cases}$$

所以 $\boldsymbol{p}_1(u)$ 和 $\boldsymbol{p}_2(u)$ 必须有相同的 k 次基函数和公共节点矢量 $\boldsymbol{U}$，并分别给出 m 个控制顶点。

如果初始的 $\boldsymbol{p}_1(u)$ 和 $\boldsymbol{p}_2(u)$ 的次数不相等，则应以次数高的为准，利用升阶算法将次数低的曲线升阶。若具有相同次数的 $\boldsymbol{p}_1(u)$ 和 $\boldsymbol{p}_2(u)$ 的节点矢量 $\boldsymbol{U}_1$ 和 $\boldsymbol{U}_2$ 不同，则可通过将 $\boldsymbol{U}_1$ 和 $\boldsymbol{U}_2$ 作并集统一节点矢量 $\boldsymbol{U}$，即令 $\boldsymbol{U}=\boldsymbol{U}_1\cup\boldsymbol{U}_2$，然后用节点插值算法分别更新 $\boldsymbol{p}_1(u)$ 和 $\boldsymbol{p}_2(u)$ 在新节点矢量 $\boldsymbol{U}$ 上的表示。经过上述处理，我们就可以得到具有相同节点序列、相同次数，因而也具有相同的控制顶点数的 $\boldsymbol{p}_1(u)$ 和 $\boldsymbol{p}_2(u)$。有关有理 B 样条曲线的升阶、节点的插入算法，完全可采用非有理 B 样条曲线的升阶、节点插入算法，只是应在齐次坐标下进行。

习　题

1. 与 B 样条曲线曲面技术相比，简述 NURBS 曲线曲面技术有哪些优势。
2. 论述 NURBS 曲线曲面技术所解决的主要问题及优缺点。
3. 给定上凸圆弧的两端点 $\boldsymbol{b}_0(10,10)$ 与 $\boldsymbol{b}_1(20,10)$，完成顶角 90°的上凹圆弧的 NURBS 曲线定义。
4. 如何采用齐次坐标变换技术完成 B 样条曲线向 NURBS 曲线的转换？
5. 讨论权因子的几何意义及其对 NURBS 曲线形状的影响。
6. 对于标准型与非标准型有理二次贝齐尔曲线，如何判别其所表达的几何形状？
7. 列出使用二次有理贝齐尔曲线定义整圆的控制顶点与权因子。
8. 讨论实现 NURBS 曲线形状控制的技术手段。
9. 给定 8×6 个控制顶点定义一张 3×4 次 NURBS 曲面，列出该曲面的节点矢量与定

义域。

10. 列出准线由曲线方程

$$\boldsymbol{p}(u)=u^2\begin{bmatrix}2\\4\end{bmatrix}+(5u+6)\begin{bmatrix}5\\1\end{bmatrix}+(1-u^2)\begin{bmatrix}3\\2\end{bmatrix}$$

和平移向量(2,4,2)所定义的一般柱面的 NURBS 曲面方程。

11. 求解由半径 $r=5$、轴线方程

$$\frac{x-3}{1}=\frac{y+2}{2}=\frac{z-1}{-3}$$

定义的圆柱面的 NURBS 曲面方程。

12. 如何使用 NURBS 曲面定义直纹面?

第 12 章　工业产品几何造型

在传统设计和制造过程中采用二维工程图表示产品几何形状和制造要求。然而产品总是三维的，当设计员、工艺员和工人在画图和读图时，需要运用思维能力，将各个视图、剖视图、局部视图进行信息综合，才能形成产品的三维信息。随着计算机辅助设计、分析、制造应用水平的不断提高，以及计算机自动处理的能力越来越高，直接建立物体的三维几何模型成为必然。

工业产品几何造型是将产品几何模型及其属性转化为计算机数字化模型的原理和方法，是定义产品数字模型、数字信息以及图形信息的工具，是产品信息化的源头。它为产品设计、制造、装配、工程分析以及生产过程管理等提供有关产品几何信息的描述与表达，是实现计算机辅助设计与制造的前提条件，也是计算机辅助几何造型技术的核心内容。本章介绍工业产品几何造型与模型数据传递的标准与方法。

12.1　工业产品几何模型分类

工业产品几何模型的基本构成要素是点、线、面和体。在几何造型过程中，对物体的表达信息包括几何信息与拓扑信息。其中，几何信息指的是定义物体的几何元素的数学表达，即其在欧氏空间中的形状、大小和位置，而拓扑信息则用于描述各几何元素之间的相互关系。

根据几何造型技术发展过程，三维几何模型的建立相应经历了线框、表面和实体三种模型。下面以图 12.1 所示的带孔零件为例，说明三类几何建模技术的特征。

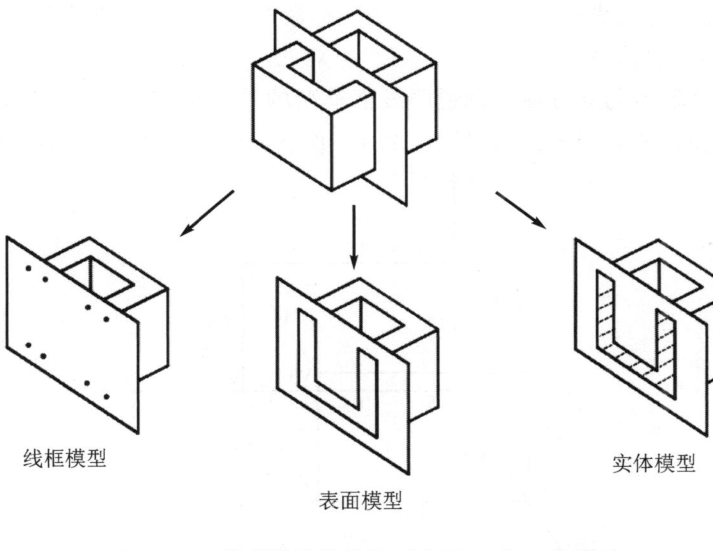

图 12.1　带孔零件的线框、表面和实体三种模型

1. 线框模型

线框模型由一组顶点和边构成。用一切面截取线框模型只能获取一组离散交点，不能形成截平面的形状。如果我们只关心物体的形状、位置、方位，这种模型是可用的，也是最简单的，其占用内存少，处理速度快。

2. 表面模型

表面模型由一组顶点、边和面构成。用一切面截取表面模型可以得到一组交点和交线，并可形成切平面的边缘轮廓。如果要求表示物体的外表面或用数控加工这些表面，这种模型也是可用的。

3. 实体模型

实体模型是由一组顶点、边、表面和体积构成的，是物体几何模型的完整表达。用一切面而截取实体模型可生成一组点、线和切平面上物体内部面积。如果还需要计算物体的物理特性，如体积、质量、惯性矩和惯性积等，或应力应变特征，则需要建立这种模型。同时，应用实体模型可以进行多个物体间的干涉检查，这点对于部件装配分析至关重要。但这种模型是最复杂的，占用内存多，处理速度慢。实体模型本身又有几种不同的表示方法，即边界表示、体素构造表示、半空间表示、八叉树表示等。

12.2 线框模型

设计员在构思一个产品形状时，经常需要用线条勾画出一个用轮廓线表示的立体图以帮助构思和相互讨论。线框造型则是用计算机来实现这一构图过程。

12.2.1 线框模型的计算机表示

线框模型由一组空间点和成对点相连的一组边所构成，其中边可以是直边、圆弧边、三次或三次以上的曲边，还可以是自由曲线表示的曲边。线框模型的计算机表示主要包括两类信息：一类是几何信息，定义线框模型中空间点的坐标数据和边的定义数据；一类是拓扑信息，定义每条边的两个端点的标号。

下面以图 12.2 所示的立方体为例说明线框模型的计算机表示方法。该立方体的线框模型由顶点表、边表和边的类型来表示，见表 12.1。顶点表中存储各顶点的三维坐标值，即几何

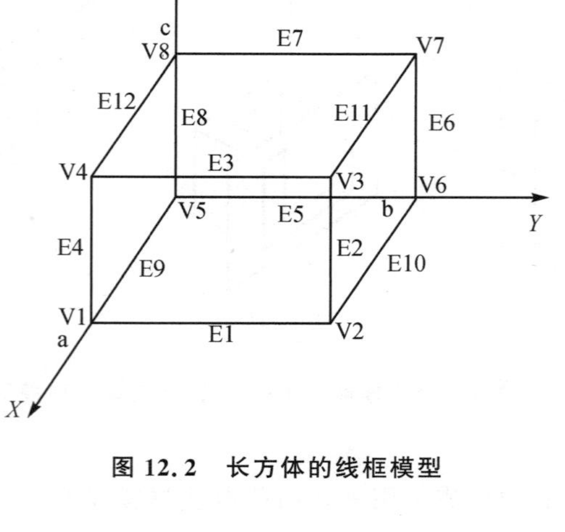

图 12.2　长方体的线框模型

信息，边表中存储两个端点的标号，即拓扑信息。此外还有边的类型代码，表明是直边还是圆弧边或其他类型曲边。

表 12.1　单位长方体的几何和拓扑信息

顶点表	边　表	边的类型
V1	E1〈V1,V2〉	直边
V2	E2〈V2,V3〉	直边
V3	E3〈V3,V4〉	直边
V4	E4〈V4,V1〉	直边
V5	E5〈V5,V6〉	直边
V6	E6〈V6,V7〉	直边
V7	E7〈V7,V8〉	直边
V8	E8〈V8,V5〉	直边
	E9〈V1,V5〉	直边
	E10〈V2,V6〉	直边
	E11〈V3V7〉	直边
	E12〈V4,V8〉	直边

12.2.2　线框模型的特点

线框模型是由有限个空间点以及成对点之间相连的边构成的三维几何模型。应用构造的线框模型可以快速而准确地生成所需要的各种正投影图、轴测图和任意视线方向的透视投影图。

1. 线框模型的优点

① 定义过程最简单，符合长期以来工程技术人员的打样习惯。人们在设计构思时，总是先用线条勾画出形体的基本轮廓，然后逐步细化。

② 数据存储量最小，操作灵活，响应速度快。

③ 灵活方便的线框功能常被用于构造表面模型和实体模型的工具，也是从三维模型产生各种二维视图和工程图的最简捷途径。

2. 线框模型的缺点

① 由于线框模型过于简单，不包含面的信息，因而不能唯一定义物体的形状，还可能定义出实际不可能存在的形体，如图 12.3 所示。

② 线框模型也不能自动消除隐藏线，无法计算物体的体积等，这些也是促使发展表面模型和实体模型的重要原因。

③ 对于多面体，由于其轮廓线和棱线通常是一致的，所以多面体的线模型更便于识别，且简单。对

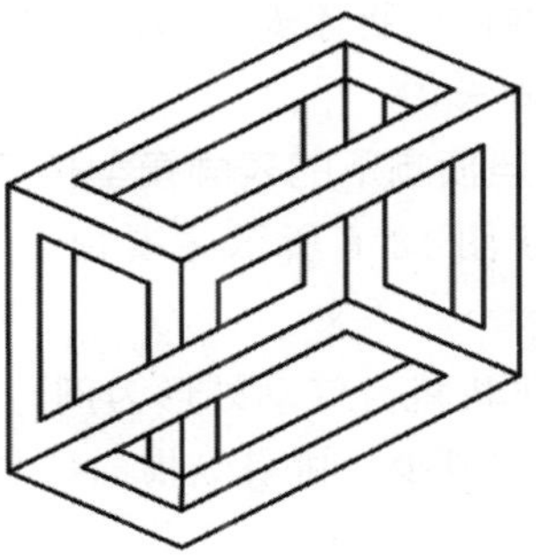

图 12.3　线框模型定义不存在的物体

于圆柱体或球体之类的形体，只画出棱线而不画出轮廓线是不能完整地表示出这个形体的。然而该类物体的轮廓线随观察方向的改变而改变，无法用一组固定的轮廓线来表示它们。因此线框模型与图形输出之间不存在一一对应关系，如图 12.4 所示。

④ 同一个线框模型有可能理解成多个实际的物体，如图 12.5 所示。图中线框模型也满足前面所述所有条件，但可理解为后续三个物体。只有采用实体模型才能消除这种多义性。

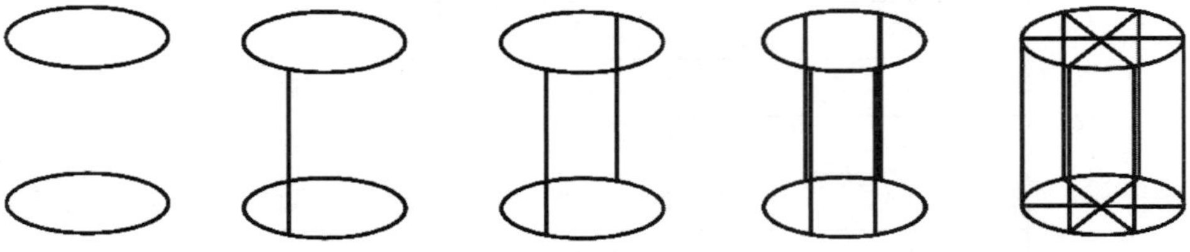

图 12.4　线框模型的多角度显示

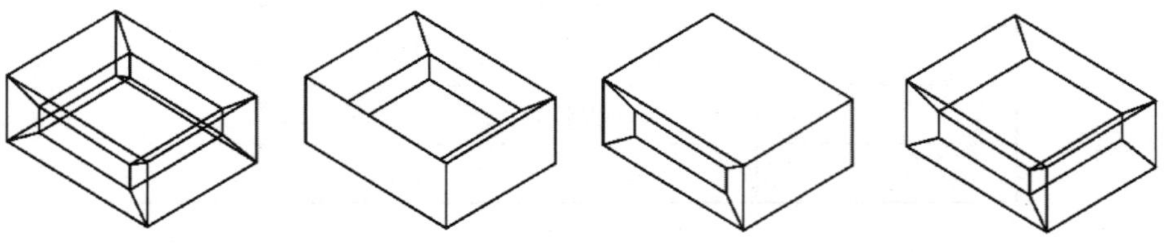

图 12.5　线框模型的多义性

12.3　表面模型

表面模型将物体表示为一组面的集合，其与线框模型的区别是增加了面的信息，相当于在内部骨架外蒙上一张外皮。组成表面模型的曲面间可以彼此重叠或存在缝隙。表面模型也不一定需要封闭，正如灯笼的上下两端可以留出开口。表面模型为物体提供了更多的几何信息，在显示物体时可自动消除隐藏线，生成明暗图或纹理图，在进行物性分析时可计算表面积，因此可为车工数控加工轨迹提供表面的几何信息。

依据构成物体表面的曲面类型不同，表面模型造型方法分为自顶向下的构造法与自底向上的构造法。

1. 自顶向下的表面模型构造

对于图 12.6 所示主要由自由曲面组成的物体表面的构造，通常采用自顶向下的方法完成。

以飞机机身气动外形为例，其表面模型构造方法如下：

① 完成少量机身纵横向控制曲线的构造，如纵向上、下顶点线与最大半宽线，横向主要框的轮廓曲线。

② 以上述纵横向控制曲线完成机身区域分割，采用曲面重构技术完成分区域曲面重构，曲面类型按需选择，可以是参数样条曲面、孔斯曲面、贝齐尔曲面及 B 样条曲面等。

③ 综合运用孔斯曲面造型技术、数据点拟合技术完成重构曲面的精度与光滑拼接要求。

④ 如因曲面分割不足而造成难以满足工程要求，可以增加若干新的控制曲线将机身外形分割为更多的曲面片，直至达到重构模型的精度与光滑拼接要求。

2. 自底向上的表面模型构造

对于主要由平面、圆柱面、球面和过渡圆角曲面等规则曲面组成的零部件外形，曲面模型的构造可以从线框模型着手，首先交互绘制各组成面的内外边缘轮廓线，然后在封闭的内外轮廓线间填补平面或规则曲面。各组成表面是逐块贴到轮廓线框上的，因此可以将这种方法也称为离散构造法，以区别于前面所提的整体构造法。

表面模型的缺点包括：

① 表面模型有效性难以检查，曲面与曲面间可能存在重叠或间隙，需要采用曲面裁剪或延伸保证物体表面模型的封闭性。

② 各曲面的定向没有完全定义，每个面的上下表面都可认为有效，无法确定物体有效区域位于面的哪一侧。

图 12.7 所示是采用自底向上法建立的零件表面模型示例。

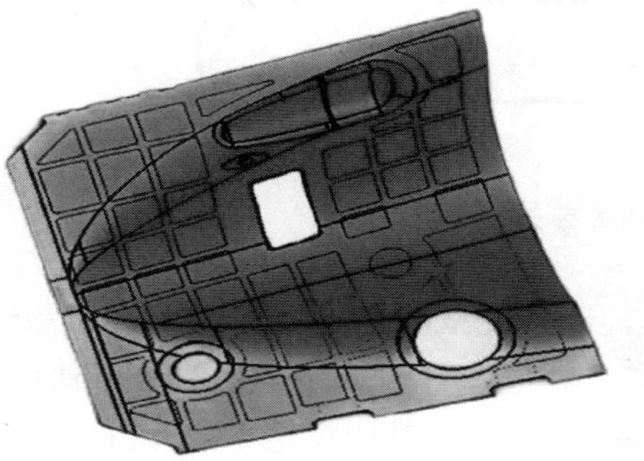

图 12.6　自顶向下法建立的飞机座舱口盖表面模型

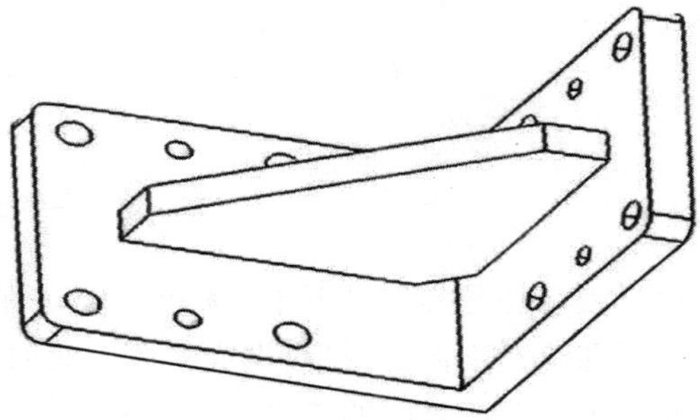

图 12.7　自底向上法建立的零件表面模型

12.4　实体造型

机械零件与组部件都是完整的三维实体，它们都有完全封闭的表面，这些表面明确区分出物体的包容空间。实体模型与表面模型的区别在于，前者的表面必须封闭、有向，各组成表面间有严格的拓扑关系，形成一个整体，而表面模型的面可以不封闭，每个面的上下表面都可以有效。因此，实体模型所包含的信息更完整，是描述几何形状的最高层次模型。

在计算机集成制造的环境下，需要将产品的有关设计、制造、管理信息尽量完整地包含在产品的数字化定义中，以便提高生产过程中各个环节的自动化和智能化处理水平。使用实体模型，加上特征造型技术等的配合，将有助于推动设计工作中自动推理机制的运用，实现有限元分析中的网格自动剖分、加工和装配工艺过程的自动设计，数控加工刀具轨迹的自动生成和校验、加工过程和机器人操作的动态仿真、空间布置和运动机构的干涉检查、人机工程的环境模拟等。

实体造型的核心问题是如何用计算机来表示三维的物体。经过多年的研究和发展，形成了几种不同的基本表示方法，其中主要有边界表示法、体素构造法、半空间表示法和八叉树表示法等。在这几种表示方法之间，还可以相互转化或综合采用。

12.4.1 边界表示法

实体造型中边界表示法(B－rep)的特点是，将三维物体通过其封闭的边界表面来描述，这一封闭的边界表面是由一组面的并集构成，如图 12.8 所示。

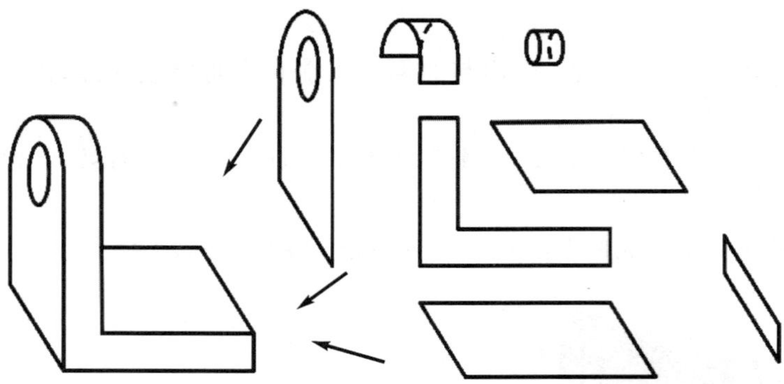

图 12.8 实体模型的边界表示法

边界表示法是实体模型中一种重要的表示方法。边界模型明确定义了边界表面和棱边，便于显示和绘制物体的图形，生成物体表面加工的走刀轨迹及其他应用。边界表示法的优点是容易确定几何元素间的连接关系。但其数据结构复杂，需要大量的存储空间，维护内部数据结构的程序比较复杂；同时，B－rep 表示不一定对应一个有效形体，通常运用欧拉操作来保证 B－rep 表示形体的有效性、正则性等。

1. 边界表示中的层次结构

在边界表示中，物体通过其封闭的边界表面来描述。这里的封闭边界表面具有以下特征：

① 封闭边界表面由一组面所构成，各个面均有方向，明确地划分出物体的里面和外面，每个面均有单独的数学定义。

② 每个面由封闭的环来确定其边界，每个环由一组边所构成，每条边也有其单独的数学定义。

③ 每条边由两个顶点(端点)所界定，一个为边的起点，另一个为边的终点，每个顶点由空间三个坐标值来确定。

如图 12.9 所示，边界表示模型采用层次结构进行描述，存储的信息分成相对独立的两部分：拓扑信息和几何信息。图中左面分为 6 个层次，表明各相邻层次间的从属关系，与几何元素间的连接关系，属于拓扑信息；右面给出了三种类型几何元素的几何信息，如形状、尺寸、位置、方向，包含曲面、曲线和点及其数学表示。

在边界表示中，为了保证所描述的物体的合理性，各层次的元素均有严格的定义。简要说明如下：

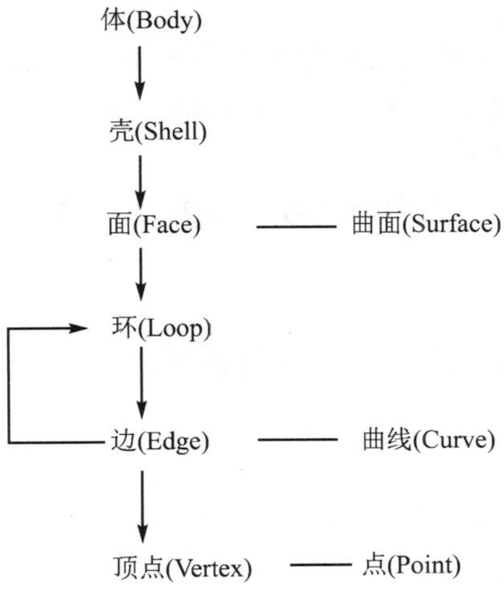

图 12.9　边界表示中的层次结构

(1) 拓扑信息

1) 体(Body)

体(Body)是由封闭表面围成的有限空间，是三维空间中非空、有界的封闭子集。边界表面上任一点的邻域都明确分成两部分，一部分在体之内，另一部分在体之外。

2) 壳(Shell)

壳(Shell)是方向一致的一组面的集合，形成封闭的单一连通空间。一个物体有多个壳，其中一个为外壳，其余为内壳，内壳的内部为空腔。一般机械零件只有一个外壳，因此可以不用这一层元素。

3) 面(Face)

面(Face)是物体表面的一部分，是有界、不自交的连通表面，带有方向性。面的有效范围由一个外环和若干内环界定。面可以无内环，但必须有外环。一张面只能属于一个壳。与面相对应的几何表面(Surface)可以是平面、圆柱面、锥面、球面或任意数学定义的曲面。

4) 环(Loop)

环(Loop)是由有序、有向边组成的封闭周界。环不能自交，即环的各条组成边除了共享端点外不能再有其他交点。环有两种类型，其中确定面的最大外边界的环是外环，外环按逆时针走向，根据外环的走向，按右手定则确定面的外指法矢方向。确定面中内孔或凸台周界的环是内环，每个面可以没有或有多个内环，内环按顺时针走向。基于环的走向定义，在面上沿一个环的走向前进，左侧总是面内，右侧总是面外。

5) 边(Edge)

边(Edge)是物体两个邻面的交界。一条边必须且只能为两个邻面共享。边有方向，从起点指向终点。边不能自交。与边相应的几何线段可以是直线、圆弧、二次曲线、参数曲线、曲面的交线等。

6) 顶点(Vertex)

顶点(Vertex)是边的端点，不允许出现在边的内部，也不能孤立存在于物体的内外或面的内部。顶点所对应的几何点(Point)在三维空间中用(x,y,z)坐标形式表示。

(2) 几何信息

边界表示法中的几何信息包括点、曲线和曲面,三者都具有明确的数学表示,相关内容已在本书的前面部分明确阐述,这里对其进行以下概括。

1) 曲面(Surface)

由面(Face)引用的几何面,具有明确的数学表示,可以是平面、圆柱面、锥面、球面或自由曲面。

2) 曲线(Curve)

由边(Edge)引用的几何曲线段,具有明确的数学表示,可以是直线、圆弧、二次曲线、参数曲线、曲面的交线等。

3) 点(Point)

点(Point)是由顶点(Vertex)引用的几何点,在三维空间中用 x、y、z 标表示。

2. 层次结构的有效性检验

对于所建立实体模型的层次结构,需要检查所建立模型的拓扑结构是否正确,是否满足以下形体描述的基本要求:

① 具有固定的形状;

② 实体描述的各组成元素均是三维的;

③ 占据的空间有限;

④ 经过几何变换和集合变换之后,仍然是有效的形体;

⑤ 形体的边界可以区分出实体的内部和外部。

满足以上性质的形体称为有效的或正则的。层次结构的有效性检查普遍应用欧拉公式完成,基本要求是,层次表示的一个实体模型,其面、边、顶点(F、E、V)的数目(F、E、V)间需要满足有以下关系:

$$V - E + F = 2$$

满足有效性检验模型示例如图 12.10 所示。

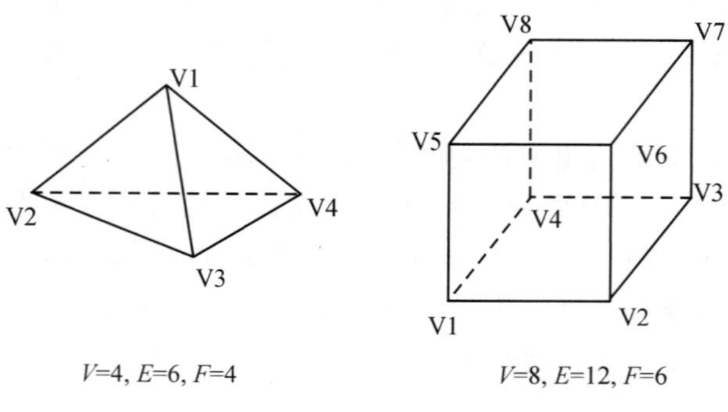

图 12.10 层次结构的有效性检验模型示例

12.4.2 体素构造法

体素构造法又称为构造集合体或 CSG(Constructive Solid Geometry),是用基本体素(见图 12.11)经集合运算(并、交、差)或几何变换操作形成较复杂的形体。CSG 树只定义物体的构成体素及构造方式,不反映物体的面、边、顶点等有关边界信息,因此这种表示又称为物体的隐式模型或过程模型。在几何造型系统中常用的几种基本体素如图 12.11 所示,每个体素都用简单参数变量表示,这里的参数包含体素的大小、形状、位置和方向。

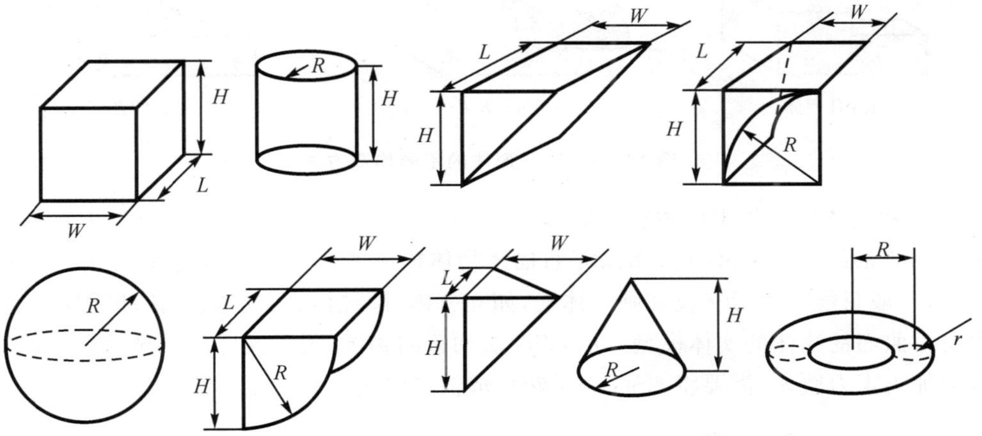

图 12.11　几种基本体素

体素构造法所强调的是记录各个体素在进入拼合时的原始状态。以图 12.12 中的零件为例,其由两个立方体和一个圆柱体共三个体素拼合而成,可以将几何定义写成:

$$\text{Part}=\text{Cube1}+\text{Cube2}-\text{Cylinder1}$$

其中每个体素都有特定的定位参数和尺寸参数。这种构造方法可以表达为一棵有序的二叉树形式,称为 CSG 树。树结构中叶节点一般为体素,非叶节点可以是正则集合运算操作,也可以是形体的几何变换(平移、旋转或缩放)操作,所有操作只对其子树(子形体)起作用。

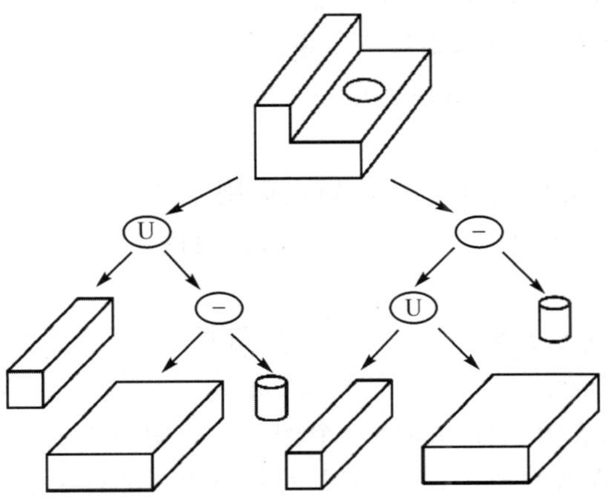

图 12.12　体素构造法的二叉树表示

一般地,用构造实体几何表示模型构造形体的方法无二义性,但不是唯一的。例如图 12.13 中(a)的形体可以用(b)或(c)定义,通常采用最简单的构造方法。

用 CSG 树表示一个复杂形体非常简洁。其所形成的物体的合法性由基本体素的合法性和集合运算的正则性自动保证。它可以唯一地定义一个物体,并支持对这个物体的一切几何与物理性质的分析与计算。

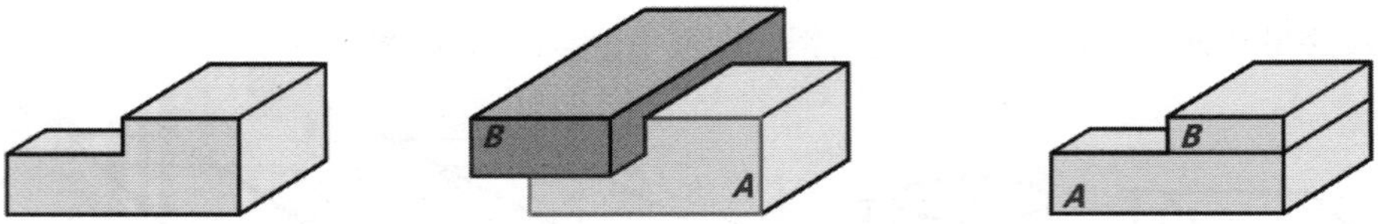

(a) 几何体　　(b) $A-^*B$　　(c) $A\cup^*B$

图 12.13　同一形体的不同构造方法

CSG 法在实体造型技术中占有重要地位，并有很大影响。同时，在用边界表示的实体造型系统中一般都结合了 CSG 树，用以简明描述物体构成的体素及构造过程。由于 CSG 法的固有特点，一般只能采用形状较规则的体素，如立方体、圆柱体、圆锥体、球体和圆环等，较难构造包含自由曲面的物体的实体模型。用 CSG 法构造的物体，为了在屏幕上显示、绘制工程图、形成数控加工走刀轨迹，需要将 CSG 表示转化成简单的边界表示。

12.4.3　八叉树表示法

虽然物体间的并、交、差运算是实体造型十分有用的手段，但是在边界表示中，这一运算涉及两个物体所有面之间的求交、裁剪和重新组合。因为计算量大，不仅影响了集合运算的效率，而且影响了算法的可靠性，于是人们设想采用更简单的三维形体表示模式，其中近年来有很大进展的一种方法就是八叉树表示法。

1. 八叉树表示法的建模过程

物体的八叉树表示是一种层次树状数据结构，其建模过程如下：

① 对形体定义一个外接立方体，立方体的三组棱边分别与 x、y、z 轴平行，边长为 $2n$。如果所要表示的物体就是这个立方体，则算法结束。

② 将立方体等分为 8 个子块，每块仍是一个小立方体，其边长为原立方体边长的 1/2，并对立方体依次编号为 0,1,2,…,7。

③ 若其中某一个小立方体完全在物体的内部，则将此小立方体标识为“满”。若它完全在物体的外面，则标识为“空”，该子立方体停止分解；否则将它标识为“部分占有”，转步骤②将其继续等分为 8 块。

④ 若分割到每一个小立方体的边长为 1，则应将每一“部分占有”的单元标识为满。

这就是物体的八叉树表示。

图 12.14 是用八叉树表示三维物体的一个例子。图中占满的小立方体涂灰，半满的画剖面线，不占有的为空白。在八叉树中，非叶节点的每个节点都有 8 个分支。

2. 八叉树表示的优点

① 采用八叉树表示后，物体之间的集合运算变得十分简单。这时只要同时遍历两个物体的八叉树，对相应的小立方体节点进行布尔组合即可。

② 物体体积的计算更加简单，只要从八叉树的根节点开始，逐个累加“满”单元立方体的体积即可。计算的精度取决于八叉树分割的层数。

③ 八叉树表示也有利于使用并行处理，为物体的实时显示及各种实时分析计算开辟了新的途径。

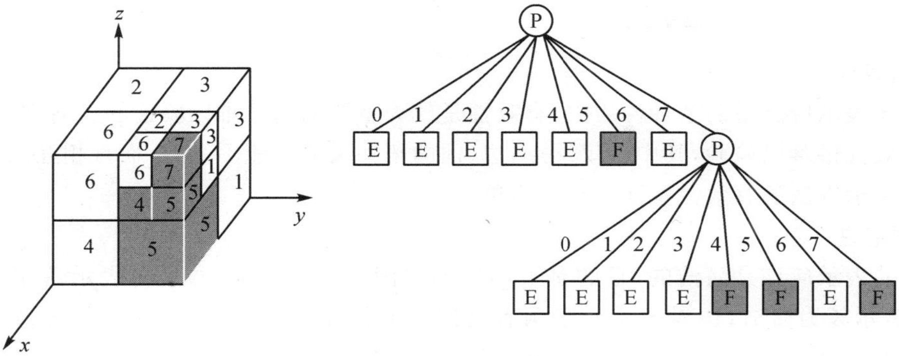

图 12.14　八叉树表示示例

3. 八叉树表示的缺点

① 八叉树是物体的非精确表示。

② 其最大缺点是占用存储量大。这里每一个体元都是正立方体，只有当所表示的物体具有立方体形状并且各面都与各坐标平面平行时，才会生成简洁的八叉树代码。一般情况下，一个中等复杂零件的八叉树可能多达几千个节点。即使像圆柱、球这样规则的物体，使用大小不等的立方体来逼近时，八叉树的节点数也是相当可观的。八叉树表示实际上是用存储空间换取了算法的效率。

③ 物体的坐标变换在八叉树表示中也要付出较大的代价。每当物体旋转一个角度后，整个八叉树需要重新生成一遍。对于平移情况，物体的八叉树节点分割有可能保持不变，但是沿平移方向的所有节点都要重新编码。

到目前为止，八保树表示法还没有发展成完整的几何造型系统，但已成功地应用于形体的体积计算，并且试用于数控加工编程。

12.4.4　各种实体造型技术的比较

从前面介绍可知，各种实体造型技术均有各自的优点与不足，没有哪一种表示方法适用于任何应用场景下。事实上，大多数三维实体造型系统中都是多种表示法并存的，以一种表示法为主体，其他为辅助。如 B－rep 为主、CSG 辅助，或者 CSG 为主、B－rep 辅助等，它们之间相互依赖、相互补充。下面从以下几个方面进行对比分析：

1. 精确性

特征表示能够精确表示一个实体。构造实体几何表示能否精确表示实体依赖于它采用的基本体素，如果基本体素足够丰富(如具有曲面边界)，则其可以精确描述的形体范围就比较广泛。边界表示法一般可以精确表示复杂形状的物体。值得注意的是，未必任何场合都需要对象的精确描述，通常情况下某种程度的近似表示已经可以满足工程建模的要求，过度寻求更精确的表示则没有必要。

2. 封闭性

对一种表示方法来说，如果其表示域内的实体经过某种运算(如正则集合运算、几何变换)后，结果实体仍落在表示域之内，则称这种表示方法对该运算是封闭的。封闭的表示方法包括八叉树表示与构造集合体，边界表示虽然对正则集合运算不封闭，但可以附加约束条件加以避免。

3. 有效性

在实体表示应具备的各种性质中，有效性是较为重要的而又难以验证的。通常来说，边界表示的有效性最难以检验，其中不仅顶点、边、面的拓扑关系可能不一致，而且相互之间可能相交。其他表示方法的有效性验证则较为简单。

4. 简洁性

实体的表示应该是简洁的，目的是节约存储空间。相比之下，八叉树表示占用大量的空间，CSG 表示较为简洁，边界表示介于两者之间。值得注意的是，简洁性不应该被独立地考察。事实上，常用保存冗余信息来换取更快的系统响应速度。

12.5 参数化几何造型

前述几何造型技术虽然能满足设计、分析和加工的需要，但均通过预先确定的几何形状和尺寸来建立几何模型，一般称之为几何驱动建模，或称为静态几何造型。使用这种技术，从一开始设计就要确定最终的几何模型。几何模型一旦建立，很难进行修改。需要修改时，往往需要重复设计过程。

静态几何造型不能适应产品开发的动态过程，即从草图设计开始，经详细设计逐步细化，在性能分析和样机制造过程中需要反复修改达到优化设计，最终形成满足多种工程设计要求的几何模型。此外，一个产品的更新都具有一定的继承性，应充分利用原有产品的几何模型，经过适当的修改快速生成新的几何模型。同时，很多系列化标准件或零件，其形状几乎相同，只是具体尺寸不同。若这些需要修改的几何模型都要重新建立，将浪费很多人力并拖长产品开发周期。因此，实际工作中非常需要建立便于动态修改的几何模型。

变量化及参数化几何造型方法使用约束来定义和修改几何模型。约束包括几何约束和尺寸约束。将尺寸用变量表示，作为设计的几何参数，以建立通用的几何模型。当输入一组实际尺寸后，即可生成设计所需要的几何模型。改变其中某些尺寸，又可直接生成修改后的另一个几何模型。这样的造型技术可称作尺寸驱动的造型技术或动态造型技术。使用参数化造型技术可以快速设计出形状相似但尺寸不同的一组零件。在产品开发过程中，可以根据需要适时快速修改几何模型。参数化造型技术还可以将线框、表面及实体造型纳入统一的系统，并实行统一的数据管理，直接实施模型之间的转换，在某个模型上形状和尺寸的修改可直接反映到其他模型上去。

现代几何造型系统都具有特征造型功能。在特征造型系统中，可以代表一定设计功能和加工特征的特征，如各种槽(包括方形槽、V 形槽、燕尾槽、盲槽等)、凹坑、四孔、螺纹孔、顶尖孔、退刀槽以及倒角等。利用这些工程技术人员所熟悉的概念进行设计，比用通常的点、线、面等几何元素更符合设计人员的设计思路，更有助于提高设计工作效率。通过提取这些特征，更便于工艺人员设计工艺过程，实现计算机辅助工艺过程设。当然，这些特征也应是由参数定义的。

利用几何约束(或称隐式约束，如水平、垂直、平行、相交、相切等)及尺寸约束(或称显式约束，如线性尺寸、角度尺寸等)定义的几何模型，可以通过两种方法求解，即代数方法总体求解和推理方法逐步求解。下面首先介绍建立二维几何模型的方法，然后是在二维几何模型的基础上建立三维几何模型的方法。

12.5.1　二维参数化几何建模

构造二维几何模型的基本操作如图 12.15 所示，例如给定一个点的坐标参数，从一个基准点构造一条长度参数为 L 的竖直线段或水平线段，见图 12.15 中的(a)与(b)；由两个点构造一直线段，见图 12.15 中的(c)，给定圆心坐标和半径参数 R 构造圆，有时为了便于建立拓扑关系可用若干圆弧段表示一个整圆，见图 12.15 中的(d)；以某个线段为基准建立一条平行线，见图 12.15 中的(e)；以某个线段为基准建立一条垂直线段，见图 12.15 中的(f)；以某个线段为基准按给定角度参数 A 建立一直线段，见图 12.15 中的(g)；从某点作圆的切线，见图 12.15 中的(h)；构造两个圆的公切线，见图 12.15 中的(i)；构造在直线或圆弧上的点，见图 12.15 中的(j)与(k)；等等。此外，还可以包括各种复制操作，如平移复制、旋转复制和缩放复制等。

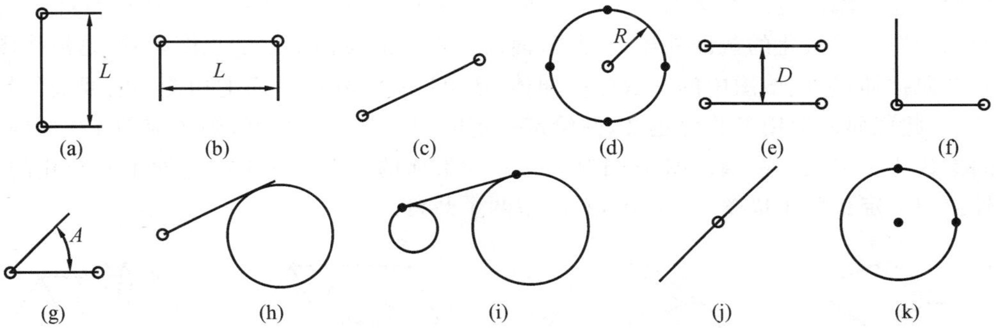

图 12.15　构造二维几何模型的基本操作

例如，构造一个简单的三角形，如图 12.16 所示。根据作图原理，需要作两条辅助线以确定顶点 V3。造型的操作过程如下：

① 输入一个顶点 V_1；

② 相对于顶点 V_1 输入一个顶点 V_2 距离为 a；

③ 连接顶点 V_1 和 V_2 形成一条边 E_1；

④ 以 V_2 为圆心画圆弧 A_1，半径为 b；

⑤ 作 E_1 的平行线 A_2，距离为 c；

⑥ 取 A_1 和 A_2 的交点得到 V_3；

⑦ 删除 A_1 和 A_2；

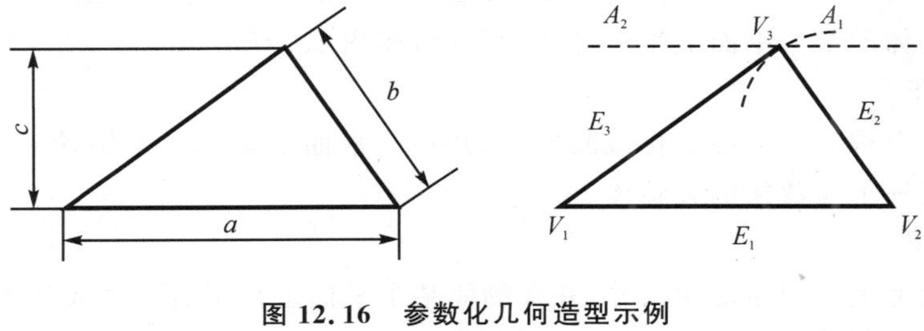

图 12.16　参数化几何造型示例

⑧ 连接 V_3 和 V_2 形成一条边 E_2；

⑨ 连接 V_3 和 V_1 形成一条边 E_3。

图 12.16 中的顶点 V_1 和 V_2 和长度尺寸 b 和 c 均为变量，给定一组 V_1、V_2 顶点坐标和 a、b、c 尺寸数据，执行上述操作过程可生成一个三角形。移动 V_2 的位置，可移动三角形的位置，修改 b、c 尺寸数据，可生成一个新的三角形。

12.5.2 三维参数化几何建模

在参数化二维几何造型的基础上，通过拉伸、旋转、扫描等操作可以生成参数化三维几何模型。为此，首先要在空间确定一个二维作图平面，在此平面上构造出二维图形，然后通过各种操作生成三维几何模型。

下面介绍根据参数化二维图形生成三维几何模型的几种典型操作。

1. 拉伸操作

拉伸操作典型的应用实例如图 12.17 所示。图 12.17(a)中左图是在造型空间定义的作图平面上构造一参数化的截面外形，将此截面沿一定方向拉伸一定的长度，一般是沿作图平面的垂直方向拉伸，生成该图中的参数化拉伸体，还可以在该作图平面上构造一需要局部切除的截面外形，此截面外形用参数化定义，并给定一定的切除方向和长度，则生成图 12.17(a)右图所示的参数化三维几何模型。图 12.17(b)是在一形体的某个平面上构造两个参数化的内环，经向外拉伸一定长度生成图 12.17(b)右图中两个凸台。

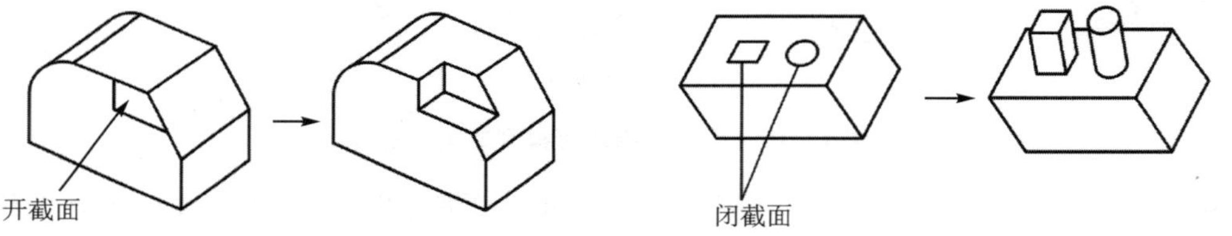

(a) 局部切除的拉伸体　　(b) 已有形体上附着拉伸体

图 12.17　典型的拉伸操作示意图

2. 扫描操作

扫描操作的一种应用是，首先在造型空间定义一个作图平面，在该平面上用参数化形式构造一个封闭的截面形状。然后通过截面形状上的某个顶点构造与原作图平面相垂直的另一作图平面，在这个新的作图平面上用参数形式定义一个不封闭的或封闭的扫描轨迹线。将截面形状沿此扫描轨迹线扫描，并在扫描过程中始终保持截面与扫描轨迹线相垂直，即可生成三维几何模型，也可以将作图平面上的开截面图形沿此扫描轨迹线扫描出三维几何模型，还可以利用扫描操作在物体的某个平面上生成弯曲的凹槽，如图 12.18 所示。

3. 旋转操作

在一个平面上构造一个参数化截面形状，并在此平面上定义一个旋转轴。截面图形绕旋转轴旋转即生成一个参数化的旋转体。

4. 圆角操作

在一个平面上定义圆角形状尺寸，并在物体某个平面上指定需要生成圆角的轮廓边，沿该轮廓边即可生成圆角过渡特征，如图 12.19 所示。

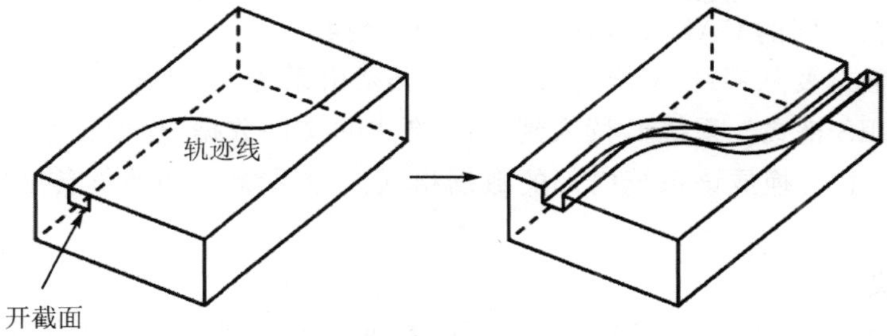

图 12.18　采用扫描操作生成弯曲的凹槽

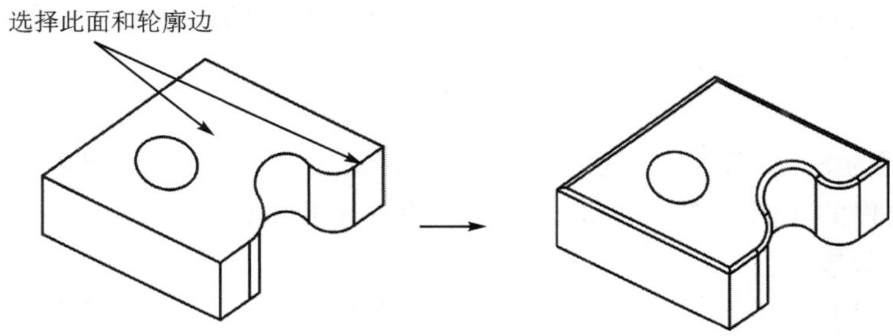

图 12.19　参数化圆角操作示意图

12.6　产品模型数据交换

随着 CAD/CAM 技术的迅猛发展和推广应用，制造工程普遍采用 CAD/CAM 技术完成产品的设计与开发。因历史原因及不同的开发目标，各 CAD/CAM 系统采用的开发语言不完全一致，内部数据记录方式和处理方式也不尽相同。CAD/CAM 技术在工业界的推广应用使得越来越多的用户需要把他们的数据在不同 CAD/CAM 系统之间交换，不同系统间产品模型数据交换与共享就成为面临的重要课题。自 20 世纪 80 年代初以来，国外对数据交换标准做了大量的研制、制订工作，也产生了许多标准。如美国的 DXF、IGES、ESP、PDES，法国的 SET，德国的 VDAIS、VDAFS、ISO 的 STEP 等。这些标准都为 CAD/CAM 技术在各国的推广应用起到了极大的促进作用。本节就其中应用最为广泛的 IGES 与 STEP 标准进行简单介绍。

12.6.1　初始图形交换规范 IGES

初始图形交换规范(Initial Graphics Exchange Specification，IGES)早在 20 世纪 60 年代初就开始研制，国际上许多著名的大公司，如波音公司、麦道公司、通用电器公司等都积极参加了该图形标准的研究，并为标准的制订作出了贡献，使之在 1981 年正式成为国际标准。当前，IGES 逐渐成熟并日益丰富，覆盖了越来越多的应用领域，并被众多 CAD 系统所接受。

1. IGES 数据交换流程

IGES 正是为了解决数据在不同的 CAD/CAM 系统间进行传递的问题，定义了一套表示

CAD/CAM 系统中常用的几何和非几何数据格式以及相应的文件结构，用这些格式表示的产品定义数据可以在不同的 CAD/CAM 系统间进行交换。

如产品模型数据要从系统 A 传送到系统 B，必须由系统 A 的 IGES 前处理器把这些传送的数据转换成 IGES 格式。系统 B 读入到 Iges 格式的文件数据，还要由系 B 的 IGES 后处理器把其从 IGES 格式转换成该系统内部的数据格式。把系统 B 的数据传送给系统 A 也需要相同的过程。

2. IGES 的文件结构

为解决数据在不同的 CAD/CAM 系统间的数据传递，IGES 定义了常用的几何和非几何数据格式，以及相应的文件结构。标准的 IGES 文件包括固定长 ASCII 码、压缩的 ASCII 及二进制三种格式。固定长 ASCII 码格式的 IGES 文件每行为 80 个字符，整个文件分为 5 段。段标识符位于每行的第 73 列，第 74～80 列指定为用于每行的段的序号。序号都以 1 开始，且连续不间断，其值对应于该段的行数。

（1）开始段

开始段代码为 S。该段是为提供一个可读文件的序言，主要记录图形文件的最初来源及生成该 IGES 文件的相同名称。IGES 文件至少有一个开始记录。

（2）全局参数段

全局参数段代码为 G。主要包含前处理器的描述信息及为处理该文件的后处理器所需要的信息。参数以自由格式输入，用逗号分隔参数，用分号结束一个参数。主要参数有：文件名、前处理器版本、单位、文件生成日期、作者姓名与单位、IGES 的版本以及绘图标准代码等。

（3）目录条目段

目录条目段代码为 D。该段主要为文件提供一个索引，并含有每个实体的属性信息，文件中的每个实体都有一个目录条目，大小一样，由 8 个字符组成一域，共 20 个域，每个条目占用两行。

（4）参数数据段

参数数据段代码为 P。该段主要以自由格式记录与每个实体相连的参数数据，第一个域总是实体类型号。参数行结束于第 64 列，第 65 列为空格，第 66～72 列为含有本参数数据所属实体的目录条目第一行的序号。

（5）结束段

结束段代码为 T。该段只有一个记录，并且是文件的最后一行，它被分成 10 个域，每域 8 列，第 1～4 域及第 10 域为上述各段所使用的表示段类型的代码及最后的序号（即总行数）。

3. IGES 文件的数据记录格式

在 IGES 文件中，信息的基本单位是实体（entity，注意 IGES 的实体与几何造型中的实体 solid body 的区别），通过实体描述产品的形状、尺寸以及产品的特性。实体的表示方法对所有 CAD/CAM 系统都是通用的。实体可分为几何实体和非几何实体，每一类型实体都有相应的实体类型号，几何实体为 100 ～199，如圆弧为 100，圆锥曲线段为 104，组合曲线实体为 102，直线为 110，参数样条曲线、曲面分别为 112 与 114，有理 B 样曲线、曲面（即 NURBS 曲线、曲面）分别为 126 与 128。非几何实体又可分为注释实体和结构实体，类型号为 200～499，如注释实体有直径尺寸标注实体（206）、线性尺寸标注实体（216）等；结构实体有颜色定义（314）、字形定义（310）、线型定义（304）等。

几何实体和非几何实体通过一定的逻辑关系和几何关系构成产品图形的各类信息，实体的属性信息记录在目录条目段，而参数数据记录在参数数据段。

(1) 直　线

IGES 文件中实体是有界的，每一点为起点 P1，第二点为终点 P2，参数数据为起点和终点的坐标，即 P1(X1，Y1，Z1)和 P2(X2，Y2，Z2)。直线实体的类型号为 110，其定义如下：

```
110 1432 1 1 0 9 0 000020001D 2747
110 0 0 1 0 0D 2748
```

直线 IGES 定义示例：

```
110,442.01251,-338.64197,0.,440.41876,-338.64197,0.; 2747P 1432
```

该示例中，起点坐标为(442.01251，－338.64197，0.)，终点坐标为(440.41876，－338.64197，0.)，2747 表示该直线实体在目录条目段中的第一行序号，1432 表示该直线实体在参数数据段中的序号。

(2) 圆　弧

IGES 中圆弧由两个端点及弧的一个中心确定，该圆弧起点在先，终点随后，并以逆时针方向画出圆弧。参数数据为 ZT、X1、Y1、X2、Y2、X3、Y3。ZT 为 XT、YT 平面上的圆弧平行于 ZT 的位移量，(X1，Y1)为圆弧中心坐标，(X2，Y2)为圆弧起点坐标，(X3，Y3)为圆弧终点坐标。如果起点与终点坐标重合，则为一个整圆。圆弧的实体类型号为 100，其定义如下：

```
100 6020 1 1 0 7841 8253 000010001D 8255
100 0 0 2 0 0D 8256
```

圆弧 IGES 定义示例：

```
100,-1003,40,80,60,90,
```

该示例中，圆弧的位移为－1003.02643，圆心坐标为(40，80)，起点坐标为(60，80)，终点坐标为(40，100)。

(3) 变换矩阵

变换矩阵在 IGES 中是一个特殊实体，借助于变换矩阵实体可以实现实体由定义空间到模型空间的转换。其转换可表示为

$$\begin{bmatrix} x' \\ y' \\ z' \end{bmatrix} = \begin{bmatrix} R_{11} & R_{12} & R_{13} \\ R_{21} & R_{22} & R_{23} \\ R_{31} & R_{32} & R_{33} \end{bmatrix} \begin{bmatrix} x \\ y \\ z \end{bmatrix} + \begin{bmatrix} T_1 \\ T_2 \\ T_3 \end{bmatrix}$$

式中，(x,y,z)是被变换点的坐标，(x',y',z')是变换后的向量，$\boldsymbol{R}=[R_{ij}]$是旋转变换矩阵，$\boldsymbol{T}=(T_1,T_2,T_3)$是平移变换向量，所包含的 12 个参数全部为实数。

变换矩阵类型号为 124，其定义如下：

```
124 6034 1 1 0 7841 0 000000001D 8269
124 0 0 1 0 0D 8270
```

变换矩阵 IGES 定义示例：

```
124,0.,0.,1.,0.,1.,0.,0.,0.,-1.,0.,0.,0.;8269P 6034
```

坐标变换矩阵的作用是，将坐标(x,y,z)变为(x',y',z')，且$x'=z, y'=y, z'=-x$，即表示将某一实体绕Y轴旋转90°。

（4）有理B样条曲线

NURBS曲线曲面不仅是遍及工业界CAD/CAM/CAE事实上的标准，而且也被包含列入一些国际标准，如IGES、STE中。在这些标准里NURBS的定义是完全相同的。设计基于NURBS的CAD系统或添加相关功能时，都需要保证符合这些标准。

有理B样条曲线(类型号126)也可以表示普通意义下的解析曲线，这个信息对发送系统和接收系统都是重要的。为了传递这个信息，本标准提供了目录条目的格式号参数。

如果有理B样条曲线表示一种优先曲线类型，则该格式号对应于最优先的类型。优先次序从1到5，接下去是0。例如，如果该曲线是一个圆或圆弧，则格式号应置为2；如果该曲线是长短轴不等长的椭圆，则格式号应置为3；如果该曲线不属于以上类型，则格式号应置为0。

定义参数PROP1～PROP4为曲线的类型标志：如果该曲线完全位于一个唯一平面内，则该平面标志(PROP1)应置为1；否则应置为0。当它置为1时，该平面的法线应包含垂直于含有该曲线的平面的单位矢量。当该曲线是非平面曲线时，这些域应存在，但要被忽略。

如果该曲线的始点和终点根据该曲线的首、末参数值(即$V(0)$和$V(1)$)计算确定是重合的，则该曲线是封闭的且PROP2应置为1；如果它们不重合，则PROP2应置为0。

如果该曲线是有理的(不是所有的加权值都相等)，则PROP3置为0；如果全部权因子都彼此相等，则该曲线是多项式，且PROP3应置为1。该曲线为多项式，因为在这种情况下全部权因子可以消去，且分母都可化为1。

如果该曲线对于它的参数变量是周期性的，则PROP4应置为1；否则PROP4应置为0。标志要解释为纯信息性的；标志为周期性的曲线要与非周期性的情况一样，精确地计值。

在IGES里，一条NURBS曲线由以下信息定义：①次数k和控制顶点数$(n+1)$；②控制顶点$\boldsymbol{d}_i(i=0,1,\cdots,n)$和权因子$\omega_i(i=0,1,\cdots,n)$；③包含$n+k+2$个节点的节点矢量$\boldsymbol{U}=[u_0,u_1,\cdots,u_{n+k+1}]$；④首、末端参数值$u_k$和$u_n+1$；⑤其他非基本的有用信息：如曲线是平面的或非平面的，开的或闭的，真实有理(ω_i不都相等)或非有理的，一条曲线能否被标志为一个特殊类型，即一条直线、一个圆或一段圆锥曲线弧。

有理B样条曲线也可以表示一个优选的曲线类型，其类型由目录条目段中的格式参数确定，如3表示椭圆弧，2表示圆弧等。

有理B样条曲线IGES文件举例：

```
126     1    0      0      0      0      0             000000001D    1
126      0    0      6      0                                  0D    2
126,3,3,1,0,0,0,0.,0.,0.,0.,1.,1.,1.,1.,1.,2.,2.,1.,         1P    1
300.,300.,0.,500.,150.,0.,700.,400.,0.,900.,300.,0.,         1P    2
0.,1.,0.,0.,1.,0,0;                                          1P    3
S 1G   4D 2P 3                                                T    1
```

例子中给出的参数数据表示控制顶点数为3+1=4，基函数次数为3，平面开曲线，有理非周期曲线，4个权因子依次为1,2,2,1。$N=K-M+1=1$，$A=2M+N=7$。节点矢量共包含8个节点。第0控制顶点为(300.,300.,0.)，第1控制顶点为(500.,150.,0.)，第2控制顶点为(700.,400.,0.)，第3控制顶点为(900.,300.,0.)，首参数值为0，末参数值为1。

PROP1=0 表示平面曲线，曲线所在平面单位法矢为(0,0,1)。

4. IGES 存在的问题及解决办法

IGES 已发展了多个版本，每一个版本的功能都有所加强，如压缩了数据格式、扩充了元素范围、扩大了宏指令功能、完善了使用说明等，可以支持产品造型中的边界表示和结构的实体几何表示，并在国际上绝大多数商品化 CAD/CAM 系统中采用。因此，在实际工作中，由 CAD/CAM 系统的数据格式转换成 IGES 格式时，一般都不会产生问题。而由 IGES 格式转换成 CAD/CAM 系统的数据格式时常会出现问题。下面介绍几种经常发生的问题及解决办法：

① 变换过程中经常会发生错误或数据丢失现象，最差的情况是因一个或几个实体无法转换，使整个图形都无法转换。例如仅因一个 B 样条曲线无法转换，导致全部不能转换。这时可通过另一个 CAD/CAM 系统进行转换，如欲把某 IGES 文件转换成 CATIA，可先把该 IGES 文件转换成 UGII，再通过 UGII 的 IGES 转换器转换成 IGES 格式，然后经 CATIA 的后处理器转换成 CATIA 的数据格式。

② 在转换数据的过程中经常发生某个或某几个小曲面丢失的情况，这时可利用原有曲面边界重新生成曲面；但当子图形丢失太多时，则可通过前述第一种类似方式进行转换。

③ 某些小曲面(Face)在转换过程中变成大曲面(Surface)，此时可对曲面进行裁剪。

12.6.2　产品模型数据交换标准

产品模型数据交换标准(Standard for the Exchange of Product Model Data，STEP)是一种以中性文件机制提供产品模型数据交换的国际标准，它规定了产品设计、制造以至产品全生命周期内所需的有关产品形状、解析模型、材料、加工方法、装配顺序等方面的信息并进行了定义，还对产品数据交换进行了描述。

1. 基于 STEP 的产品信息交换

STEP 标准由五大部分组成，即标准的描述方法、集成资源、应用协议、实现形式、一致性测试，其中实现形式部分规定了产品模型信息交换的方法或格式。STEP 的实现形式大致分为四级：第一级文件交换，第二级工作格式，第三级数据库交换，第四级知识库交换。由于不同的 CAD/CAM 集成系统对数据交换的要求不同，因此可以根据具体情况选择一种或多种交换方式。

中性文件交换是最低一级的产品数据交换形式。STEP 中性文件有专门的格式规定，它是以 ASCII 码顺序文件形式进行表达的，STEP 中性文件的前、后置处理程序与 IGES 的类似，但 STEP 有统一的产品数据模型，从模型到文件只是一种映射关系，比较起来更为简单。

工作格式交换是一种特殊的产品数据交换形式。工作格式是产品数据结构在内存中的表现形式，以求实现达到“实时”交换的效果。

数据库交换是为适应数据共享的要求而提出的交换方法。在 CIMS 环境下，经常需要在 CAD、CAPP、CAM、CAE 以及其他系统之间进行信息的传递。由于所传递的信息量大、数据结构复杂，采用文件交换的方式很难满足要求，加上并行设计技术的发展，更加强了对数据共享的要求，所以需要采用数据库交换技术，这就需要选用或开发有关的数据库和数据库管理技术。

知识库交换与数据库交换一级的内容基本相同，仅对数据库进行约束检查，这一级主要是考虑到发展的需要而设立的。

STEP 的应用领域很广，它可应用于机械、电子、航空航天、汽车、船舶等各个工程领域。STEP 的应用是为了满足市场竞争机制下工业发展的需求，具体的应用场合可分为两大类：

① 来自产品开发部门的需求，包括设计部门内群体的合作、多学科交叉、产品全生命周期设计、集成化产品的开发、分布及并行作业、产品数据的长期存档；

② 来自计算机辅助应用系统供应商和 DBMS 供应商的需求，包括接口的标准化和产品概念模型的标准化。STEP 使系统人员和供应商能把精力集中于存储技术、特定应用程序的算法以及数据的不同物理表示上，以解决跨企业、多平台、多种存储机制、多种网络结构的管理等方面的问题。

在 STEP 里，一条 NURBS 曲线由下述信息规定：

① 次数 k 和控制顶点数 $n+1$；

② 控制顶点 $\boldsymbol{d}_i$ 和权因子 $\omega_i(i=0,1,\cdots,n)$；

③ 包含 $n+k+2$ 个节点的节点矢量 $\boldsymbol{U}=[u_0,u_1,\cdots,u_{n+k+1}]$，STEP 界定了节点重复度：首末节点至多能有 $k+1$ 重，内节点的最大重复度为 k；

④ 附加信息，例如节点矢量的类型，曲线是开的还是闭的，是否是自交的，如果是特殊曲线（如折线、圆、圆锥曲线等）应加类型标识。

STEP 曲面被类似地定义。控制顶点和权因子是分开的，所有权因子必须是正的。仅当 u 向和 v 向节点都是同一类型时一张曲面才是均匀、准均匀和分段贝齐尔的；否则就是非均匀的。曲面都有自交标识、开或闭标识。如果是特殊曲面如平面、圆柱、直纹面等，应置表示特殊类型的标识。

2. STEP 实体模型定义

STEP 实体模型定义示例见图 12.20。其前半部分是 HEADER 部分，包含有关文件的一般信息；后半部分是 DATA 部分，包含编号的实体。

```
FILE_DESCRIPTION(('STEP AP203'),
  1');
  FILE_NAME('Gear Box.STEP',
 '2011-12-88T16:03:58',
 (-'Simon'),
 (''),
 'SWSTEP 2.0',
 'Solidworks 2010',
  '');
FILE_SCHEMA(('CONFI6_CONTROL_DESIGN'-));
ENDSEC;

DATA;
#1=DIRECTION(''NONE',(1.000000000000000,0.0000000000000000,0.0000000000000000));
#2=DIRECTION('NONE',(0.000000000000000,0.0000000000000000,1.000000000000088080));
#3=EDGE_CURVE('NONE',#209185,#209184,#181915,.T.);
#4=ADVANCED_FACE('NONE',(#181914-),#8084,.F.);
#5=CARTESIAN_POINT(''NONE',(0.000000000000000,-39.03223433465938700,-105.7922713481133808));
#6=EDGE_CURVE('NONE',#209186, #209185, #8022,.T.);
#7-DIRECTION(''NONE',(1.000000000000000,-0.0000000000000000,-0.0000000000000000));
#8=CARTESIAN_POINT(''NONE',(0.0000000000000000,0.00000000000000,0.00000000000000));
#9-ADVANCED_FACE('NONE',(#8013 ),#8018,.F.);
```

图 12.20　STEP 实体模型定义示例

STEP 以文本文件描述实体模型并遵循 EXPRESS 格式。与 STEP 的其他方面一样，此文本表示是标准的一部分。在 EXPRESS 格式中，STEP 文件有两个部分：HEADER 和DATA。DATA 部分包含一个实体列表，每个实体都有一个整数索引、类型名称和一个参数列表。

STEP 的广泛应用意味着所有常用的 CAD 数据类型都可以用这种格式表示。STEP 模型可以包含各种形式的 B-rep 数据——具有完整拓扑信息与几何信息的实体模型,并确保彼此关联信息的相互传递。STEP 还支持网格实体或面片实体。零件装配层次结构可以在单个 STEP 文件中表示,也可以将组件拆分为单独的文件。STEP 可以携带所有常用类型的元数据,即结构元素和主体的名称、颜色、层以及用户定义的属性。

需要单独提及 STEP 对 PMI 尺寸和注释的支持,这可以说是交换格式中最好的。STEP 能够表达图形 PMI(表示 PMI 注释的可显示实体,如折线和网格)、语义 PMI(正式可读注释,如尺寸、公差、表面光洁度等)以及 PMI 注释和 B-Rep 几何之间的关联(见图 12.21)。

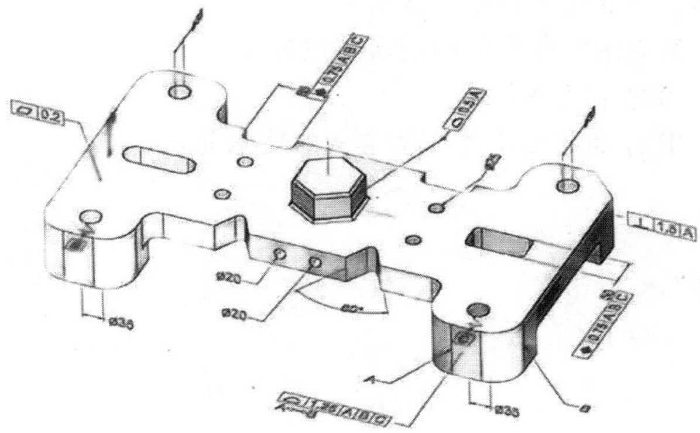

图 12.21　PMI 注释注释示例

可用实体集非常广泛,包含通用类型(例如几何和拓扑、产品结构实体)和特定于应用程序的类型。后者分为所谓的应用协议(AP)。它们涵盖各种与产品相关的流程(设计、制造、产品生命周期支持)和一系列设计行业(机械- AP203、214、242,电子- AP210,建筑- AP225,造船- AP218 等)。

如此广泛的适用性是有代价的。由于格式的结构非常灵活,提供了许多正式有效的方式来表示相同的数据,因此对 STEP 的读/写实现提出了挑战——即使形式上正确的实现也可能与其他无法实现无缝数据交换目标的软件不兼容。

同时,STEP 文件非常冗长——长实体名称和大实体图,它们的存在是为了使格式尽可能通用并适用于许多场景,但它们会导致文件过大;另外,大多数 STEP 模型是作为文本文件编写的,这可能会导致数值的舍入错误。

然而,STEP 是数据交换场景的自然选择,因为它对基本类型的 CAD 数据有很好的支持,并且与广泛的软件包兼容。除非存在针对特定工作流程的更具体和更合适的格式,否则它应该是数据交换的首选格式,例如用于导入到基于该内核的 CAD 系统的内核格式,以及用于导入到 SolidWorks 的 ParaSolid。

习　题

1. 简述线框、表面、实体模型的概念与特征。
2. 写出立方体用边界表示的数据结构。

3. 简述CSG表示法的实体造型原理。

4. 分析总结实体造型中边界表示、CSG表示和八叉树表示各自的特点和应用上的优缺点。

5. 论述三维线框模型、表面模型和实体模型的特点和应用范围。

6. 写出参数化几何造型的特点和优点。

7. 分析采用参数化方法完成圆柱形零件几何造型的原理。

8. 产品模型数据交换的作用是什么？通用的标准有哪些？

9. IGES的文件由哪些信息段组成，各自的功能是什么？

10. 讨论使用IGES标准完成数据交换的流程。

11. 分析IGES标准应用中存在的问题及解决办法。

12. 讨论STEP标准的应用领域。

13. 说明采用STEP标准完成实体模型定义的技术原理。

第 13 章　基于产品数字建模的设计制造工程

对于弱刚度、大尺寸、形状复杂的工业产品，其制造技术及其过程与一般的机械产品有着明显的不同，其中最为关键是如何保证通过种种环节制造出来的产品，其几何形状和尺寸满足原始设计要求。以飞机为例，其制造过程历经零件制造、夹具制造、装配工艺装备制造与装配、部件装配与总装等环节。其中每个环节都将产生误差，产品制造误差由各环节误差累积来约定。如何保证图纸上飞机的几何形状和尺寸能正确无误地传递到最后的产品上，且其零件、部件满足互换协调要求，就成为了制造工程的根本任务。

本章以飞机设计与制造为背景，介绍产品数字建模技术，以及以数字建模为核心的产品设计与制造过程。本章内容的学习紧密结合生产实践与前面章节介绍的造型理论，有助于对相关知识内容的深入理解。

13.1　飞机几何形状信息的传递与协调

绪论部分已述及，依据采用的尺寸形状信息载体不同，飞机制造协调路线分为基于实物标工的模拟量协调路线和基于产品 CAD 模型的数字量协调路线两大类。本节进一步对两种协调路线的主要特征与实施方法进行讨论。

13.1.1　模拟量传递协调及其特征

与一般的机械产品不同，为保证飞机在空中飞行过程中具有良好的稳定性与操纵性，制造过程中对其气动外形有严格的要求。法国著名飞机设计师达索(Dussault)曾经说过："看得顺眼的飞机，一定能飞得好。"也就是说，飞机必须具有光滑流线且合乎气动力要求的几何外形。同时由于飞机制造要求协调性较高，因此在传统的飞机制造中对包含气动力外形的零部件就采用了一种与其他行业不同的模线样板技术，以保证能制造出符合设计要求的飞机。基于样条曲线的设计方法、基于二维图纸的表达方法和基于模线样板的制造方法是传统飞机设计与制造的特点。

早期的飞机设计采用物理样条方法设计定义外形曲线，而在制造中为确保复杂外形零部件之间的协调，则采用模线—样板—标准样件工作法完成尺寸与形状信息传递，如图 13.1 所示。这种传统的协调方法是以实物模拟量按 1∶1 来传递形状尺寸，并以相互联系制造原则进行协调。模拟量形状尺寸信息传递依赖大量的辅助工艺装配实现，飞机的形状尺寸由辅助工艺装备的外形定义，它们就是理论模线、结构模线、样板与标准样件。

典型的模拟量协调路线概括起来具有下述特征：

① 其形状与尺寸是以模拟量方式传递，所以必须首先绘制理论模线，依次绘制结构模线，制造样板、制造工艺装备。对形状和尺寸复杂的部位，还需要量规—反量规、模型—反模型、标准样件—反标准样件即立体的正—反—正的传递过程。显然，在传统的协调路线中，为保证工艺装备间的协调，除模线样板外，还要制造众多的标准工艺装备。

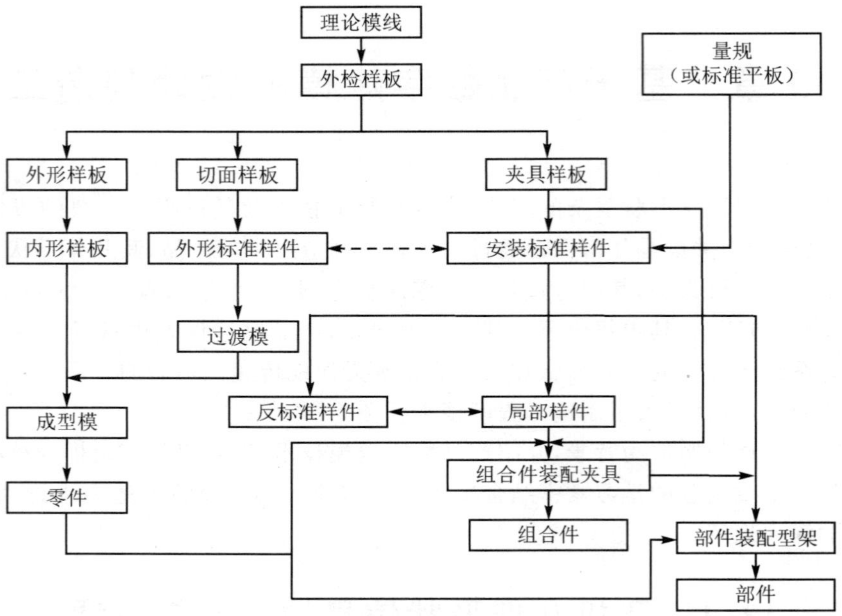

图 13.1　模线—样板—标准样件工作法协调路线

② 因为形状和尺寸是以模拟量方式传递的，所以一定以相互联系的制造原则进行协调，显然延长了生产准备周期。

③ 在传统的协调路线中，从绘制模线到制造工艺装备，手工劳动量大、传递环节多。

④ 从理论模线到标准工艺装备，均是专用工具和专用设备，一旦改变机型，需从头做起。

13.1.2 数字量传递协调及其特征

基于实物标工的协调路线与飞机这样的高技术产品极不适应，现代飞机制造基于数字量完成形状尺寸传递，其协调路线如图 13.2 所示。其基本特征是采用数字化模型实现对产品几何形状的数学描述。后续制造环节，诸如数控加工、工艺装备制造、数字化装配、质量检验中涉及的产品信息，直接从 CAD 模型中提取。产品数字模型作为几何形状的唯一数据源，在传递过程中没有信息损失，同时为并行工程的实施提供了基础。制造协调路线清晰、简短，误差评价与质量控制更易实施。

典型的数字量协调路线概括起来具有下述特征：

① 形状尺寸信息以数字量方式传递，所以可以取消理论模线的绘制，标准工艺装备及整体机加件直接根据产品数字模型设计并采用数控加工，大大减少了所需样板和标准工艺装备的数量。

② 由于飞机模型数字化定义的精确性与唯一性，使得可按独立制造原则组织生产准备工作，大大减少了生产准备工作量，缩短了生产准备周期。

③ 形状复杂、加工难度大的关键工艺装备和整体结构件直接用数控加工，不仅减少了很多形状和尺寸传递过程中的中间环节，制造的设备和产品也可以通过数控测量机检验，从而大大提高了工艺装备的协调准确度与装配质量。

④ 减少了飞机制造中的手工劳动，缩短了生产周期，降低了飞机制造成本。

不难看出，广泛应用 CAD/CAM 技术后，其协调路线相对于传统的协调路线而言，对工作方法和协调过程产生了重要影响以及巨大的技术经济效果。

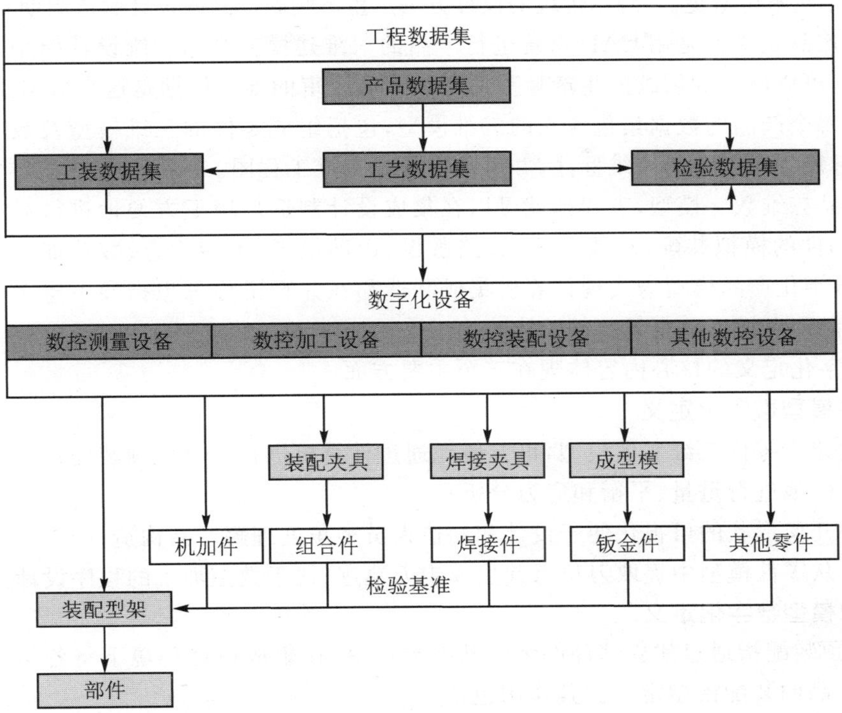

图 13.2　数字量协调路线

13.2　基于产品数字建模的设计工程

伴随飞机的整个研制过程，从设计到工艺计划、工艺装备设计、零件制造和装配，研制成本显著增加。国内外以往研制项目的统计和分析表明，只要采取措施减少设计更改、错误和返工现象，就能在很大程度上缩短研制周期、降低生产成本。因此，保证产品几何形状和尺寸的正确传递是制造工作的关键所在。

在产品设计中采用了三维数字化定义和数字化预装配技术，可以使产品设计后的更改大幅减少，并对后续整个飞机制造过程的实施产生显著的影响。以波音 767 为例，在采用了数字化产品定义与预装配技术后，与未采用这一技术设计的波音 747 飞机相比，设计更改成本降低了一半多。为此，波音公司在设计制造 20 世纪最大的双发运输机波音 777 时，全面推广了产品三维数字化定义和预装配技术。

13.2.1　产品模型数字化定义的内容

传统的工程设计方法是，设计人员在图纸上利用几个不同投影视图来表示一个三维产品的设计模型，在图纸上还有很多人为规定、标准、符号和文字描述。对于一个较为复杂的部件，需要使用多张图纸表达，然后，工艺、生产和管理等部门的人员再认真阅读这些图纸、分析设计意图，综合不同视图的形状尺寸描述，构思出设计模型的每一个细节。受个人能力与经验的限制，设计人员难以正确无误地对产品进行精确的图纸定义。尽管有层层设计主管的检查和审批，但图纸上的错误仍然不可避免。因此，传统的设计方法严重影响着产品的设计制造周期和产品质量。

数字化产品定义就是用CAD系统进行产品的三维建模。产品三维设计模型是唯一的权威性数据集，可供所有的后续的生产环节使用。产品评审的唯一依据是这套数据集，而不再是二维图纸。每个产品的数据集包含它的三维模型，包括组成零件的三维模型及数字化预装配模型，可进行尺寸和公差的三维标注，并可从中导出二维工程图。

利用产品三维数字模型，工程师就可以在集成设计制造环境下方便地进行后续环节的设计工作，如部件的模拟装配、总体布置、管路敷设、运动模拟、干涉检查、数控加工编程及模拟等。因此，数字化产品模型为实现计算机集成制造和在并行工程思想指导下整个生产环节采用统一的产品信息模型奠定了基础。

产品数字化定义的核心内容体现在三个主要方面。

1. 零件模型数字化定义

① 通过建立零件三维实体模型，可方便地通过计算机进行数字化预装配；

② 可准确地进行重量、平衡和应力分析；

③ 零件几何形状的可视化便于设计和制造人员多角度理解产品构造；

④ 容易从零件模型中提取刀位点并生成走刀轨迹，便于数控加工的程序设计。

2. 装配模型数字化定义

数字化预装配指通过建立部件的装配基准与约束，在集成设计环境下将各组成零件装配起来，形成产品的装配模型定义。其作用包括：

① 数字化预装配可以发放设计之前就完成零件间配合面的干涉检查，发现配合不协调情况并消除干涉现象。

② 设计人员可存取相关设计信息完成设计综合工作，如工程分析、材料选用、工艺计划、工艺装备设计以及用户支持等，也可存取相关设计，及早把反馈信息提供给设计员。

③ 数字化预装配还将用来进行结构与系统布局、管路安装、导线走向等设计集成，以及论证零件的可安装和可拆卸性。

④ 利用三维模型数据可方便地生成并发布技术文件，产品的三维分解也容易实现。

3. 并行产品定义

并行产品定义是一个系统工程方法。它包括产品设计各阶段的协调设计和信息综合，以及有关工程、制造和支持相关性协调的处理。这一方法使开发人员一开始就能考虑到产品生命周期里的所有环节，包括从项目规划到产品交付的有关质量、成本、周期和用户要求等。并行产品定义的有效实施将提供以下效益：

① 在早期产品设计中，由于工程更改单急剧减少，设计质量得到提高。

② 由于把产品设计和制造的顺序方式改成并行方式，所以产品开发时间减少了。

③ 通过将多种功能和学科集成到产品设计过程中，制造成本显著降低。

④ 通过对产品和设计过程的优化处理，废品和返工现象可大大减少。

除了上述三方面的设计工作外，还需完成如下多方面设计工作：

① 组织产品协同设计，按工程运筹观点，将设计、制造、材料、财务以及其他有关工作人员组织起来，共同完成一个修改、出错和返工更少的产品设计。

② 利用数字化产品定义模型完成其与工艺装备、工艺装备与工艺装备数字化预装配，并

验证相互之间的配合、功能和装配关系。

③ 利用数字化产品定义，完成工艺计划和产品生产的三维图解。

④ 利用数字化产品定义，生成设计、制造、试验和飞机交付的综合性计划。

⑤ 利用数字化产品定义，完成地面支持设备的三维设计和数字化装配。

13.2.2　基于数字建模的产品设计过程

基于产品模型数字化定义的设计过程包含以下步骤：

① 分析用户需求，确定飞行性能，拟订产品设计的工作说明，确定产品基本设计指标并编制生产计划。

② 完成结构和主要系统的设计工作，内容包括给定的空间里建立所有零件的三维数字化模型并进行产品数字化预装配，确定组成零件的对接界面，检查设计集成，检查有无干涉现象，安排管线系统与辅助系统的设计开发。

③ 根据产品装配模型完成工艺装备的数字化设计与预装配，检查零件、工艺装备和工艺装备之间的干涉及界面配合情况。

④ 利用产品数字化模型，开发地面支持设备并发布技术文档。

⑤ 处理设计过程中的反馈信息并修改设计，进行干涉和配合面检查，完成产品设计。

⑥ 产品和工艺装备的设计模型被当作唯一的权威几何数据集，推送到企业集成数据管理系统中。

⑦ 进行实际的装配和安装，若有少数零件有问题，则由协同设计部门完成设计更改，再重新进行数字化预装配来检查干涉和配合情况，并发放设计数据。

13.3　基于产品数字模型的制造工程

产品数字模型的应用实现了飞机的制造工作与设计工作的并行开展，在此过程中，制造部门和设计部门相互协调配合完成产品研制。

13.3.1　产品结构分解与装配规划设计

在产品的初始设计阶段，所建数字模型（1 级数字样机）仅能实现飞机的单一整体描述。此时，制造技术人员需要和设计人员一起，共同研究确定产品结构分解与装配规划设计：

① 确定将飞机整体模型分解成部件、组件和零件的产品分解方案。

② 沿分解过程的逆向研究并确定产品装配规划，内容包括基于零组件的装配件和装配顺序规划，直到最后将飞机装配出来。

③ 设计人员、工艺计划人员和工艺装备设计人员共同进行详细的设计改进、车间工作中心的工作分解，以及其他有关制造工艺的研究和准备工作。

13.3.2　三维工艺装备设计与工艺计划

工艺装备设计与产品设计过程相似：

① 完成部件装配、工艺装备的三维数字化定义。

② 利用部件模型进行工艺装备的数字化预装配，实现整个装配过程的数字化仿真模拟，

检查零部件对工艺装备、工艺装备对工艺装备是否有干涉和留有足够的空间。

③ 工艺装备设计人员检查零部件的可生产性与可装配性，并将产品设计相关信息，如可生产性、定位特征、尺寸和公差等信息的评估结果反馈给产品设计部门。

装备过程数字化仿真大大改进了装配的可行性，并可以直观显示装配过程，从而减少了零部件和工艺装备设计的更改现象。相关反馈信息将融入产品设计中，从而可减少产品设计发放后的补充更改工作。

13.3.3 数控加工工艺数字化设计

数控加工工艺方案的制定与数字化产品定义同步进行：

① 在产品设计发放之前，就可以在协同设计过程中构造数控加工表面，并确定零件数控加工所需的表面数据，完成走刀轨迹与加工路线设计。

② 在集成设计环境下进行数控加工过程的模拟仿真，验证所设计的走刀路线是否正确。

这种基于产品数字化建模的数控加工工艺规划模式，实现了数控加工、产品设计及制造工艺相互协同的数字化产品定义，避免了数控加工过程的各种问题，包括零件的表面定义是否合理，加工过程中是否存在工艺问题，是否存在刀具干涉和过切等情况。

13.3.4 数字化工厂布局设计

制造工程部门在定义产品零组件和工艺装备的三维数字化模型的同时，还可以构造整个车间的三维模型。这样，在集成设计环境下可以模拟零组件直至整架飞机的装配过程，验证零组件对工艺装备和工艺装备对工艺装备的界面、工艺装备的机构运动情况、运输设备在车间内的移动甚至整架飞机在工厂内移动情况。

利用数字化方法进行工厂的车间布置可以实现以下目标：

① 在飞机装配过程中可以进行静态和动态的干涉检查。

② 进行装配工人的视界检查。

③ 在进行数字工艺装备设计的同时，可以进行定位和配合检查。

④ 进行实际的装配过程(包括安装顺序)的可视性检查。

⑤ 利用数字化样件可以方便地绘制生产图解和各种维护手册。

图 13.3 所示为数字化工厂布局设计。

图 13.3　数字化工厂布局设计

13.3.5　数字化产品模型的内容及发放

完成产品数字化定义之后，将形成产品设计与制造的数字化模型表达。数字化产品模型的重要内容是工程数据集。它包含零部件以及加工与装配工艺装备的三维实体模型和相应的二维视图(即通常的工程图纸)。线框模型和表面模型是为工厂数控加工提供零件加工表面的定义数据、零部件对接面的几何数据。数字化产品模型除上述数据外，还有很多与产品直接有关的设计、分析、制造工程数据，如重量和应力分析数据、飞机外形模型、产品结构树、飞机安装和装配过程模型，以及最后的各种设计文档等。这些数字化产品模型的数据都统一存放在数据库中，由集成数据管理系统负责存储、建立关系和提供各种类型数据(工程设计、制造工程和工艺装备设计等)的构型控制，并可通过多种介质(网络、磁盘、磁带等)进行产品数据的发放。

13.4　飞机气动外形几何建模

在飞机设计和制造的初始阶段，首先要确定飞机的气动外形。飞机气动外形的确定不仅是飞机总体设计、气动力分析和内部结构设计的基础，同时也是飞机制造与协调路线中的首要环节。

13.4.1　气动外形几何建模的工作内容与发展趋势

飞机气动外形几何建模就是建立气动外形曲面模型，是设计制造过程应用 CAD/CAM 技术的先决条件。由于飞机产品的形状特征与制造使用要求的特殊性，飞机外形几何建模需要符合飞机总体设计和结构设计的行业标准，同时必须具有严格明确的几何定义。飞机气动外形设计的主要工作内容如下：

① 确定飞机外形理论定义，对主要部件外形确定不同的曲线曲面建模方法。

② 部件间过渡曲线曲面建模与形状优化。

③ 曲面模型有效性检查与加工性测试，使其满足加工、装配、计算、分析等应用需求。

飞机外形几何设计一般分为以下两种模式。

1. 面向数学的设计模式

面向数学的设计模式使用空间解析几何完成外形的数学表达。一般在气动力布局设计完成之后，由数学专家对全机外形进行严格的数学定义，并经过严密的分析计算，最终形成用复杂公式表示的全机飞机气动外形。这里的数学定义，实际上采用的是代数方法，即采用多项式代数方程及多方程的叠加描述曲线曲面。该设计模式的优点是定义精确简洁、曲线曲面连续性好，缺点是曲线曲面表示公式不统一。由于代数方程缺乏直观的几何意义，故对外形设计工程师的数学基础要求很高，数学分析的工作量也很大。该设计模式在基于模拟量的飞机制造中能发挥较好的作用，可以满足模型样板标准样件协调法的要求。

2. 面向几何的设计模式

面向几何的设计模式从设计开始时就注重几何表示与交互操作，并采用参数自由曲线曲面来描述几何形状。同时工程应用与实践促进了自由曲线曲面理论的发展，使其不断成熟并应用于现代 CAD 造型系统。随着计算机技术的发展，这种飞机外形设计模式显示出巨大的优势，设计结果可以紧密地结合于后续的数字化设计与制造过程，因此这种设计技术的发展很快。

20 世纪 90 年代后期到 21 世纪初，随着计算机技术和现代制造技术的迅速发展，数字化设计实践很快波及国内的航空工业。当前，国内飞机设计与制造部门通过引进国外成熟的 CAD 设计软件并应用于生产实践，已成功地从早期使用的面向数学的设计模式过渡到面向几何的设计模式。

在 CAD 软件系统应用的早期，气动外形曲面定义主要采用弗格森方法和孔斯方法构造。随着 CAGD 技术的进步和 CAD 软件的成熟，曲线曲面的数学表达日趋丰富和完善，配套的分析与处理功能也逐渐成熟。相应地，飞机外形设计模式也发生了很大的改变，贝齐尔、B 样条与 NURBS 方法普遍应用于模型表达并成为设计标准。丰富的开发工具与交互手段使得设计员无须过多关注曲面模型的数学表达与几何处理算法，可以将更多精力投入到如何应用 CAD 软件的相关功能，将设计意图准确投射到设计模型上。

图 13.4 所示为飞机气动外形理论模型。

图 13.4　飞机气动外形理论模型

13.4.2　典型飞机结构曲面建模

飞机气动外形按其几何特征，可分为翼面类、机身类和复杂曲面类，其外形数学模型的建立方法根据其几何特点也各不相同。现代飞机外形设计需要满足以下要求：外形定义简洁；形状表示灵活；几何意义明确；表示方法规范。

飞机外形设计中的曲面一般都是有造型规律的，通过长期的发展也自成体系。最常用的飞机外形曲面成型方法按成型规律可分为直母线法、扫掠法、放样法、过渡法和填角法等，而直母线法和放样法在传统的飞机设计中已经得到了成功应用。随着计算机技术和计算机辅助几何设计技术的发展，直母线法和放样法得到很大的改进；过渡法和填角法是一种新的造型方法，特别是将数字化设计概念引入传统的飞机设计中以后，这两种方法逐渐成为飞机外形设计最常用的曲面造型方法。

直母线法主要在创建翼面类外形曲面时应用，它一般需要两个控制曲线和控制曲线的起点位置就可以成形。这里控制曲线的品质非常重要，直接影响曲面的品质。

扫掠法主要应用于截面线有同一造型规律的情况，一般在机身曲面的成形中常用。它一般需要多个截面线、导引线、脊线、首末截面线约束条件等。

放样法是一个综合的外形曲面成形方法，它可以包含直母线和扫掠法，它的截面线可以是任意类型不同的曲线形式，是飞机外形设计中常用的方法。它同上两种方法的不同之处是，由该方法生成的曲面可能会占用更多的存储空间。放样法可用于机身曲面、机翼曲面、翼尖修形曲面、鼓包曲面等多方面的曲面造型问题。

下面结合典型部件的造型规律，介绍上述方法表面模型设计中的应用。

13.4.3　翼面类部件外形曲面模型的构造

1. 控制曲线的构造

翼面类部件的上、下表面一般各由一块或几块直母线曲面组成。每块曲面都有两条控制曲线，称为基准翼型曲线，给出的基准翼型通常是一组离散的型值点，为此应首先拟合成基准翼型的曲线方程。

拟合的基准翼型应满足下述要求：

① 点点通过型值点，

② 一阶与二阶矢连续；

③ 前缘具有垂直切矢和给定的前缘半径 R。

设 $\boldsymbol{p}_i(i=0,1,\cdots,n)$ 为给定的 $n+1$ 个型值点。现建立插值于各型值点的曲线方程。

2. 曲线参数的确定

根据翼面类部件气动外形曲面的规律，即机翼各翼弦平面上的翼型曲线上对应于同一百分比弦长的点的连线为直线，可直接选择弦长的相对坐标，即等百分比弦长作为曲线的参数。公式如下：

$$t=\frac{x}{D}$$

式中，x 为曲线的横坐标，D 为机翼翼型曲线的气动弦长。

3. 曲线数据点的参数化

通常采用积累弦长参数化方法，对给定的型值点 $\boldsymbol{p}_i$ 分配参数值：

$$t_i=\frac{x_i}{D},\quad i=0,1,\cdots,n$$

4. 确定拟合曲线的数学表示形式

根据翼型曲线的造型规律，一般采用三次样条曲线构造插值于给定型值点，并符合端点几何性质要求的翼型曲线。

5. 翼型端点条件

机翼设计中一般采用圆头尖尾的非对称曲线构造翼剖面几何形状。翼型曲线可采用沿翼弦分割的上、下两段曲线拼接形成。以上部曲线为例，翼型端点条件可表达为在曲线的首端点即 $t=0$ 处，具有垂直的切线与给定的曲率半径，由此端点插值条件可表达为

$$\begin{cases}\dot{\boldsymbol{p}}(0)=\dfrac{\|\boldsymbol{p}_1-\boldsymbol{p}_0\|}{t_1-t_0}\begin{bmatrix}0\\1\end{bmatrix}\\ k(0)=\dfrac{1}{R}\end{cases}$$

6. 构造外形曲面

采用直母线曲面构造翼面类部件的外形曲面，如图 13.5 所示。其中 $\boldsymbol{p}_{11}\boldsymbol{p}_{1i}\boldsymbol{p}_{1n}$ 和 $\boldsymbol{p}_{21}\boldsymbol{p}_{2i}\boldsymbol{p}_{2n}$ 为直母线曲面的控制曲线，$\boldsymbol{p}_{1i}$ 与 $\boldsymbol{p}_{2i}$ 分别为两控制曲线上具有同一参数值 t 的点。因此曲面上的任意一点必落在某一条直母线 $\boldsymbol{p}_{1i}\boldsymbol{p}_{2i}$ 上。设两控制曲线的数学表示分别为

$$p_1(t)=\sum_{i=0}^{n}a_{1,i}\varphi_i(t),\quad t\in[0,1]$$

$$p_2(t)=\sum_{i=0}^{n}a_{2,i}\varphi_i(t),\quad t\in[0,1]$$

当参数 t 分别从 0 变到 1 时，曲线上的点分别由 p_{11}、p_{21} 变到 p_{1n}、p_{2n}。根据飞机翼面外形曲面的构造原理，即两控制曲线等百分点连线为直线，构造以两控制曲线为两端曲线的直纹面，形成翼面类曲面的数学表示：

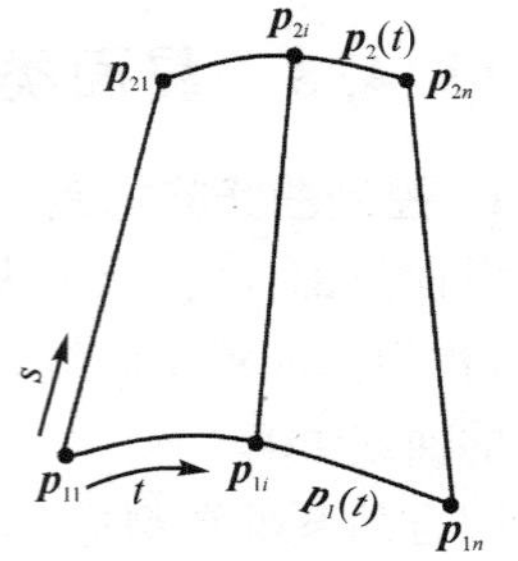

图 13.5　翼面类外形曲面构造

$$p(s,t)=(1-s)\sum_{i=0}^{n}a_{1,i}\varphi_i(t)+s\sum_{i=0}^{n}a_{2,i}\varphi_i(t),\quad s\in[0,1];t\in[0,1]$$

13.4.4　机身类部件曲面模型的构造

机身外形设计的一个重要内容是外形控制曲线的定义，类型包括纵向控制线与截面控制线。上述控制曲线形成了机身的设计与制造基准，以及飞机大部件装配与对接基准，并成为飞机设计与制造的重要参考依据。

二次曲线作为一种简洁的曲线定义形式在传统机身控制曲线设计中得到了广泛的应用，常用做飞机框截面的设计，但已不能满足现代飞机飞行性能要求与隐身要求。现代飞机气动外形日趋复杂，因此飞机纵横向控制线通常采用样条曲线表示。

机身类部件为双曲度曲面，但有其自身的构造规律。机身在其各隔框截面上具有相似的造形规律，覆盖各框截面所形成的机身曲面可视为沿纵向滑动框截面曲线所形成。因此，机身类部件双曲面外形一般用蒙面法构造。

现以机身各隔框切面外形用三次样条曲线定义为例来说明构造机身纵向控制曲线的方法。如图 13.6 所示，各隔框各切面外形是由上顶点 A、下顶点 B、最大宽度点 C 和上面一段

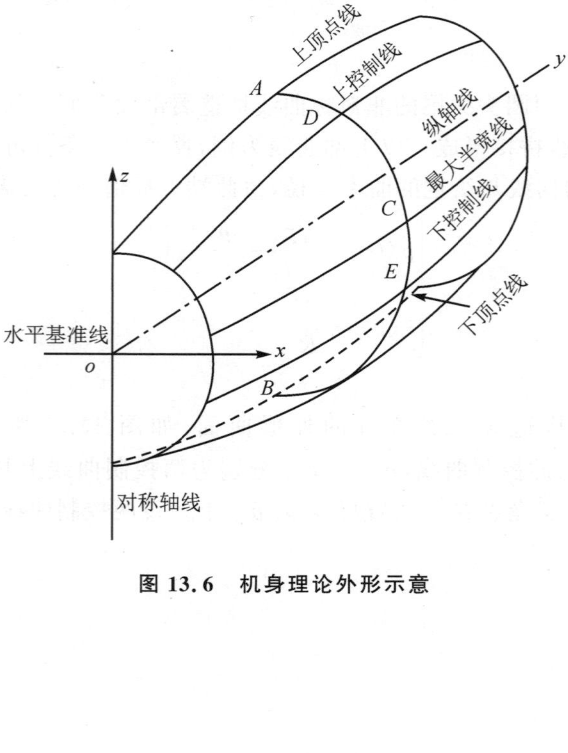

图 13.6　机身理论外形示意

二次曲线的中间控制点 D 和下面一段二次曲线的中间控制点 E 所定义的两段二次曲线所确定。为造机身的曲面外形，应将机身各隔框切面外形上的这五个特征点沿纵向形成 5 条控制曲线，即上顶点线、下顶点线、最大宽度点线、上控制点线和下控制点线。这 5 条纵向控制曲线通常采用三次样条曲线定义。

在完成曲面边界曲线的定义之后，可采用曲面蒙面法构造插值于各框截面曲线，并以纵向控制线为脊线的机身曲面。

13.4.5　复杂形状曲面模型的构造

贝齐尔与 B 样条曲面在飞机外形设计中常被用于具有复杂形状的修型区外形，比如翼身修型区、翼尖修型区、鼓包等处，而且常常是使用一张贝齐尔曲面进行设计(见图 13.7)，一般不构造有相互拼接的组合曲面。而座舱或其他复杂部位的外形曲面则属于典型的双曲度自由曲面，曲面类型一般选择 B 样条曲面，其构造方法参见第 10 章。

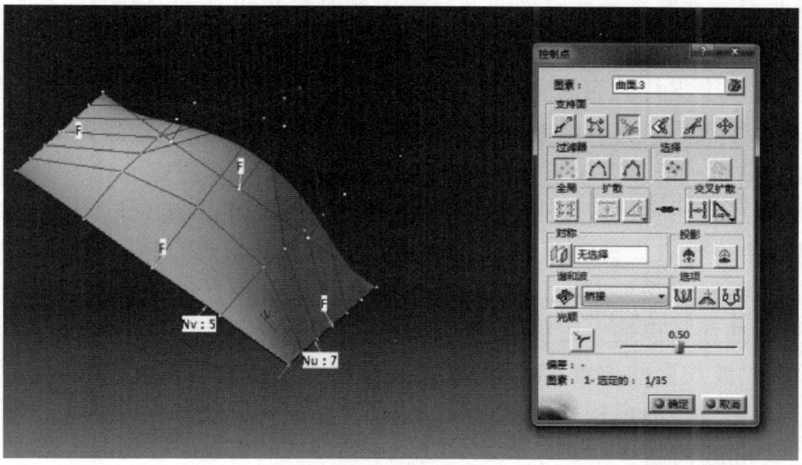

图 13.7　贝齐尔曲面构造翼身修型区

在飞机外形的细化设计中，常需使用过渡曲面在各曲面之间建立连接，以形成封闭的外形表面。过渡曲面一般分为圆角(Fillet)过渡曲面、自由(Blend)过渡曲面、填角过渡曲面。事实上，数字化外形设计的重点就是外形细部的设计，过渡曲面和将要讨论的填角曲面是构造细节特征的有效工具，也是外形数字化建模中工作量最多的内容。在飞机外形的曲面设计过程中，过渡曲面和填角曲面的设计工作量常常占到整个建模工作量的 70%以上。

1. 圆角过渡曲面构造

圆角过渡曲面在传统飞机外形设计中比较常见，在飞机的翼身整流和小部件外形的光顺处理中经常采用。如图 13.8 所示，圆角过渡曲面是一个圆球沿两个支持曲面的交线方向在两个曲面间滚动所产生的曲面，曲面的边界是圆球在两个曲面上的切点线。圆球的半径如果在滚动过程中是固定的，则称为定半径圆角过渡曲面，见图 13.8(a)。如果圆球的半径在滚动过程中是变化的，则称为变半径圆角过渡曲面，见图 13.8(b)。圆角过渡曲面对于一般正常相交的两张曲面可以方便地完成过渡操作，但对于窄曲面要注意圆角半径不能超过曲面宽度。

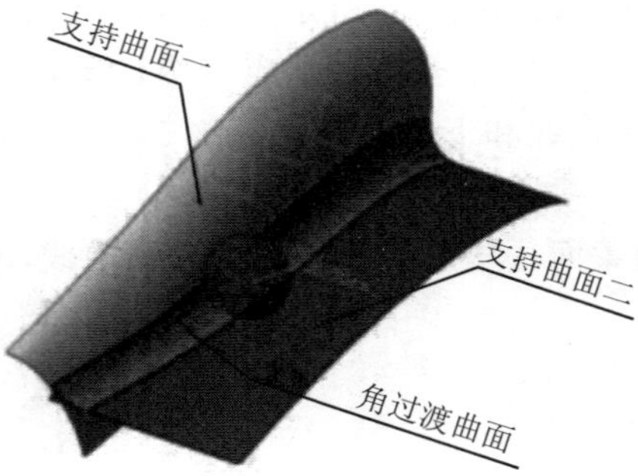

(a) 定半径圆角过渡曲面

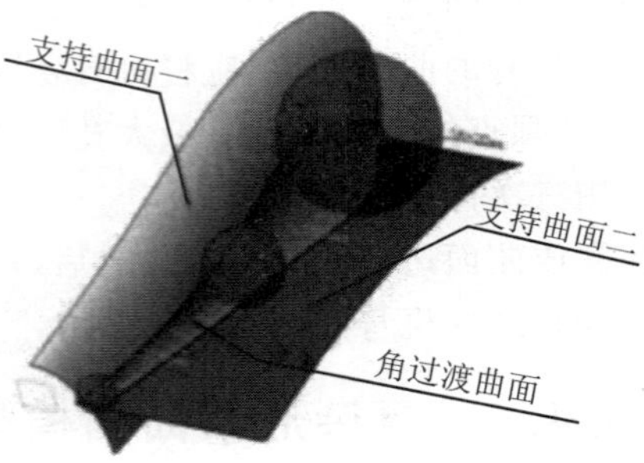

(b) 变半径圆角过渡曲面

图 13.8　圆角过渡曲面构造实例

2. 自由过渡曲面构造

自由过渡曲面是在解决一些特殊曲面过渡问题时被提出来的，这类特殊曲面过渡问题包括不能用圆角过渡曲面处理或处理后过渡曲面品质较差，或人为需要将过渡曲面的范围或曲度进行限制时，或两个支持曲面的关系比较复杂时，等等。自由过渡曲面在飞机的大部件外形过渡中经常用到，像机翼机身的过渡，做翼身融合体，甚至同时兼顾边条的成型。自由过渡曲面在曲面的过渡方向一般是一条贝齐尔或 B 样条曲线，最多不超过 5 次，但它的跨界切矢是非常灵活的，所以可以构造比较复杂的曲面。这种过渡曲面的方法可以自由地满足设计者的意图，首先，可以由设计者设计过渡曲面的过渡边界；其次，可以由设计者设计过渡曲面与支持曲面的连续条件，在跨界条件方面，自由过渡曲面可以设定边界连续、切矢连续和曲率连续条件，所以自由过渡曲面可以最大限度地满足设计者的要求。自由过渡曲面的设计和建模难点是如何确定关键过渡切面的位置，不同设置方法对重构曲面影响很大，应用中需要灵活设置。图 13.9 所示为自由过渡曲面构造实例。

3. 填角过渡曲面构造

填角过渡曲面在解决复杂外形部件用传统二维图纸不能精确表达问题时显示出了优于其他方法的特点。填角过渡曲面的特点就是曲面的边界可以不是常规的四边，而可能是两边、三边或多边，同时与邻接曲面在公共边界处连续性要求各不相同，又或者可以设定曲面的插值点。图 13.10 是某机进气口处曲面造型时三边过渡曲面的构造结果。

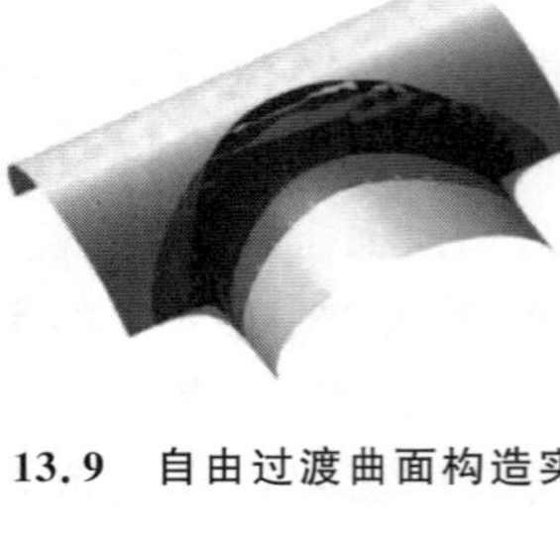

图 13.9　自由过渡曲面构造实例

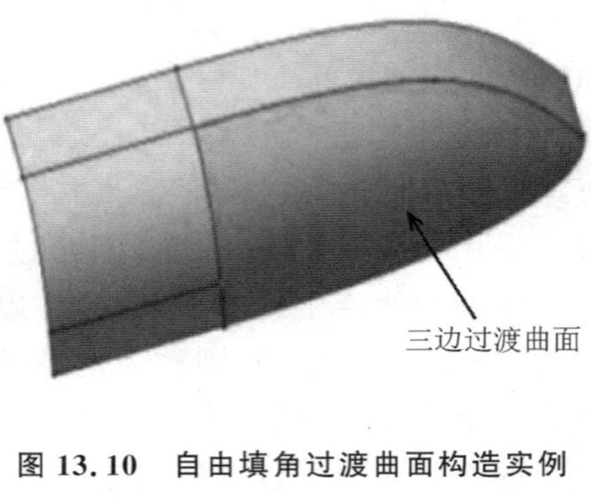

图 13.10　自由填角过渡曲面构造实例

习　题

1. 模拟量协调路线依据什么完成形状尺寸信息的传递？
2. 现代飞机制造采用的典型协调路线与特征是什么？
3. 简述产品模型数字化定义的内容与技术手段。
4. 基于产品数字模型的制造工程的作用体现在哪些方面？
5. 飞机结构几何建模的主要方法有哪些？
6. 分析翼面类部件的形状特征与建模过程。
7. 飞机气动外形中包含哪几类过渡曲面？主要采用的建模方法是什么？

第 14 章　曲线曲面配准与制造质量检验

先进测量技术的发展为数字化制造质量控制提供了强有力的支持。通过测量数据与理论模型的比对分析，完成制造与装配偏差的统计计算，再依据行业标准与规范，可实现制造质量的数字化检验、评价与闭环质量控制。本章首先介绍了典型数字化测量技术及其适用范围，讨论了测量数据与几何模型的最佳匹配方案；结合工程实际，阐述了基于曲线曲面配准技术的零件加工质量、部件装配质量与大部件对接质量的检验策略。

14.1　典型数字化测量技术

与常规机械产品测量应用背景不同，飞机、汽车等复杂产品的形状测量具有空间尺度大、测量精度要求高、测量工作环境复杂、测量对象（特征）多样化的特点，决定了测量的难度和操作过程的复杂性。与传统的依赖专用量具、量规的手工模拟量测量方式相比，数字化测量技术的实质是将产品几何形状由模拟量转化为数字量表示。近年来，因为需求的强力推动，加之光学传感、计算机、自动控制等相关技术的发展与成熟，带动了数字化测量的新方法、技术和设备的不断涌现和性能的提高，并开始在工程制造领域的质量检验中获得了广泛应用，相关技术的测量原理与特点如下。

14.1.1　三坐标测量机

三坐标测量机（CMM）是基于坐标测量的通用化数字测量设备。它首先将几何形状的测量转化为对曲线曲面上一些点集坐标位置的测量，在测得这些点的坐标位置后，再根据这些点的空间坐标值，经过数学运算求出其尺寸和形位误差。现代 CMM 不仅能在计算机控制下完成各种复杂测量，而且可以通过与数控机床交换信息，实现对加工的控制，并且还可以根据测量数据，实现反求工程。目前，CMM 已广泛用于机械制造业、汽车工业、电子工业、航空航天工业和国防工业等各部门，成为现代工业检测和质量控制不可缺少的万能测量设备。

三坐标测量机是典型的机电一体化设备，由机械系统和电子控制系统两大部分组成。如图 14.1 所示，机械系统由三个正交的直线运动轴构成。X 向导轨系统装在工作台上，移动桥架横梁是 Y 向导轨系统，Z 向导轨系统装在中央滑架内。三个方向轴上均装有光栅尺用以度量各轴位移值。人工驱动的手轮及机动、数控驱动的电机一般都位于各轴附近。用来触测被检测零件表面的测头装在 Z 轴端部。电子控制系统由光栅计数系统、测头信号接口和计算机等组成，用于获得被测坐标点数据，并对数据进行处理。

三坐标测量机的三个运动轴 x、y、z 及分别安装于其上的 3 把测量尺（光栅尺），在整个测量空间建立起一个笛卡儿直角坐标系，通常称这个坐标系为机器坐标系，一切测量运动都在这个坐标系中进行。在测量空间的被测工件上，各要素的被测部位由测头进行瞄准，测头的运动位置由 3 把测量尺记录，并由 3 个相应的读数头读出具体坐标值，然后将测量信号反馈到计算机进行储存，计算机及其相应软件将对测量数据进行计算、处理和输出。

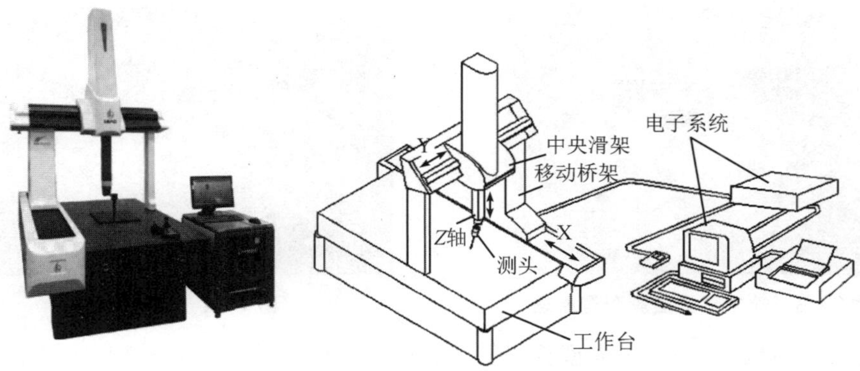

图 14.1　三坐标测量机及其构造

三坐标测量机获取点坐标的过程可概括如下：

① 选择测头并完成侧头的安装。

② 测头快速移动到定位点，以一定精度定位。

③ 测头从定位点慢速向工件的被测点趋近，当接触状态达到要求后发出过零的信号，对测量点进行检测，读数头在 x、y、z 三个轴上分别取出测量数据。

④ 将测量数据送入计算机中进行处理并输出测量结果。

这个过程可以通过手工操纵按钮和电传输入完成，如果测点数目很多，可以编制测量程序控制测头沿形状表面滑动，测量机快速记录测头扫描路径上的高密度点坐标，整个过程完全自动完成。

14.1.2　摄影测量系统

数字近景摄影测量技术是建立在摄影测量、数字成像、图像处理和精密测量原理基础上的三维精密测量技术。该技术基于空间交汇三角测量模型，采用高性能数字成像器件 CCD 作为传感元件，结合图像处理及模式识别技术完成对被测点的自动识别、瞄准和角度测量。

如图 14.2 所示，典型的摄影系统由一台高精度数码相机、比例尺、标签点及笔记本电脑组成。在测量之前需要完成系统标定，该过程通过在测量现场布设比例尺来完成。此外还需要在被测物表面粘贴标签点，测量所得就是这些标签点的空间坐标。系统测量过程如图 14.3 所示，操作者手持数码相机围绕被测物拍摄，获取标签点在不同视角下的多幅图像。测量软件对图像进行分析，自动识别标签点并进行唯一性编码，同时计算标签点圆心的三维坐标。

图 14.2　V－STARS 数字工业摄影测量系统

测量结果见图 14.4，中部较小的点为获取的标签点的中心位置，外围相机显示了数字相机拍摄过程中所在的空间姿态。

图 14.3　数字近景摄影测量原理

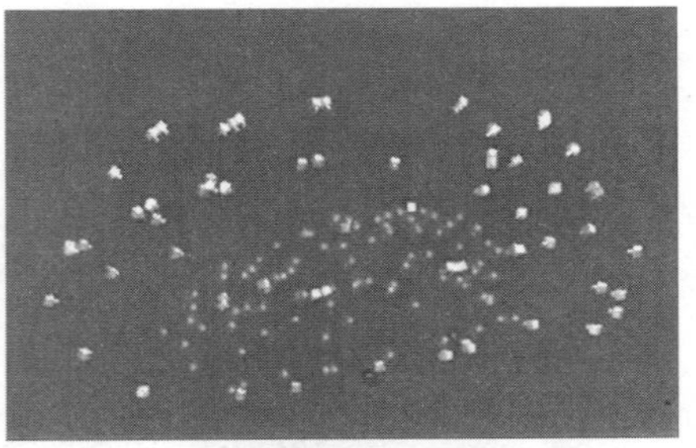

图 14.4　测量结果

目前，摄影测量已成为测量大型空间复杂曲面的主流方法之一，与其他方法相比，数字近景摄影测量具有以下特点：

① 精度高：相对测量精度高达二十万分之一。

② 非接触测量：光学摄影的测量方式，无需接触工件。

③ 测量效率高：单次测量可以获得大量目标的几何信息。

④ 能满足较小空间测量需求：只要 0.5 m 空间即可拍照、测量。

⑤ 自动化程度高：利用计算机自动识别、匹配目标特征，无需人工干预。

⑥ 适应性好：可任意拓展测量空间，被测物尺寸可以覆盖 0.5～100 m 的范围。

14.1.3　结构光立体视觉测量系统

结构光立体系统由两个 CCD 数字相机和一个投影仪组成，系统的工作原理是：利用投影仪向被测物体表面投射正弦相移光栅条纹图像序列，双摄像机同步拍摄经被测物体形状调制的变形条纹图像，利用数字光栅图像编码与解码方法计算物体表面的绝对相位分布，并以绝对相位作为唯一匹配特征实现两图像间的精确匹配，再利用立体视觉测量原理实现被测形状的点云计算。基于相位辅助的双目立体视觉技术具有测量精度高、测量密度大、测量速度快等优点，是复杂形状高精度测量的最佳方法。该系统局限性在于受到光学镜头视场范围的限制，而导致单次测量范围有限。为满足生产现场大空间测量需求，需要完成多视测量数据的拼接，然而随着拼接次数的增多会造成误差的累积。图 14.5 所示为结构光立体视觉测量原理。

目前，国内外专门从事光学三维扫描仪研制的厂家较多，其中以德国 GOM 公司的 ATOS 系列性能最为优异，应用最为广泛。ATOS 光学扫描仪由一台光栅投影仪及两个工业级 CCD 数字摄像机构成，并可根据具体应用进行灵活配置。通过更换光学镜头，扫描范围可从 30 mm×30 mm 增至 20 00 mm×2 000 mm，通过一次测量可以获取 80 000、1 400 000 或 4 000 000 个空间点的坐标。采用 ATOS 系统获取的模具表面点云如图 14.6 所示。

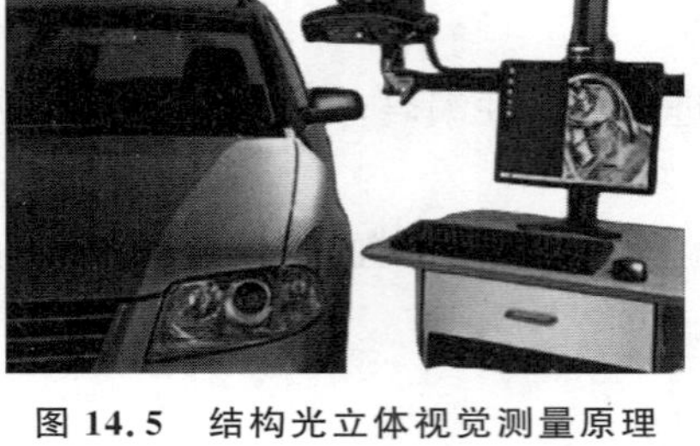

图 14.5　结构光立体视觉测量原理

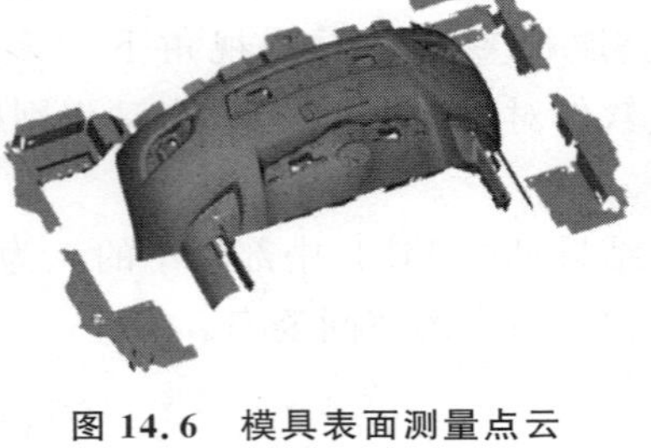

图 14.6　模具表面测量点云

14.1.4　激光跟踪仪

激光跟踪仪是自 20 世纪 80 年代中后期发展起来的一种新型的大尺寸空间坐标测量仪器，它集干涉测距技术、光电检测技术、精密机械技术、计算机技术及控制技术于一体，能够对空间运动目标进行连续、动态跟踪及三维坐标实时测量，具有测量精度高、实时快速、动态测量、操作简便、便于移动等特点，广泛应用于航空航天、汽车、造船、机械制造、核工业等精密工业测量领域。

激光跟踪仪采用激光干涉测长方法实现距离精密测量，极大地提高了长度测量精度；其次，运用伺服控制方法实现了对于目标靶镜的自动跟踪，可以实现对目标的快速动态实时测量；再次，激光跟踪仪长度测量可以直接溯源至激光波长，无论是在量值传递还是在精度方面都具有明显优势。

如图 14.7 所示，激光跟踪仪测量系统由激光跟踪头、控制器、用户计算机、反射器及测量附件组成。单台激光跟踪仪构成一个球坐标测量系统，其测量原理如图 14.8 所示。在待测目标位置 $\boldsymbol{p}$ 放置一个反射器，跟踪头发射激光束到反射器上并接收反射回来的光束，通过测角系统与测距系统来确定反射器球心到跟踪头的水平方位角 α、垂直角方位 β 及距离 L，即可通过下式确定被测点 $\boldsymbol{p}$ 的空间坐标：

$$\begin{cases} x = L\sin\alpha\sin\beta \\ y = L\cos\alpha\sin\beta \\ z = L\cos\beta \end{cases}$$

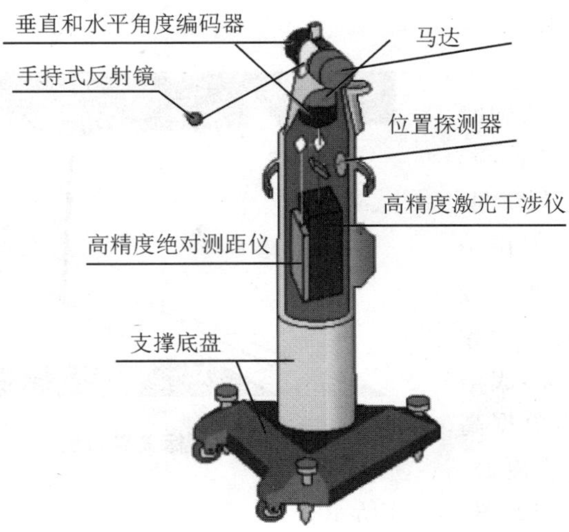

图 14.7　激光跟踪仪结构组成

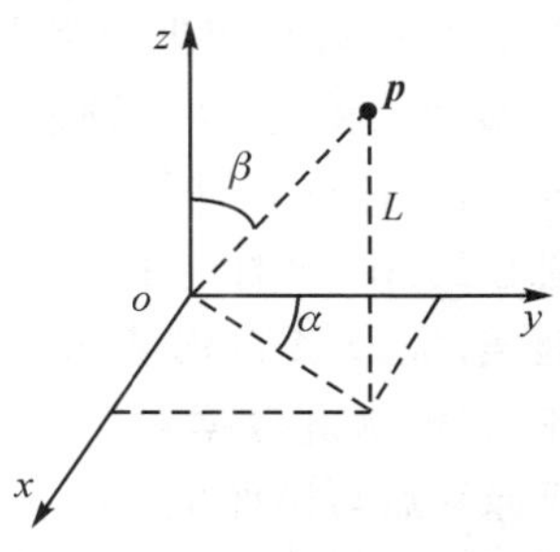

图 14.8　激光跟踪仪测量原理

14.2　大空间复杂形状组合测量

目前，基于单一测量设备的常规测量手段日趋完善，并在飞机制造与检测中获得广泛应用。典型应用包括：以激光跟踪仪和 iGPS 为代表的大尺寸测量设备对大部件对接装配中的位姿检测与控制；激光雷达、摄影测量仪、三维光学扫描仪应用于部件气动外形的检测；基于线结构光的激光扫描设备初步应用于蒙皮接缝与阶差的检测。然而上述测量手段在应用中均表现出了一定的局限性。其中三坐标测量机、激光跟踪仪都属于点测量方式，对于曲面的测量效率低，且测量时间随采样密度急剧增加；摄影测量法测量范围大，但需要在被测表面粘贴标记点，在一定程度上影响被测表面形貌；结构光主动视觉测量技术可实现全视场范围的高精度、高密度测量，特别适合于测量复杂形状，但测量范围有限。

现代制造模式对数字化测量技术提出了新的需求。以飞机制造为例，单一测量设备已不能满足当前飞机制造与装配精度的控制要求，如难以兼顾其测量范围大、关键结构极高的测量精度与待测信息种类繁多的要求。这就要求测量系统的量程应具有较大的伸缩性以适应不同的装配环境，同时在全量程范围内又能够保证足够的测量精度和效率。

近年来，大尺寸复杂形状测量领域已经出现了基于多仪器组合的测量系统，可实现不同技术优势设备类型信息互补。在飞机制造领域应用多种测量手段联合完成复杂测量任务体现出明显的优势。各种测量手段在测量范围、精度、速度等属性上有很大不同，联合测量可以实现多种测量方式的信息互补，扩大测量范围，优化配置，使测量结果达到最优。典型系统与应用包括测量臂与激光跟踪仪组合测量、机器人＋视觉组合测量、射影测量仪＋计算机视觉组合测量等。下面以射影测量仪＋计算机视觉组合测量为例对相关技术与应用进行介绍。

该类技术最具代表性的应用是加拿大 NRC 航空航天研究所采用 ATOS 白光扫描系统与 TRITOP 摄影仪系统联合完成 Falcon 20 飞机全机气动外形的数字化测量，以及装配质量的评估，全部测量工作在 2.5 天内完成。Falcon 20 全机尺寸为 16.3 m 宽、17.15 m 长、5.32 m 高。测量期间所有舱门关闭，而活动舵面则以多种角度定位，并在各种姿态下进行扫描测量。下面介绍联合测量系统测量原理与实施过程。

1. 采用摄影测量建立全局测量基准

TRITOP 摄影测量系统完成标签点的精确测量并构建全局测量基准。在将飞机固定之后，测量人员在飞机表面粘贴标签点比例尺（见图 14.9），再手持数码相机围绕飞机从不同方位拍摄标签点图像。测量软件则对获取图像进行分析，自动识别标签点并进行唯一性编码，同时计算标签点圆心的 3D 坐标。利用这些标签点形成全局测量框架，完成 ATOS 系统分区域扫描数据高精度对齐，实现测量数据对飞机表面的完整覆盖。飞机表面标签点与摄像机空间方位分析实例如图 14.10 所示。

图 14.9　标签点布设

2. 采用结构光视觉测量获取复杂形状点云数据

如图 14.11 所示，Falcon 20 全机气动外形的测量利用安装在云台上的 ATOSⅡ扫描仪完成。该系统可通过更换光学镜头模组获取多种扫描配置，可变配置参数包括扫描解析度、点云密度和间隔，以适合不同几何特征的测量。对 Falcon 20 测量时整体采用的单次扫描范围是 1.2 m×0.96 m×0.96 m，测点间隔为 1 mm。根据测量要求，该系统的单次测量范围还可增大至 1.7 m×1.3 m×1.3 m，或缩小至 45 mm×36 mm×25 mm，以在必要时获取形状的细节特征，如图 14.12 所示为获取的蒙皮接缝处高密度点云。

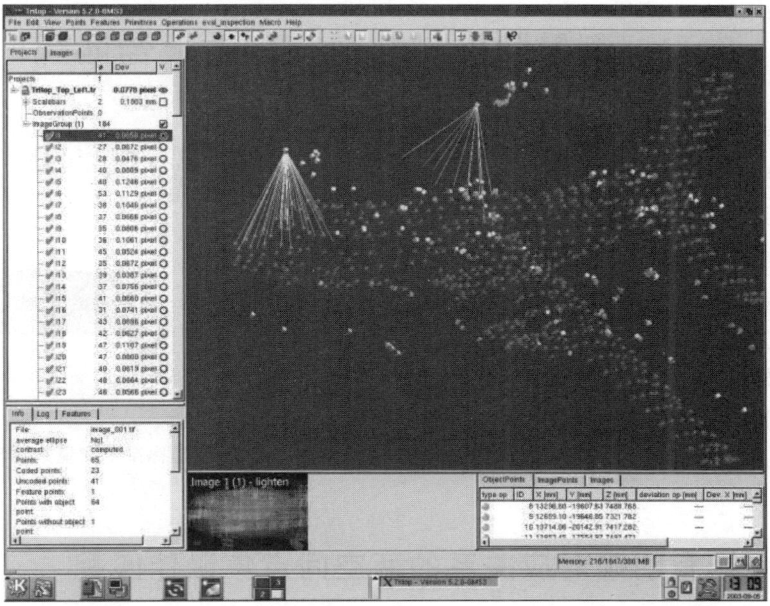

图 14.10　标签点与摄像机空间方位分析结果

图 14.11　ATOSⅡ向飞机表面投射图案

图 14.12　获取的蒙皮接缝处高密度点云

3. 局部测量数据融合

每次测量过程中，ATOS 同时完成测量区域内标志点的识别与三维坐标计算，通过与 TRITOP 输出的数据进行对比，获取局部视角测量坐标系与全局测量坐标系的变换关系，实现局部视角测量数据向全局测量坐标系的统一转换，形成飞机表面形状数据的完整描述，结果见图 14.13。

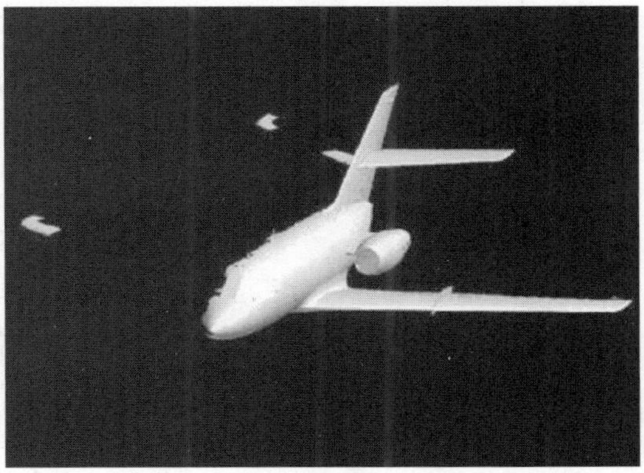

图 14.13　测量数据融合

14.3 测量数据与几何模型的最佳匹配

测量数据和几何模型分别定义在不同的坐标系中，其中前者在测量坐标系下定义，后者在设计坐标系中定义(见图 14.14)。制造质量的评价需通过两者之间的比对计算获得，而前提是需要将两者统一到同一坐标系中。以理论模型坐标系为基准，将测量数据由测量坐标系转换至理论模型坐标系中，此过程称为曲线曲面配准。测量数据定位结果的微小偏差或波动将对质量的评价结果产生重要影响。

图 14.14　不同坐标系下测量数据与几何模型

14.3.1 具有明确对应关系的两空间点集最佳匹配

设在不同坐标系下定义的两组空间点集 $\boldsymbol{P}=\{\boldsymbol{p}_i,\ i=1,2,\cdots,n\}$ 和 $\boldsymbol{Q}=\{\boldsymbol{q}_i,\ i=1,2,\cdots,n\}$，其中 $\boldsymbol{p}_i$ 与 $\boldsymbol{q}_i$ 相对应。为消除两坐标系间的差异，需要将点集 P 经坐标变换转换至点集 $\boldsymbol{Q}$ 所定义的坐标系下。令 $\boldsymbol{R}$ 与 $\boldsymbol{T}$ 分别此坐标变换的旋转矩阵与平移向量，则两组数据间应满足：

$$\boldsymbol{P}=\begin{bmatrix}\boldsymbol{R} & \boldsymbol{T}\\ 0 & 1\end{bmatrix}\boldsymbol{Q}$$

由于测量误差的存在，此约束条件不可能对所有数据点都成立。因此 $\boldsymbol{R}$ 与 $\boldsymbol{T}$ 的求解可归结为最优化问题，即在统计意义上使转换后两组数据间的差异最小。求解此问题的方法有四元素法、奇异值分解法等，这里以四元素法为例说明计算过程。

选取单位四元素 $\boldsymbol{W}=[w_0,\ w_1,\ w_2,\ w_3]$，则旋转矩阵 $\boldsymbol{R}$ 和平移向量 $\boldsymbol{T}$ 分别为

$$\boldsymbol{R}=\begin{bmatrix} w_0^2+w_1^2-w_2^2-w_3^2 & 2(w_1w_2-w_0w_3) & 2(w_1w_3+w_0w_2)\\ 2(w_1w_2+w_0w_3) & w_0^2+w_2^2-w_1^2-w_3^2 & 2(w_2w_3-w_0w_1)\\ 2(w_1w_3-w_0w_2) & 2(w_2w_3+w_0w_1) & w_0^2+w_3^2-w_1^2-w_2^2\end{bmatrix} \tag{14.1a}$$

$$\boldsymbol{T}=\boldsymbol{P}-\boldsymbol{R}\boldsymbol{Q} \tag{14.1b}$$

两组测量数据的质心可分别表示为

$$\mu_P=\frac{1}{n}\sum_{i=1}^{n}\boldsymbol{p}_i$$

$$\mu_Q=\frac{1}{n}\sum_{i=1}^{n}\boldsymbol{q}_i$$

对两组测量数据进行质心化处理，即

$$\begin{cases}\boldsymbol{p}_i=\boldsymbol{p}_i-\mu_P\\ \boldsymbol{q}_i=\boldsymbol{q}_i-\mu_Q\end{cases},\quad i=1,\ 2,\ \cdots,\ n$$

基于相同测量目标点集质心相同的特性，构建配准数据对应残差平方和最小为优化目标函数：

$$m(\boldsymbol{R},\boldsymbol{T})=\min\sum\|\boldsymbol{P}-(\boldsymbol{RQ}+\boldsymbol{T})\|^{2}=\min\sum(\boldsymbol{PP}^{\mathrm{T}}-\boldsymbol{FQ}^{\mathrm{T}}\boldsymbol{R}^{\mathrm{T}}-\boldsymbol{RQF}^{\mathrm{T}}+\boldsymbol{RQQ}^{\mathrm{T}}\boldsymbol{R}^{\mathrm{T}}) \tag{14.2}$$

由式(14.2)可明显看出，目标函数最小化等价于 $\boldsymbol{RQF}^{\mathrm{T}}$ 最大化，即矩阵 $\boldsymbol{RQF}^{\mathrm{T}}$ 的对角线元素求和算子的最大化，故令

$$\boldsymbol{J}=\sum\boldsymbol{QF}^{\mathrm{T}}$$

则目标函数转化为

$$M(\boldsymbol{R},\boldsymbol{T})=\max\sum\boldsymbol{RJ} \tag{14.3}$$

构造 4×4 矩阵

$$\boldsymbol{H}=\begin{bmatrix}\mathrm{tr}(\boldsymbol{J}) & \boldsymbol{\Delta}^{\mathrm{T}}\\ \boldsymbol{\Delta} & \boldsymbol{J}+\boldsymbol{J}^{\mathrm{T}}-\mathrm{tr}(\boldsymbol{J})\boldsymbol{I}_{3}\end{bmatrix} \tag{14.4}$$

式中，$\boldsymbol{\Delta}=[L_{23},L_{31},L_{12}]^{\mathrm{T}}$，$L_{ij}=(\boldsymbol{J}-\boldsymbol{J}^{\mathrm{T}})_{ij}$，$\boldsymbol{I}_3$ 为三阶单位矩阵。则最大特征值对应的单位特征矢量 $\boldsymbol{H}$ 即为所求的四元组矢量 $\boldsymbol{W}$，旋转矩阵 $\boldsymbol{R}$ 与 $\boldsymbol{T}$ 可由式(14.1)计算得到。

需要说明的是，利用上述方法完成坐标系的转换至少需要三个以上不共线的公共点。公共点数目越多，分布范围越大且分布越均匀，则转换矩阵的求解精度越高。

14.3.2　缺乏明确对应关系的两空间点集最佳匹配

对于缺乏对应关系的两空间点集的配准，可采用以下称为 ICP 算法的迭代过程完成。

1. 确定对应关系

对于缺乏明显对应关系的待匹配的目标点集 $\boldsymbol{P}=\{\boldsymbol{p}_i \mid \boldsymbol{p}_i\in\mathbf{R}^3,\ i=1,2,\cdots,N\}$ 和参考点集 $\boldsymbol{Q}=\{\boldsymbol{q}_i \mid \boldsymbol{q}_i\in\mathbf{R}^3,\ i=1,2,\cdots,M\}$，对 $\boldsymbol{P}$ 中的每一个点 $\boldsymbol{p}_i$ 搜索其在 $\boldsymbol{Q}$ 中的对应点 $\boldsymbol{p}'_i$，使得两者之间的距离最近，以此建立两点集间的映射关系。

2. 计算刚体坐标变换

对于建立对应关系后的两个点集 $\boldsymbol{p}_i$ 和 $\boldsymbol{p}'_i(i=1,2,\cdots,N)$，求解两者之间的刚体变换矩阵，使下列目标函数为最小：

$$F(\boldsymbol{R},\boldsymbol{T})=\sum(\boldsymbol{Rp}_i+\boldsymbol{T}-\boldsymbol{p}'_i)^2=\min$$

3. 利用此变换矩阵将点集 $\boldsymbol{P}$ 移动到目标位置

$$\boldsymbol{p}_i=\boldsymbol{Rp}_i+\boldsymbol{T},\quad i=1,\cdots,N$$

4. 迭代求精

上述过程重复进行，直到满足精度要求为止。

14.3.3　曲线曲面配准

测量数据与理论模型的配准同样基于 ICP 算法求解，但应用时需要解决对应点的搜索问题，即如何从曲线曲面上提取参考点，使其与测量数据中的目标点一一对应。一般来说，可利用目标点向曲线曲面投影，计算距目标点最近的曲线曲面上的点作为参考点。为提高最近点的查找效率，相关研究进行了一些针对性的改进，着重于对应点搜索规则的制定。例如，以数据点至匹配曲面的切平面距离为搜索目标；或将自由曲面三角化，并以通过搜索最近的三角片加速对应点查找过程。图 14.15 所示为测量数据曲面配准实例。

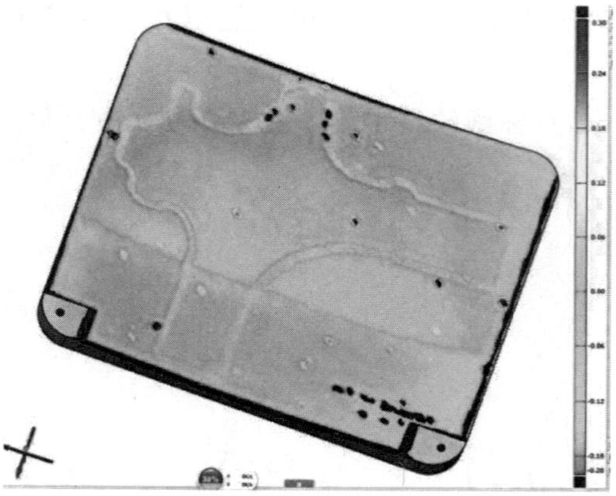

图 14.15　测量数据曲面配准实例

14.4　零件加工质量检验

加工精度是产品加工质量的综合反映，前者由几何形状误差的统计分析结果评定，后者采用公差设计指标对相应的误差项进行约束以得到保证。产品加工过程的实质就是采用适当的加工工艺来获取符合设计要求的几何形状，以满足设计指标的要求，为后续的装配协调提供保障。

在结构件加工过程中，受由机床、夹具、刀具和毛坯所组成的工艺系统误差，以及受力变形、热变形、振动、磨损、人员操作等各种因素的综合影响，加工后几何体的尺寸、形状及相对位置偏离理想状态而产生几何误差。这些误差直接决定着结构件的协调与装配性能，并对飞机的飞行品质产生至关重要的影响。在对结构件加工质量的准确评定的基础上，建立以质量改善为目标的加工过程反馈控制，已成为企业制造活动的发展趋势。上述目标的实现以几何误差的精确评定为前提。

设计制造采用的模式不同，加工质量的检测与评价手段也各不相同。在基于模拟量信息传递的制造模式下，专用检验量具与量规仍是形状数据获取的主要检测设备，加工精度的检测与评价标准也针对专用量具来制定。专用检验量具的研制复杂、周期长、成本高，基于专用检验量具的检验过程操作复杂、精度低、可靠性差；基于实物检验量具的检验信息的表达与传递本质上是模拟量的，检测结论因人而异，其正确性依赖于人的主观经验。

以数字化测量技术与全三维产品模型定义为背景，针对各类几何误差项的原始语义，建立一致的运算准则与数学模型，在此基础上完成结构件表面几何误差的评估。这样既可得到误差的大小，又可得到误差的方位及其沿形状表面的分布，从而既可为加工质量的综合分析，又可为采取有针对性的工艺补偿措施提供充分的依据。

14.4.1　加工误差的计算

几何误差用于评定由实际加工指标相对于理想指标的变动量。其中实际指标即为由测量模型反映的特征实际几何尺寸、形状与位置，而理想指标则由理论模型提取。在将实际指标与理想指标进行比较时，理想要素相对实际要素所处位置不同、评定基准不同，所得到的几何误差的评定结果也将不同。在几何形状误差评定过程中，理想指标的位置应符合最小条件，即实际要素对理想要素的最大变动量为最小。在此原则下，理想要素不应涉及基准，即不受方向或位置的约束，但可以随实际要素关联的尺寸、形状及位置的改变而浮动；另外，由于标称的当前位置取决于模型整体匹配定位结果，与最小条件要求下拟合要素所在的位置并不一致，因此拟合要素并不能直接从标称模型中直接提取出来，仍需要基于最小条件原则，通过拟合理想要素指向的测量数据来获取其几何信息。

在采用适当的策略完成匹配定位后，常规加工条件下的几何误差可认为满足小误差和小偏差条件，采用最小二乘准则来拟合理想几何要素同样可获得理想的结果。而且，相较最小区域准则，最小二乘法可以为各类几何误差的评定构建一致的数学模型，算法执行更为稳健、高效。针对两大类几何误差，对应的计算方法如下：

1. 无基准要求的面轮廓度误差评定流程

无基准要求的几何误差都是对单一特征本身提出的几何要求。相对实际要素，理想要素没有方向或位置的约束，其方位应随实际要素的位置与分布而浮动，并基于最小二乘原则确定：

① 从圆柱面特征的标称模型中提取理想要素的初始几何定义，即曲面的几何参数以及定义坐标系。

② 在测量数据与圆柱面间进行逆向坐标系匹配定位，将圆柱面移动到新的坐标系下，实现最小二乘原则下圆柱面的正确定位。

③ 根据几何误差的数学定义，统计测量点云数据到圆柱面间的距离指标，作为轮廓度误差分布的评定结果。

上述过程需要说明：

① 对于无基准要求的几何误差，实际要素与理想要素指向同一个几何特征。

② 与常规匹配定位不同，逆向匹配过程以实际要素作为固定目标，而以理想要素作为移动目标。

③ 检验信息在整个误差评定环节应保持统一与一致，不应随评定过程而发生改变，因此匹配定位仅针对提取到的理想要素进行，对于标称模型并不进行更新。

2. 有基准要求的面轮廓度误差评定流程

有基准要求的几何误差是在实际要素相对于理想要素所关联的基准特征，在形状、位置或方向上提出的几何要求。设计时采用的基准要素包括单一基准要素（作为单一基准使用的单个要素，如平行度误差评定中的基准平面）、组合基准要素（由两个或两个以上要素构成一个独立的基准要素）和三基面体系（由三个互相垂直的平面构成的基准坐标系）。根据检验项目的不同，可将基准划分为以平面要素为基准、以球要素为基准、以圆柱要素为基准、以两反向平行面要素为基准和以限定区域为基准 5 类。相对实际要素，理想要素具有确定的方向与位置约束。然而为实现误差的最小区域评定，理想要素自身相对于其引用特征的测量数据则应是浮动的，并基于最小二乘原则予以定位：

① 从基准特征的标称模型中提取理想要素的初始几何定义，即基准面的几何参数以及定义坐标系。

② 从基准特征的测量模型中提取点云数据。

③ 在基准面点云数据与基准面间进行逆向匹配定位，将基准面移动到新的坐标系下，实

现最小二乘原则下理想要素的正确定位。

④ 根据几何误差的数学定义，统计测量数据到基准面间的距离指标，将计算结果作为轮廓度误差分布的评定结果。

14.4.2 加工质量评价

公差带具有形状、大小、方向和位置四个要素，可实现几何误差控制范围的完整定义与直观、形象的表达。传统质量检验过程中采用公差带来限制几何误差的变动范围，类型包括尺寸、形状和位置公差，从而实现对加工质量的控制。公差带的形状、尺寸与范围由实际要素的公称几何及公差参数决定，而其位置与指向则与公差类型有关。检验特征的几何误差若全部位于给定的公差带内，则判定检验项符合设计要求，反之为不合格。

相对于传统的质量检验方法，数字化质量检验在数据获取方式上发生了根本性变化，相应地，质量评价体系也应适应这一变化。根据前述数学模型所获取的几何误差统计结果，既可以得到几何误差的大小、方位，又可以得到其沿形状表面的分布及其他相关参数，并实现与产品数据模型的紧密关联。加工质量的评定不应仅局限于判断形位误差是否合格这一被动层面上，还应充分利用误差统计信息实现误差影响因素的分析与定位，为进一步提高加工质量制定工艺决策提供必要的依据。

与几何误差的划分相似，几何公差总体上也可划分为无基准要求的几何公差和有基准要求的几何公差。其中无基准要求的公差带用于描述实际要素相对理想要素所关联的实际要素自身所关联的理想几何所允许的变动全量，有基准要求的公差带用于描述实际要素相对理想要素所关联的基准要素在尺寸、位置或方向上允许的变动全量。因此，不同类型公差带的几何定义有所区别。其中无基准要求的公差带，其位置相对于实际要素浮动，并按最小区域原则确定，不受检验特征标称模型的坐标系约束；有基准要求的公差带相对于理想要素所关联的基准要素有确定的方向或位置，在此前提下，公差带的位置可随实际要素而浮动。

两类公差带几何区域确定方法如下：

① 对于无基准要求的公差带，以关联实际要素的标称几何为基准，以公差带指标为参数，确定公差带的尺寸、形状、区域与方位。

② 对于有基准要求的公差带，以关联实际要素的标称几何为基准，以关联理想要素的基准特征为参考，结合公差指标确定公差带的尺寸、形状、区域与方位。

14.5 飞机装配中的质量控制

飞机装配涉及组合件装配、部件装配、大部件对接装配、全机水平测量、气动外缘检测等一系列的制造及检测技术问题。制造过程中为保证装配质量，方法有装配过程中的装配构件位姿检测与实时调整和组部件精加工，其关键问题是装配质量检测技术。利用先进的测量手段获取装配基准几何特征的参数，与理论数据对比，得到装配质量评价结果，以其为依据指导装配过程，是保证装配质量的根本措施。

14.5.1 装配质量检验指标

装配准确度指标用于对组部件气动外形，组部件相对位置和吻合程度，零组件相互之间以及与装配工装之间的协调性进行评价，是飞机装配质量的综合反映。装配过程中准确度指标的变动直接决定装配质量，并将直接影响飞机性能。因此，装配过程中对装配准确度的检测与控制就成为保证装配质量的核心问题。飞机装配过程的实质就是对装配构件采用适当的定位与精加工方法，以满足装配准确度要求。这些指标包括：

① 气动外缘准确度：用于评价飞机接触气流的表面的制造质量。

② 部件相对位置准确度：用于检查机翼、尾翼相对机身的位置，以及操纵面相对定翼面及相邻操纵面间的外形和间隙的吻合程度。

③ 零件、组合件位置准确度及配合准确度：用于评价零件、组合件定位基准的位置是否准确、可靠，以及已完成定位的零件、组合件上未作为定位基准的要素，如轴线、基准线、气动外形及连接面贴合间隙，以确保零件装配位置的准确性以及零件与零件之间、零件与装配工装之间的协调性。

飞机装配中常用的对接定位基准包括：

① 水平测量点；

② 对接面(含孔)或接头连接孔及定位导销孔；

③ 部件或段件的外形；

④ 结构件上的光学目标点。

飞机装配过程的实质就是采用适当的定位方法对对接定位基准进行精确定位与调整，以满足装配准确度偏差要求。这样，飞机装配质量的检测与评价过程可归结为：

① 采用适当的测量技术与手段，完成装配定位基准的测量，获取形状与尺寸的测量数据。

② 参照相关标准确定计算方法，完成测量数据的分析与计算，获取装配准确度偏差指标，并根据相应的公差要求，完成装配质量的评价。

14.5.2　典型飞机数字化装配实施过程

飞机装配技术涉及面向装配的产品设计、装配工艺设计、装配装备设计制造、装配工艺技术、装配检测与试验、装配管理等技术的综合应用，其内容贯穿了飞机的整个设计/制造过程。随着高新技术的不断发展，飞机装配已经由传统的基于专用的固定工装的手工装配模式逐步发展成为适用多机种、批量装配、自动高效的柔性装配阶段，使飞机装配工作效率和质量提高到很高的水平。

数字化柔性装配技术是针对飞机制造的特点，对飞机组部件装配和部段对接装配工艺进行研究而形成的现代先进的飞机装配技术，是数字化技术在飞机设计制造过程中更深层次的应用及延伸，是数字化装配工艺技术、数字化柔性装配工装技术、光学检测与反馈技术、数字化钻铆技术及数字化的集成控制技术等多种先进技术的综合应用。数字化柔性装配技术实现了飞机装配的数字化、柔性化、信息化、模块化和自动化，将传统装配模式下的模拟量传递模式改为数字量传递模式。它是一种能适应快速研制和生产及低成本制造要求、模块化可重组的先进装配技术，克服了传统飞机装配模式下协调路线长、工装种类与数量繁多、制造周期长、费用高的缺点，增加了装配工装的通用性，大幅缩短了工装准备周期，能适应飞机部件品种规格、批量、装配工艺、场地和时间的变化要求，并提高了飞机的装配效率和质量。

柔性装配工作过程可概括为：自动、半自动制孔设备，自动铆接机，设备运动、多轴调整柔性工装，是飞机柔性装配技术的执行机构，与 iGPS、激光跟踪仪测量系统、气垫运输系统组成完整的柔性装配系统，将飞机装配由传统的型架改为多维运动的装配单元，采用先进的控制技术与测量技术，通过装配单元的群控、精确定位，实现了飞机的柔性自动化装配，提高了飞机的装配效率。整个系统由执行机构、控制系统、数字化测量系统和计算与处理系统组成，各分系统功能总结如下：

① 执行机构一般可由机械随动定位装置构成，除支撑对接部段外，更主要的是在控制系统的控制驱动下，通过各坐标方向的协调运动来保证部件气动外形与理论模型相符，以达到定位准确、夹持可靠并降低装配应力。多点成形技术是实现部件柔性定位的理论基础，其基本思想是采用离散的点阵来拟合飞机装配部件的外形曲面，即以点代面，当部件外形发生变化时，点阵布局自动进行调整，生成与装配件曲面完全符合并均匀分布的吸附点阵。

② 控制系统主要接收那些由软件发出的控制指令，带动相应的电机伺服驱动或液压驱动来实现执行机构的调整与定位，并采用交互界面的方式实现对位置测量和目标移动的控制。完成飞机装配过程中所需各种运动部件的精确定位和制孔、铆接，实现工装系统对飞机装配部件的可靠固定，保证飞机装配外形与数字化样机的一致性。

③ 测量系统主要实现装配过程中的数据采集与监测，目的是提高测量的精度和装配的准确度；采用数字化测量设备实现装配过程中的数据采集与位置监测，并将测得的结果反馈给计算与处理系统，完成各种运算操作。

④ 计算与处理系统将获得的测量数据进行汇总、整理、分析、处理、传递，向控制系统发送指令，是测量系统和控制系统的桥梁与平台。

图 14.16 所示为 F18 战斗机柔性装配对接系统。图 14.17 所示为 F18 战斗机装配系统结构示意图。

图 14.16　F18 战斗机柔性装配对接系统

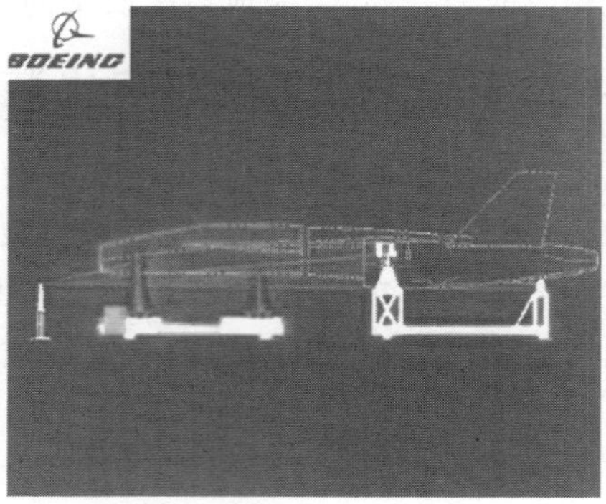

图 14.17　F18 战斗机装配系统结构示意图

14.5.3　测量辅助装配技术及质量控制

数字化柔性装配的实施需要依靠测量辅助装配技术来保证装配质量。测量辅助装配技术是先进数字化测量技术在飞机装配中的应用，其作用体现在装配工装安装、零组件装配、部件装配、大部件对接等飞机制造过程的各个阶段，综合应用产品数字化定义、数字化模拟仿真、自动跟踪测量、自动化控制和机械随动定位等先进技术，利用数字化测量设备完成装配状态跟踪测量并评价装配质量，以其为依据指导与优化装配过程，最终实现高质量装配。

具体体现到上述典型柔性装配过程中，其应用与作用可概括为：测量系统完成对待测目标的观测，并将测量数据传递给计算与处理系统；计算与处理系统计算装配构件的实际位姿，通过与理论模型中部件的理论位姿进行比较计算，获得装配构件的位姿修正补偿值，并将此补偿值换算为执行机构的位移指令；将上述结果反馈给控制系统，自主地完成执行机构的位移调整，实现对装配构件、柔性工装和钻铆系统定位的闭环控制，从而将执行机构的理论位姿与实际位姿统一起来。因此，对装配构件的位置和姿态的实时检测与调整就成为典型柔性装配过程中保证装配质量的根本环节。

测量系统的观测目标为装配构件或执行机构的定位基准点，其动态跟踪与测量普遍采用激光跟踪仪完成。如图 14.18 所示，基于激光跟踪仪的测量辅助装配过程如下：

(1) 建立装配坐标系

在装配过程中，将部件的运动空间定义为装配坐标系，同时建立与部件固连的零件坐标系。部件的位姿由其上布置的定位基准点在装配坐标系中坐标的信息描述。

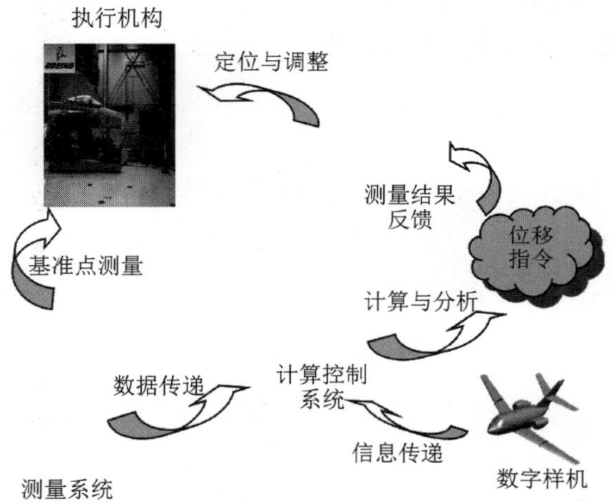

图 14.18　数字化测量辅助装配系统实施流程

(2) 装配基准点的观测

由机械随动定位装置定位器来支撑和夹持飞机构件，在执行机构或部件表面上布置定位基准点并安装光学靶球，每个光学目标点分别由一台激光跟踪仪进行观测，观测值为各目标点在所属激光跟踪仪自身站位坐标系下的三维坐标。

(3) 装配坐标系下的坐标转换

选取某一跟踪仪的测量坐标系为装配坐标系，采用转站的方法，将各跟踪仪局部站位坐标系统一变换到装配坐标系中。两台激光跟踪仪通过转站过程实现坐标系的统一，其基本原理是两台激光跟踪仪分别观测一组公共观测点，获取该组观测点在各跟踪仪局部站位坐标系下的三维坐标。在此过程中，需要保证观测点的数量与空间分布。根据这两组数据，利用最佳对齐方法实现两坐标系间位姿关系的解算。转站过程中会引入误差，且此误差会随着转站过程的继续而依次传递至后续站位的解算，从而造成误差累积。此误差将影响到每个测量数据，必须予以有效控制。

(4) 部件装配位姿的解算

将装配坐标系下获取的数据与对应于部件理论模型中的数据进行比较，采用最佳拟合方法计算部件的装配位姿与理论位姿间的差异。将此差异转换为执行机构的位移调整数据，并将其传递给控制系统，发出控制指令驱动执行机构实现部件位姿的调整，直至与理论数据一致，从而实现飞机部件的精确对接定位，在此基础上进行装配连接与加工。

习　题

1. 分析三坐标测量机与摄影测量系统的结构组成与测量原理。
2. 讨论如何使用激光跟踪仪完成大部件位姿的实时检测。
3. 论述大空间复杂形状组合测量的典型应用与测量原理。
4. 对于缺乏明确对应关系的两组数据点集，如何完成相互之间的匹配？
5. 什么是曲线曲面配准？所采用的主要数学方法是什么？
6. 零件加工质量检验的评价指标有哪些？
7. 分析典型飞机数字化装配的实施过程。

第 15 章　图形计算软件 MATLAB 及混合编程

MATLAB 被称为第四代计算机语言，它具有不同于其他语言如 Fortran、C 语言等的特点，是边解释边执行的计算机语言。因其具有强大的矩阵运算、数据处理和图形显示功能，其输出结果可视化，编程效率极高，用极少的代码即可实现复杂的运行，因此它使工程技术人员摆脱了烦琐的程序代码编写，故又称为“草稿纸式”语言。使用 MATLAB 可以快速构建曲线曲面方程并进行算法编写，所以它特别适合本书理论部分的学习与算法验证。同时，为拓展 MATLAB 应用范围以提高其可移植性和通用性，本章讨论了 MATLAB 与其他开发平台的混合编程技术。

15.1　MATLAB 概述

MATLAB 自美国 MathWorks 公司推向市场以来，现已成为国际公认的最优秀的工程应用开发环境。MATLAB 在数值计算方面首屈一指，表现为其强大的数值分析与运算、二维图形绘制函数和数据、实现算法、创建用户界面、连接其他编程语言的程序等。MATLAB 的基本数据单位是矩阵，它的指令表达式与数学、工程中常用的形式十分相似，故用 MATLAB 来解算问题要比用 C、Fortran 等语言完成相同的事情简捷得多，而且在新的版本中也加入了对 C、Fortran、C＋＋、JAVA 语言的支持。

MATLAB 不仅在数值计算、符号运算和图形处理等方面功能强大，同时拥有数十个工具箱，内容涵盖了航空航天、数值优化、系统仿真、自动控制、信号处理、神经网络、偏微分方程等功能。概括起来，MATLAB 具有如下主要特点。

1. 以矩阵和数组为基础的运算

MATLAB 是以矩阵为基础的，不需要预先定义变量和矩阵(包括数组)的维数，就可以方便地进行矩阵的算术运算、关系运算和逻辑运算等。而且 MATLAB 有特殊矩阵专门的库函数，可以高效地求解诸如信号处理、图像处理、控制等问题。

2. 简单易学，使用方便

MATLAB 被称为“草稿纸式”语言，原因在于其函数名和语法表达更接近于我们书写计算公式的思维表达方式，编写 MATLAB 程序犹如在草稿纸上排列公式与求解问题，因此可以快速地验证工程技术人员的算法。此外，MATLAB 还是一种解释性语言，不需要专门的编译器。具体地说，MATLAB 运行时，可直接在命令行输入 MATLAB 语句，系统立即进行处理，完成编译、链接和运行的全过程，并在命令窗口显示运行结果。

3. 强大的图形技术

MATLAB 具有非常强大的以图形化显示矩阵和数组的能力，同时它能给这些图形增加注释并且打印这些图形。MATLAB 的图形技术既包括一些可以方便产生二维、三维科技专业图形的高级绘图函数，又包括一些可以让用户灵活控制图形特点的低级绘图命令，如图形和坐标的标识、视角以及色彩精细控制等操作。另外，用户还可以利用 MATLAB 的句柄图形技术创建图形用户界面。

4. 编程效率极高

MATLAB是一种面向科学和工程计算的高级语言。它以矩阵运算为基础,极少的代码就可实现复杂的功能。例如:对矩阵 **A**,假设其存在逆矩阵,那么用C语言求一个矩阵的逆矩阵是一件非常烦琐的工作,而且容易出错,但在MATLAB中,求矩阵 **A** 的逆矩阵就非常容易,只需调用函数inv()即可。

5. 可扩充性强,具有方便的应用程序接口

MATLAB不仅有着丰富的库函数,在进行复杂的数学运算时也可以直接调用,而且用户还可以根据需要方便地编写和扩充新的函数库。通过混合编程用户可以方便地在MATLAB环境中调用其他用Fortran或者C语言编写的代码,也可以在C语言或者Fortran语言程序中调用MATLAB计算引擎来执行MATLAB代码。

15.2 MATLAB数值运算

15.2.1 向量与矩阵的创建

数组运算是MATLAB区别于其他程序语言的重要特征,也是曲线曲面编程的基础。在MATLAB程序设计中,向量用一维数组表示,矩阵用二维数组表示,故一维数组可看作二维数组的特例。理解和掌握数组的创建、寻访和计算是进行曲线曲面分析计算的基础。下面对数值数组的创建、标识、寻访进行介绍。

创建数组是所有MATLAB运算和操作的基础,针对不同维度的数组,MATLAB提供了多种创建方法,可以分别创建不同要求的数组类型。在本小节中,将分别根据数组维度以及方法的不同来介绍如何创建数组。

1. 向量的创建方法

在MATLAB中,采用一维数组来表达向量,其创建方法比较简单,也是创建矩阵或高维数组的基础条件。下面说明在MATLAB中创建一维数组的各种方式。

(1) 直接输入法

在MATLAB的命令窗口中输入以下代码:

```
>> a=[1 3 5,7];
```

在程序代码的方括号“[ ]”中依次输入数组元素的值,各值之间可用空格或逗号分隔,MATLAB将会创建行数组并将结果赋予数组a。在命令窗口中输入数组名a,即可查询该数组:

```
>> a
a=
     1     3     5     7
```

若创建列数组,则需要在数组元素间用分号分隔。例如:

```
>> b=[1;3;5;7];
```

可观察得到数组 b：

```
>> b
b =
      1
      3
      5
      7
```

(2) 冒号生成法

命令格式如下：

```
x = a : inc : b
```

其中，a 是数组的第一个元素；inc 是相邻元素值的增量，即步长；b 是数组最后一个元素的限制值。inc 可以省略，省略时，默认其取值为 1；步长参数 inc 的数值可以是正数，也可以是负数：当 inc 是正数的时候，必须满足 a<b；当 inc 是负数的时候，必须满足 a>b。

在命令窗口中输入以下代码：

```
>> a = 2:3:14;
```

可观察得到数组 a：

```
a =
      2      5      8     11     14
```

(3) 定数线性生成法

命令格式如下：

```
x = linspace(a,b,n)
```

使用该方法生成的数组元素个数为 n，各元素的值由区间[a,b]均匀采样来获得。

在命令窗口中输入以下代码：

```
>> a = linspace(2,10,5);
```

可观察数组得到 a：

```
>> a
a =
      2      4      6      8     10
```

(4) 函数生成法

MATLAB 中有许多用来生成特殊形式数组的函数，如均匀分布随机数组的 rand(1,n)，全 1 数组 ones(1,n)等。

在命令窗口中输入以下代码：

```
>> a = rand(1,6);
>> b = ones(1,6);
>> a
```

可观察得到数组 a 与 b：

```
a =
    0.8147    0.9058    0.1270    0.9134    0.6324    0.0975
>> b
b =
     1     1     1     1     1     1
```

(5) 向量/矩阵的转置

使用数组转置运算符“'”可将行数组(向量)转换为列数组(向量),反之亦然。该运算符也适用于多维数组。

在命令窗口中输入以下代码:

```
>> a=(1:2:6)'
```

可查看转换后的结果:

```
a =
     1
     3
     5
```

2. 矩阵的创建方法

(1) 直接输入法

与一维数组相似,直接输入法创建二维数组(矩阵)同样通过在方括号“[ ]”中写入矩阵元素来完成,同行元素之间可用空格或逗号“,”隔开,各行之间用分号“;”隔开。

例如,输入以下代码:

```
>> A=[1 2 3;4 5 6;7 8 9]
```

可查看结果:

```
A =
     1     2     3
     4     5     6
     7     8     9
```

又如,输入以下代码:

```
>> B=[1 2 3;linspace(4,8,3);7 8 9]
```

可查看结果:

```
B =
     1     2     3
     4     6     8
     7     8     9
```

(2) 快速创建特殊矩阵

在实际应用中,往往需要快速创建一些特殊形式的矩阵。MATLAB 考虑到这方面的需要,提供了许多生成特殊类型矩阵的函数。表 15.1 列出了最常用的数组生成函数。

表 15.1　常用的数组生成函数

指　令	功　用	指　令	功　用
diag	产生对角矩阵	rand	产生均匀分布随机矩阵
eye	产生单位矩阵	randn	产生正态分布随机矩阵
gallery	产生各种用途的测试矩阵	randperm	产生 1～n 随机排列整数
magic	产生魔方矩阵	randsre	在指定字符集上生成均布随机数组
ones	产生全 1 矩阵	zeros	产生全 0 数组

在 MATLAB 的命令窗口中输入以下代码：

```
>> A = zeros(3,2);
>> B = ones(2,4);
>> C = eye(4);
>> D = magic(5);
>> E = randn(1,2);
>> F = gallery(5);
```

再在命令窗口中输入变量名称，可以得到如下结果：

```
>> A
A =
     0     0
     0     0
     0     0
>> B
B =
     1     1     1     1
     1     1     1     1
>> C
C =
     1     0     0     0
     0     1     0     0
     0     0     1     0
     0     0     0     1
>> D
D =
        17        24         1         8        15
        23         5         7        14        16
         4         6        13        20        22
        10        12        19        21         3
        11        18        25         2         9
>> E
E =
0.5377    1.8339
>> F
```

```
F =
       -9         11        -21         63       -252
       70        -69        141       -421       1684
     -575        575      -1149       3451     -13801
     3891      -3891       7782     -23345      93365
     1024      -1024       2048      -6144      24572
```

15.2.2 向量与矩阵的标识和寻访

二维数组/矩阵元素及子数组的标识和寻访最具典型性。它既适用于一维数组、向量,又不难推广到高维数组。对二维矩阵进行标识和寻访的最常用指令如表 15.2 所列。

表 15.2 常用的寻访指令

A(r,c)	返回矩阵 A 中由 r 指定的行与 c 指定的列所包含的元素,其中的 r 与 c 可以是数组,返回的则为子矩阵或向量
A(r,:)	返回矩阵 A 中 r 指定的行所有所包含的所有元素
A(:,c)	返回矩阵 A 中 c 指定的列所包含的所有元素
A(:)	返回将矩阵 A 各列从左至右依序排列所形成的一维列向量

在 MATLAB 的命令窗口中输入代码,可查看到运算结果。

```
>> A = rand(5,4)       % 创建 5 行 4 列随机矩阵
A =
    0.1270    0.5469    0.9572    0.9157
    0.9134    0.9575    0.4854    0.7922
    0.6324    0.9649    0.8003    0.9595
    0.0975    0.1576    0.1419    0.6557
    0.2785    0.9706    0.4218    0.0357

>> a32 = A(3,2)       % 返回矩阵 A 中第 3 行第 2 列元素
a32 =
   0.9649

>> V = A(2,:)         % 提取矩阵 A 第 2 行所有元素组成的行向量
V =
   0.9134    0.9575    0.4854    0.7922

>> R = A(:3)          % 提取矩阵 A 第 3 列所有元素组成的列向量
R =
   0.9572
   0.4854
   0.8003
   0.1419
   0.4218
>> L = A(:)′          % 提取矩阵 A 所有元素并将其转换成行向量

L =
```

```
0.1270    0.9134    0.6324    0.0975    0.2785    0.5469    0.9575    0.9649
0.1576    0.9706    0.9572    0.4854    0.8003    0.1419    0.4218    0.9157
0.7922    0.9595    0.6557    0.0357
```

15.2.3　向量运算与矩阵运算

向量可视为矩阵的特例，这里以矩阵为例介绍相关介绍方法，这些方法同样适用于向量。

1. 常规运算

相关运算的计算规则及结果与线性代数相同。

在 MATLAB 命令窗口中输入以下代码：

```
>> A=[1 3 5;2 4 6];
>> B=[1 2 3;4 5 6];
>> C=A*B';
```

可查看运算结果：

```
>> C
C=
    22    49
    28    64
```

2. 点运算

对于 MATLAB 而言，点运算是针对向量/矩阵对应元素而定义的运算。更具体地说：

① 在两个同维度($m\times n$)矩阵 $\boldsymbol{A}=[a_{ij}]$和 $\boldsymbol{B}=[b_{ij}]$间可进行点运算，其结果为同维度矩阵 $\boldsymbol{C}=[c_{ij}]$。计算结果意味着 $\boldsymbol{C}$ 的元素 c_{ij} 一定是 $\boldsymbol{A}$ 和 $\boldsymbol{B}$ 相同位置元素进行指定运算的结果，即 $c_{ij}=a_{ij}\#b_{ij}$。这里符号“#”可代表加、减、乘、除、幂运算中的任何一种运算。

② 设标量 a 和 $m\times n$ 矩阵 $\boldsymbol{B}=[b_{ij}]$进行点运算，结果是 $m\times n$ 矩阵 $\boldsymbol{C}=[c_{ij}]$。这意味着 $c_{ij}=a_{ij}\#b_{ij}$。

③ 在 MATLAB 中，点运算用符号“.”标记。

在 MATLAB 命令窗口中输入以下代码：

```
>> A=[1 3 5;2 4 6];
>> B=[1 2 3;4 5 6];
>> C=A.*B;                    %注意与常规运算的区别
>> D=A./B
>> E=A.^B
```

可查看点运算结果：

```
>> A
A=
     1     3     5
     2     4     6

>> B
B=
```

```
     1     2     3
     4     5     6

  >> C
 C =
     1     6    15
     8    20    36

  >> D
 D =
    1.0000    1.5000    1.6667
    0.5000    0.8000    1.0000

  >> E
 E =
            1           9         125
           16        1024       46656
```

3. 向量与矩阵运算功能汇总

MATLAB 的数组(.)运算与矩阵运算如表 15.3 所列。a_{ij} 和 b_{ij} 分别是数组、矩阵的第 (i,j) 个元素。

表 15.3　MATLAB 的数组运算与矩阵运算

数组(.)运算		矩阵运算	
数学模型描述	程序表达	数学模型描述	程序表达
A 的非共轭转置	A.′	**A** 的非共轭转置	A′
$a_{ij}+b_{ij}$	A+B	$a_{ij}+b_{ij}$	A+B
$a_{ij}\times b_{ij}$	A. * B	$\boldsymbol{AB}$	A * B
a_{ij}/b_{ij} 或 $a_{ij}\|b_{ij}$	A. /B 或 A. \B	$\boldsymbol{AB}^{-1}$	A/B
$a+b_{ij}$	a+B	$a+b_{ij}$	a+B
$a\times b_{ij}$	a. * B	$a\boldsymbol{B}$	a * B
$a\|b_{ij}$	a. \B	$\frac{1}{a}\boldsymbol{B}$	B/a
$a^{b_{ij}}$	a. ^B	$a^{\boldsymbol{B}}$(**B** 为方阵时)	a^B

相关功能的说明如下：

① 为了避免数组运算(点运算)和矩阵运算的混淆，表 15.3 把两种运算符对照列出。

② 特别注意数组运算程序表达算符中的小黑点“.”(英文状态下的)。

③ 数组运算若在两个数组间进行，那么这两个数组必须维数大小相同。

④ 凡 MATLAB 程序中出现 a+B，a−B 的形式，则总理解为“数组加、减”。换句话说，MATLAB 中，算符“.+”等同于“+”，算符“.−”等同于“−”。

⑤ 矩阵除是 MATLAB 中专门设计的一种运算，有左除“\”和右除“/”之区别。

4. 向量的点积和叉积

两向量的点积利用 MATLAB 中的函数 dot()获得，在 MATLAB 命令窗口中输入以下代码：

```
>> a = 1:1:5;
>> b = 2:2:10;
>> c = dot(a,b);
```

可查看运算结果：

```
>> a
a =
    1     2     3     4     5
>> b
b =
    2     4     6     8     10
>> c
c =
    110
```

两向量的叉积利用 MATLAB 中的函数 cross()获得，在 MATLAB 命令窗口中输入以下代码：

```
>> a = [1 0 0];
>> b = [0 1 0];
>> c = cross(a,b);
```

可查看运算结果：

```
>> a
a =
    1     0     0
>> b
b =
    0     1     0
>> c
c =
    0     0     1
```

15.2.4　线性方程组求解

线性方程组 $\boldsymbol{Ax}=\boldsymbol{b}$ 的求解是曲线曲面计算的核心算法之一。从计算速度、节省内存、提高精度、算法稳定等综合考虑出发，MATLAB 设计了大量精良、易用的解方程指令。相关代码片段与示意如下：

```
x = A\b(或 b/A)                % 左除(或右除)解方程 Ax = b(或 xA = b)
x = linsolve(A,b,option)       %  采用指定结构的算法求解方程
[R,ci] = rref(A)               % 借助初等变换把 A 变换成行阶梯矩阵 R
R = chol(A)                    % 对称正定阵 A 的 Cholesky 分解，使 RHR = A
```

```
[L,U,P] = lu(A)          % 矩阵 A 的 LU 分解,使 LU = PA,P 是转置矩阵
[Q,R] = qr(A)            % 矩阵 A 的正交三角分解,使 A = QR
det(A)                   % 求矩阵 A 的行列式
inv(A)                   % 求矩阵 A 的逆
```

在《线性代数》教科书中,对于 $\boldsymbol{A}\in\mathbf{R}^{m}$ 的 $\boldsymbol{Ax}=\boldsymbol{b}$ 的解,总表示为 $\boldsymbol{x}=\boldsymbol{A}^{-1}\boldsymbol{b}$。其运算过程为:先求 $\boldsymbol{A}$ 逆 $\boldsymbol{A}^{-1}$,再用 $\boldsymbol{A}^{-1}$ 与向量 $\boldsymbol{b}$ 相乘求得解。应该指出,这种算法很笨拙。MATLAB 采用矩阵左除求解线性方程的表述,即 x=A\b。左除法会针对不同的系数矩阵 $\boldsymbol{A}$,采用不同的求解过程完成计算。计算结果表明,除法求解不但速度快,而且精度和残余量指标都比较好。

上述功能的其余说明如下:

① 第一条指令中的斜杠"\"是左除符号。由于在方程 $\boldsymbol{Ax}=\boldsymbol{b}$ 中,$\boldsymbol{A}$ 在变量 $\boldsymbol{x}$ 的左边,所以指令中的 A 必须在"\"的左边,切不可放错位置;反之,对于 $\boldsymbol{xA}=\boldsymbol{b}$,则必须使用右除指令 x=b/A。

② 如果知道矩阵 $\boldsymbol{A}$ 的结构,则采用第二条指令 linsolve 解题,速度更快,因为这避免了程序对矩阵结构的检测。

③ 指令 rref 的输出量 ci 是个行数组。它的元素表示了矩阵 $\boldsymbol{A}$ 中线性独立列的序号。因此,指令 length(ci)就是矩阵 $\boldsymbol{A}$ 的秩;A(:,ci)返回的所有列向量构成矩阵 $\boldsymbol{A}$ 的值空间。

例如,使用左除法求解线性方程组 $\boldsymbol{Ax}=\boldsymbol{B}$。

代码如下:

```
>> A = magic(3);
>> B = [15; 15; 15];
>> x = A\B
```

可查看运算结果:

```
>> A
A =
     8     1     6
     3     5     7
     4     9     2

>> B
B =
    15
    15
15

>> x
x =
    1.0000
    1.0000
    1.0000
```

15.3　MATLAB 曲线曲面绘制

15.3.1　二维几何图形绘制

1. 离散数据点的可视化

一对实数标量(x,y)可以表示平面上的一个点，而一对实数向量(**X**,**Y**)可表示平面上的一组点，MATLAB 就是利用这种几何比拟法实现了离散数据可视化。平面离散点可视化的命令格式如下：

```
plot(X,Y,LineSpec)
```

其中，输入参数 X、Y 分别为离散数据点的 X 坐标与 Y 坐标数据所形成的数值数组，而参数 LineSpec 用以指定点的标记类型与颜色。

例如，绘制一组离散数据点。

代码如下：

```
>> X = (0:11)/11 * pi;          % 生成 12 个采样点的 X 坐标
>> Y = sin(X);                  % 生成 12 个采样点的 Y 坐标
>> plot(X,Y'r.');               % 以红色点绘制该组采样点
```

图 15.1 所示为程序绘制的离散数据点。

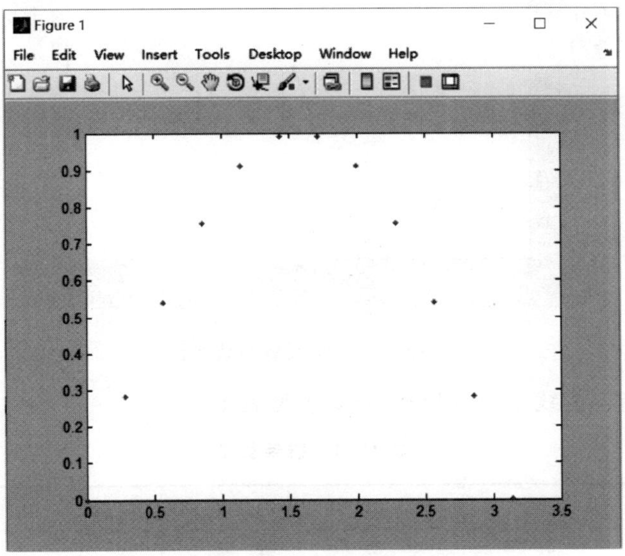

图 15.1　离散数据点的绘制

2. 平面曲线的形状绘制

为了绘制光滑连续的平面曲线，首先需要完成曲线的离散化，从中获取一定数量的采样数据。方法是针对曲线的定义区间，将自变量 x 按一定间隔分隔(包括采样的起点、终点和步长)形成 X 坐标数组。然后根据曲线的函数关系，计算相应的函数值并形成 Y 坐标数组。

显然，图形上的离散点不能很好地表现平面曲线的连续性。为了进一步表示离散点之间的函数性状，在离散采样点的基础上，可以采用线性插值的方法将邻接数据点连线，从而获得视觉上的连续曲线。由于除离散采样点外，所有连线都只是真实曲线的近似，因此采样点数越多，所绘制的形状就越真实。

曲线形状的绘制仍然采用 plot 函数完成，最简单的调用格式是对参数 LineSpec 不加指定，此时将使用默认设置，即不标采样点的蓝色细实线来绘制曲线。也可通过设置 LineSpec 参数来指定曲线的线性、线宽与线色。

例如，显示正弦函数曲线的图形。

代码如下：

```
>> X = - pi:.1:pi;          % X 坐标采样
>> Y = sin(X);              % 计算 Y 坐标
>> plot(X,Y);               % 通过将各点连线来绘制函数曲线
```

图 15.2 所示为程序绘制的正弦函数曲线图形。

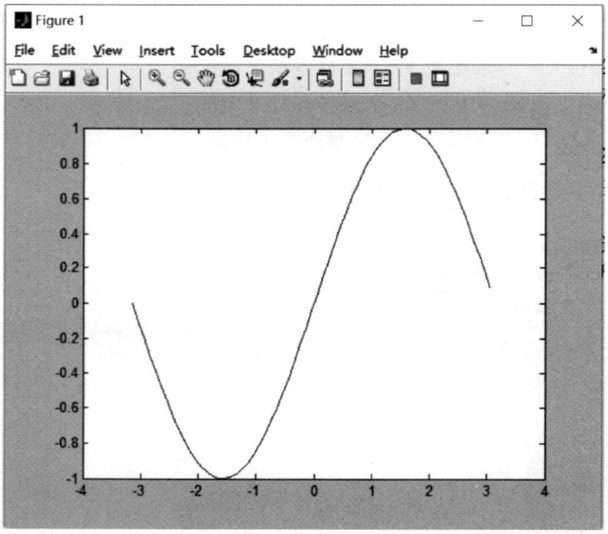

图 15.2　正弦函数曲线图形

LineSpec 参数指定的线型、标记和线条颜色见表 15.4。

表 15.4　线条类型

线　型		标　记		颜　色	
类　型	符　号	类　型	符　号	类　型	符　号
实线(默认类型)	—	加号	+	红	r 或 red
虚线	——	圆圈	o	绿	g 或 green
点线	:	星号	*	蓝	b 或 blue
点画线	—.	点	.	青	c 或 cyan
		叉号	×	青	m 或 magenta

续表 15.4

线型		标记		颜色	
类型	符号	类型	符号	类型	符号
		方形	s 或 square	黄	y 或 yellow
		菱形	d 或 diamond	黑	k 或 black
		向上三角形	^	白	w 或 white
		向下三角形	v		
		向右三角形	>		
		向左三角形	<		
		五角星	p 或 pentagram		
		六角形	h 或 hexagram		

15.3.2　三维曲线形状绘制

在 MATLAB 中，三维图形的绘制并不困难，尤其是当利用 MATLAB 缺省设置时，两个基本步骤就能画出视觉满意的彩色三维图形。

1. 离散数据点的可视化

与二维情况相似，三维离散数据点的可视化采用函数 plot3 完成，其调用格式如下：

```
plot3(X,Y,Z,LineSpec)
```

其中，输入参数 X、Y 分别为离散数据点的 x、y、z 坐标数据所形成的数值数组，它们必须具有相同的长度；参数 LineSpec 用于指定点的标记类型与颜色。

例如，绘制函数 $z=5x+y^2$ 上的一组离散数据点。

代码如下：

```
>> X = linspace(3,8,15);          % 生成 15 个采样点的 X 坐标
>> Y = linspace(-7,6,15);         % 生成 15 个采样点的 Y 坐标
>> Z = 5 * X + Y.^2;              % 生成 15 个采样点的 Z 坐标
>> plot3(X,Y,Z,'bx');;            % 以蓝色 x 绘制该组采样点
```

曲线上数据点的绘制如图 15.3 所示。

2. 三维曲线的形状绘制

空间曲线的形状绘制与平面曲线类似，即首先需要完成曲线的离散化，从中获取一定数量的采样数据。然后在离散采样点间连线，以获得视觉上的连续曲线。采样点数越多，所绘制的形状就越真实。

对于以显函数 $z=f(x,y)$ 描述的空间曲线，相应地，需要在曲线的定义区间内获取离散数据点的 x、y 坐标序列，然后根据曲线的函数关系计算相应的函数值 z，并形成 z 坐标的数组。

空间曲线形状的绘制仍然用 plot3 函数完成，参数 LineSpec 的意义同 plot 函数，最简单

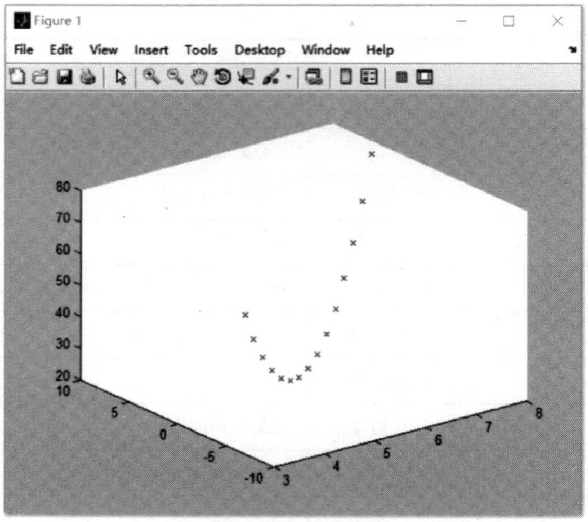

图 15.3　曲线上数据点的绘制

的调用格式是对参数 LineSpec 不加指定，此时使用默认设置，即不标采样点的蓝色细实线来绘制曲线。但也可通过设置 LineSpec 参数来指定曲线的线性、线宽与线色。

例如，对应于前例函数曲线，并利用同一组采样数据，显示曲线的形状。

代码如下：

```
>> X = linspace(3,8,15);          % 生成 15 个采样点的 X 坐标
>> Y = linspace( - 7,6,15);       % 生成 15 个采样点的 Y 坐标
>> Z = 5 * X + Y.^2;              % 生成 15 个采样点的 Z 坐标
>> plot3(X,Y,Z);
```

图 15.4 所示为程序绘制的三维曲线图形。

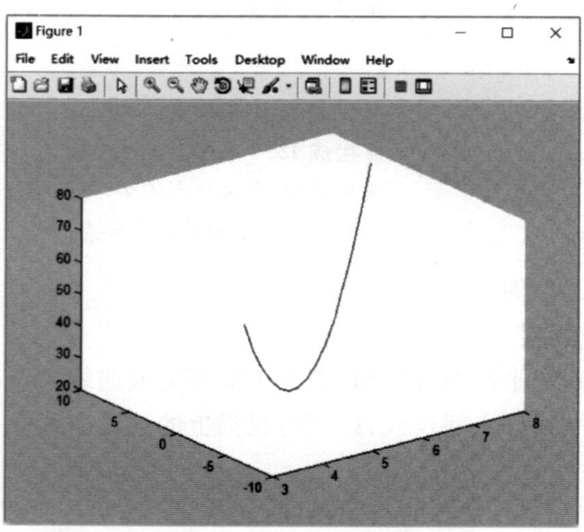

图 15.4　三维曲线图形

至于以参数矢函数形式描述的空间曲线 $\boldsymbol{p}=\boldsymbol{p}(t)$，曲线上采样点的获取方法是：首先在曲

线参数域内以一定的间隔分割参数区间，形成由一组参数值组成的节点矢量。然后根据曲线方程，获取各节点对应曲线上点的 $x=x(t)$、$y=y(t)$、$z=z(t)$坐标并形成坐标向量。获取采样点序列后，仍采用函数 plot3 完成曲线形状的绘制。

例如，用以下代码完成曲线 $\boldsymbol{p}(t)=[\sin t,\cos t,\cos 2t]$的形状绘制。

```
>> t = (0:0.02:2) * pi;              % 分割参数区间形成节点矢量
>> x = sin(t);y = cos(t);z = cos(2 * t);
>> plot3(x,y,z,'b-');                % 绘制曲线
>> hold on;                          % 在原绘布上画图
>> plot3(x,y,z,'bdl);                % 绘制采样点
```

图 15.5 所示为程序绘制的参数矢函数曲线图形。

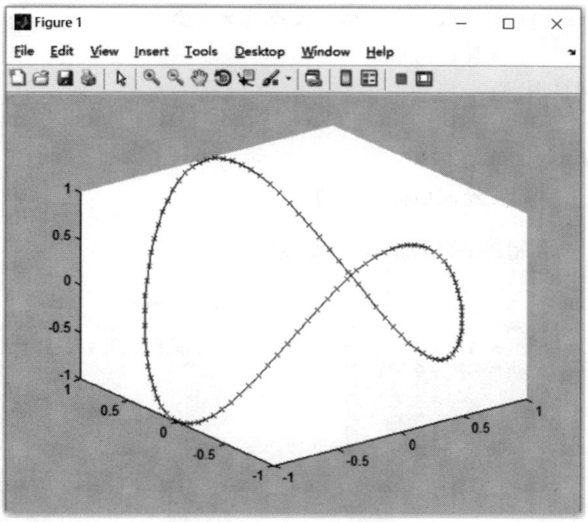

图 15.5　参数矢函数曲线图形

15.3.3　空间曲面形状绘制

本小节仅介绍由标量显函数 $z=f(x,y)$表示的空间曲面的绘制，至于参数矢函数曲面的绘制参见前述章节。曲面 $z=f(x,y)$的绘制过程如下：

① 完成曲面绘制范围的 x、y 坐标分割，形成由两坐标采样数据形成的数值向量。

② 利用两坐标分割结果构造分别与 x、y 轴平行的两组平行线，划分 xy 平面形成矩形网格。

③ 提取矩形网格交叉点的 x、y 坐标，形成两个数值矩阵 $\boldsymbol{X}$ 与 $\boldsymbol{Y}$。

④ 利用曲面函数 $z=f(x,y)$计算各交叉点的 z 坐标，形成 z 坐标矩阵 $\boldsymbol{Z}$。

⑤ 利用 MATLAB 的曲面绘制功能 mesh 或 surf，以曲面网格曲线或渲染图的形式完成曲面的形状绘制。

网格交叉点数值矩阵 $\boldsymbol{X}$ 与 $\boldsymbol{Y}$ 的构造利用 MATLAB 函数 meshgrid 实现，其基本调用格式如下：

```
[X,Y] = meshgrid(x,y)
```

其中，x 与 y 为分割两坐标形成的数值向量，函数调用后将返回网格交叉点的数值矩阵 X 与 Y。

曲面绘制功能可由函数 mesh 或 surf 实现，其调用格式如下：

```
mesh(X,Y,Z,C)          % 绘制由 C 指定用色的网线图
surf(X,Y,Z,C)          % 绘制由 C 指定用色的曲面图
```

其中，参数 C 是各采样点用色的矩阵，当 C 缺省时，默认用色矩阵是 Z，即认为 C=Z。

例如，绘制由函数 $z=x^2+y^2$ 表示的曲面。

代码如下：

```
>> x = - 4:4;                 % 分割 x 坐标
>> y = 2:8;                   % 分割 y 坐标
>> [X,Y] = meshgrid(x,y);     % 提取矩形网格交叉点的 x、y 坐标
>> Z = X.^2 + Y.^2;           % 计算网格点 z 坐标
>> figure('name','网格图');
>> mesh(X,Y,Z);
>> figure('name','渲染图');
>> surf(X,Y,Z);               % 绘制曲面渲染图
```

图 15.6 所示为程序绘制的网格曲面和渲染曲面。

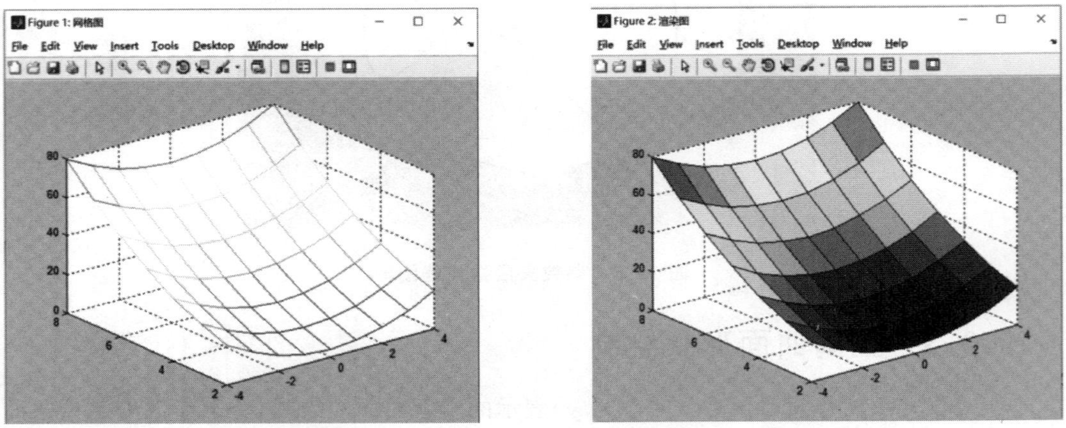

(a) 网格图　　(b) 渲染图

图 15.6　曲面绘制结果

15.3.4　曲线曲面绘制方法

曲线曲面绘制方法要点如下：

① 无论是在二维平面还是三维空间，曲线函数只有一个自变量或参数是独立的，而其余维度的变量都是因变量。

② 无论是采用单个“二元函数”形式还是采用三个“参数方程”形式，三维曲面函数一定有两个自变量或参数是独立的。

③ MATLAB 图形窗备有许多图柄操作的工具图标和菜单，使图形精细修饰更直观、

方便。

绘制三维曲线曲面的一般步骤见表 15.5。

表 15.5　绘制三维曲线曲面的一般步骤

步　骤		典型指令
曲线	(1) 三维曲线数据准备： ① 取一个参变量采样向量； ② 计算各坐标数据向量	t=pi*(0:100)/100; x=f1(t);y=f2(t);z=f3(t);
	(2) 调用三维曲线绘图指令，设置显示效果	plot3(x,y,z,'b-')　%用蓝色实线画曲线
曲面	(1) 三维曲面数据准备： ① 产生两个自变量采样向量； ② 由自变量向量产生自变量网格矩阵； ③ 计算自变量网格矩阵相应的函数值矩阵	x=x1:dx:x2;y=y1:dy:y2; [X,Y]=meshgrid(x,y); Z=f(x,y);
	(2) 调用三维曲面绘图指令	mesh(X,Y,Z)

15.4　MATLAB 混合编程

如前所述，MATLAB 具有强大的矩阵运算、数据处理和图形显示功能，其编程效率极高，极少的代码即可完成复杂分析计算。但是由于 MATLAB 使用一种脚本语言，它的执行是逐行解释执行的，也就是边解释边执行，因此它的执行效率非常低。同时，M 脚本文件不能脱离 MATLAB 这个应用程序环境，这就大大制约了程序的可移植性和通用性，因此 MATLAB 不适合作为通用的编程平台。实现 MATLAB 与其他语言的混合编程将有助于充分发挥 MATLAB 和其他编程语言各自的优势，降低开发难度，缩短编程时间，提高执行效率。

15.4.1　混合编程技术优势

下面从几个方面分别介绍使用接口技术的原因。

1. 可以实现对已有代码的重用

代码重用是每个软件开发人员都努力争取的目标之一。对于一个机构或者科研人员个人来说，在长期的研究与开发过程中，可能已经积累了相当数量的代码。这些代码大多已经在以往的课题研究实践中被证实，能够正确完成其设计功能。能够在现在或者将来的开发过程中利用这些已有的成果是非常重要的。如果能够通过一定的技术，灵活地利用以往的开发成果，无疑将会给我们的研发带来事半功倍的效果。反之，如果由于技术限制无法利用已有的代码，而是需要重新开发相同的功能，则无疑是一种资源浪费。MATLAB 的接口技术提供了和其他主要的编程语言，如 C/C++、Fortran 等相互调用的机制，有助于开发过程的代码重用。

2. 合理使用开发组资源，进行高效开发

软件开发的另一个目标是快速完成开发任务。对于一些复杂应用程序的开发，往往需要一个团队合作完成。团队成员的专业背景以及技术长处可能各不相同。如果团队领导者在初期制定技术方案时能够考虑到每个开发人员的技术长处，根据实际问题以及各种编程语言、工具的特点，合理制定开发方案，无疑将会加速整个开发过程。MATLAB 的接口技术给开发者提供了多种和其他编程语言交互的使用途径，这有助于充分利用开发人员的技术长处，制定和实施高效的开发方案。

3. 提供多种发布形式，方便发布

传统的 MATLAB 应用软件多以一个或多个 M 文件组成，所以，用户必须先安装 MATLAB 系统才能使用这些应用程序，这非常不方便；如果再考虑到 MATLAB 软件的售价，更加不经济。而 MATLAB 接口技术给开发者提供了多种实用的应用软件发布手段，利用 MATLAB 的接口技术，这些应用软件可以通过动态链接库（*.DLL）等形式发布，这将有助于缩短产品从开发到推向市场所需要的时间。

4. 利用其他编程语言，提高程序的执行效率

相比于其他的需要编译的编程语言（如 C/C＋＋、Fortran），MATLAB 能够缩短开发时间。这主要得益于 MATLAB 所提供的丰富的矩阵运算功能，该功能涵盖多个科技领域的工具箱，以及强大的图形显示功能等。MATLAB 特别适合于开发小型应用，或者对算法的验证与开发。然而对于一些大型、复杂的应用程序来说，完全使用 MATLAB 开发的程序可能在执行时显得太慢。对于这种情况，就可以利用 MATLAB 的 MEX 技术，使用 C/C＋＋或者 Fortran 来编写计算量繁重的代码，然后在 MATLAB 里直接调用 MEX 文件。实践证明，这是一种有效提高程序运行效率的办法。

15.4.2 MATLAB 混合编程技术分类

MATLAB 与外部的数据和程序交互是很有意义的。通过与其他编程的交互，可以扩充 MATLAB 强大的数值计算和图形显示功能，并且避开其执行效率较低的缺点。具体地说，MATLAB 混合编程技术包含以下类型：

1. MATLAB Compiler

MATLAB Compiler 是 MATLAB 自带的编译工具，可以将其 M 文件转换成 C/C＋＋等不同类型的源代码文件，并在此基础上生成必要的 MEX 文件(.dll 文件)，再通过 Visual C＋＋编译器生成可独立执行的应用程序（exe 文件）。这种方式可以直接调用其中的库函数，生成并发布不依赖 MATLAB 的可执行文件，从而大大提高代码的执行效率。尤其是可独立执行的应用程序文件，不需要 MATLAB 环境的支持，大大扩展了程序的应用范围。一方面，编译器对 M 文件编译后，运行速度大幅提高；另一方面，隐藏了程序算法，也相应地提高了程序的保密性。

2. MATLAB 引擎

MATLAB 引擎是用于和外部程序结合使用的一组函数和程序库，用户在自己的 C 或 Fortran 等语言编写的应用程序中用它们来调用 MATLAB。这时可以将 MATLAB 作为一个计算引擎，使其在后台运行。MATLAB 提供了一个函数库，用它们启动和终止 MATLAB 进程、传输数据并传递要在 MATLAB 中处理的命令。总之，MATLAB 引擎功能非常强大，而且使用方便，因此经常在应用程序中使用。

3. MAT 数据文件共享数据

MAT 文件是 MATLAB 自己存储数据的标准格式。为了使 C/C＋＋等程序设计语言能对 MAT 文件进行操作，MATLAB 提供了一些专门操作 MAT 数据文件的 API 函数。因此，

MATLAB 可以与其他语言平台通过 MAT 文件实现数据共享，从而有助于减轻其他平台的计算负担。

4. 通过 ActiveX

ActiveX 是一类自动化技术的总称。MATLAB 支持组件自动化，对于传统的 DDE 和 ActiveX 自动化，MATLAB 也提供了全面的支持。通过 ActiveX，可以在 MATLAB 和其他软件平台建立客户机服务器体系结构，方便彼此的交互。

5. MATLAB 〈LIB〉数学库

MATLAB 提供了大量用 C/C++重新编写的 MATLAB 库函数，包括初等数学函数、线性代数函数、矩阵操作函数、数值计算函数、特殊数学函数和插值函数等，可以直接供 C/C++语言调用。因此，利用 MATLAB 的数学库，可以在 Visual C++中充分发挥 MATLAB 的数值计算功能，并且可以不依赖 MATLAB 软件运行环境。

6. MATLAB COM Builder

MATLAB COM Builder 是 MATLAB 提供的 COM 生成器，把 MATLAB 开发的算法转换、编译成组件，这些组件作为独立、方便使用的 COM 对象，可以在 Visual C++、Visual Basic、Delphi 或其他支持 COM 的语言中直接引用这些组件对象。MATLAB COM Builder 几乎支持 MATLAB 所有的函数，特别适合在 M 文件较大、使用 Matcom、调用 MATLAB 数学库或使用 MATLAB Compiler 等无法实现时使用。但 MATLAB COM Builde 在编译生成 COM 组件时需要借助外部的编译器，而且不是所有的编译器都能生成和 Microsoft 相兼容的 COM 组件。

综上所述，实现 MATLAB 与其他编程语言混合编程的方法很多。这些方法各有优缺点，使用时需要结合开发者的具体情况选择。其中 MATLAB Engine 几乎可以利用 MATLAB 的全部功能，其提供的一组接口函数允许用户在自己的应用程序中对 MATLAB 函数进行调用。受篇幅所限，下面将简要介绍 MATLAB 引擎(Engine)的作用与使用方法及在 VC 环境下通过 MATLAB 引擎库实现混合编程的方法，主要内容涉及 MATLAB 计算进程的调用及不同环境间数据传递的方法。

15.4.3　利用 MATLAB 引擎实现混合编程

与其他各种接口相比，引擎(Engine)所提供的 MATLAB 功能支持是最全面的。通过引擎方式，应用程序会打开一个新的 MATLAB 进程，可以控制它完成任何 MATLAB 所支持的计算和绘图等操作。在数据交流方面，可以对几乎所有的基本数据类型提供支持。同时，以引擎方式打开的 MATLAB 进程以非常友好的界面方式支持 MATLAB 的各种操作。

1. MATLAB 引擎混合编程的基本原理

MATLAB Engine 混合编程基于 C/S(客户机/服务器)模式，相当于在后台启动了一个 MATLAB 进程。MATLAB 引擎函数库在用户程序与 MATLAB 进程之间搭起了交换数据的桥梁，完成二者的数据交换和命令的传送。其典型的功能应用包括：

(1) 调用 MATLAB 特有的强大数值计算和分析等函数进行运算

数值计算特别是矩阵运算是 MATLAB 的强项，通过 MATLAB 计算引擎可以轻松地实现矩阵运算、图形显示等复杂度高的计算操作。

(2) 可以为一个特定的任务构建一个完整的系统

前台客户机可以采用诸如 Visual C++之类的通用编程平台，通过 Windows 的动态控件与服务器 MATLAB 通信，向 MATLAB Engine 传递命令和数据信息，并从 MATLAB Engine 接收数据信息。此时，MATLAB 完成较复杂的数值计算、分析和可视化任务。因此，MATLAB Engine 可以简化应用程序的开发，取得事半功倍的效果。

在编程环境中使用 MATLAB 引擎扩展编程的基本步骤如下：

① 对开发环境进行必要的设置。

② 创建 MATLAB 引擎对象。

③ 向引擎空间写入数据。

④ 调用 MATLAB 命令处理数据。

⑤ 从引擎空间读取数据。

⑥ 释放 MATLAB 引擎对象。

2. MATLAB 引擎库函数

所谓 MATLAB 引擎，是指一组 MATLAB 提供的接口函数，支持 C/C++、Fortran 等语言，通过这些接口函数，用户可以在其他语言编程环境中实现对 MATLAB 的命令调用，通过引擎方式，应用程序会打开一个新的 MATLAB 进程，可以控制它完成任何计算和绘图操作。对所有的数据结构提供支持。

MATLAB 引擎函数库总共提供了 13 个 C/C++语言的引擎函数，它们均在头文件 engine.h 中予以说明，所以在使用它们时，在对环境进行必要设置的基础上，必须对该头文件进行包含。这些函数所提供的功能包括：打开与关闭一个 MATLAB 对话；向 MATLAB 环境发送命令字符串；从 MATLAB 环境中读取数据；向 MATLAB 环境中写入数据。这些功能主要通过 6 个接口函数实现，其名称及功能如表 15.6 所列。

表 15.6　MATLAB 引擎函数

函　数	功　能
engOpen	启动 MATLAB 引擎(打开一个 MATLAB 对话)
engClose	关闭 MATLAB 引擎(关闭一个 MATLAB 对话)
engEvalString	向 MATLAB 环境发送一条命令字符串
engPutVariable	向 MATLAB 环境写入数据并设置关联变量名
engGetVariable	从 MATLAB 环境中读入数据
engOutputBuffer	创建保存 MATLAB 文本输出的缓冲区

(1) 引擎的启动与关闭

1) 引擎启动

函数原型：

```
Engine * engOpen(const char * startcmd);
```

参数 startcmd 是用来启动 MATLAB 引擎的字符串指针参量，在 Windows 操作系统中该指针只能为空值 NULL。该函数返回值是一个 Engine 类型的指针，通过该指针调用接口函数来执行 MATLAB 的各种计算、绘图及控制命令。

2）引擎关闭

函数原型：

```
int engClose(Engine * ep);
```

参数 ep 代表要被关闭的引擎指针，该指针是通过引擎启动函数返回的，该函数在调用前应该首先调用过启动引擎的函数。该函数返回值为 0 表示关闭成功，返回 1 表示发生错误，不能正常关闭引擎。

（2）执行 MATLAB 的命令

函数原型：

```
int engEvalString(Engine * ep,Const char * string);
```

调用该函数之前确保先执行过启动引擎函数 engOpen。参数 ep 为打开引擎函数 engOpen 返回的引擎指针，string 为指向要 MATLAB 执行的命令字符串的首地址指针。该字符串必须是 MATLAB 中合法的命令语句。函数返回值为 0 表示成功执行，返回 1 表示执行失败。

（3）获取 MATLAB 命令窗口的输出

函数原型：

```
int engOutputBuffer(Engine * ep,char * p,int n);
```

为了获得函数 engEvalString 发送的命令字符串被 MATLAB 执行后在 MATLAB 窗口中输出结果，可以调用 engOUtputBuffer 函数。

（4）设置 MATLAB 窗口显示属性

函数原型：

```
int engSetVisible(Engine * ep,bool value);
```

默认情况下，以 engine 指针调用 MATLAB 命令时，会打开 MATLAB 主窗口，可在其中随意操作，但有时也会干扰应用程序的运行，可用该函数设置是否显示 MTLAB 主窗口。参数 ep 为打开的 MATLAB 引擎指针；value 为是否显示的标志，取值 true（或 1）表示显示 MATLAB 窗口，取值 false（或 0）表示隐藏 MATLAB 窗口。

（5）调用引擎时显示、隐藏 MATLAB 主窗口

函数原型：

```
int engSetVisible(Engine * ep, bool value);
```

参数 ep 为打开的 MATLAB 引擎指针；value 为是否显示的标志，取值 true（或 1）表示显示 MATLAB 窗口，取值 false（或 0）表示隐藏 MATLAB 窗口。

函数返回值为 0 表示设置成功，为 1 表示有错误发生。

3. MATLAB 工作空间数据读/写

mxArray 是 MATLAB C 函数库中复杂的结构体，相当于 MATLAB 与 C/C++等语言进行数据交换的中间数据结构。数据在 MATLAB 工作空间中有很多种变量类型，在 C/C++程序中我们可以通过 mxArray 结构体变量来存取 MATLAB 中的数据，从而实现不同环境间的数据传递。

4. 环境设置

MATLAB 的环境设置主要包括以下内容。

(1) 注册 MATLAB

实际上,通过引擎方式使用 MATLAB 的函数与命令,是将 MATLAB 以 ActiveX 控件方式启动的,因此在使用时需要注册,在 MATLAB 初次安装时会自动执行一次注册。命令如下:

```
matlabregserver
```

如果因为特殊原因,无法打开 MATLAB 引擎,可以在 DOS 命令提示符后执行上述命令,重新注册。

(2) 在 VC 中设置混合编程环境

要在 VC 中成功编译 MATLAB 引擎程序,必须包含引擎头文件 engine.h 并引入 MATLAB 对应的库文件 libmx.lib、libmat.lib、libeng,.lib。具体引入步骤如下:

① 启动 VC++ 2005 集成环境。

② 通过菜单选择“工具”→“选项”,打开设置属性页,选择“项目和解决方案”选项,单击“VC++目录”,在右侧“平台”下拉列表框中选择“x64”,在“显示以下内容的目录”下拉列表框中选择“包含文件”,添加路径“D:\Program Files\MATLAB\R2012b\extern\include”。本设置是假定 MATLAB 安装在 D:\Program Files\MATLAB 目录中。该设置是针对整个 VC 开发环境,而不是只针对一个具体的工程,所显示的设置界面如图 15.7 所示。

图 15.7 设置开发环境(一)

③ 通过菜单选择“工具”→“选项”,打开属性页,选择“项目和解决方案”选项,单击“VC++目录”,在右侧“显示以下内容的目录”下拉列表框中选择“库文件”,然后在 Directories 中添加

路径“D:\Program Files\MATLAB\R2012b\extern\lib\win64\microsoft”，如图 15.8 所示。

图 15.8　设置开发环境(二)

④ 新建或者打开一个工程，然后通过菜单选择“项目”→“属性”，打开工程设置属性页，选择“链接器”→“常规”。在“附加库目录”编辑框中添加三个 MATLAB 引擎库文件名，分别为 libmx.lib、libmat.lib、libeng.lib，添加时每个文件名之间用空格隔开，如图 15.9 所示。

图 15.9　设置开发环境(三)

以上步骤①、②是针对多个 VC 集成开发环境的，只需设置一次，而步骤③、④对每个工程都要单独设定一次。

5. 基于 VC 的标准控制台程序的应用实例

本例使用 MATLAB 引擎在 VC++ 6.0 环境下创建 Win 32 Consol Application 应用程序，实现一个矩阵求逆运算。其基本过程是在一个 C++程序中将矩阵数据传递给 MATLAB 引擎处理后，将处理(求逆)后的数据再传回 C++程序中输出。为了更简洁地说明问题，选择 Win 32 控制台应用程序(Win 32 Console Application)实现，具体步骤如下：

① 打开 VC++集成环境，选择菜单“新建”，在弹出的对话框中选择 Projects 标签页(用于新建工程)，在工程名选项 Project name 中输入工程名称“EngineTest”建立工程，在工程类型中选择 Win 32 Console Application。

② 在工程的 EngineTest.cpp 文件中添加代码，实现对 MATLAB 的调用以绘制曲面渲染图。完整文件代码如下：

```
// EngineTest.cpp：定义控制台应用程序的入口点
#include "stdafx.h"
#include "engine.h"
#include "string.h"
#include <iostream>
int _tmain(int argc, _TCHAR* argv[])
{
    //该程序执行引擎命令并绘制曲面渲染图
    Engine* ep;                                      //定义 MATLAB 引擎指针
    ep = engOpen(NULL);                              //分配引擎空间
    engSetVisible(                                   //显示 MATLAB 主窗口
        ep,
        true
        );
engEvalString(ep,"x = -4:4;");                       //分割 x 坐标
engEvalString(ep,"y = 2:8;");                        //分割 y 坐标
engEvalString(ep,"[X,Y] = meshgrid(x,y);");          //提取矩形网格交叉点的 x、y 坐标
engEvalString(ep,"Z = X.^2 + Y.^2;");                //计算网格点 z 坐标
engEvalString(ep,"figure('name','曲面渲染图');");
engEvalString(ep,"surf(X,Y,Z);");                    //绘制曲面渲染图
engClose(ep);                                        //关闭引擎
}
```

③ 对程序进行编译连接。程序执行结果如图 15.10 所示。

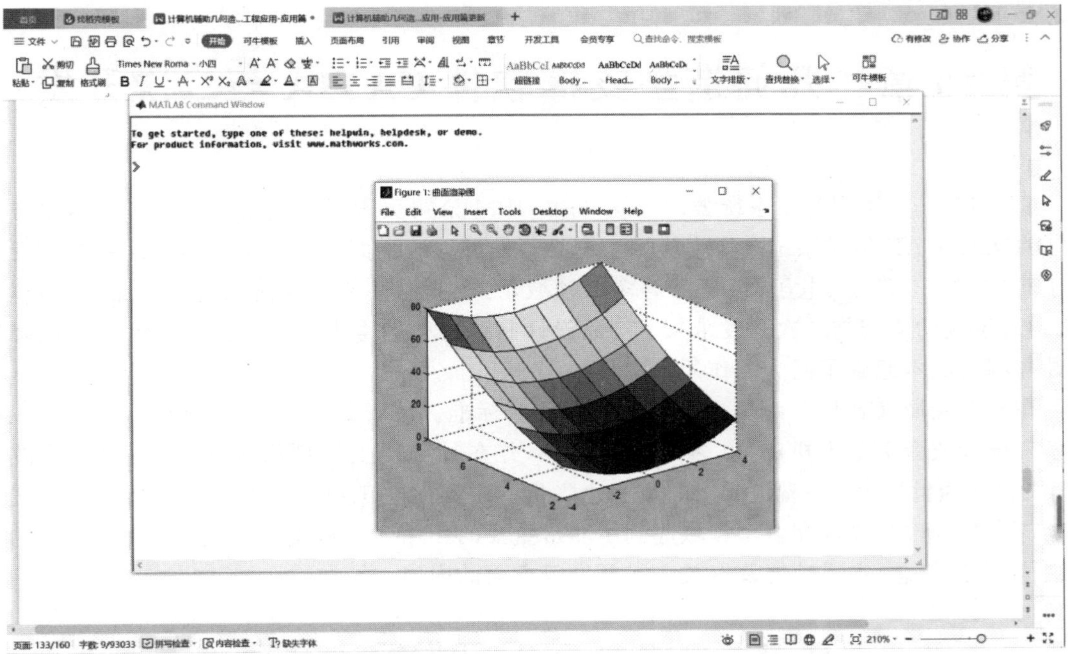

图 15.10　程序执行结果

习　题

1. 简述 MATLAB 的主要特点与技术优势。
2. 编制程序生成[−3,5]区间内 25 个正态分布随机数。
3. 编制程序完成平面 $2x+5y-z=4$ 法矢的计算。
4. 编制程序完成曲线

$$\boldsymbol{p}(u)=u^2\begin{bmatrix}2\\4\end{bmatrix}+(5u+6)\begin{bmatrix}5\\1\end{bmatrix}+(1-u^2)\begin{bmatrix}3\\2\end{bmatrix},\quad u\in[-2,5]$$

的图形绘制。

5. 给定控制顶点 $\boldsymbol{d}_0(-2,2,4)$、$\boldsymbol{d}_1(1,-6,2)$、$\boldsymbol{d}_2(9,2,13)$、$\boldsymbol{d}_3(7,5,22)$、$\boldsymbol{d}_4(2,-6,8)$,绘制由这些控制顶点定义的贝齐尔曲线。
6. 编制程序完成 3×2 次一般非均匀 B 样条曲面的定义与图形绘制。
7. MATLAB 混合编程的优势是什么,技术手段有哪些?

第 16 章　几何造型支撑软件 CATIA 与二次开发

CATIA 是由法国达索系统公司开发,并由 IBM 公司负责在全球销售和提供技术服务的 CAD/CAM/CAE 集成系统。作为应用于产品开发过程的全面解决方案,CATIA 系统广泛应用于航空、汽车、船舶、电子、消费品等多个领域,为企业提供了完善而无缝的产品开发环境。CATIA 系统的应用与二次开发带来了产品设计制造过程的重大改变,对提高产品质量、降低设计与制造成本起到了巨大的作用。

在航空领域,CATIA 系统几乎已成为了行业标准。波音公司使用 CATIA 系统,以三维模型来设计波音 777 飞机的 30 多万个零部件,并在计算机上模拟组装这些零部件,使波音 777 飞机成为世界上第一架 100%的数字化飞机。中国航空工业于 1987 年引进首套 CATIA 系统,在型号研制、设计和多个领域起到了非常重要的作用。本章主要介绍 CATIA 系统的体系结构、常用概念、主要功能及有关二次开发等方面的内容。

16.1　CATIA 产品开发解决方案

CATIA 系统是一个功能强大、应用覆盖面广的 CAD/CAM/CAE 集成系统。CATIA 系统组织结构的基本单元是产品(PRODUCT)。每一个用于完成某种特定造型或应用的功能集合称为一个产品,如线框造型、曲面设计、装配等。

CATIA 系统丰富而强大的功能提供了产品开发过程的全面解决方案。

1. 机械设计

机械设计解决方案可覆盖机械产品从概念设计、具体的零件设计,直到二维工程绘图。设计人员可以选择二维或三维线架造型、精确实体造型或多面体实体造型、基于特征的设计、三维参数化变量设计、草图设计等手段进行产品的造型。专用的应用程序可以帮助用户进行零件装配管理、金属钣金加工、三维尺寸和公差标注等工作。

2. 外形设计

外形设计解决方案对具有复杂外形曲面的零件提供了设计方案。该方案包括一些先进的曲面造型功能,可以方便地构造、修改、整形、分析及管理零件曲面,以帮助风格设计专家和设计人员对有特定的美学要求、空气动力要求或其他要求的外形进行设计。专用的应用程序可将点阵数据转化成零件曲面,在曲面上进行雕刻等工作。

3. 工程分析与仿真

分析与仿真解决方案提供了自动网格划分、求解计算和可视化工具来对实体和曲面进行静态和动态结构分析、应力分析以及其他的工程分析。除了 CATIA 系统自己的求解器外,还允许第三方或用户自己的求解器加入到系统中。

4. 电子设备和系统工程

电子设备和系统工程解决方案用于设计、修改、分析电子和流体系统。在制造过程中,电子系统设计可完全根据电线和电缆的内容定义来完成。CATIA 电子设备和系统工程解决方案涉及管道布线、电路图、三维电子设备以及布线和电缆安装设计，并可以进行空间预留、干涉和间隙检查以及装配仿真等空间管理工作。

5. 制造加工

制造加工解决方案提供了 3 轴和 5 轴洗切加工、车削加工、钣金自动排料等全套工具。NC 专家可根据企业 NC 技术库中共享的有关材料、机床、工具、工艺及其他加工参数，建成优化的 NC 标准应用程序。NC 编程人员可以使用这些优化的标准程序进行零件的自动编程。制造加工解决方案还提供了机器人的定义和编程以及 STL 快速成型等工具。

6. 工厂设计和造船

工厂设计和造船解决方案提供了完全集成的应用程序，用于厂房的管道、设备、结构等工厂基本单元的设计和修改。可自动地进行符合多种要求的绘图安排和等比例管道设计，有效地降低错误率，保证文档的一致性。工厂设计和造船解决方案完全集成在 CATIA 系统中，可充分利用其他先进的功能，如干涉检查、装配仿真、设计布局验证、可视化等功能。CATIA 系统还具有基于知识工程的智能化结构，可充分利用企业和项目的经验和技术。

16.2 CATIA 产品建模的关键特征

1. 面向虚拟产品的高度集成化

① CATIA 系统覆盖了产品从概念设计到使用维护全生命周期的全过程，提供了产品打样设计、详细设计、零件装配与装配模拟、工程分析、产品数控加工等产品设计、分析、制造、维护全过程所需的工具以及相应的管理手段。

② CATIA 系统是面向虚拟产品的高度集成化系统。

③ CATIA 系统是基于统一数据管理的高度集成。该系统单一集成的数据库保证了所有应用模块数据的一致性和相关性。

2. 集成多类型建模技术的混合造型

CATIA 系统是一个集二维工程绘图、线框造型、曲面造型、实体造型、特征造型等多种造型方法相混合，同时结合参数化和变量化造型的集成造型系统。用户在进行产品造型时，可根据产品设计各阶段的需要，使用绘图、曲线、曲面、实体等技术方法进行产品的数字化定义，并可通过参数化的尺寸驱动等多种修改手段，根据产品的性能、制造、维护等需要，进行产品模型的修改。

CATIA 系统混合模型的造型方法具有以下特点：

(1) 后参数化的过程

产品造型完成后，根据产品的特点以及修改、制造、维护的需要，对其进行参数化，使参数化的含义更加明确。

(2) 局部参数化方法

绝大多数零件往往只需对零件的某一部分或某几部分的几何进行修改，因此，可对所需要的几何进行局部参数化定义。

(3) 用户控制的相关性

仅需对所需要的相关几何建立逻辑关系，从而降低了产品逻辑关系的复杂性，提高了产品造型效率及模型的可维护性与可实现性。

3. 支持并行工程设计

① 基于多模型的操作(SESSION)可使多个工程师对同一模型进行设计与修改,实现对整个产品进行并行的设计,以便把产品的设计、加工、维护等环节的信息进行有效集成。

② 不同设计人员各自负责所承担的部分,最后使用多模型操作,通过零件之间的互补性和相关性形成最终的产品模型。任何人的设计与修改都直接影响最终的产品。

③ 多模型之间的关联可将不同设计人员的设计和更改信息有效地连接起来,从而保证产品信息的相关性、一致性和可靠性。

4. 基于人工智能技术的知识工程

CATIA 系统是一种智能化的 CAD/CAM 系统。该系统采用了人工智能技术,可将产品的技术规范、特殊技术要求、公司的技术标准以及个人的实际工程经验等准则加到产品的规则定义中,用户可以在项目的整个生命周期过程中跟踪、评估设计目标。基于人工智能技术的 CATIA 智能化体系结构,使 CATIA 系统具有更大的灵活性和先进的诊断能力,以提高所建立的产品模型的有效性、一致性、可靠性。

5. 开放性的体系结构

系统的开放性是评价一个 CAD/CAM 系统的重要指标。CATIA 系统具有良好的开放性。系统的开放性主要体现在如下 3 个方面:

① 支持多硬件平台,包括 IBM 主机以及 IBM、SUN、HP、SGI 工作站。

② 通过数据交换国际标准(STEP、IGES、DXF/DRW 等)和一些专用接口与其他的 CAD/CAM 系统进行数据交换。

③ 通过二次开发平台,允许用户存取 CATIA 数据,并在系统中加入用户的应用程序或增加新的应用程序(功能)。

16.3 CATIA 产品模型的数据组织

CATIA 模型的组织管理结构采用分层管理策略。一个 SESSION 可包含多个模型,并可把不同的模型组合成多个工作区。在一个模型中,可定义无数多个几何集,一个几何集中可含有多个几何元素。

1. 项目文件

当在一个项目或一个工作小组中使用 CATIA 进行造型时,需要对所有人员所共享的公共资源进行统一的定义和管理。这些公共资源存储在项目文件中(project file)。项目文件的内容包括:属性表、活动的属性及属性分类表、剖面线表、材料表、字符标注和尺寸描述表、线型参考表、层表、绘图格式和绘图比例表、管路标准表、管路流向及相容性表、APT 词汇表和数控机床后置词汇表。

通常情况下,项目文件由专门人员统一管理和维护。项目文件的使用可有效地保证在一个项目或一个工作小组中所有人员完成的 CATIA 模型具有一致性。

2. 模型和会话

CATIA 模型(model)是产品几何数据(如实体、曲面等)、应用数据(如运动机构、装配、NC 等)和有关管理数据的集合。用户在工作时,可同时打开多个 CATIA 模型,在多模型会话的工作环境下工作。

SESSION 是多个 CATIA 模型的集合。一个 SESSION 可以包含无数多个 CATIA 模型。在一个 SESSION 中，只能有一个活动的模型，而其他模型为参考模型。活动模型可以切换，用户只能在活动模型中进行操作（新定义几何元素、修改几何元素等）；但可以使用参考模型中的元素作参考，在活动模型中定义、修改几何元素或进行其他操作。

在一个 SESSION 中可定义多个工作区（workarea）。工作区是 SESSION 中模型的不同组合。在某个时刻，用户只能在当前工作区工作。当前工作区可以切换。

使用 SESSION 管理产品设计过程具有以下优点：

① 在不同的模型中定义零件，以减小模型的尺寸，提高造型过程中的响应速度。

② 利用已存在的零件模型，构造与该零件互补的新零件。这可以有效地实施并行工程设计。

③ 使用多个不同的零件模型建立装配、运动机构等应用模型。例如，把零件建立在不同的模型中，而在装配模型中只存储零件之间的装配约束关系，以便对 CATIA 的数据进行有效的管理。

④ 绘制出不同模型组合的复杂结构。

3. 工作空间

在模型内部可以被分成几个相互独立的工作单元，称之为工作空间（workspace）。工作空间分两类：

（1）主工作空间

一个模型只有一个主工作空间（master workspace），主工作空间是用户进行造型的主要工作空间。

（2）详细工作空间

详细工作空间（detail workspace）也称子工作空间，是用户进行造型时采用的辅助工作空间。在一个模型内可以定义无数多个详图工作空间，主要用于构造那些在其他工作空间（主工作空间或其他详图工作空间）可以多次使用的几何体或标准件。详图工作空间的引用有两种方式：影像方式（DITTO）和拷贝方式（COPY）。

① 影像方式（DITTO）将详图工作空间的几何体的影像投影到接收工作空间；

② 拷贝方式（COPY）将详图工作空间的所有几何元素拷贝到接收工作空间。

采用影像方式可大大节省模型空间，并且当详图工作空间的几何体修改以后，所有的影像均随之变化。

在模型内部定义的详图工作空间称为内部详图。内部详图只能在定义它的模型中使用。如果所构造的详图要在多个模型中使用，则需要把该详图存在标准件库中。模型中使用的库中详图为外部详图，而外部详图与库具有强连接关系。

4. 几何集

几何集（sets）是几何元素的集合。在造型过程中，用户可根据需要把几何元素进行分组管理，放在不同的几何集中。一个几何集可以包含无数多个任意类型的几何元素。在主工作空间中可以定义无数个几何集。几何集之间是相互独立的，即一个元素只能属于一个几何集。几何集中的元素可以互换。新生成的几何元素自动放在当前几何集中，而当前几何集可以转换。详图工作空间缺省只有一个几何集，后续可以设成多个几何集。在运动机构模块中，几何集是一个独立的运动构件。在装配模块的单模型装配环境中，几何集作为一个零件参与装配。

16.4 CATIA 几何形状的数学表示与图形处理

16.4.1 CATIA 曲线的数学表示

在 CATIA 几何模型内部，对于曲线的数学表示如下：

1. 规则曲线

CATIA 采用二次多项式解析曲线完成规则曲线(点、直线、圆、椭圆等)的数学描述。

2. 自由曲线

CATIA 采用贝齐尔、B 样条及 NURBS 曲线完成自由曲线的数学描述。

复杂曲线由多条曲线段(在 CATIA 中称之为 Arc)相互拼接组成。相邻的曲线段间满足一定的连续性要求(位置连续、切线连续、曲率连续条件)，如图 16.1 所示。每条曲线段的次数一般在 1～15 次之间。

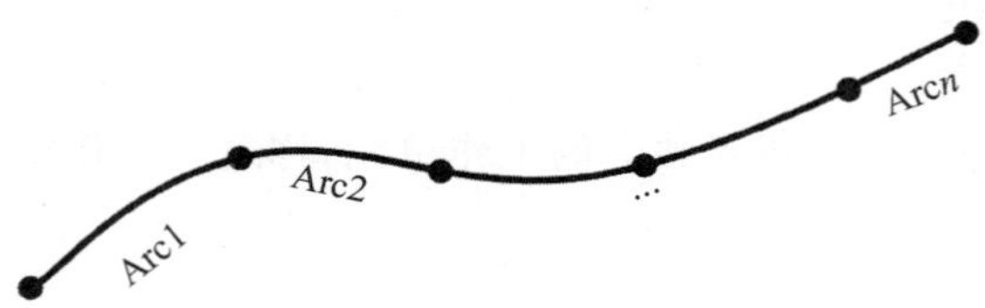

图 16.1 CATIA 复杂曲线模型

定义曲线所用的边界条件(控制顶点、切线方向、曲率半径等)由 CST 元素(CATIA 元素，即曲线的约束元素)描述。每条曲线对应一个 CST 元素，一个 CST 元素可以生成不同类型的数条曲线。

16.4.2 CATIA 曲面的数学表示

CATIA 系统对于曲面的数学表示包括：

1. 规则曲线

CATIA 采用二次多项式曲面完成规则曲面的数学描述，如柱面、锥面、球面等。

2. 自由曲线

CATIA 对于自由曲面的描述方法包含贝齐尔、B 样条、NURBS 曲面。此外，还采用孔斯曲面定义由网格曲线构造的曲面。

16.4.3 曲线曲面的分析处理

CATIA 曲面的多种数学表示并不影响曲面的处理和计算。当对不同类型的曲面进行处理和计算(如曲面求交、NC 加工、有限元网格划分等)时，并不需要对不同数学表示的曲面进行相互转换。在应用过程中，系统内部采用了求值技术解决曲面多种数学表示的混合应用问题。求值技术的基本原理如下：

① 对于每一种类型的曲线曲面，都有定义该曲面的定义数据(控制顶点、切线、曲率等边界条件)及相应的数据结构。

② 每一种类型的曲线曲面都有相对应的数学方法，如计算给定 u、v 参数的点的坐标，u 向、v 向的切矢、法矢、曲率等。

③ 系统内部将曲线曲面的类型、定义数据、计算方法封装起来，因此在对曲线曲面进行处理和计算时，不必关心该曲面是何种类型，以及该用何种数学方法。

求值技术实际上采用的是面向对象的技术。求值技术的使用，使用户在曲面设计过程中，可根据产品外形的特点及相应的技术要求，如切线、曲率的连续性要求等边界条件，曲面的可修改性等，选用合适的曲面造型方法来进行曲面的设计和修形，而不必关心曲面的数学表示。

CATIA 曲面的内部体系结构采用裁剪面（TRIMMED SURFACE）表达，其数据组织如下：

① SURF　CATIA 的曲面元素，用于描述曲面的数学定义。

② FACE　CATIA 剪裁曲面，用于描述曲面上所要的指定区域，可带有多个内孔。剪裁曲面是一拓扑元素，它没有自己的几何定义。剪裁曲面的几何定义依赖于剪裁曲面所在曲面的数学定义。

③ SKIN　CATIA 复剪裁曲面，是多个剪裁曲面通过其公共边界连接形成的复合曲面。复合剪裁曲面是拓扑元素。

④ VOLUME　CATIA 曲面体，是多个剪裁曲面通过其公共边界连接形成的封闭的曲面体。曲面体是拓扑元素。

上述各元素之间的逻辑关系如图 16.2 所示。

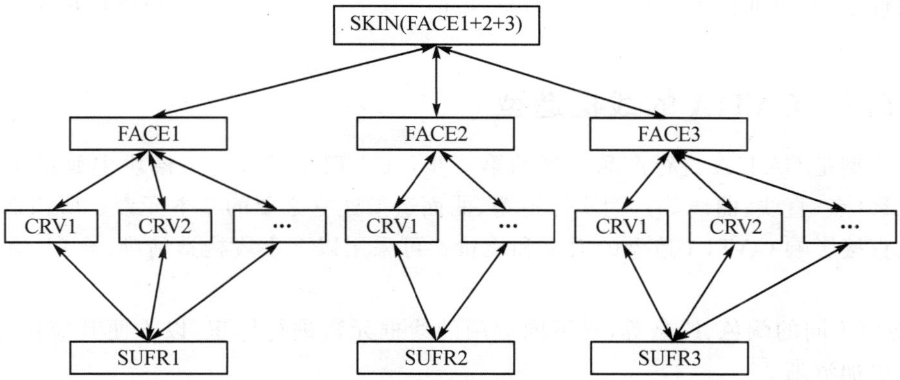

图 16.2　CATIA 曲面的数据组织

16.4.4　CATIA 实体元素的结构及表示

CATIA 的实体模型采用边界表示法和构造实体几何两种表示方法。

1. 边界表示法(B－Rep)

记录了组成实体元素的所有边界几何信息（点、线、面），以及边界几何信息之间严密的拓扑关系。

2. 构造实体几何(CSG)

记录了复杂实体几何所引用的基本体素及其体素之间的拼合运算关系（布尔运算）。

CSG 表示实际上记录了复杂实体几何的构造过程，亦即表示了复杂实体元素的构型结构。CSG 表示在其内部采用二叉树描述，所以常称之为 CSG 树，也称历史树。CSG 树中的某个分枝称为该实体的局部实体。实体的某些操作可以在局部实体上进行。

在 CATIA 模型内部，每一个实体元素同时存在上述两种表示方法。这两种表示可以转化。每一个有效的 CSG 树都能准确地产生实体元素的边界表示，但不是唯一的。不同的 CSG 树可以产生同样结果的实体元素，因此可以充分利用 CSG 树的这个特点，修改实体和优化实体的构造结构。

优化的 CSG 树可以提高实体的运算速度，增加实体的稳定性和可靠性，并通过暂时关闭某个分枝得到实体的不同配置。优化的 CSG 树应该是低而平缓的，并把含义相同或相近的体素或分枝建在同一分枝上。例如，在实体上有几个孔，这些孔的加工对应于同一个加工操作(钻孔)。在不影响最终结果的情况下，可以把这些孔建在同一个分枝上。这样，就可以暂时关闭这个分枝，得到钻孔以前实体的状态。

16.5 CATIA 产品外形设计

CATIA 的线框与曲面造型设计功能包含在“线框和曲面设计”与“创成式形状设计”两大模块之中，它们为用户提供了一整套应用广泛、功能强大、使用方便的工具集，以建立和修改用于复杂外形设计所需的各种曲面形状。同时，CATIA 曲线曲面设计又是一种基于特征的设计方法，由于采用了基于特征的设计方法和全相关技术，因此在设计过程中还能有效地捕捉设计者的设计意图，故而极大地提高了设计的质量与效率，并为后续设计更改提供了强有力的技术支持。

16.5.1 CATIA 的线框造型

线框造型是 CATIA 进行产品造型的第一步。CATIA 线框造型模块主要用于构造基本的线框元素(点、直线、曲线等)，为实体造型、曲面造型建立必要的基本元素。所构造的基础线架的品质直接影响 CATIA 造型的效率和质量。可采用以下手段构造清晰、合理、有效的线架模型：

① 使用不同的颜色、线型等，对不同应用的线框元素进行标识，以方便其应用，并可使模型的显示更加清晰。

② 使用“LAYER”“FILTER”功能，对线框元素按其作用和应用进行分组显示管理，使其在屏幕上显示的几何图形清晰明了。

③ 使用“NOSHOW/SHOW”“NOPICK/PICK”功能隐掉暂时不用的几何元素。

④ 对于大型、复杂的产品模型，如飞机，在工作时，常需要由一个状态转换到另一个状态，如由飞机机头转换到机尾，或由外形设计转换到飞机内部结构设计，这时可把某个经常使用且适合某个工作状态(显示的位置、方向、比例等)的视窗定义并存储起来。如果需要同时在几个视窗下工作，则可把显示屏幕划分成几个区域，在每个区域上显示不同的视窗，并把该屏幕划分的状态存储起来。这样在需要时，就可以快速转换到所需工作状态的视窗或屏幕划分上，从而提高造型效率。

⑤ 使用“TEXT”功能对特定的几何元素进行注释。

⑥ 当进行曲线定义时，在满足产品设计要求的前提下，应尽量使用合理、较低的计算次数，且保证曲线尽量光顺。这样可提高模型质量，提高运算 NC 加工路线生成、有限元网格划分等的速度。

⑦ 在整个产品造型过程中，合理地使用与分配计算容差，以保证模型质量。

16.5.2　CATIA 的曲面造型

曲面造型是 CATIA 系统的主要造型方法之一，主要用于飞机、汽车等带有复杂外形的产品造型。CATIA 系统有关曲面外形设计的常用功能包括：

1. 基本曲面造型

CATIA 的基本曲面造型主要用于定义基本的曲面（如柱面、球面、圆锥面、旋转面、拉伸面、简单插值曲面、偏移曲面等），以及对基本曲面进行剪裁、过渡、拼接等编辑处理。

2. 高级曲面造型

CATIA 高级曲面造型主要用于复杂曲面的造型与修改，主要功能如下：

① 高级的曲面剪裁、变半径圆角过渡、自动拼接等曲面编辑处理。

② 模具曲面的处理。

③ 模线曲面的定义。由线段、圆弧及二次曲线三种类型的截面曲线沿着脊线滑动形成的曲面即为模线曲面。

④ 插值曲面的定义。通过对一系列平面曲线进行插值生成的曲面即为插值曲面。

⑤ 曲面的修形处理。

⑥ 过渡曲面的定义。

CATIA 具有很强的曲面造型能力。它提供了 50 多种不同形式和不同边界条件控制的复杂曲面的构造方法。其曲面构造的基本方法是截面的生成曲线沿着脊线的控制，通过滑动形成复杂曲面，同时，可附加与其他曲面相切、曲率连续等一系列边界条件。

对于定义曲面的某些参数如半径、夹角等，可使用参数变化规律控制元素来进行控制。该元素可定义参数的线性和非线性的变化规律。

对于高级曲面造型功能所定义的曲面，在其内部记录了曲面定义的原始信息如脊线、边界线、定义参数等，可在以后对其进行修改。

3. 自由曲面造型

NURBS 方法由于可对曲面（包括解析曲面、自由曲面）进行统一表示，并可通过控制点和权因子来灵活地改变形状等特点，目前已得到广泛应用。CATIA 自由曲面造型采用 NURBS 方法进行复杂曲面设计，其主要功能包括：

① 生成 NURBS 曲线、曲面；

② 通过控制顶点的修改、权因子的修改等方式，修改 NURBS 曲线、曲面；

③ 对网格曲面进行定义、修改及光顺处理；

④ 对曲线、曲面进行实时分析。

4. 曲面外形修改

CATIA 创成式钣金设计功能提供对复杂的曲面外形，包括剪裁曲面和复合剪裁曲面进行连续的修形的能力。用户在工具栏中选取合适的工具，以此对 CATIA 几何形状进行操作。这些整体和非线性修形，比如拉伸、弯曲和扭曲等，仍使 CATIA 元素保持特征线和几何等的连续性。用户控制包括位置公差、曲面细分修改等一些关键性的参数。

该模块提供对复杂形状进行非均匀、非线性的形状修改能力，包括在曲面上增加凸台或下陷，将曲面整体弯曲、整体扭转，将曲线扭转。相关操作可在用户控制的位置公差、曲面特性和修改等级等参数的控制下，完成快速形状修改，并能保持形状特性和相邻曲面间的连续性要求，以检查、评估多种设计方案。

16.6 CATIA 三维实体建模

CATIA 实体模型在其内部数据结构表示上，采用了边界表示（B-Rep）和结构实体几何（CSG）表示的混合表示法。每一个实体元素同时存在这两种表示方法。实体模型由于采用了精确数学描述的边界表示，故可直接应用于 NC 加工、有限元分析、干涉分析、运动机构模拟分析等许多方面。

1. 实体几何元素的定义

首先定义基本体素，包括立方体、圆柱体、拉伸体、旋转体、扫掠体等，用户可以创建参数化特征并使用其定义实体。将复杂曲面通过投影、封闭、曲面体转化、缝合等手段生成带有复杂曲面的实体，同时建立了曲面与实体的联系。当曲面被修改后，实体会随之变化。

2. 实体的拼合操作

拼合操作将两个实体进行逻辑运算生成复杂的实体，包括：

① 基本拼合操作，包括并（union）、交（intersect）、差（subtract）、切（split）4 种。

② 局部修改操作，即对已有实体局部部位的几何和拓扑进行的修改操作。包括倒角（chamfer）、倒圆（fillet）、拔模（drafting）、抽壳（shell）、延伸和缩进（thickness）等操作。

③ 基于 CSG 树操作的实体模型编辑是 CATIA 实体造型的核心，用户可在任意时刻打开零件编辑窗口，显示当前零件的 CSG 树，通过 CSG 树完成实体编辑并修改实体的树结构。

16.7 CATIA 三维参数化造型

当用户完成基本线框、实体、曲面的造型后，可用三维参数化造型功能对零件模型的关键参数、几何元素之间的相对约束关系进行参数化处理，通过参数驱动进行零件模型的修改。

CATIA 的三维参数化造型主要体现在以下方面：

① 实体体素的参数化定义。

② 截面轮廓（实体中的拉伸体、旋转体、棱锥体、扫掠体的定义截面，以及曲面定义所用的截面线、控制线或其空间任意平面轮廓）的参数化定义。

③ 实体体素间的相对位置参数化定位。

④ 参数的管理，包括参数的关联、编辑、删除等操作。

⑤ 通过参数值的修改来修改几何模型，如实体或曲面。

CATIA 的三维参数化造型功能具有以下特点：

① 后参数化过程。用户完成几何定义后，再对几何进行参数化处理。

② 全参数化和局部参数化模型。用户对所完成的模型可进行全参数化模型处理，或根据自己的需要，仅对所感兴趣的部分进行参数化处理。

16.8　三维数字化装配与模拟

CATIA 数字化装配模块可快速生成装配件的三维数字化模型，并实现产品的设计分析、零件的详细设计以及后续环节的应用，如装配模拟等。

CATIA 数字化装配模块的主要功能如下：

① 按装配技术要求，定义零件之间的装配约束关系（贴合、共轴、共面、间隙）。

② 根据零件之间的装配约束关系，进行零件的自动定位。与此零件相关联的其他零件，也会根据装配约束关系进行移动，以保持其装配约束关系。

③ 根据整体装配件之间的关系，进行零件的补充设计。可根据与其他元素的关系生成新的元素，例如在零件上打孔，并自动建立相应的装配约束关系。

④ 根据已有装配件，仅用鼠标在三维空间进行新零件的草图设计，并自动建立相应的装配约束关系。

⑤ 分析并管理零件装配约束关系。

⑥ 根据所定义的装配约束关系，自动生成运动机构定义。

⑦ 通过定义装配零件及其夹具的旋转、平移等运动，定义零件及其夹具在装配和拆卸过程中的运动轨迹。

⑧ 动态地检测零件及其夹具在装配和拆卸过程中的干涉和间隙情况。

图 16.3 所示为机身连接框数字化预装配。

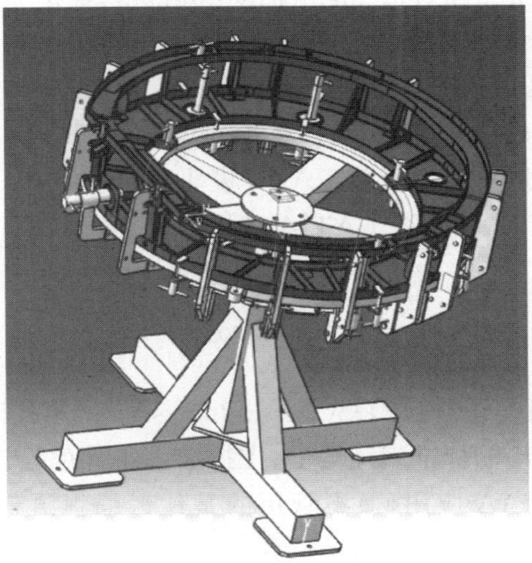

图 16.3　机身连接框数字化预装配

CATIA 数字化装配与模拟具有以下特点：

① 支持多模型。可将存在多个模型中的零件组装在一起，生成最终的装配件，同时并行地对模型的装配过程进行校核。

② 支持设计的更改。设计人员可采用直接方法或参数化方法对装配零件进行修改，但始终保持所定义的装配约束关系。

③ 由装配模型自动定义运动机构模型，借助机构的运动模拟，可对整个设计进行验证。

④ 可进行新零件的草图设计和装配零件的补充设计，从而提高零件设计的准确性和可靠性。

图 16.4 所示为飞机壁板装配模拟。

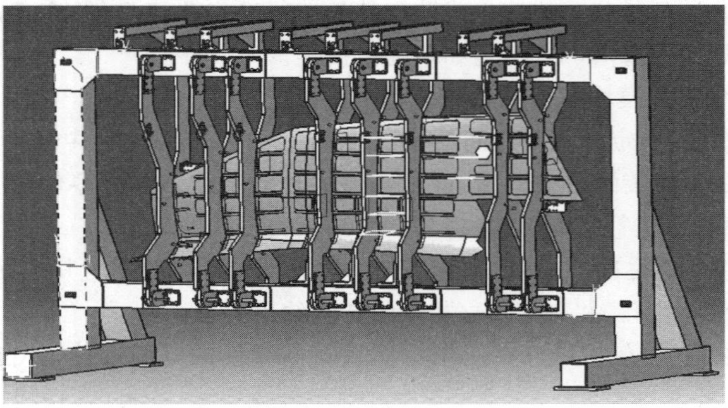

图 16.4　飞机壁板装配模拟

16.9　CATIA CAA 二次开发简介

16.9.1　开发环境

RADE(Rapid Application Development Environment)提供完整的编程工具组，为 CATIA 二次开发提供快速可视化的集成开发环境。RADE 以 Microsoft Visual C++为载体，开发工具完全集成在 VC++环境中。RADE 包括一系列工具，如 TCK(Tool Configuration Key)、MAB(多空间应用生成器)、CUT(C++单元调试管理器)、MKMK(CAA 编译工具)、CID(C++交互式面板)。用户通过安装 RADE 模块，可以在 VC++开发环境下编制程序，实现与 CATIA 的交互通信，从而完成 CATIA 的次开发。可以说，CATIA CAA RADE 是目前所有高端 CAD/CAM 开发环境中最为复杂但功能最为强大的一个。

16.9.2　编译器

MKMK(多工作区应用编译器)是 DS(Dassault Systems)原代码编译工具，它构建在平台无关(UNIX 和 WindowsNT)的标准编译器上，支持面向组件的设计模式。MKMK 提供一种统一的工具来编译和链接 CAA 应用，而不管用的是什么编程语言(Fortran、C、C++、IDL、Express、CIRCE 等)。

CUT 是单元调试管理器，CUT 用 mkodt 命令来运行传递给测试框架中的测试对象，通过选择不同的命令参数来决定选择测试一个对象或者所有对象。

CID 即 C++交互式面板，根据软件开发人员的需求，CID 支持从设计、开发到测试、推广及维护的整个开发设计周期，提供对 RADE 产品的单点访问。虽然 CID 在 Windows NT 下运行，但是却能够产生 Unix 程序代码。

MAB 多工作空间应用生成器产品为 CATIA V5 应用程序提供了一个集成统一的编译、链接、编辑、生成环境。MAB 能够承担多工作空间编辑、链接、运行代码生成，以及各工作空间之间依赖性的有效管理。MAB 还可以监控任一工作空间的源代码的变更，在整个编译过程中显示跟踪该变更，使编译过程只需要编译更改部分即可。

16.9.3　CAA 架构

CAA 应用的框架结构遵从组件对象模型，有自己的框架结构。每个应用至少有一个框架（framework），每个框架至少有一个模块（module），每个框架里面有一个 IdentityCard. h 文件，这个文件通过宏“AddPrereqComponent（framenwork，protected）”来“声明”这个框架的一些首先必备的其他框架名称，framework 是框架名称。CAA 的编译器就是通过 IdentityCard. h 文件把头文件搜索限制在首先必备框架所包含的接口中。每个模块下面定义了一个 Imakefile. mk 文件，这个文件指明了这个模块中所有文件在编译时用到的其他模块和一些外部库，以及为编译器提供如何编译的模块必需信息，还指定在不同的操作系统下面编译时的一些可能的特殊要求。

CAA 环境对 Cnext 能够运行的所有操作系统采用同样的编译器，这为开发者提供了很大的方便，因为他们可以不需要知道怎样用不同的编译器和怎么写 makefile。但是 MKMK 并不能做所有的事情，开发者至少要说明他们想要做什么。如果在自己的源文件中需要用到其他模块的接口，就要在 Imakefile. mk 中进行说明。

程序结构采用了 COM 组件模型，组件模型中有两个常用的概念：接口（Interface）和实现（Implement）。接口是一个包含许多纯虚函数的抽象对象，这些纯虚函数指明了接口支持的方法。实现是一个具体定义接口中的方法的对象，一个实现对象必须显式声明它支持哪些接口，还必须定义它支持的接口中的所有抽象方法，实现对象可以支持一个或多个接口，而客户应用只能通过这些接口与实现对象发生联系。

CAA 应用程序架构示例如图 16.5 所示。

图 16.5　CAA 应用程序架构示例

16.9.4 CAA 二次开发示例

CATIA CAA 二次开发的基本步骤包括：

① 新建菜单和工具条。

② 为菜单和工具条添加命令处理函数。

③ 创建对话框。

④ 为对话框控件添加回调函数。

在创建了程序交互界面之后，找到对话框按钮的回调函数并在其中输入以下代码：

```
// Callback on PushBActivate of _PushButton002
void BITCreateAssemDlg::OnPushButton002PushBActivateNotification(CATCommand * cmd, CATNotification * evt, CATCommandClientData data)
{
    // Add your code here
    // 创建草图
    // 获得 Editor、Document、Container，设置 GSMFactory
    CATFrmEditor * pEditor = CATFrmEditor::GetCurrentEditor();
    CATDocument * pDoc = pEditor ->GetDocument();
    CATIContainerOfDocument_var spConODocs = pDoc;
    CATIContainer * pContainer;                                        //Container
    CATIPrtContainer * pPrtContainer;                                  //PartContainer
    CATIGSMFactory_var spGSMFactory;                                   //GSM 工厂
    CATIPrtPart_var spPrt;
    HRESULT hr = spConODocs ->GetSpecContainer(pContainer);            //获取 Container
    hr = pContainer ->QueryInterface(IID_CATIPrtContainer,(void * * )&pPrtContainer);
                                                                       //获取 PrtContainer
    spPrt = pPrtContainer ->GetPart();
    CATListValCATISpecObject_var spListRefPlanes = spPrt ->GetReferencePlanes();
                                                                       //获取个参考平面
    CATISpecObject_var spSketchPlane = spListRefPlanes[3];             //第三个平面
    CATISketchFactory_var spSketchFactOnPrtCont(pPrtContainer);        //草图工厂
    CATISketch_var spSketch = spSketchFactOnPrtCont ->CreateSketch( spSketchPlane ); //创建草图
    CATI2DWFFactory_var spWF2DFactOnSketch(spSketch);
    spSketch ->OpenEdition();                                          //进入草图开始绘图
    double centerPoint[2] = {0.0,0.0};
    CATISpecObject_var spCirCle = spWF2DFactOnSketch ->CreateCircle(centerPoint, 10);
                                                                       //绘制一个圆
    spSketch ->CloseEdition();                                         //退出草图环境
    CATIPrtFactory_var spPrtFactOnPrtCont(pPrtContainer);              //零件工厂
    CATISpecObject_var contPad = spPrtFactOnPrtCont ->CreatePad(spSketch); //创建拉伸
    CATIPad_var  ospPad = contPad;
    ospPad ->ModifyEndType(catOffsetLimit);                            //设置拉伸高度为 mm
    ospPad ->ModifyEndOffset(20.00);
    contPad ->Update();                                                //实体更新
}
```

运行应用程序并在单击对话框的“创建圆柱”按钮后将创建一个圆柱面，结果如图 16.6 所示。

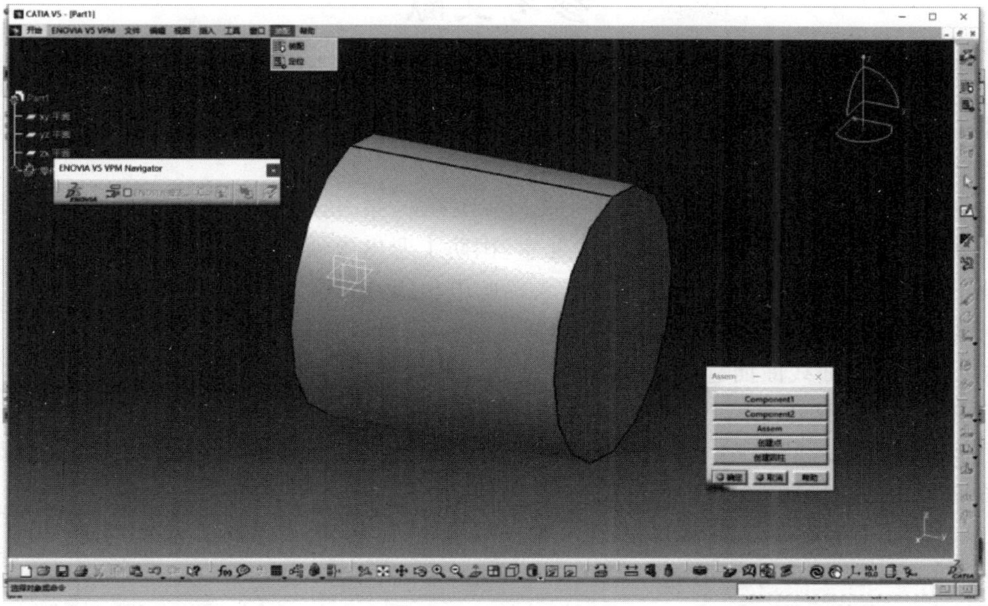

图 16.6　二次开发程序运行实例

习　题

1. 简述 CATIA 产品建模的关键特征。
2. CATIA 如何完成产品模型的数据组织？
3. 说明 CATIA 曲线曲面的分类与数学表示方法。
4. CATIA 曲线曲面处理的主要内容是什么？如何完成数学表示的混合应用的分析处理问题？
5. CATIA 如何完成实体建模？其数据结构与表示是什么？
6. 说明 CATIA 曲面造型的主要功能。
7. CATIA 三维参数化造型主要体现在哪些方面？
8. 分析 CATIA 数字化装配与模拟的作用与技术优势。
9. 简述 CATIA 二次开发的作用与方法。

参考文献

[1] 施法中. 计算机辅助几何设计与非均匀有理B样条[M]. 修订版. 北京:高等教育出版社,2013.

[2] Piegl L, Tiller W. The NURBS book[M]. Berlin:Springer-Verlag, 1997.

[3] 唐荣锡. 计算机辅助飞机制造[M]. 北京:国防工业出版社,1992.

[4] Shirley P. 计算机图形学[M]. 北京:人民邮电出版社,2007.

[5] 崔洪斌,方忆湘. 计算机辅助设计基础及应用[M]. 北京:清华大学出版社,2004.

[6] 朱心雄. 自由曲线曲面造型技术[M]. 北京:科学出版社,2000.

[7] 王国瑾,汪国昭,郑建民. 计算机辅助几何设计[M]. 北京:高等教育出版社,2001.

[8] 曲学军,杨亚文,韩志仁. 基于散乱数据表面法矢的二次曲面直接拟合[J]. 航空学报,2007, 28(4): 1018-1022.

[9] Piegl L, Tiller W. Least-squares B-spline curve approximation with arbitrary end derivatives [J]. Engineering with Computers,2000, 16:109-116.

[10] Piegl L, Tiller W. Surface approximation to scanned data[J]. The Visual Computer, 2000,16(7): 386-395.

[11] Chen X D, Ma W, Claude P J. Multi-degree reduction of Bezier curves using reparameterization[J]. CAD, 2011,43(2): 161-169.

[12] 曲学军,宁涛,席平. B样条曲面的光滑拼接[J]. 计算机辅助设计与图形学学报,2004, 16(1): 138-141.

[13] ArudyT, Martin R R, Cox J. Special issue: Reverse engineering of geometric models [J]. Compter Aided Degign, 1997,29(4): 253-254.

[14] Bannhill R E. Geometry processing for design and manufacturing[M]. USA Philadelphia: SIAM, 1992.

[15] Yamaguchi F. Curves and surfaces in computer aided geometric design [M]. Berlin: Springer-Verlag, 1988.

[16] Kjellander J. Smoothing of cubic parametric splines[J]. Compter Aided Degign, 1988, 20(6):312-317.

[17] Juhdsz I. On the singularities of a class of parametric curves[J]. Computer Aided Geometric Design, 2006,23: 146-156.

[18] Li H, Liu S Q. Local interpolation of curvature continuous surfaces[J]. Compter Aided Degign, 1992,24(9): 491-503.

[19] Hohmeyer M E, Barsky B A. Rational continuity: Parametric, geometric, and Frenet frame continuityof rational curves[J]. ACM Trans on Graphics, 1989, 8(4): 335-359.

[20] Barsky B A, DeRose T D. Geometric continuity of parametric curves: constructions of geometrically continuous splines[J]. IEEE CG & A, 1990, 10(1): 60-68.

[21] Prautzsch H, Piper B. A fast algorithm to raise the degree of spline curves[J]. Computer Aided Geometric Design, 1991,8(4): 253-265.

[22]潘日晶,姚志强,潘日红. B样条曲线的降阶公式及近似降阶方法[J]. 计算机学报, 2003, 26(10): 1255-1260.

[23] Li W, Xu S, Zhao G, et al. Adaptive knot placement in B-spline curve approximation [J]. Computer Aided Design, 2005, 37(8): 791-797.

[24] Park H, Lee J. B-spline curve fitting based on adaptive curve refinement using dominant points[J]. Computer Aided Design, 2007, 39(6): 439-451.

[25] Park H. An error bounded approximate method for representing planar, curves in B-splines [J]. Computer Aided Geometric Design, 2004, 21(5): 479-497.

[26] 徐进,柯映林,曲巍崴. 基于特征点自动识别的B样条曲线逼近技术[J]. 机械工程学报, 2009, 45(11): 212-217.

[27] Yoshimoto F, Harada T, Yoshimoto Y. Data fitting with a spline using a realcoded genetic algorithm[J]. Computer Aided Design, 2003, 35:751-760.

[28] 孙越泓,魏建香,夏德深. 基于自适应遗传算法的B样条曲线拟合的参数优化[J]. 计算机应用, 2010: 30(7): 1878-1882.

[29] Hohmeyer M, Barsky B. Skining rational B-spline curves to construct an interpolatory-surface[J]. Computer Vision Graph. and Image Processing: Graphical Models and Image Processing, 1991, 53(6): 511-521.

[30] Song H C, Yong J H, Yang J Y, et al. Algorithm for orthogonal projection of parametric curves onto B-pline surface[J]. Computer Aided Design, 2011, 43(4): 381-393.

[31] Chen X D, Ma W Y, Xu G, et al. Computing the Hausdorff distance between two B-spline curves[J]. Computer Aided Design, 2011, 42(12): 1197-1206.

[32] Park H. B-spline surface fitting based on adaptive knot placement using dominant columns [J]. Computer Aided Design, 2011, 43:258-264.

[33] 陈仙国,刘伟军,张鸣. 特征点的B样条曲线逼近技术[J]. 计算机辅助设计与图形学学报, 2011, 23(10): 1714-1718.

[34] 周红梅,王燕铭,刘志刚,等. 基于最少控制点的非均匀有理B样条曲线拟合[J]. 西安交通大学学报, 2008, 42(1): 73-77.

[35] Park H, Kim K, Lee S C. A method for approximate NURBS curve compatibility based on multiple curve refitting[J]. Computer Aided Design, 2000, 32(4): 237-252.

[36] Zhao X Y, Zhang C M, Yang B L, et al. Adaptive knot placement using a GMM-based continuous optimization[J]. Computer Aided Design, 2011,43: 598-604.

[37] 李强,席光,王尚锦. NURBS表示圆弧曲线的实用方法[J]. 计算机辅助设计与图形学学报, 1999, 11(5): 467-469.

[38] 韩西安,施法中. 有理Bezier曲线参数化方法研究[J]. 小型微型计算机系统, 2001, 22(1): 63-65.

[39] 蒋大为,绿秦东. 有理贝齐尔曲线的权因子计算[J]. 航空学报, 1993, 14(11): 666-669.

[40] 施法中. 各种角度圆弧的二次NURBS表示[J]. 计算机辅助设计与图形学学报, 1995,

5(4)：247-251.

[41] 唐荣锡. CAD/CAM 数据管理技术[M]. 北京：国防工业出版社，1990.

[42] ANSI U S. Product Data Association(US PRO)[S]. The Initial Graphics Exchange Specification (IGES) Version 5.3. IGES/PDES，1996.

[43] Mortenson M E. Geometric modeling[M]. 北京：机械工业出版社，1992.

[44] National Institute of Standard and Technology(NIST). Standard for the exchange of Product modal Data (STEP)：ISO 10303[S]. Gaithersburg，MD，1994.

[45] 郭飞燕. 飞机数字量装配协调技术研究[D]. 西安：西北工业大学，2015，12.

[46] 孟飙，曲学军. 飞机工艺数字样机定义及其应用研究[J]. 现代制造工程，2011，10：131-134.

[47] Ri S，Muramatsu T，Saka M，et al. Fast and accurate shape measurement system utilizing the fringe projection method with a ferroelectric liquid-crystal-on-silicon microdisplay[J]. Optical Engineering，2012，51(8)：1-8.

[48] Muelaner J E，Cai B，Maropoulos P G. Large-volume metrology instrument selection and measurability analysis[C]// Proceedings of the Institution of Mechanical Engineers，Part B. Journal of Engineering Manufacture，2010，224(6)：853-868.

[49] Buescher C，Mayer M，Schilberg D，et al. Artificial Cognition in Autonomous Assembly Planning[J]. Intelligent Robotics and Applications，2011，7102：168-178.

[50] 程云勇，张定华，卜昆，等. 涡轮叶片形状检测中的模型配准控制点集选取[J]. 机械工程学报，2009，45(11)：240-246.

[51] 曲学军，王勇，樊龙欣，等. 线结构光三维扫描测量中的多视数据对齐[J]. 塑性工程学报，2012，19(5)：130-135.

[52] Gosavi A，Cudney E. Form errors in precision metrology：A survey of measurement techniques[J]. Quality Engineering，2012，24(3)：369-380.

[53] 王亮，李东升. 飞机数字化装配柔性工装技术体系研究[J]. 航空制造技术，2012，7：34-39.

[54] 梅龙. 激光跟踪仪在飞机钣金零件检测中的应用研究[J]. 自动化应用，2017，4：105-107.

[55] 陈丽丽，尹华彬，刘胜兰，等. 航空实物制造依据三维数字化测量及模型重建[J]. 航空制造技术，2018，61(5)：24-29.

[56] 马伟丽，王健，孙文潇. 曲率约束的激光点云全局优化配准算法[J]. 遥感信息，2019，34(4)：62-67.

[57] 曲学军，席平. 满足已有制造依据的飞机外形曲面重建原则[J]. 制造业自动化，2004，26(3)：16-19.

[58] 陶海跻，达飞鹏. 一种基于法向量的点云自动配准方法[J]. 中国激光，2013，40(8)：184-189.

[59] 曲学军，刘春. 自由曲面配准技术[J]. 航空制造技术，2009，4：73-77.

[60] 赵俊岭. 工程测量技术[M]. 北京：机械工业出版社，2013.

[61] 曲学军，张瑞，乔康壮. 飞机蒙皮自动制孔几何特征重构与质量检验[J]. 沈阳航空航天

大学学报，2021，38(4)：1-8.

[62] 张学昌，习俊通，严隽琪. 基于点云数据的复杂型面数字化检测技术研究[J]. 计算机集成制造系统，2005，11(5)：727-731.

[63] He B, Lin Z, Li Y F. An automatic registration algorithm for the scattered point clouds based on the curvature feature [J]. Optics & Laser Technology, 2013, 46(4): 53-60.

[64] 陈杰. Matlab 宝典[M]. 北京：电子工业出版社，2013.

[65] 罗华飞. MATLAB GUI 设计学习手记[M]. 北京：北京航空航天大学出版社，2009.

[66] 王素立，高洁，孙新德. MATLAB 混合编程与工程应用[M]. 北京：清华大学出版社，2008.

[67] 张志涌. 精通 MATLAB R2011a[M]. 北京：北京航空航天大学出版社，2011.

[68] Simon D A. Fast and Accurate Shape-Based Registration[D]. USA, Pennsylvania: Carnegie Mellon University, 1996.

[69] 曹喜锋，杨天星. 现代飞机外形设计综述[C]. 几何设计专业委员会第六次学术交流会，2004.

[70] 范玉清. 现代飞机制造技术[M]. 北京：北京航空航天大学出版社，2001.

[71] 黄博. CATIA V5 机械(汽车)产品 CAD/CAE/CAM 全精通教程[M]. 北京：人民交通出版社，2007.

[72] 北京兆迪科技有限公司. CATIA V5 R20 宝典[M]. 北京：机械工业出版社，2012.

[73] 胡海龙，张云杰，乔建军. CATIA V5 R20 曲面设计[M]. 北京：清华大学出版社，2011.